대조분석론

대조분석론

한국어·스페인어 문형 대조를 바탕으로

강현화 · 신자영 · 이재성 · 임효상

도서출판 **역락**

머리말

 최근 한국은 세계 정보통신 산업과 국제 교역의 기지로서 그 경제적 역할이 점차 커져가고 있으며 이와 함께 국제 사회에서 한국어의 비중도 점차 증가하고 있다. 스페인어 역시 세계 3위의 사용 인구를 보유하는 비중 있는 언어로서 국내외에서 그 중요도가 점차 증대되고 있다. 앞으로 미국 내에서의 스페인어 사용 인구의 급증, 칠레를 비롯한 중남미 국가와의 자유 무역 협정 체결 등으로 한국과 스페인어 사용 국가들 간의 경제적, 문화적 교류는 더욱 증가될 것으로 기대되며, 이와 함께 한국어를 배우는 스페인 언어권 학습자와 스페인어를 배우려는 한국인 학습자 또한 점차 증대되고, 학습 목적도 다변화될 것으로 기대된다.

 이러한 시대적 요구에 부응하여 한국어와 스페인어 문형에 대한 기초적 자료 조사와 이론적 연구를 바탕으로 한, 한국어-스페인어 대조분석 연구와 이에 대한 이론의 구축은 반드시 필요한 과제로 인식될 수 있을 것이다.

 최근 국내외에서 한국어 학습자와 교육 기관의 수가 급속히 늘고 있으나 교육을 담당할 전문화된 한국어 교사나 기초 자료가 충분치 않은 실정이다. 특히 해외에서 활동 중인 많은 한국어 교사는 한국어 및 한국어 교육에 대한 전문적인 자료의 확보에 큰 어려움을 겪고 있다. 국내에 시판되는 한국어 교재의 경우에도 영어, 중국어, 일어 번역판은 있으나 스페인어 판은 쉽게 찾아보기 힘든 실정인데, 이는 그간 스페인어권 학습자가 상대적으로 적은 비중을 차지했다는 것에서도 이유를 찾아볼 수 있지만 교재 편찬을 위한 기초 자료의 구축이 제대로 이루어지지 못했던 점도 그 원인으로 들 수 있다. 국내의 스페인어 학계에서도 기본동사 선정이나 개별동사에 대한 대조적 관점에서의 구체적인 논의는 많지 않다는 점과 스페인어의 특성을 한국어와 대조적으로 연구하여 언어 교육에 활용하려는 시도는 많지 않았다는 점을 고려해 볼 때 이 책의 필요성이 대두된다고 하겠다.

이 책은 총 6장으로 이루어져 있다. 1장에서는 한국어와 스페인어의 일반적인 문법적 특성을 간략히 기술하였으며, 2장에서는 이 책의 이론적 근거가 되는 대조분석론에 대한 소개를 하고 있다. 3·4·5장에서는 이러한 이론적 근거를 바탕으로 하여 두 언어의 기본동사에 대한 대조분석의 실제를 제시하고 있다. 우선 한-서, 서-한 양 방향에서의 기본동사의 선정 기준과 절차를 제시하고 선정된 주요 기본동사를 바탕으로 한 대조분석의 결과를 대조 유형별, 동사별로 자세히 소개하고 있다. 아울러 두 언어 동사에 대한 상호 대조에 의한 분석 결과도 도표를 통해 제시하고 있다. 마지막으로 6장에서는 한국어와 스페인어의 동사 관용구에 대한 대조분석을 제시하게 되며, 관용구를 통하여 나타난 두 언어권의 문화적 배경의 차이에 대해 기술을 하고 이러한 차이가 언어 교육에 어떻게 활용될 수 있는가에 대해 살펴보았다.

이 책은 1999년도 학술진흥재단의 인문학 과제 연구비를 지원 받아 시작되었으며, 스페인어 쪽의 신자영 박사와 한국어 쪽의 이재성 박사, 그리고 스페인어 쪽의 임효상 교수와 한국어 쪽의 강현화 교수가 힘을 합해 대조 분석의 결과를 정리한 것이다. 원고의 완성 단계에서 꼼꼼히 교정 작업을 도와준 조민정 박사와 대학원생 김유미에게 감사를 드린다. 아울러 어려운 출판 여건에도 불구하고 흔쾌히 출판을 결정해 주신 역락 사장님께도 감사를 드린다. 본서의 저자는 가나다 순임을 밝힌다.

2003. 5. 13
저자일동

Contents

Contents

Contents

제 *1* 장 한국어와 스페인어의 일반적 특성

1. 한국어의 일반적 특성

한국어는 오천 만이 넘는 한민족의 언어로서 세계의 많은 언어 가운데 그 사용 인구가 많기로 상위권에 속하며, 그 분포도 이제는 한반도를 넘어 만주, 중국, 소련, 일본, 미국 등 넓은 지역에 걸쳐 있다. 전 세계에 존재하는 수천 종의 언어 가운데 문자를 갖추어 가진 언어는 수십에 불과한데 한국어는 얼마 되지 않는 문자를 갖춘 언어 중의 하나다.

현재 한반도 인구는 약 7천만 정도로 약간의 방언적 차이를 제외하면 공히 동일한 언어를 사용하고 있다. 국외의 한국어 사용인구를 고려한다면 1997년 통계 기준으로 약 13위의 인구 사용 빈도를 가진 언어이다[1].

대부분의 학자들은 한국어는 계통적으로 알타이어에 속한다고 보는데, 그 특징으로 모음조화, 두음법칙이 있고 관계대명사나 접속사가 없는 점을 든다. 한국어는 유형론적으로 교착어에 속하며 단어의 구성이

---

1) Crystal David, *The Cambridge Encyclopedia of Language*, Cambridge Univ.

각각 특정한 문법적 의미를 표현하는 단위들의 연쇄로 이루어진다.

문화적으로는 친족관계의 윤리적 제도가 발달하여 가족 관계에 있어서 촌수를 정밀하게 따지며 그에 따라 친족 호칭이 세분화되었다. 같은 삼촌도 백부, 숙부, 외숙으로, 사촌도 친사촌, 외종, 고종으로 구분하여 부른다. 또한 한국의 문화적 특징이 언어에 반영되는 특징적 예를 들 수 있는데 영어에서 'hot'이란 말로 표현되는 것이 한국어에서는 '뜨겁다'와 '맵다'의 두 말로 표현된다던가, 'cold'로 표현되는 것이 '차다'와 '춥다'로 나뉘어 있다든지 하는 것이 그것이다. 통사적으로는 한국어에서 "지금 밖에 눈이 안 오지?"하는 말에 대해, 만약 그 말처럼 눈이 오지 않는다면 "예, 안 옵니다."라고 한다. 그러나 영어에서는 '예'가 아니라 'No'라고 대답을 한다. 한국어에서는 또 주어가 없는 문장이 많다. "어제 영호를 만났지?" "그래 요즈음 무얼 하고 지낸대?"와 같은 대화에서 보는 바와 같다. 서양말에서는 주어가 없는 문장은 쓰이지 않는다. 가주어를 쓰더라도 주어가 반드시 있어야 한다. 존대법이 정밀하게 발달되어 있는 것도 한국어의 한 특징이다.

2. 한국어의 형태적 · 통사적 특성

한국어만이 가지고 있는 특징을 1절에서 단편적으로 이야기하였는데, 본 절에서는 좀더 구체적으로 한국어의 구조적인 특징을 살펴보기로 한다.[2]

---

2) 한국어의 형태적 · 통사적 특성은 남기심 · 고영근(1985), 『표준 국어문법론』에 기대어 기술한다.

1) 형태적 특성

한국어는 고립어인 중국어 그리고 굴절어인 영어나 독일어와 달리 첨가어이다. 즉 어근(語根, root)에 파생접미사나 어미가 붙어서 단어를 만든다. 예를 들면 다음과 같다.3)

(1) "깨 뜨리 시 었 겠 더 군 요."
    1 2 3 4 5 6 7 8

1의 '깨-'는 어근이며, 2의 '-뜨리-'는 접사로서 '힘줌'의 뜻을 나타낸다. 3의 '-시-'는 높임, 4, 5, 6의 '-었-', '-겠-', '-더-'는 모두 시간을 보이는 어미들이며, 7의 '-군'은 이른바 감탄의 뜻을 보이는 어미로서 문장을 끝맺는 기능을 한다. '-요'는 문장을 끝맺는 어미나 연결어미에 다시 덧붙어서 말 듣는 사람을 높이는 데 쓰인다.

위에서 살펴본 바와 같이 한국어는 어근을 중심으로 거기에 뜻을 더하거나 품사를 바꾸는 접사, 또는 어미가 차례로 여럿이 덧붙어서 단어가 이루어지는 첨가적 성격을 띤 언어이다. 접사 중에는 어근 앞에 붙는 것도 있지만 뜻을 더해 주는 접사 중의 일부가 그렇고, 대부분이 뒤에 붙으며 어미는 반드시 뒤에 붙는다.

2) 통사적 특성

한국어는 '주어 + 목적어 + 동사'의 문장 구성을 갖는 언어로 일본어, 몽고어, 터키어, 미얀마어, 힌디어, 케추아어 등이 이 유형에 속한다. '주어 + 목적어 + 동사'의 문장 구성을 갖는 한국어에는 다음과 같은 몇 가지 문장 구성상의 특징이 있다. 한국어에서는 문법적 형태소(조사, 용언의 굴곡 어미)는 반드시 어근이나 어간 뒤에 온다. 즉 조사는

---

3) 김석득(1992), 『우리말 형태론』, 탑출판사.

체언 뒤에 붙어 쓰이며, 굴곡어미는 용언의 어간 뒤에 쓰인다. 접사에
있어서도 뜻을 더해 주는 것 중에는 어근 앞에 오는 일이 있으나 문법
적 기능을 보이는 접사는 반드시 어근 뒤에 온다.

    (2) 강<u>이</u> 마을<u>을</u> 감싸<u>고</u> 서쪽<u>으로</u> 흐른<u>다</u>.

  등의 예문에서 보는 바와 같이 밑줄 친 조사, 어미, 접사가 모두 어
근 또는 어간 뒤에 쓰이고 있다.
  한국어는 문장 구성 요소의 이동이 자유스럽다.

    (3) a. 냇물이 남쪽으로 흐른다.
       b. 남쪽으로 냇물이 흐른다.
       c. 남쪽으로 흐른다, 냇물이.
       d. 냇물이 흐른다, 남쪽으로.

  부사도 문장부사의 경우는 그 자리를 문장 안에서 마음대로 옮길 수
있다. 다만 (4)와 같은 성분수식부사나 (5)의 관형사는 자리를 옮기지
못한다.

    (4) a. 그는 그림을 잘 그린다.
       b. *그는 잘 그림을 그린다.

    (5) a. 이 동네에 <u>새</u> 아파트가 많이 들어섰다.
       b. *이 동네에 아파트가 <u>새</u> 많이 들어섰다.

  즉 체언을 꾸며 주는 관형어는 그것이 단어이든 절이든 반드시 꾸밈
을 받는 체언 앞에만 온다는 것이다.
  또 한국어에서는 (6)에서와 같이 주어가 잇달아 나타나는 문장 구성
이 있다는 점도 특이하다.

(6) a. <u>영희가</u> <u>마음씨가</u> 곱다.
 b. <u>그 책이</u> <u>표지가</u> <u>색깔이</u> 마음에 든다.
 c. <u>시계는</u> <u>오메가가</u> 제일이다.

이렇게 한 개의 문장이 아무런 변형을 거치지 않고, 주어가 여럿 나타나는 문장 구성법은 한국어와 유형을 달리하는 언어에는 없는 것이다. 한국어에는 목적어 역시 여럿이 잇달아 나타나는 일이 있다.

(7) a. 친구들이 <u>나를</u> <u>등을</u> 밀어 무대에 나서게 하였다.
 b. 나는 <u>사과를</u> <u>다섯 개를</u> 먹었다.

이러한 예도 다른 언어에서는 보기 어려운 것이다.
한국어의 굴곡어미는 용언의 일부로서 어간과 더불어 한 단어를 이루지만 그 문법적 기능은 문장 또는 용언구 전체에 미친다.

(8) a. 날씨가 풀리면 여행을 떠나겠다.
 b. 네가 이것을 들어라.

(8)에서 밑줄 친 어미들은 모두 그것이 붙는 용언의 어간과 더불어 한 단어를 이루고 있는 것이 사실이다. (8a)의 '-면'은 동사 '풀리면'의 한 부분이다. 그러나 이 '-면'은 '날씨가 풀리-' 전체를 조건절이 되게 하고 있다. 이런 사실도 한국어의 한 특징이다.
이 밖에도 한국어에서는 주어가 없는 문장이 많이 쓰인다.

(9) a. "값이 얼마요?" "오천 원이오."
 b. 피곤해서 나는 집에 있겠다.

위의 (9a)는 언어외적인 상황에 의하여 주어가 이해되고 따라서 그것이 생략될 수 있음을 보이고 있거니와 한 문장 안에서 주어가 반복될 때도(9b) 이를 생략하는 것이 한국어의 특징이다.
한국어는 조사, 어미가 대단히 발달하여 다른 유형의 언어 같으면 부

사나 기타 독립된 어휘로 나타내야 할 의미가 조사나 어미로 나타날 수
가 있다.

> (10) a. 그가 노래<u>는</u> 잘 부르지만 시<u>는</u> 지을 줄 모른다.
>   b. 다른 것이 없으면 이것이라<u>도</u> 가질 수밖에 없겠다.

이들 조사들을 보조사라고 하거니와 이들은 독특한 뜻을 보태어 주는
일을 한다.

이와 함께 용언의 굴곡어미도 그 의미가 다양하게 발달되어 있다. 종
결어미는 문법적으로 서술, 의문, 청유, 명령 등의 범주로 나뉘지마는
한 범주 속에 다시 많은 어미가 있어서 '-ㅂ니다, -오, -네, -ㄴ/는다,
-아/어'와 같이 말 듣는 사람을 공대하거나 하대하는 높임의 등급을 표
시할 수 있는 것이 널리 알려진 사실이다. 그 뿐만 아니라 말하는 사람
의 생각을 여러 가지로 표현하는 방법이 있다.

> (11) a. 이곳에는 아직 눈이 오지 않았<u>군</u>.
>   b. 내일 아침에 떠나<u>렴</u>.
>   c. 논문을 곧 보내 주<u>마</u>.

'-군(-구나)'는 비로소 알았다는 뜻, '-으렴'은 히락의 뜻, '-으마'는 약
속의 뜻을 나타낸다. 이밖에도 연결어미가 수십 개가 있어 여러 가지
뜻으로 두 문장을 접속시킨다. 연결어미는 원인, 이유, 조건, 예상에 어
긋남 등 여러 가지 뜻으로 앞·뒤의 문장을 연결한다.

3. 스페인어의 일반적 특성

스페인어는 로망스어의 하나로 이베리아 반도에 위치한 스페인을 포
함하여 카나리아 군도, 북아프리카의 식민령 세우타(Ceuta)와 멜리야

(Melilla)에서 사용되고 있다. 또한 16세기부터 시작된 스페인의 신대륙 개척과 식민지화로 중남미와 카리브해 연안의 19개국에서 공식어로서 사용되고 있다. 스페인어를 공식 언어로 사용하고 있는 중남미 국가들로는 아르헨티나, 벨리즈4), 볼리비아, 칠레, 콜롬비아, 코스타리카, 쿠바, 도미니카 공화국, 에쿠아도르, 엘살바도르, 과테말라, 온두라스, 멕시코, 니카라과, 파나마, 파라과이, 페루, 우루과이, 베네주엘라 등을 들 수 있다.5) 이들 국가 이외에도 미국령 푸에르토리코를 들 수 있으며, 현재 미국 영토 중 텍사스, 뉴멕시코 등과 같이 16세기 이후에 스페인의 통치 하에 있던 지역 또한 스페인어 사용 지역에 포함시킬 수 있다. 미국 내 이들 지역 이외에도 날로 증가하는 중남미계 이민, 특히 멕시코, 쿠바, 푸에르토리코 등으로부터 합법적이거나 불법적인 이민은 미국에서 스페인어가 확산되는 데에 결정적 요인으로 작용하고 있으며, 현재 미국 내 스페인어 사용 인구는 2000만 이상으로 파악되고 있고 빠른 속도로 증가하고 있다. 그밖에도 한때 스페인의 식민지였던 필리핀에서도 부분적으로 스페인어가 사용되고 있으며, 모로코, 서부 사하라 사막 지역, 적도 기니 또한 스페인어 사용 지역으로 볼 수 있다. 이처럼 전 세계적으로 스페인어를 모국어로 하는 인구는 3억 이상이며, 단일어로는 세계에서 3번째로 많은 사용 인구를 가진 언어이다.

　스페인어와 관련지어 유대-스페인어(Judeo-Spanish, judeoespañol)에 대한 설명이 필요하다. 유대-스페인어(Judeo-Spanish, judeo-español)는 15

---

4) 벨리즈는 스페인어와 함께 영어도 공식어로 사용한다.
5) 스페인어란 카스티야어(Castellano), 카탈루냐어(Catalán), 갈리시아어(Gallego), 바스크어(Vasco) 4개가 공용어로 명시되어 있으며 4개 공용어는 다음과 같다. 카스티야어(Castellano)는 스페인 중부 지방인 마드리드, 카스틸야 라 만챠, 카스틸야 레온, 엑스트레마두라, 아라곤 등 7개 주, 남부 지방인 세빌야, 무르시아 주 그리고 동부 지방인 발렌시아 주의 대부분에서 사용한다. 카탈루냐어(Catalán)는 스페인 북동부인 카탈루냐 주, 피레네 산맥에 위치한 독립 소국인 안도라, 발레아스 제도, 발렌시아 주의 일부에서 사용한다. 갈리시아어(Gallego)는 북서부에 갈리시아 주에서 사용되며 포르투갈어와 매우 유사하다. 바스크어(Vasco)는 대서양에 면한 프랑스 접경 지역에서 사용되는 언어이다. 통상 서반아어로 칭하는 언어는 카스티야어이며 브라질을 제외한 중남미 국가들의 공용어이기도 하다.

세기 스페인에서 추방된 유태인들[6]이 사용한 지금까지도 그 형태를 보존하고 있는 스페인어와 히브리어의 복합된 형태의 언어로, 특히 음성학적 측면에서 스페인어의 잔재를 많이 보존하고 있다. 2차 대전 이전까지 발칸반도 지역에 유대-스페인어 사용자들이 많이 거주하였으나 2차 대전 이후 박해로 대부분 모로코, 이스라엘, 미국의 뉴욕 등지로 이주하였다. 최근의 통계에 의하면 유대-스페인어의 사용자는 약 20만 명 가량이 되며, 특히 이스라엘에서는 유대-스페인어로 진행하는 독자적 라디오방송과 신문이 있을 정도로 독자적 언어로서 자리를 차지하고 있다.

스페인어는 다양한 방언적 형태를 가지는데, 일반적으로 표준어는 마드리드의 중산층이 사용하는 것으로 받아들여지고 있다. 스페인의 한림원(Real Academia Española)은 새로운 어휘의 선정에도 전통적이고 보수적인 입장을 취하는 반면에 미국과 인접한 멕시코나 주변의 중남미국가의 스페인어에서는 영어의 영향을 많이 볼 수 있다. 어휘적 차원뿐만 아니라 스페인과 중남미에서 사용되는 스페인어는 단순한 발음은 물론, 통사적, 의미론적인 측면에서도 많은 차이를 보인다.

4. 스페인어의 형태적 · 통사적 특성

유형론적 관점에서 스페인어의 형태 · 통사적 특성을 간략히 기술하면 다음과 같다.

1) 형태적 특성

형태적인 측면에서 볼 때 스페인어는 라틴어에서 로망스어로 발전되면서 라틴어가 가지고 있던 많은 굴곡어미가 단순화되어 동사와 명사에

---

6) 이들은 세파르딕 유태인(Sephardic Jewish, judíos sefarditas)이라고 칭한다.

서만 부분적으로 굴곡어미가 남게 되었고, 접속사, 전치사 등에서는 굴곡어미가 존재하지 않는다. 주어의 인칭, 수에 따른 굴곡어미 혹은 시제나 상, 태 등을 나타내는 굴곡어미가 동사 어간에 붙는다. 명사의 굴곡어미는 명사의 문법적 성 그리고 단수와 복수를 나타내는 것이 있으며, 일반 명사에서 격 표시를 위한 굴곡어미는 존재하지 않는다. 스페인어는 라틴어와 비교하여 단순한 굴곡형태소를 가지는 데 비하여 파생형태소의 작용은 활발하다. 스페인어는 로망스어 내에서도 파생형태소의 작용이 가장 활발한 언어로 꼽힌다. 따라서 스페인어에서 '파생'(derivation)은 어휘 확장에 중요한 수단이라 할 수 있다. 이래에서 명사, 한정사, 대명사, 동사의 굴곡에 대하여 간략하게 기술하기로 한다.

(1) 명사의 성(gender)과 수(number)

스페인어 명사의 전형적 구조를 기술하면 다음과 같다.

(12) (파생 접두사(derivational prefix(es))) + **어간 (lexical root)** + (어간모음
    (theme vowel)) + (파생 접미사(derivational suffix(es))) + (문법적 성 표시
    어미(gender marker)) + (단/복수 표시 어미(number marker))

현대 스페인어에서 성(gender)은 내재적인 방법과 문법적인 방법으로 표시된다. 유정명사는 내재적인 성 표시에 의해서, 무정 명사는 문법적인 방법에 의해서 표시된다. 문법적 성은 남성형 어미 '-o'와 여성형 어미 '-a'에 의해서 표시된다. 몇몇 차용어를 제외하고는 스페인어에서 문법적 성은 형태적 어미와 대부분 일치한다.[7]

'el/la estudiante' 같은 몇몇 명사들은 남성과 여성형이 동일하지

---

7) 문법적 성이 형태적 표시와 일치하지 않는 예로는 'el día'(라틴), 'el guía'(독일어), 'el sofá'(아랍어), 'el poeta'(그리스어) 등을 들 수 있는데, 이들은 대개 차용어로 분류될 수 있는 단어들이며, 'el/la pianista'와 같이 사람을 나타내는 접미사 '-ista' 또한 그리스 어원을 가지는 단어로 볼 수 있다.

만, 중성형(neuter)으로 보지는 않는다. 단 중성 관사로 분류되는 '*lo*'와 형용사가 결합해 'lo peor(☞ 더 나쁜 것), lo triste(☞ 슬픈 것)'와 같은 '자질'을 뜻하는 추상명사를 나타내는 경우에는 이를 중성으로 보기도 한다. 그렇지만 이것은 통사적 명사화(syntactic nominalization) 과정으로 간주되고 명사의 중성형이 있다는 것을 증명하여 주지는 못한다.

스페인어에서 명사처럼 성/수에 있어서 굴곡하는 것은 한정사(determiner), 지시사(demonstratives), 대명사, 형용사 등을 들 수 있다. 이들 범주에서 복수형을 나타내는 형태적 표시는 /-s/8)이다. 예외적으로 'la(s) crisis'이 단/복수가 동일한 단어들도 존재하나 이는 몇몇 차용어에서 나타나는 현상으로 이해된다.

(2) 한정사(deteminers)

대부분 스페인어 담화상에서 명사는 문법적 성/수가 일치하는 한정사와 함께 온다. 그 대표적인 것은 관사로 스페인어에서 관사는 부정관사와 정관사 두 가지가 있으며 그 형태는 다음과 같다.

관사 \ 수	정관사		부정관사	
	남성	여성	남성	여성
단수	el	la	un	una
복수	los	las	unos	unas

스페인어 한정사의 하나인 지시사는 한국어 '이, 그, 저'와 유사한 세 가지 체계로 나뉠 수 있는데, 남성형 단수에 'este, ese, aquel'가 쓰이며 수식하는 명사의 문법적 성, 수에 따라 '-a(여성단수), -os(남성복수), -as(여성복수)' 등의 어미가 결합할 수 있다. 또한 동일한 형태가 형용

---

8) 어간이 자음으로 끝나는 경우에는 복수형 어미 /-es/가 붙는다.

사, 대명사로도 쓰이는데, 대명사는 강세가 오는 음절의 모음에 철자상 액센트를 주어 구분한다. 중성형 'esto, eso, aquello'은 문법적 성을 정할 수 없는 추상적 명제, 즉 문장 전체를 가리키거나, "¿Qué es esto?"(이것이 무엇입니까?)에서처럼 지시되는 객체가 의미적으로 파악이 안 되어 문법적 성, 수를 정할 수 없는 경우에 쓰인다.

(3) 대명사

스페인어 대명사는 인칭과 격에 따라 구분된다. 주격 대명사는 1, 2인칭 단수에서 '성' 구분은 없고, 복수에서 '남성'과 '여성'으로 분화된다. 1인칭 대명사 'yo'(나, 주격, 단수)는 복수형에서 'nosotros(우리, 주격, 복수 남성형), nosotras(우리, 주격, 복수 여성형)'로 성 구분이 있다. 3인칭의 경우 'él(그, 주격, 단수 남성형), ella(그녀, 주격, 단수 여성형), ellos(그들, 주격, 복수 남성형), ellas(그녀들, 주격, 복수 여성형)'으로 문법적 성을 단·복수 모두 구분한다. 모든 인칭에서 복수형이 남·여성형이 둘 다 있을 경우 대표형은 남성형이 된다.

2인칭의 경우 문법적 성 구분 없이 'tú(너, 주격, 단수)'가 쓰이며, 복수형에서는 문법적 성이 구분되어 'vosotros(너희들, 주격, 복수 남성형), vosotras(너희들, 주격, 복수 여성형)' 형태가 존재한다. 2인칭 주격 대명사는 화자와 청자와의 친밀도 혹은 격식에 따라 존대형 'usted(당신, 주격, 단수), ustedes(당신들, 주격, 복수)'이 쓰인다. 이때 'usted/ustedes'는 의미적으로 2인칭이나 문법적으로는 3인칭과 같아서 동사는 3인칭형 어미를 취한다. 스페인어에서 존대는 '나이'보다는 오히려 '친밀도'(familiarity)와 관련된다.

스페인에서 'usted'의 사용은 유표적이고 주로 'tú'가 많이 사용되는 반면 중남미 스페인어권에서는 'tú'의 복수형 'vosotros/vosotras'보다는, 오히려 'ustedes' 형이 쓰인다. 따라서 2인칭 단수에서는 친밀도에 따라 주격대명사가 'tú'와 'usted'로 구분되나 2인칭 복수에서는 이러한 구분 없이 'ustedes'만이 쓰인다.

스페인어에서 일반 명사는 소유격이 없으며 대신 'de + 소유주' 형태로 피소유물인 명사 뒤에서 수식한다. 대명사는 주격 대명사에서와 마찬가지로 소유주의 인칭, 수에 따라 여러 가지 형태로 나타날 수 있다. 각각의 소유형용사는 피소유물의 수에 따라 단수/복수 표시가 있으며 소유주가 1인칭, 2인칭 복수인 경우에는 피소유물의 성에 따라 각각 다른 형태를 가지게 된다. 소유주가 3인칭의 경우 단·복수 모두 같은 소유형용사를 가진다.

피소유물＼소유주	1인칭 단수	2인칭 단수	3인칭 단수	1인칭 복수	2인칭 복수	3인칭 복수
남성, 단수 (libro)	mi	tu	su	nuestro	vuestro	su
여성, 단수 (casa)				nuestra	vuestra	
남성, 복수 (libros)	mis	tus	sus	nuestros	vuestros	sus
여성, 복수 (casas)				nuestras	vuestras	

(4) 동사의 굴곡법

스페인어 동사는 주어의 인칭, 수에 따라 굴곡하는데, 각 동사는 같은 시제에서 주어의 인칭, 수에 따라 6가지 형태로 변화한다.[9] 모든 동사의 원형은 '-ar, -er, -ir'의 세 가지 중 한 가지 형태를 가지며, 모든 동사 형태는 직설법과 접속법의 두 형태로 나뉘어진다. 굴곡어미는 아래와 같은 순서로 동사 어간에 첨가된다.

(13) (파생 접두사) + **어간(lexical stem)** + 어간 모음(theme vowel) + 시제
　　(현재 형의 경우 비어 있음) + 인칭 표시소(person marker)

스페인어의 시제는 '과거, 현재, 미래'로 나뉘어지며, 각각의 시제는

---

9) 중남미 스페인어에서는 5가지 형태를 가진다.

상에 따라 '불완료형'과 '완료형'으로 다시 구분된다. 또한 스페인어의 시제는 단순시제와 복합시제로 나누어 볼 수 있다. 단순시제는 보조동사 없이 동사의 활용으로 표시되는데, 이것은 현재, 부정과거, 불완료과거, 미래, 가능법 등이 있으며 접속법 현재, 접속법 과거10)와 같이 현재시제와 과거시제에서는 직설법과 함께 접속법 형태가 존재한다. 복합시제는 조동사와 동사 원형 혹은 과거분사의 결합으로 나타나며, 이것은 'haber + 동사의 과거분사'구성으로 현재완료, 과거완료, 미래완료(직설법), 가능법 완료, 접속법 현재완료, 과거완료 등의 완료시제와 'ser/ estar + 동사의 과거분사' 구성의 수동태가 있다. 두 시제에서 시제, 인칭, 수 등은 조동사(haber/ ser/ estar)의 굴곡으로 표시되며 동사는 과거분사형으로 나타난다.

규칙적 굴곡형을 가지는 형태 이외에도 900개 이상의 스페인어 동사들은 불규칙적 굴곡형을 가진다. 동사 어간 불규칙형, 어미 불규칙형, 어간, 어미 불규칙형 등의 유형이 있다. 스페인어 동사는 주어의 인칭, 수를 포함하여 시제, 상, 법, 양상 등을 나타내는 굴곡어미를 가지므로 주어가 생략된 채 문장에서 단독으로 쓰일 수 있다.

2) 통사적 특성

스페인어는 '술어 + 목적어' 어순을 가진다. 일반적으로 주어-동사-목적어의 어순과 함께 다른 문장 요소들의 결합에 있어서도 VO 언어의 특징을 가진다. 우선 명사구 내에 소유주(한국어 '~의'에 해당)는 피소유물 다음에 위치하며, 일반명사는 소유격표시가 없으므로 전치사 'de 명사' 형태로 소유주를 표시한다. 따라서 한국어 'A의 B'에 대응되는 스페인어 명사구는 'B de A'가 된다. 비교 구문에서 비교의 기준(한국어 '~보다/만큼')은 비교 구문 뒤에 오며, 대부분의 형용사구, 관계대명사절은 명사 뒤에서 수식을 하게 된다. 부사도 수식하는 동사 뒤에 오게 된다.

10) 접속법 과거의 경우 두 가지 '-se' 형과 '-ra' 형의 두 형태가 공존하고 있다.

조동사는 본동사 앞에 오며 양화사, 부정어 등도 동사 앞에 오게 된다. 의문사는 항상 문두에 위치한다.

스페인어 기본 문형을 이해하기 위하여 우선 스페인어 문장 구성 요소 중 주어와 목적어의 특징을 간략히 살펴보면 다음과 같다.

(1) 주어

스페인어에서 주어는 고유명사와 인칭대명사가 수식어구 없이 단독으로 올 수 있으며 이들을 제외한 일반명사는 '한정사 + (형용사(구)) + 명사 + (형용사(구))'의 구조를 가진다. 한정사에는 관사, 지시사, 소유형용사 등이 있는데 이들은 서로 상보적 분포를 보여 명사 앞에서 나란히 명사를 수식할 수 없다.

(14) *el este libro / *mi este libro / *el mi libro
   the this book / *my this book* / the my book

단, 소유형용사, 지시사는 명사 뒤에 관사와 함께 올 수 있다.

(15) el libro ese / un amigo mío
   the book that / a friend mine

형용사는 명사 앞, 뒤에서 수식이 가능하나 의미적 차이를 보여, 전치형용사의 경우 명사가 이미 지닌 속성이나 예상할 수 있는 자질을 기술하며, 후치형용사의 경우 새로운 자질을 도입한다.[11]

---

11) 형용사의 의미에 따라 명사구 내의 분포에 제약을 가지며 일반적으로 양질형용사가 명사에 전치되는 경우 명사의 내재적 속성에 대한 수식을 하고 술어적 의미를 가지며, 후치되는 경우에는 명사 전체에 대한 수식을 하며 제한적 의미를 가지는 것으로 알려져 있다. 몇몇 형용사는 위치에 따라 그 의미가 변하게 되는데 un viejo amigo(A + N : 오랜 친구)와 un amigo viejo(N + A : 늙은 친구)가 그 예이다.

(2) 목적어

목적어는 그 의미에 따라 통사적 구조에서 차이를 보이는데, 물질명사는 한정사 없이 단독으로 올 수 있으며, 가산명사는 복수형인 경우를 제외하고 한정사와 함께 와야 한다.

> (16) a. Compré <u>vino/agua</u>.
>   *(I) bought wine/water*
>   b. Compré <u>un libro</u>/ <u>el</u> libro que recomendaste.
>   *(I) bought a book/ the book that (you) recommended*
>   c. Compré (unos) <u>libros</u>.
>   *(I) bought (some) books.*

특정한 사람이 목적어로 오는 경우 반드시 전치사 'a'와 함께 와서 'S V a O' 형태로 된다. 따라서 "나는 너의 어머니를 보았다."는 "Vi a tu madre."로, "나는 네 차를 보았다."는 "Vi tu coche."로 나타나 목적어의 특성에 따른 문형 차이를 보인다.

스페인어 목적격 대명사는 대명사와 접어(clitic)의 특성을 동시에 가지고 있어 많은 논란의 대상이 되어 왔다. 스페인어에서는 두 가지 형태의 대명사형이 있는데, '전치사(a) + 전치격 대명사'의 독립적 형태와 clitic 형태가 그것이다. 일반명사를 대명사화 하는 경우에 단순히 목적어 명사구를 clitic으로 대체하는 것이 아니라 두 가지 형태가 공존하는 형태로도 나타나는데, 후자의 경우 강조 내지 대조의 의미를 가지게 된다. 특히 'a + 내명사' 형태의 목적어에 clitic은 의무적으로 나타나야 한다. 이는 '접어의 중복적 사용(clitic doubling)'으로 칭해진다.

> (17) a. Vi a María → La vi. / La vi a María.
>   *(I) saw María (I) her(clitic) saw / (I) her(clitic) saw María*
>   b. *Vi a ella. → La vi a ella.
>   c. Compré el coche. → Lo compré. / * Lo compré el coche.
>   *(I) bought the car (I) it(clitic) bought/ (I) it(clitic) bought the car.*

접어(clitic)가 목적어 명사와 중복되어 사용되는 것은 사람 명사가 일
반적으로 오는 간접목적어의 경우 보편적 현상으로 받아들여지고 있다.

> (18) a. Le di el libro a Juan.
>   *(I) him(clitic) gave the book to Juan*
>   b. Le dije a Cristina que la quería.
>   *(I) her(clitic) said to Cristina that (I) her(clitic) loved.*

(3) 어순

스페인어는 일반적으로 VO 언어로 알려져 있다. 주어의 정확한 위치
는 문법적으로 요구되지 않으며 비교적 자유로워 SVO, VSO, VOS
어순이 모두 가능하며, 특히 주어는 자주 생략되므로 스페인어 기본 어
순을 SVO, VSO, VOS 중 하나로 고정하는 것에 대하여는 많은 논란
이 있어 왔다.

스페인어 일반 명사는 격표시가 없으므로 다양한 문장에서 주어와 목
적어를 구분해 내는 일은 몇 가지 기준에 따른다. 우선 주어와 목적어
의 구분은 동사와의 상대적 위치나 위에서 언급한 관사와 같은 한정사
의 사용, 목적어를 표시하는 전치사 'a' 등으로 이루어진다.

스페인어 단문에서 목적어와 보어는 항상 동사 다음에 오는 특성을
가지고 있다. 목적어나 보어가 동사 앞에 오는 경우에는 전치된 목적어
와 문장의 나머지 부분 사이에 음성학적으로 휴지(pause, break)가 있는
경우이고 반드시 목적어를 표시하는 접어(clitic)가 있어야 한다.

> (19) a. * Juan un libro compró.
>   *Juan a book bought*
>   b. El coche, lo compró Juan.
>   *the car, it(clitic) bought Juan*

스페인어에서 주어의 위치는 정보적 관점에서 결정된다. 'topic'이

'comment'를 선행하고, '구정보'가 '신정보'보다 먼저 나타난다는 규칙에 따라, 스페인어에서는 주어가 가지는 정보의 무게에 따라서 그 상대적 위치가 결정된다. 대개 "Viven gitanos en las cuevas.(동굴에 집시들이 산다.)"와 같은 존재 구문의 경우에는 주어가 동사 뒤에 오는 VS 어순을 기본 문형으로 하며, 그밖에도 주어가 긴 경우, 종속절에서 VS 어순을 가진다.

(20) a. Han muerto todos los estudiantes que estaban en el primer piso.
     Have died all the students than were in the first floor
   b. No oí lo que me dijo Juan.
     (I) not heard what me(clitic) told Juan

의문사가 있는 의문문에서 VS 어순을 보이며 이때 의문사는 반드시 문장 맨 처음에 와야 한다.

(21) ¿Qué estudia usted? / *¿Qué usted estudia?
   what study you   what you study

반면에 의문사가 없는 의문문의 경우 VS, SV 어순 모두 나타날 수 있으며 이때 의문문임을 나타내는 것은 억양이며 문장 구조상 이를 나타내는 방법은 없다.

제 **2** 장 대조분석

1. 대조언어학의 정의와 역사

1) 정의

대조언어학이란 언어학의 많은 연구분야 중의 하나로 최근에 와서야 비로소 자리를 잡게 된 분과로서 응용언어학 내에서는 대단히 중요한 자리를 차지하고 있으며 특히 외국어 교육을 위해서는 절대적으로 필요한 연구 분야이다. 대조분석적 연구[12]란 두 개 또는 그 이상의 언어를 언어의 모든 분야에서 체계적이고 일관된 모델을 사용하여 대조하는 것을 말하며, 이는 개별적인 사실들의 대조를 통해 언어 전체를 보려는 구체적인 연구이다. 대조연구에서는 둘 이상의 언어를 대조, 비교하는 데에 있어서 언어간 차이점과 공통점들이 다 포함하여 다루지어지지만 차이점에 더 주안점을 둔다.[13] 대조분석은 언어에 대한 공시태적 연구

---

12) '대조언어학'은 언어학의 한 부류로 보는 것이며, 이를 언어교육적 관점에서는 '대조분석'이라는 용어를 사용한다.
13) 학자에 따라 두 언어의 상이한 점만을 분석하는 것을 대조분석이라 보고 상이점과

로 그 대상 영역은 단어의 음운, 형태, 의미, 문장, 문화 영역 등의 연구를 모두 포함한다.

2) 인접학문과의 관계

위에서 정의한 대조언어학의 개념을 명확히 하기 위해 연관된 인접학문과의 관계를 살펴보기로 하겠다.[14] 우선 대조언어학은 비교언어학 (Comparative Linguistics)과 대비되는데, 비교언어학은 언어 변화 및 언어간의 관계를 연구하는 통시적인 분야로 한 언어의 초기 형태와 후기 형태를 비교하고 상이한 언어들을 비교함으로써 특정 언어들의 어원적 상호 관련성을 연구하는 학문이다. 즉, 원시 조어를 찾아내기 위하여 언어의 친족 관계를 연구하는 학문 분야이며, 여러 가지 유사한 언어를 비교해서 그 언어들이 파생되었을 것으로 생각되는 하나의 원시 조어를 재구성하려고 노력한다. 따라서 비교언어학은 언어를 비교함에 있어 주로 공통점을 찾아내고자 하는 데에 역점을 둔다.

이와 유사한 연구로 언어유형론(Typology)이 있는데, 이는 비교언어학과는 달리 언어를 공시적 관점에서 유형으로 분류하는 것을 말한다. 예를 들면 세상의 다양한 언어들을 그 언어가 성조 언어인가 아닌가 또는 전형적인 통사 구조는 무엇인가 등에 따라 유형별로 구별함으로 해서 언어간의 유사성과 차별성을 고찰하려는 학문이다. 흔히 세계의 언어를 어순에 따라 영어처럼 주어-동사-목적어가 되는 언어인지 한국어처럼 주어-목적어-동사 순으로 되는 언어인지 등을 조사하여 세 가지 유형별 언어로 대별하는 것 등이 그 예라고 하겠다.

대조언어학은 사회언어학, 심리언어학, 인류언어학, 역사언어학 등의 언어학과 교육사회학, 교육심리학의 교육학 분야와도 연계성을 가지는

공통점을 동시에 분석하는 것을 대비분석으로 구별지어 설명하기도 하나, 여기서는 대조분석이라는 개념을 상이점과 공통점을 모두 연구하는 것으로 보았다.
14) 김종록(1991) 『대비언어학』, 청록출판사 참조.

데, 대조언어학은 순수 이론적 언어학에서보다는 응용언어학 분야에서 그 중요성이 더욱 증대되고 있다. 먼저 사회언어학에서 다루는 사회 구조와 언어의 관계를 대조언어학적인 방법론을 이용하여 대비적으로 연구할 수 있다. 방언학에서도 대조방법론을 이용하여 표준어와 방언이 가지는 모든 언어적 특성의 차이와 그러한 언어적 특성이 가지고 있는 원인들, 지리 문화적 요인들을 연구함으로써 어느 특정 방언의 특성들을 규명하기도 한다. 대조언어학은 위의 학문들 외에도 기계 번역과도 밀접한 관계를 가진다. 예컨대 외국어를 모국어로 번역할 때의 가장 큰 문제는 표현되어진 외국어를 그대로 번역하는 것이 아니라 그 속에 담겨져 있는 의미, 문장의 구조, 사회 문화적 요소를 이해하게 하는 것이다. 따라서 번역의 기초 작업으로서 대조분석적 방법에 의한 언어 자료의 비교는 필수적이다.

응용언어학으로서 대조언어학이 가지는 가장 큰 효용성은 외국어 교육에의 활용에 있다고 할 수 있다. 언어교육에서는 '대조분석'이라는 용어로 기술되는데, 대조분석의 결과를 외국어 교육에 이용한다면 교사는 학습자의 모국어가 가지는 모든 언어적 특성, 예를 들면 발음, 어휘 형태, 문장 구조, 의미, 사회 문화적 배경 등을 이해한 뒤 학습자에게 외국어를 가르치게 되므로 언어 교수에 큰 도움을 줄 수 있다. 이 이론은 외국어를 배우는 모든 사람들은 이미 자신의 모국어를 말하고 있으므로, 결국 모든 새로운 언어는 모국어라는 필터를 통해서 학습된다고 본다. 따라서 대조분석의 기본 논리에 의하면 외국어 학습 시, 주된 장애는 모국어의 간섭 현상이 된다. 그러므로 두 언어의 음운, 문법, 어휘, 문화 등의 모든 구조를 사전에 대조분석하여 외국어 학습상의 문제점을 미리 예측하고 그 결과를 학습 지도, 교재 편찬 등에 활용한다면 학습상의 오류는 사전에 예방될 수 있다고 보는 것이다. 실제로 각 언어는 자기 고유의 언어 구조를 가지고 있어서 같은 내용들이 상이한 언어에서는 상이한 여러 표현으로 나타날 수 있다. 보통 학습자의 목표 언어와 모국어의 차이가 크면 클수록 언어 습득상의 어려움은 크다고 가정하며, 학습자는 일반적으로 모국어에 나타나는 현상을 목표 언어에 전이

하려는 경향을 보이므로, 이 경우 모국어가 목표 언어 습득에 있어 간섭 (방해) 효과를 나타내게 된다고 볼 수 있다. 따라서 대조분석을 통해 이 러한 문제점을 미리 예측하고자 하는 것이다.

이 이론의 관점에서는 교사는 대조분석을 통해 외국어 학습상의 문제 점을 정확히 진단할 수 있고, 교재 선택이나 작성, 보충을 통해 문제 해결 방안을 제시할 수 있으며, 예측 가능한 오류들을 자료로 하여 평 가 문제를 작성하거나 어휘 학습에 활용할 수 있다고 본다. 다시 말해 외국어 습득 시 발생하는 오류는 많은 경우 모국어와 목표 언어 사이에 존재하는 모든 언어적 특성의 차이와 언어가 담고 있는 사회 문화적 배 경의 차이에서 오는 것이므로 사전 대조분석을 통해 학습자 오류의 많 은 부분을 해석하고 해결할 수 있다고 보는 것이다. 이러한 이유로 대 조 분석론은 외국어 언어 학습 이론과 밀접한 관계를 가지고 있다고 할 수 있다.

3) 대조언어 연구의 역사

언어를 비교하려는 연구는 고대부터 계속 있어 왔는데, 18세기에 이 르리 비교언어학에 대한 연구가 본격적으로 이루어졌다.[15] 대조에 관 한 학문이 새롭게 관심을 받게 된 것은 세계의 많은 언어들의 상호 비 교를 통해 언어의 뿌리를 찾으려는 노력으로 인한 것으로 조어를 재구 (reconstruction)하기 위함이었다.

19세기 언어학의 주요 관심 분야는 음운론, 음성학이었고 이밖에 형 태론과 어휘론 등의 연구는 비교적 활발하게 진행되었으나 문장론이나 의미론에는 관심이 적어 비교의 대상으로 삼지 않았다. 당시의 비교언 어학 학자들은 언어의 비교를 통해 우열 관계를 평가하려고 하였다. 실 제로 당시의 학자인 훔볼트(Humbolt)나 그림(Grimm)은 종합적인 언어 가 분석적인 언어보다 더 우수한 언어라고 생각하였으며, 이런 의미에

---

15) 김종록(1991), 『대비언어학』, 청록출판사 참조.

서 산스크리트어가 가장 이상적인 언어 형태라고 평가하였다. 이처럼 18세기의 비교언어학은 세계 언어 분류나 언어 친족 관계의 탐구를 통해 원시 조어를 구성하려 했고 이외에 언어의 우수성을 평가하는 연구 등을 해왔다.

　1950~60년대에 이르러 비교언어학에 이어 대조언어학이라는 학문이 행해졌는데, 이는 구조주의 언어학을 언어 교육에 적용하기 위해 개발되고 실행되었다. 대조 연구는 1960년대에 그 연구의 중요성이 인식되기 시작하여 1970년대에 이르러 그 연구의 열기가 고조되었다. 주로 음운론 분야에서 활발하게 이루어졌는데, 1980년대에 이르러서는 언어 구조와 문화 구조, 언어 구조와 인간의 의식 구조, 언어 구조와 사회 구조 등의 영역으로 확대, 대조 문화 연구, 대조 지역 연구 등으로 확장되는 경향을 보이고 있다.

　대조언어학에서의 언어간 비교는 18, 19세기에 비해 더욱더 체계적이고 공시적인 바탕에서 이루어졌으며, 앞서 설명한 비교언어학에서와는 달리 이 시기의 대조언어학은 언어간 대조를 통해 더 이상 언어들의 우열 관계를 평가하려고 하지 않았다. 대조언어학은 2차 세계 대전 이후 세계가 시간적 공간적으로 좁아지면서 필수적으로 나타난 각국의 외국어 교육열과 함께 효과적인 외국어 교육 방법을 개발하기 위한 새로운 방법으로서 관심의 대상이 되었다. 1960년대 이후부터는 거의 모든 언어학회에서 대조언어학 분야를 다루고 있을 정도로 중요시되었으며, 1970년대에 와서는 대조언어학에 대한 학자들의 연구 열기가 한층 고조되어, 유럽 각국 특히 독일, 유고, 루마니아, 헝가리 등과 미국 등에서 많은 학자들의 연구가 이루어졌다. 이러한 연구의 열기는 현재도 활발하게 진행되고 있다. 물론 대조언어학은 최초에 사람들이 기대했던 것만큼의 많은 결과를 도출해 내지는 못했고 시간이 지나면서 많은 학자들이 비판하기 시작하였으며 80년대에 들어서면서 대조언어학에 대한 열기가 약간 식는 듯했다. 외국어 교육을 연구하는 학자들에 의해 시작된 대조분석은 초기에는 이러한 대조분석의 결과가 학습자의 오류를 예측할 수 있는 좋은 도구가 되리라고 기대되었지만, 후행 연구에서 대

조분석을 통한 학습상의 난이도 예측이 실제 학습자가 나타내는 난이도
와 같지 않으며, '외국어 학습 시 모국어와 유사한 요소는 용이하고, 차
이가 있는 요소는 어렵다'는 대조분석의 입장과 다른 평가 결과가 나타
났다. 이로 인해 많은 학자들이 대조분석에 회의를 가지게 된 것이다.

그러나 이러한 문제점은 이후 중간언어이론이나 오류분석론에 의해
그 문제점이 지적되어 수정, 보완되고 있고, 많은 문제점에도 불구하고
대조분석이라는 기본 틀의 효용성은 여전히 존재한다고 하겠다. 앞서
지적했듯이 1980년대 후반부터 대조언어학은 언어 구조와 문화 구조,
언어 구조와 인간의 의식 구조, 언어 구조와 인간의 사회 구조 등등의
영역으로 그 연구 영역을 넓혀 감으로써 다시 많은 학자들의 관심을 모
으고 있다. 최근에 대조분석이 담화체계 등의 다른 언어분야에도 적용
되고 있는데, 이를 대조적 담화분석(discourse analysis)이라고 한다.

2. 대조분석, 중간언어이론, 오류분석

1) 대조분석 가설
(Contrastive Analysis Hypothesis : CAH)

(1) 전이와 간섭

본 절에서는 언어교육에서의 대조분석에 대해 구체적으로 기술하고자
한다. 대조분석 가설로는 강한 주장과 약한 주장이 있다. 먼저 강한 주
장에 서는 학자로는 초기의 주창자인 라도(Lado)와 프라이스(Fries)를
들 수 있다. 이들은 대조분석은 제2언어 학습의 모든 문제점에 대한 예
언력을 가지며 모국어와 제2언어의 차이가 제2언어 학습에서 겪는 유
일한 어려움이라고 주장한다. 한편 이와는 달리 약한 주장에서 대조분
석이란 두 언어 사이의 차이점을 단순히 기록하는 것으로 오류에 대한
예언력은 없지만 오류가 발생했을 때 오류의 원인 규명에 가능한 설명

을 할 수 있다고 본다. 즉, 대조분석은 제2언어 학습에서의 대부분의 어려움들을 진단하고 합리적으로 설명할 수 있다는 것이다. 와인리히 (Weinrich 1953)나 호겐(Haugen 1953) 등이 이 입장을 대표하는 학자들이다. 주장의 강도를 넘어서서 양측의 대조언어학자들이 주장하는 대조분석 가설은 모두 아래와 같은 점을 근거로 한다

    1) 언어들은 서로간의 공통점이 있는 반면 차이점도 많다
    2) 언어간의 유사성과 차이점은 기술될 수 있다
    3) 이런 차이로 인해 제2언어 학습자에게 긍정적/부정적 전이가 일어난다

    대조분석론자들은 대조분석으로 두 언어간의 공통점과 차이점을 명백히 알 수 있으므로 긍정적 전이와 부정적 전이를 예측하고 진단할 수 있다고 본다. 학습의 전이는 긍정적 전이, 부정적 전이, 무전이의 세 형태로 나눌 수 있는데, 긍정적 전이인 유용(facilitation)은 두 학습 과업이 같을 때 반응이 나타나며, 부정적 전이인 간섭(interference)은 두 학습이 연관은 있으나 다를 때 일어나며, 무전이는 두 학습이 관련되어 있지 않을 때 간섭이 일어나지 않는 경우를 말한다.

    대조분석 가설에서는 학습의 장애 요인이 되는 부정적 전이인 간섭을 더 중시하는데, 간섭의 종류에는 언어간 간섭과 언어내 간섭으로 나눌 수 있다. 먼저 언어간 간섭은 언어간 범주의 차이와 구조, 규칙, 의미의 차이에 의해 나타난다. 언어간 간섭은 배제적(preclusive)이거나 침입적 (intrusive)인데, 배제적 간섭은 모국어에 없는 요소로 인하여 제2언어 학습 시 방해가 일어나는 것으로, 예를 들면 한국어 화자가 영어를 배울 때 한국어에 없는 관사 사용에 어려움을 겪는 경우를 말하고, 침입적 간섭은 모국어의 어떤 것이 제2언어 학습을 방해하는 것으로 예를 들면 영어 화자가 영어 어순 때문에 한국어 학습에서 어순의 간섭을 받는 경우를 말한다.

    언어내 간섭은 학습자가 이미 알고 있는 제2언어의 어떤 요소가 영향을 주어 새로 학습할 내용과 동일화 형태로 나타나기도 하는데 이는

양자간의 불규칙성, 복잡성, 비대칭성에 기인한다.16) 예를 들면 한국어
의 동사 활용에 있어, 학습 초기에 과거형은 어간의 모음이 양성모음이
면 '았'이 결합되는 것을 규칙으로 학습한 학습자가, 이에 기준을 두어
'가다'의 과거형을 '갔다'가 아닌 '가았다'로 하는 예가 그것이다

  언어간 간섭과 언어내 간섭에 대한 기존의 연구를 살펴보면 언어간
간섭이 언어내 간섭보다 더 크다는 연구가 대부분인데, 리차드(Richard
1974)에 의하면 언어간 오류가 53%, 언어 내적 오류가 31% 정도이
다. 이와 관련하여 타일러(Taylor 1975)와 써(Seah 1980)는 초급 단계
에서 고급 단계로 갈수록 언어간 오류는 감소하고 언어내 오류가 점차
증가한다고 지적하는데, 이러한 현상은 전이이론과 일치하는 것으로서
학습자는 이미 배운 것에 의존하여 새로운 것을 배우기 때문이라고 본다.

  그런데, 간섭과 두 언어간 차이에서는 반비례관계가 발견된다. 즉,
두 언어의 차이가 약간 있을 때 간섭은 오히려 더 커지고 차이가 커질
수록 간섭은 줄어들며, 차이가 아주 클 때는 두 언어가 서로 간섭을 일
으키지 않고 오히려 간섭이 사라지게 된다. 리(Lee 1980)도 언어간 오
류의 발생 비율은 대개 두 언어의 구조가 유사할 때 더 높게 발생하며,
구조가 완전히 다른 경우에는 간섭이 줄어들어 오류가 더 적게 발생한
다고 지적한 바 있다. 반면에 언어습득에 있어서는 구조가 유사할 때
더 잘 이루어진다는 연구가 있는데, 와일즈(Wilds 1962)에 따르면 언어
교수학적으로 고려할 때 구조적인 간섭 정도와 언어습득 관계는 반비례
한다고 한다. 즉 언어 구조가 비슷하면 간섭이 많이 생기지만 학습은
더 빨리 진행되며, 서로 무관한 언어들의 경우 간섭은 적으나 학습은
더디다고 한다. 예를 들면 일본인 학습자는 구조가 비슷한 한국어를 빨

16) 오류를 설명해 준다고 여겨지는 상이한 과정을 근거로 하여 상이한 유형의 오류를
  분류하려는 시도가 있었다. 언어내적인 오류와 언어간 오류가 그것인데, 언어내적
  인 오류의 유형으로는 과일반화(목표어의 규칙들을 부적절한 문맥까지 확대하여 발생하는
  오류), 단순화(목표어에서 발견되는 규칙보다 단순한 언어규칙을 산출하는 학습자로부터 생기는
  오류), 발달상 오류(자연 발달 단계를 반영하는 오류), 의사소통 오류(의사소통 전략 때문에
  생기는 오류), 유도된 오류(훈련의 전이 때문에 생기는 오류), 회피 오류(목표어의 구조가 너
  무 어려워서 사용을 기피하는 오류) 등을 들 수 있다.

리 배우지만, 고급에 이르도록 더 많은 간섭 현상이 나타날 수 있다는 것이다.

전이 이론에 의하면 제2언어 학습이란 모국어와 제2언어의 모든 같은 요소들이 긍정적 전이를 일으키는 것, 두 언어간 다른 요소의 방해를 극복하는 것, 모든 제2언어 요소들을 전체의 학습에 통합시키는 것이라고 한다. 대조분석 가설을 지지하는 증거와 간섭의 중요성에 대한 사례들을 볼 때 대조분석은 제2언어를 효율적으로 학습하는 데에 많은 영향을 준다고 하겠다. 그러나 대조분석이 전적으로 학습에 있어서의 모든 어려움을 예측할 수 없으며 제2언어의 언어내 문제는 다루지 못한다는 한계가 있다. 대조분석은 어떤 것이 어려울 것이라는 데에 대해 미리 식별하여 오류가 발생할 수 있는 형태를 예측한다거나, 오류 자료들을 통해 다양한 전이 규칙을 예측할 수 있을 뿐이다.

(2) 대조분석의 절차 및 방법

구체적인 대조분석의 방법에는 다음의 4가지 원칙이 있다.[17]

> 1) 공시태성의 원칙 : 대조의 자료는 공시적인 자료로 한정한다.
> 2) 단계성의 원칙 : 대조의 자료는 동일한 등급의 난이도로 대조한다.
> 3) 등가성의 원칙 : 의미나 지시가 상호 대등하거나 대응되는 표현을 대조한다.
> 4) 동일성의 원칙 : 동일한 목적으로 동일한 방법으로 동일한 대조 방향으로
>   대조한다

대조분석의 첫 단계는 대조의 자료를 동등하게 선택해야 한다. 즉, 대상 표현을 찾아야 한다. 서로 다른 언어들간에 같은 내용을 서로 어떻게 달리 표현하는가 하는 관점에서 접근해야 한다. 실제, 분석의 시작은 분석자나 모국어 화자에 의한 가장 적절한 번역 대응(counterpart)을 얻어서, 이를 바탕으로 상호 대응하는 형식을 추출해 나간다는 것이다. 대응

---

17) 김종록(1991), 『대비언어학』, 청록출판사 참조.

자료가 되는 어휘나 문장이 드러내는 의미는 지시, 지시물, 언어 행동적 기능을 포함할 필요가 있으므로, 의미론적인 의미와 꼭 일치하는 것은 아니다. 예를 들면 대응 표현의 표현 방식이 불일치하는 경우도 나타나는데, 일본어와 한국어의 피동법은 아래에서 살피듯이 동일하게 대조되기 어렵다.

> 예1) (일) darekaga 強盜ni 殺sareta(누가 강도에게 죽임을 당했다).
> vs (한) 누가 강도에게 죽었다.

또 양 언어에서 의사소통상의 기능은 일치하나 동등한 의미라고 말하기 어려운 경우도 있는데, 인사말의 관용 표현 등이 그것이다.

> 예2) (영) Good night(직역 : 좋은 밤이에요/ 안녕히 주무세요).
> vs (한) 안녕히 주무세요

따라서 번역 대응 혹은 등가물(equivalent)이란 어떤 표현이 지시하는 것, 다시 말해 지시물(referent)이 서로 대응하는 것을 말하며 문장의 의미, 즉 지시(reference)에 해당하는 부분이 가능한 한 최대한으로 대응하는 두 개의 표현을 의미한다. 즉 의사소통상의 기능이 서로 대응하는 표현을 말한다. 다음으로 대조분석의 절차를 살펴보자. 화이트만(Whiteman 1976)은 대조분석의 절차를 아래의 네 단계로 설명한다.

> 1) 기술 : 비교 분석하고자 하는 언어에 대해 기술한다.
> 2) 선택 : 대조하기 위한 항목을 설정한다.
> 3) 대조 : A언어의 구조를 B언어의 같은 부분의 구조에 비교한다.
> 4) 예측 : 두 언어 구조의 유사성과 상이성의 대조로 오류 및 난이도를 측정한다.

언어를 대조하기 위해서는 언어를 대조하는 이유가 먼저 명시되어야 한다. 그리고 언어간 대비 분석 시 해당 언어들이 가지는 여러 영역 중 구체적으로 어떤 요소를 대조할 것인가 하는 대조분석의 대상을 한정해야 한다. 아울러 한정한 범위의 요소들을 어느 정도의 범위에서 분석할 것이냐 하는 분석의 범위를 제한하고, 구체적으로 어떤 이론에 기대어 어떠한 방법으로 분석할 것이냐 하는 분석 방법에 대한 명시가 있어야 한다. 마지막으로 분석한 내용의 결과를 어떻게 이용할 것이냐 하는 분석 결과의 활용가능성에 대한 언급도 있어야 한다.

먼저 분석 이유는 분석되는 언어간의 교류 증가나 언어 사용의 수요의 증가에 비례하는 경우가 많으며 따라서 이들 언어에 효율적인 교수법의 개발을 위해 필요한 경우가 대부분이다. 즉, 교사는 분석한 내용의 결과를 통하여, 학습자가 사용하는 언어를 가진 나라간의 언어적 차이와 유사성을 이해하고 문화에 대한 상호 이해와 배려에 도움이 되어야 한다. 분석 대상의 범위는 구체적으로 한정되어야 하는데, 보통 분석대상의 언어 자료는 표준어로 한정되며, 문어가 주된 대상이 된다. 하지만 특수한 목적이 있다면 방언 자료가 대조분석의 자료가 될 수도 있다. 언어교육을 위해서는 문어 못지 않게 구어의 대조도 필요하지만 구어는 문어에 비해 시간과 비용면에서 자료 수집상의 많은 어려움이 있으므로 쉬운 일이 아니다.

대조분석 시 반드시 기준언어를 설정해야 하는데, 분석에 앞서 언어간 상호 대조 가능성을 염두에 두어야 한다. 보통 기준언어는 학습자의 모국어가 되며 대비되는 언어는 학습자의 목표언어가 된다. 하지만 완전한 대조분석을 위해서는 반대의 경우, 즉 학습자의 목표언어가 기준언어가 되고 학습자의 모국어가 대조할 언어가 되는 대조분석도 함께 이루어져야 한다. 대조의 결과를 설명하는 메타 언어는 분석자의 모국어로 설정하는 것이 보통이며, 대조의 빈칸을 설명하기 위해 기준 언어를 바꾸는 것은 잘못이다. 하지만 실제 대조분석을 수행할 때 해당 자료가 어느 유형에 속하는가를 판단하기 어려운 경우가 많으며 보통 어휘적 대응 관계에서는 분석이 용이하나 음운, 통사, 화용 등 기타 영역에까지 일관성 있는 대조분석을 하기란 쉬운 일이 아니다.

(3) 대조언어학의 분야

대조언어학은 모든 언어학의 분야인 음성학, 음운론, 형태론, 문장론, 의미론, 어휘론 등을 대상으로 하며 문화 영역도 대상으로 한다.

① 음운 대조

보통 학습자들은 모국어에 비해 목표언어에 대하여 낮은 음성 능력을 갖는다. 이는 리듬, 스트레스, 억양 등에서 다양하게 나타난다. 그러나 목표언어의 발음의 어려움은 단지 모국어의 발음 때문만은 아니며 목표언어의 음운규칙에도 영향을 받는다.

개별 언어의 음운의 수는 보통 약 30~40개이고 변이음이 많다. 하지만 음운체계는 폐쇄 체계이므로 각 언어의 음운체계의 정리가 용이하다. 일반적으로 한 음운에 대한 변이음은 제한적이고 음운을 구별하기 위한 변별적 특징(distinctive features) 역시 대개의 언어에 공통 부분이 많을 뿐 아니라, 변별적 특징의 수도 이십 여 가지를 넘지 않기 때문에 음운은 어휘나 문법 등의 다른 언어 분야에 비해 대조가 용이한 영역이다18). 개별 언어는, 이러한 제한적인 수의 변별적 특징 가운데에서 일부만을 조합하여 음운체계를 형성하고 있으므로, 음운 대조의 경우 음운체계 전체를 소망하며 대조할 수 있는 장점이 있다.

먼저 음의 대조분석을 위해서는 각 언어의 음성, 음운 면에 걸친 세분된 기술적 연구를 하지 않으면 안 된다. 대조 대상 언어를 잘 아는 경우도 있으나, 현실적으로는 그렇지 못한 경우가 많으므로 다른 업적을 간접적으로 사용할 수도 있다. 만약 다른 언어학적 업적을 이용할 경우, 어떤 방법론을 사용했는지 하는 점을 확실히 인식할 필요가 있다. 중요한 것은 양방의 언어에 대해 같은 방법론에서 분석을 하는 일이다.

음운을 대조할 때 기본이 되는 것은 변이음적 유사성에 관련된 음운, 변이음의 기능적인 면과 음성학적인 것을 고려하는 것이다. 또한 음절

---

18) 綿敏雄 外(1993), 對照言語學, おうふう 日本.

을 분석하고 초분절음, 철자의 요소도 고려해야 한다. 음운체계간의 대조는 체계간에 대응이 보이는 경우와 보이지 않는 경우가 있다. 먼저 음운체계에서 대응을 보이는 경우는 개별 음운의 실제의 음가가 문제가 된다. 음운론에서는 실제 음성적 특성 가운데에서 변별적인 특성만을 고려하므로, 비록 체계상의 대응이 보이더라도 실제의 발음에서는 달라질 수 있다. 예를 들어 한국어와 영어에서 폐쇄음이 있다는 것은 동일하나 조음점의 위치나 조음 방법에 차이가 있을 수 있다. 영어에서 단어 중간에 나타나는 /t/의 경우, 액센트 없는 모음이 이어질 경우, 유성화하거나 [r]로 발음되는 현상이 있으므로 비영어권 화자가, 'water, printer'(워터, 프린터)의 /t/를 강하게 발음하면 어색해진다. 반면에 영어권 화자가 한국어를 말할 때 /k/, /p/, /t/ 등을 유성화해서 발음해도 어색해진다. 어떤 음을 발음하는 행위는 순간적인 근육의 움직임이지만, 그 운동은 일종의 반사운동으로서의 모국어의 획득과 동시에 조건지어지는 것으로 생각할 수 있어서 모어의 발음 운동을 상대 언어의 발음 운동에 전이시키는 일이 발생된다. 실제로 비변별적 특징이 양 언어에 동일하면 문제가 없지만, 실제 각 언어는 각각의 특유한 음성적 특징을 가지고 있어 모어의 특징을 상대방의 언어에 옮겨져, 발음에 모어의 영향이 있는 경우가 적지 않다. 따라서 외국어 음의 학습에 있어서는 비변별적 특징을 세세히 획득하는 것이 대조분석에서 중요한 역할을 한다. 영어의 /i/음과 한국어의 /i/음을 비교해 볼 때 유사한 것 같지만 영어의 /i/가 더 고모음이며 전설모음이라는 연구가 있는데, 이러한 차이도 모국어가 영향을 줄 수 있는 예가 된다고 하겠다. 학습사에게 있어서는 음운체계에 대한 이해도 중요하지만, 실제 음성적으로 실현되는 각종 변이음을 구별하거나 발음의 재생을 위해서는 음성적 특성에 대한 이해 역시 매우 중요하다.

　두 언어 사이에 음운체계상의 차이가 있을 경우, 학습자의 모국어의 변별적 특성을 상대 언어에 그대로 적용할 경우에는 아주 이상한 발음이 될 뿐 아니라, 상대 언어를 '잘못 이해하게 될' 가능성이 커지게 된다. 예를 들면 무성자음(ㄱ, ㄷ, ㅂ)의 경우 한국어는 여린소리-된소리-

거센소리의 대립 관계를 보임에 반해 영어에서는 유성음과 무성음으로
만 나타나므로 상대 언어의 변별 특징을 구분하지 못할 경우, 의사 전
달에 실패하는 경우가 나타난다. 예를 들면 한국인에게는 어두의 유성
음의 구별이 어려워서 'boy'를 '보이/뽀이'로 발음하거나, 'bus'를 '버스/
뻐스' 등으로 발음하게 된다. 반면에 영어권 학습자는 '불, 뿔, 풀' 등의
소리의 차이를 구분하지 못하여 다른 의미를 전달할 수도 있는 것이다.

또한 음절 구조에 대한 대조도 필수적이다. 언어의 음절 구조는 열린
음절 구조(CV)와 닫힌 음절 구조(CVC)로 나뉘는데 C, V[19])에 어떤 음
소가 몇 개씩 올 수 있는가는, 각 언어마다 다르다고 하겠다. 한국어의
음절 구조는 초성에 한 개의 자음만이 올 수 있고 총 19가지 자음이
나타날 수 있다. 중성에 나타나는 모음 종류는 22개(단모음 10개, 이중모
음 12개)이며, 종성에도 한 개의 자음만이 허용되며 초성과는 달리 〔k,
n, t, l, ŋ, m, p〕올 수 있다. 한국어의 대표적인 음절 구조를 보이면
다음과 같다.

　　　자음 + 모음 + 자음 : 예) 감
　　　자음 + 모음 : 예) 너
　　　모음 + 자음 : 예) 알
　　　모음 : 예) 아

따라서 한국어에서 가능한 음절의 종류는 이론상으로 3,520개에 달
한다고 볼 수 있다.[20]) 반면 영어의 경우 초성에 3개의 자음이 연달아
올 수 있으며(예, 'street') 종성으로는 3개의 자음이 허용된다(예, 'asks',
'giants').

이밖에도 초분절적 특징(suprasegmental features)의 대조도 필수적인
데, 언어마다 초분절적 음소는 달리 나타난다. 한국어에서는 모음의 길이

---

19) C는 자음(consonant), V는 모음(vowel)을 말한다.
20) (V : 22, VC : 22 × 7 = 154, CV : 19 × 22 = 418, CVC : 19 × 22 × 7 = 2926) 받
　　침에 겹받침이 나타나는 경우에도 발음상으로는 한 자음이 오는 셈이다.

는 초분절 음소가 되지만, 강약이나 성조는 변별적 특징이 되지 못하는 반면, 영어에서는 강약이 주요 변별 자질이 되는 것이 그 예이다.

　이러한 대조분석에 따라 학습의 어려움의 정도를 등급에 따라 세분화해 예견할 수 있다[21]. 스톡웰(Stockwell) & 보웬(Bowen 1965)은 두 언어 규칙에 있어서 어떤 항목이나 구조가 필수적인가, 임의적인가 아니면 그 규칙이 없는가에 의해 난이도의 등급을 제안한 바 있는데, 난이도는 음성학적 차이, 철자의 간섭, 초분절음 간섭 등에 영향을 받게 된다. 아래의 표에서 1등급은 가장 어려운 것을 의미하며 등급이 올라갈수록 난이도는 낮아짐을 의미한다.

음운적 난이도		
	모국어	제2언어
1	이음	Φ
2	이음들이 분포 기능 異	
3	Φ	이음
4	Φ	음소
5	음소들이 분포 기능 異	
6	음소	Φ

　② 형태, 통사적 대조

　형태, 통사론 영역에서는 성, 수, 격, 인칭, 시제(tense), 상(aspect), 서법(mood), 양태(voice) 등의 범주나 문장의 어순, 문장에서의 필수 논항과 부가어의 수와 종류, 문장의 구조 등이 대조의 대상이 된다.

　두 문법 체계의 비교는 여러 구조, 즉 표면구조, 내면구조, 번역 등 가문 등에서 모두 대조가 가능하다. 보통 대조분석가들은 구조주의 이론에 그 바탕을 두었으므로 언어의 표면 구조만을 분석의 기준으로 삼았다. 대조분석 이론에서는 언어의 보편적 내면 단계가 없다고 주장하며 두 언어의 차이를 강조하고 이러한 차이는 표면 단계에서 잘 나타나

---

21) 박경자 외(1993), 『언어교수학』 재인용.

므로 표면구조를 강조한 것으로 볼 수 있다. 제2언어 교수에서는 번역
등가문에 의거한 대조 문법 분석이 오랫동안 행해져 왔다. 대부분의 이
중언어 화자들은 문맥화된 단순 문장들로 번역 동치를 하고 있으므로
대조분석의 지표로 표면구조나 내면구조보다 번역 동치가 효과적이며,
또한 언어학에 대해 전문화된 훈련을 받지 못한 언어교사도 제한된 단
순한 대조분석을 할 수 있어서 효과적이다.

    이러한 대조분석에 따라 학습의 어려움을 미리 예견하고 어려움의 정
도를 등급에 따라 세분화할 수 있다[22]. 스톡웰(Stockwell) & 보웬
(Bowen 1965)은 두 언어 규칙에 있어서 어떤 항목이나 구조가 필수적
인가, 임의적인가, 아니면 그 규칙이 없는가에 의해 난이도의 등급들을
제안하였다. 그러나 문법적 등급에 의미적 고려가 합쳐질 때 같은 등급
의 난이도에서도 달라질 수 있음을 감안해야 한다.

문법적 난이도		
	모국어	제2언어
1	Φ	어떤 구문 형태나 범주
2	어순의 차이	
3	어떤 구문 형태나 범주	Φ
4	각 범주의 일치	
5	단순 형태 유형	다양한 형태 유형
6	다양한 형태 유형	단순 형태 유형

    문법적 어려움의 등급은 형태론적 차이보다 문장론적 차이가 학습에
더 큰 영향을 미치며, 새로 제시되는 항목을 학습해야 하는 것은 이미
알고 있는 것의 사용이 중지될 경우의 학습보다 더 어렵다. 그러므로
학습자는 형태론적 차이에는 덜 간섭을 받는다고 하겠다.

    위의 표에서 가장 어려운 제1등급은 제2언어의 문장 규칙이 거의 없
는 경우이다. 예를 들면 존대법 체계가 없는 언어권 화자가 한국어의

---

22) 박경자 외(1993) 재인용.

존칭어를 배울 때 어려움이 따르는 것이 그 예이다. 제2등급은 어순의 차이로 SVO 어순을 가진 언어권 화자에게 있어서 한국어, 일본어와 같은 SOV 어순은 배우기 어렵다. 제3등급은 모국어에 있는 문장 규칙이 제2언어에서 거의 없는 경우로 영어권 화자가 한국어를 배울 때 '-고 있다, 하는 중이다'와 같은 진행형 구문을 자주 사용하여 어색한 문장을 만들어내는 경우이다. 제4등급은 명사, 관사, 형용사의 일치와 주어와 동사형의 일치 등이다. 언어에 따라 성이 다르므로 성의 일치에 어려움을 겪을 수도 있으며 주어의 성과 수에 따른 동사형의 일치에 어려움이 따를 수 있다. 제5등급은 제2언어가 모국어보다 더 많은 형태론적 대조를 갖는 경우이다. 예를 들면 러시아어의 다양한 격 형태 등은 외국인 화자가 쉽게 배우기 어려운 부분이다. 이 경우 학습자에게 비 사용이나 회피의 책략 현상이 생긴다. 제6등급은 모국어가 제2언어보다 더 많은 형태론적 형태를 가지고 있어서 모국어가 제2언어에 전이 현상을 일으키는 경우이다. 예를 들면 다양한 접미사, 접두사형을 가진 언어권 학습자는 제2언어를 학습하면서 접사형을 과다하게 사용할 수 있다. 언어마다 형태론과 구문론을 통한 정보에 있어서 차이가 있으므로 언어교수학적 고려가 필요하다.

③ 어휘대조

어휘대조는 단어의 수가 많아 가장 대조가 어려운 부분이다. 어휘의 대조는 보통 의미의 특성을 근거로 하여 이루어질 수 있다. 두 언어간의 명사, 동사, 형용사 사이의 번역의 등가성을 세우기도 어렵고 각 단어마다 화용적(pragmatic), 문체적(stylistic) 고려가 필수적이다. 어휘대조는 의미적으로 서로 대응하는 양 언어의 낱말 표현이나 문장 표현들을 모아서, 그것들이 뜻하는 의미 범위에 따라 몇 가지 범주로 분류한 후, 이러한 언어 현상을 양국의 문화, 민족의 생활 양식, 생활 습관, 그리고 의식 구조와 관련시켜 분석하거나 설명할 수도 있다. 또한 어휘의미는 핵심 의미와 확장의미, 관용적 의미로 구분할 수 있는데 핵심

의미를 기준으로 대역어를 찾아야 한다. 모국어와 제2언어의 어휘 난이
도를 살펴보면 다음과 같다.[23)]

어휘의 난이도		
	모국어	제2언어
1	형태의 유사, 의미의 차이	
2	형태 유사	유사 어휘형태
3	다양의미의 유사어휘형태	형태의 유사
4	한 형태	다른 형태동족어
5	다른 형태동족어	한 형태
6	형태의 유사, 의미의 동질	
7	형태의 차이, 의미의 동질	
8	동질 형태, 동일 의미	

(4) 대조분석의 효용

이상의 논의를 종합하여 대조분석이 가지는 효용성을 정리하면 다음
과 같다.

첫째, 대조분석은 제2언어 교재를 구성하는 기초를 제공한다. 프라이
스(Fries 1945)에 의하면 효과적 언어 교재는 두 언어를 과학적으로 기
술하고 주의 깊은 대조에 근거를 해야 하며, 특히 각 언어 배경에 따라
서 혹은 각기 배울 언어에 따라 교재를 달리 해야 한다. 대조분석은 가
르쳐야 할 규칙의 선정에 근거를 제공하며, 등급을 위한 근거도 제공한다.

둘째, 제2언어 교재 제시에 도움을 준다. 대조분석을 기초로 하여 교
사는 교재에서 무엇을 강조할 것인가를 정하여 제시하고, 다음 연습 문
제로 내용을 보충하고 또한 오류발생 시 대조분석으로 오류 수정을 실
시할 수 있다.

---

23) 박경자 외(1993) 재인용.

셋째, 학습자의 이해를 도울 수 있다. 초기학습자는 먼저 모국어로 생각하고 제2언어로 표현하려고 한다. 그러므로 간섭을 극복하기 위해 두 언어의 차이를 인식해야 한다. 또한 성인과 아동 학습자의 간섭의 정도가 다르며. 성인 학습자가 더 많은 모국어 간섭을 받으며 발음 체계에 있어서 더욱 심하다. 그러므로 대조분석 지식은 학습자의 어려움을 이해할 수 있게 한다.

넷째, 제2언어 평가에 도움을 준다. 대조분석은 평가항목의 선택과 선다형 문제의 문항들의 근거를 제공한다. 이러한 평가를 먼저 한 후, 그 다음에 틀린 문제를 중심으로 오류분석에 근거한 평가를 내릴 수 있다.

(5) 대조분석의 문제점

대조분석가들의 초기의 믿음에도 불구하고 오류에 대한 설명은 대조분석 가설로만 충분하지 못함이 드러나고 있다. 대조분석에 반대하는 학자들은 제2언어 학습에서 나타나는 오류에 대해 다음과 같은 문제점을 지적하고 있다.

> 첫째, 무지가설(The Ignorance Hypothesis)은 뉴마크 & 레이벨(Newmark & Reibel, 1968)이 주장한 것으로 대부분의 오류들의 원인은 간섭이 아닌 무지에 있다고 한다.
>
> 둘째, 조지(George, 1972)는 언어간 연상가설(Cross-associations Hypothesis)을 내세웠는데, 제2언어 학습의 어려움은 제2언어 자체의 잉여성 때문에 언어간 연상이 되지 않을 때 생긴다고 주장한다.
>
> 셋째, 상관계수가설(Low Correlation)로 Tran-Thi-Chau(1972)에 의해 주장되었는데, 학습자의 제2언어에 대한 어려움의 인식과 대조분석의 예언력 그리고 오류발생은 서로 낮은 상관 계수로 나타나므로 각기 무관하다고 주장한다.
>
> 넷째, 창작가설(Creative Hypothesis)로, Krashen(1982)는 학습자는 제2언어 특색에 따라 모국어와는 독립적으로 학습한다고 주장한다. 즉, 여러 언어환경으로부터 제2언어로 영어를 공부하는 학습자들이 아주 비슷한 오

류들을 창의적으로 다룰 수 있다고 주장한다.

이밖에도 실제 대조분석을 통한 학습상의 난이도 예측이 실제 학습자가 나타내는 난이도와 같지 않은 경우가 많고 외국어 학습 시 모국어와 유사한 요소는 용이하고, 차이가 있는 요소는 어렵다는 대조분석의 입장과 다른 결과가 나오는 경우도 있다. 예를 들면 로마자를 사용하는 영어권 학습자가 불어를 배울 때 로마자를 사용하지 않는 사람들보다 철자상의 오류가 더 많다는 연구 보고도 있다. 이는 오류의 다른 원인을 무시하기 때문으로 볼 수 있다. 대조분석의 강경론자는 모국어의 간섭을 강조한 나머지 외국어 학습은 모국어와의 차이점을 배우는 과정이라고 보고, 언어내적인 요인과 비언어적 요인을 전혀 고려하지 않았으며, 또한 학습의 동적 성격을 고려하지 않았다는 문제가 있다. 즉, 백지와 같은 상태의 학습자를 전제로 하고 있기 때문에 모국어가 학습자에게 미치는 영향이 학습 초기나 중기에 똑같은 비중으로 나타난다고 보았지만 학습자 수준별로 달리 나타날 수 있다.

또한 분석 과정상의 주관성을 배제할 수 없으므로 비현실적, 비실용적이며, 사전에 오류를 예측하는 기능보다는 사후에 오류를 설명하는 기능이 효과적이라고 지적할 수 있다. '간섭'에 대한 개념 정의도 문제인데 사회 언어적 간섭과 언어간의 간섭을 명백히 구별하지 않고 있다. 따라서 두 언어간의 형태적 비교만으로는 모국어가 어떻게 간섭작용을 일으키고, 오류발생의 원인이 되는가를 설명할 수 없다는 문제점이 있을 수 있다.

2) 중간언어 이론(Interlanguage)

중간언어는 어떤 언어를 학습하기 시작하여, 완전히 학습하기 전까지의 단계의 언어로 불완전한 언어라고 정의된다. 셀링커(Selinker 1972)는 학습자의 실수나 오류는 학습 대상어인 제2언어 체계에 더욱더 접근해

가는 과정의 중간에 위치한 학습자 나름의 체계로 보아야 한다고 지적한
다. 그는 중간언어가 의사소통 구실을 하는 규칙 체계로서, '전달 내용의
포기, 회피, 변경, 축소나 수단의 확대로 말바꿈, 목표언어 규칙의 과일
반화' 등의 소통 책략이 중간언어에 나타난다고 보았다. 중간언어는 학습
자의 제1언어와 목표언어인 제2언어와는 독립된 그 언어습득 과정의 체
계적 지식이며, 목표언어의 정상적 체계를 목표로 언어 체계를 수정하고
재확립해 나가는 연속적인 동적 과정에 있는 오류를 포함하고 있는 체계
이다.

언어학습자는 제2언어나 외국어를 학습할 때 두 개나 그 이상의 언
어 체계나 규칙을 사용하는 과도기적인 단계를 거치는데, 이러한 과도
적 단계가 중간언어이며, 언어 학습자는 중간언어의 단계를 거치면서
언어를 배우게 된다. 제2언어나 외국어를 학습하는 사람들이 그 언어를
모국어로 학습하는 사람들과 같은 의미의 말을 표현하는 경우에도 그
표현이 동일하지 않은 경우가 대부분이다. 이 경우 외국어 학습자는 모
국어 화자와는 별개의 언어체계를 갖고 있다고 생각되며 그가 갖고 있
는 언어체계를 중간언어라고 정의한다.

중간언어 체계에서 사용되는 수단과 방법을 자세히 기술하면 '돌려
말하기, 풀어 말하기, 다른 언어 요소(외국어)의 차용, 새말 만들기, 다른
언어로의 변경, 상대방에게의 질문하기, 모국어 요소의 전이24), 규칙의
과대 적용, 조립식 구문, (존대법 등의)과민 반응(사용) 등이 있다.

코더(Corder 1967)는 제2언어 학습자가 중간언어 연속체를 따라 어
떻게 진척하는가에 대해서 제1언어 학습자와 제2언이 학습지들은 다
같이 그들이 학습하는 언어의 성질에 관한 어떤 가설을 시험하고 있으
며, 가설 검증 때문에 오류를 범한다고 한다. 그래서 그는 오류를 학습
자의 내재적 처리 과정을 증명하는 방법으로 보았다. 즉, 중간언어의
규칙 체계는 제2언어 규칙과 모국어 규칙, 또한 두 언어와 다른 특이한

---

24) 한국인 학습자가 '시험 잘 봤니'를 'Did you see the test well?'로 표현하거나,
반대로 영어권 학습자가 '축구를 놀았다' 등으로 표현하는 예가 그것이다

규칙들의 결합으로 이루어져 있으며, 또한 그 체계는 정지된 체계가 아니라 제2언어의 정상적 체계를 목표로 하므로 과도기 체계라 할 수 있다. 그리고 이 체계는 제2언어 체계에 대한 모국어 규칙의 통제가 일어나지 않을 때 즉 모국어의 영향을 더 이상 받지 않게 될 때 멈추게 된다. 중간언어의 마지막 단계의 규칙 체계도 완전한 체계라기보다는 제2언어의 모국어 화자의 언어 능력에 근접한 체계이다.

중간언어에는 화석화(fossilization)나 퇴화(backsliding)의 특징이 나타나는데, 화석화란 중간언어 체계가 발전되어 나가지 않고 정지되어 고쳐지지 않는 근접 규칙체계를 말하며, 이러한 현상은 오류에도 불구하고 긍정적 강화가 주어지고 청취 조정이 일어나지 않을 때 생긴다. 퇴화는 어렵게 극복되었던 중간언어 규칙이 긴장이나 이완된 상황 하에서 다시 출현하는 경우를 말하는 것으로, 중간언어 연속체의 최종 목표 지점에 도달하지 못한 채 대부분의 학습자들의 언어 능력은 어느 지점에서 고정화되어 버리는 것을 말한다. 그러므로 언어교수에서 제2언어 능력을 활성시킬 수 있는 프로그램의 개발과 함께 제2언어 학습의 최종 목표 지점에 도달하는 것을 도와주는 효과적인 교수방법론에 대한 연구가 계속되어야 한다.

3) 오류분석(Error Analysis : EA)

오류분석은 1960년 대 응용언어학의 한 분야로 발전했는데 많은 학습자 오류가 학습자의 모국어가 아닌 보편적인 학습전략을 반영한다는 점을 보여주기 위해 시작되었다. 따라서 오류분석은 대조분석의 여러 문제점에 대한 대안으로 제시되었다. 초기의 연구에 따르면 제2언어 학습 시 학습자들은 모국어와 제2언어의 차이로 인해 어려움을 느끼며, 오류는 주로 학습이 제대로 이루어지지 못하여 생기는 것으로 간주되었으나, 최근에는 오류는 피할 수 없는 현상으로 여겨진다. 1960년대 중반. 인지심리학의 영향으로 제2언어 오류는 학습자의 문법의 발달을 나

타내는 것으로 간주되었으며 학습자는 가설을 검증함으로써 언어를 학
습하는 것으로 나타났다. 코더(Corder 1973)는 한 언어의 어떤 요소들
은 학습자에게 본래적으로 습득하기 어렵다고 한다. 따라서 학습자의
잘못은 자연스럽고 필연적인 과정이며 이는 제2언어에 대한 불완전한
지식에서 유발되는 경우가 많다. 오류분석이란 이 때 나타나는 학습자
의 오류를 기록하고 분류하는 것을 말한다.

　오류분석은 학습에서 나타나는 학습자의 잘못을 기록, 분류하는 것이
며 학습자의 잘못은 자연스럽고 필연적인 과정으로 정의되고, 이를 통
하여 학습자의 과도기적 언어능력이나 학습전략을 밝힐 수 있다. 오류
분석의 목적은 오류의 원인과 과정, 그리고 내용들을 하나하나 이해하
고, 이를 근거로 하여 제2언어 교수 및 학습과정을 좀더 잘 이해하고
개선하려는 것이다. 제2언어 학습자들이 범하는 오류를 연구하고 분석
하는 이유는 학습자가 언어 학습에서 사용하는 전략이나 오류의 원인을
밝힘으로 해서, 교육에 도움을 주거나 교재를 준비하기 위해 언어학습
시 흔한 어려움에 대해 정보를 얻고자 하기 때문이다.

　오류는 다시 실수와 오류로 구분하여 설명할 수 있는데, 실수(mistake)
는 말을 하는 과정에서 생기는 일종의 일시적인 것으로 모국어 화자도
누구나 범하는 것으로 규칙성이 없는 반면, 오류(error)는 학습자가 알
고 있는 문법 규칙이 목표어의 성인이 가지고 있는 규칙과 다르기 때문
에 생기고 자기 스스로는 맞다고 생각하며 나름대로의 규칙성이 있다.
실제 분석의 과정에서는 학습자의 발화가 오류인지 실수인지를 구분하
는 데에 주관성이 내포되어 명확한 구분이 어려운 경우도 많다.

　오류의 원인을 구체적으로 구분하여 보면 몇 가지로 구분된다. 먼저
언어전이에 의한 오류는 외국어 학습 초기 단계에서 외국어의 체계에
아직 익숙하지 않은 학습자가 자신이 갖고 있는 유일한 언어체계인 모
국어의 경험에 의존하여 모국어로부터의 전이 현상을 많이 받게 되는
것을 말한다. 둘째, 목표어 내부전이를 들 수 있는데, 제2언어의 이전
경험이나 지식이 자체 내에서 서로 엇갈리고 간섭하는 결과로 인하여
생기는 규칙 확대의 오류와 일종의 규칙 확대 현상인 간소화를 들 수

있다. 제2언어 학습자가 자신이 모르거나 불분명한 제2언어 규칙을 적용하는 대신 자신이 알고 있는 규칙의 적용 범위를 확대시켜 일반화하는 것을 말하며 학습자가 학습상의 짐을 덜고자 하는 심리적 욕망에서 기인한다.

셋째는 학습환경을 들 수 있는데, 교사의 그릇된 설명이나 좋지 못한 발음, 혹은 교재에서 단어나 구조에 대한 그릇된 설명 등으로 기인하며 기계적인 연습 문형을 암기한 결과 다분히 교과서적인 표현을 구사하거나 문제가 되는 규칙을 지나치게 학습하여 지나치게 정확한 표현을 사용하는 경우에 해당한다.

오류 자료는 모국어동치형, 중간언어, 제2언어 재구조 등을 모두 포함하며, 자료 수집의 방법으로는 학습자의 말을 녹음하는 방법과 학습자가 글을 써 놓은 것을 이용하는 방법이 있다. 결과는 자료의 양에 정비례하여 완전한 것으로 되어간다. 질적 타당성을 높이기 위해서는 학습자가 잘 몰라서 자신이 없다거나 어렵다고 생각하는 발음, 어휘문장, 문법구조를 회피하는 일을 막도록 해야 하며 학습자가 배워서 알고 있는 모든 것을 빠짐없이 사용하도록 하는 것이 중요하다. 전체적 오류분석의 경우, 학습자에게 그가 배운 모든 것을 빈도수가 충분히 가치가 있을 만큼 반복하도록 하고 가능하면 모든 것의 빈도수가 같거나 비슷하게 해야 이상적이다. 그러나 자료 수집 단계에서 많은 문제점이 발견되는데, 우선 학습자가 무엇을 어렵다고 생각하고 있는지를 오류분석자가 알 수 있는 방법이 없으므로 무엇을 회피하고 있는지 알 수 없으며, 학습자가 알고 있는 모든 것을 유도해 내는 일은 학습자의 언어능력에 따라서 가능과 불가능이 결정된다. 또 사용 빈도수의 문제로 정상적인 언어 사용의 경우에서 학습자가 알고 있는 것의 전부를 고르게 사용하여 빈도수를 같게 한다는 것은 실제로 불가능하다는 문제도 있다.

오류의 분류에 대한 학자들의 다양한 연구를 소개하면 다음과 같다. 우선 코더(Corder 1967)는 오류를 우발적 실수(mistakes)와 규칙적인 오류(errors)로 구분하였다. 오류는 다시 두 가지로 나누는데, 비문법적 현상은 구조적 오류로 보고 지시적, 직업적, 사회적 오류는 비적절형 오류로 보았다. 그에 의하면 오류는 체계적으로 나타나지만 실수는 체계적이지 못하고 우연발생적이며 언어능력의 문제라기보다는 언어수행의 문제이다. 다음으로 버트 앤 키파스키(Burt & Kiparsky 1974)는 의사소통 이해가능성에 대해 전체적 오류와 국부적 오류로 구분한 바 있으며, 햄머리(Hammerly 1982)는 오류를 배운 규칙을 잘못 적용해서 나타나는 '잘못'과 배우지 않은 규칙에 대한 '실수'로 구분하였다. 한편 셀링커(Selinker 1972), 리차드(Richards 1973)는 오류를 아래의 네 가지로 분류하는데, 모국어 습득 시에 자주 발생하는 과일반화 현상과 교사의 발화나 설명을 모방하면서 생기는 훈련에 의한 오류, 모국어와 강세가 같은 단어도 제2언어에서는 달리 적용시키거나 구문형태에 있어서도 과분별화를 하기도 하는 학습전략에 의한 오류, 특정 구문을 모국어 화자보다 더 자주 쓰는 의사소통상의 오류를 들고 있다. 이러한 네 가지 외에도 학자에 따라 회피 오류, 침묵 오류 등을 들기도 한다. 리차드(Richards 1974)는 오류가 일어나는 단계를 3가지로 들고 있는데 다음과 같다.

> 1) 규칙 전 단계 : 학습자가 체계와 그 기능이 무엇인가를 아직 몰라서 오류를
>   정정할 수 없고 그의 문제가 무엇이지 모르는 단계.
> 2) 규칙단계 : 학습자가 오류를 교정할 수는 없으나 무엇을 의도하거나 또는
>   시도하려고 하는가를 설명할 수 있는 단계.
> 3) 규칙 후 단계 : 학습자가 오류를 교정할 수 있고 또 무엇이 잘못인가를 설
>   명할 수도 있다. 그러므로 무엇인가를 간과했다든지 이미
>   알고 있던 어떤 규칙 적용을 난순히 잊고 있다든지 하는
>   따위가 설명되는 단계.

오류를 변별하는 방법에 대해서는 코더(Corder 1973, 1981)의 논의가 있는데, 외국어에서 틀리거나 또는 학습자만의 특유한 언어형식을 가려내기 위한 모형을 만들었다. 그에 따르면 학습자가 발화한 어떤 문장이라도 녹음, 기술해서 학습자의 특유한 표현법을 알아보기 위한 분석을 할 수 있다고 한다. 명백한 오류와 명백하지 않은 오류로 대별하는데

명백한 오류는 의심의 여지없이 비문법적이고, 명백하지 않은 오류는 문법적으로는 잘 구분되어 있지만 정상적인 문맥으로는 해석이 안 되는 경우이다. 만약 그 문장에서 납득이 갈만한 해석이 나오게 되면 목표어로 문장을 재구성하여 처음의 학습자의 특유한 문장과 비교해서 그 차이를 기술하게 되어 있다. 만약 학습자의 모국어를 알면 번역해서 오류의 근원이 모국어 간섭에 의한 것인지를 알 수 있다. 어떤 경우에는 전혀 납득할 만한 번역이 나오지 않을 수 있으며 이 때는 오류분석이 안 된다. 오류의 중요성을 코더(Corder 1973, 1981)는 세 가지 측면에서 강조한다. 첫째, 교사에게 학습의 진전 상황을 점검할 수 있게 한다. 학습자가 어느 정도 목표에 가깝게 진전해 있으며 앞으로 무엇을 더 가르쳐야 하는가를 알려주며, 둘째, 연구자에게 어떻게 언어가 학습되며 학습자가 언어규칙을 발견하기 위하여 어떤 전략과 절차를 사용하는가를 설명해주고, 셋째, 학습자에게는 언어를 배우기 위해 활용하는 장치가 된다고 보았다. 즉, 오류분석은 자신이 배우고 있는 언어에 대한 가설을 검증하는 방책이 된다고 하겠다.

하지만 이러한 오류분석에도 문제점이 지적되는데, 문재식(1981)은 오류분석의 문제점으로 다음과 같은 사항을 지적한다.

첫째, 객관성이 부족하다는 것이다. 오류의 판단에는 개인적인 차이가 생길 수 있으므로 복합성을 띤 오류는 분석자에 따라 범주가 달라질 수 있다. 둘째, 학습자들의 오류에 지나친 주의를 기울이는 위험이 있을 수 있다는 것이다. 오류의 감소가 언어능력 향상의 중요한 기준이 되지만 제2언어 학습의 궁극적 목표는 언어활동에 있어서 유창한 전달 능력의 달성에 있기 때문이다. 셋째, 오류의 빈도에 따르는 난이도의 설정이 쉽지 않다는 점이다. 교수 방법이나 제2언어 교육 시 강조한 부분에 따라 어려운 구조에서 오류가 나타나지 않거나 빈도가 낮을 수도 있고 그 반대 현상이 나타날 수도 있다. 넷째, 이해 자료를 무시한 표현 자료의 과잉 강조를 낳을 수 있다는 것이다. 언어는 말하기, 듣기, 쓰기, 읽기로 되어 있으므로 언어의 이해도 표현처럼 중요한 것이다. 다만 표현은 분석의 자료로 사용될 수 있어서 학자들의 재료가 된 것뿐이며 이해 자료도 외국어 습득 과정을 파악하는 데 동일한 중요성을 가진다.

그러나 이러한 오류의 문제점에도 불구하고 오류는 학습이 이루어지고 있다는 증거가 되며 오류에 대한 연구는 학습과정에 대한 이해를 제공한다. 다음으로 오류분석의 실제를 살펴보자.

한국어 학습자를 대상으로 한 오류분석은 김유미(1999)에 잘 나타나 있는데, 그의 오류분석 방법론과 결과를 소개하면 아래와 같다. 그는 한국어 학습자 말뭉치를 구축하기 위해, 국내 3개 대학의 언어교육 기관의 시험지 작문자료와 자유 작문지를 수집하여 전산 입력하고 이를 날말뭉치(raw corpus)로 구축하였다. 그리고 이 날말뭉치에 개인 정보 문서 표지와 한국어 교육 문법정보 주석을 실시하고, 오류분석을 위해 한국어 오류 사전을 만들어 오류 태그를 부착하여, 오류를 유형화했다. 그가 전개한 오류분석의 진행 절차를 살펴보면 먼저, 전체 학습자 말뭉치의 품사별 사용 빈도와 오류 발생률을 확인하였다. 다음으로 모국어의 차이에 따른 오류를 분석하여, 일본어권 학습자와 영어권 학습자의 오류율을 알아보았다. 특히 한국어의 문법 항목 중에 조사부분에 한정하여 오류를 분석하였다. 조사는 격조사, 보조사, 접속조사로 하위 분류하고, 격조사는 주격조사·목적격조사·관형격조사·부사격조사·인용격조사로 세분화하고 오류의 유형을 '누락', '첨가', '대치'의 셋으로 나누어 분석하였다.

사용한 자료는 학습자들의 쓰기 시험지의 자유작문과 제한작문 그리고 작문반 학생들의 작문지로 고려대·서강대·연세대의 3개 대학의 한국어교육기관의 자료를 사용했다. 작문지는 고려대학교 한국어 연수부, 연세대학교 언어연구교육원, 서강대학교 한국어교육연구원에서의 한국어 학습자의 쓰기 시험지의 작문 복사본 총 803장으로, 한국어 학습자 말뭉치의 자료를 쓰기, 특히 시험지의 작문지로 한정을 했다[25].

---

25) 김유미(1999)는 그 이유를 다음과 같이 설명한다. "자유 작문을 등급별로 수집할 수 없었다. 각 대학 언어교육기관마다 중급과정 이상을 대상으로 작문반을 운영하고 있었고, 또는 없는 기관도 있다. 대신 쓰기 시험지에 작문의 문제 형식으로 다르게 출제하고 있었다. 그렇기 때문에 쓰기 시험지를 수집하여 거기서의 작문 문

그가 제시한 오류분석의 결과를 영역별로 제시하면 아래와 같다26). 먼저 음운 오류는 음운 인식 능력의 오류(1-P)-(1.a), 음절체계 차이로 인한 오류(2-P)-(1.b), 음운 변동에 의한 오류(3-P)-(1.c)로 구분하였다.

(1) a. 〔1〕(1-P) NN 1-P 제 집 금저(√근처)27)에는 교회가 네 게(√개)쯤 있습니다.
b. 〔2〕(2-P) NN 2-P 오늘 친구하고 자주 갔었던 커피쇼프(√커피숍)에서 만났습니다.
c. 〔3〕(3-P) PCJ 3-P 보통 일요일마다 차로 30분이나 40분 거려서(√걸려서) 다녔다.

문법 영역에서는 문법 범주에 따라 그 오류 유형을 구분하고, 명사 오류(4-G-NN)-(2.a), 대명사 오류(5-G-NP)-(2.b), 수사 오류(6-G-NU)-(2.c) 등의 예를 보이고 있다.

(2) a. 〔4〕(4-G-NN) 학국(√한국) 친구 더 사귀고 싶어요.
b. 〔5〕(5-G-NP) 이것은 나(√내)가 지금 가지고 있는 꿈이에요.
c. 〔6〕(6-G-NU) 왜냐하면 지구는 한아(√하나)만 있다.

그 밖에 문법오류 영역에 해당하는 항목으로 동사 오류(7-G-VV)-(3.a), 형용사 오류(8-G-VJ)-(3.b), 지정사 오류(9-G-VC/CO)-(3.c), 보조용언 오류(10-G-VX)-(3.d) 등을 들었다.

(3) a. 〔7〕(7-G-VV) 한국에서 공부 끝나고 나서 일본에서 공부 계석하(√계속하)기로 했습니다.
b. 〔8〕(8-G-VJ) 그리고 한국의 글씨는 제미있(√재미있)습니다.
c. 〔9〕(9-G-VC) 이 문제는 한국뿐만 아니라 다른 나라도 같은 문제이(√#)라고 생각해요.

제를 대상으로 말뭉치를 만든다.
26) 김유미(1999), 재인용.
27) 학습자의 오류 옆에 정정 표기를 √로 표시한다.

d. [10](10-G-VX) 그래서 김치가 맛있는 하숙집에 이사가고 십(√싶)습니다.

또한 관형사 오류(11-G-AN)-(4.a), 일반부사 오류(12-G-AV)-(4.b), 접속
부사 오류(13-G-AVC)-(4,c)를 (4)와 같이 예를 들어 설명하고 있다.

(4) a. [11](11-G-AN) 그리고 모도(√모두) 선생님을 만나고 싶어요.
  b. [12](12-G-AV) 득히(√특히) '어'하고 '으' 발음하는 것이 어렵습니다.
  c. [13](13-G-AVC) 그리고(√그래서) 중국에 가기 전에 이사하기로 했어요.

문법 오류 영역에는 조사의 사용과 관련된 오류가 포함되는데 조사
[주격] 오류(14-G-PCS)-(5.a), 조사[목적격] 오류(15-G-PCO)-(5.b), 조사
[관형격] 오류(16-G-PCG)-(5.c), 조사[부사격] 오류(17-G-PCB)-(5.d), 조사[호
격] 오류(18-G-PCV)-(5.e), 조사[보격] 오류(19-G-PCJ)-(5.f), 조사[보조
사] 오류(20-G-PAU)-(5.g), 조사[접속조사] 오류(21-G-PCJ) -(5.h) 등을
들고 있다.

(5) a. [14](14-G-PCS) 나의 꿈이(√은) 선생님이 되는 것이다.
  b. [15](15-G-PCO) 한국에서 텔레비젼을(√은) 너무 재미있습니다.
  c. [16](16-G-PCG) 고등학교 때는 좋아하는 일본 역사의(√#) 교사가 되고
    싶었다.
  d. [17](17-G-PCB) 여름방학 일본에(√에서) 공부하려고 합니다.
  e. [18](18-G-PCV) 미나코아(√야), 너 빨리 신촌역으로 와.
  f. [19](19-G-PCC) 한국에 온 지 두달쯤이(√#) 되었습니다.
  g. [20](20-G-PAU) 한국이 문법도(√과) 단어하고 일본어 문법하고 단어
    가 비슷하기 때문입니다.
  h. [21](21-G-PCJ) 386세대의 특징이 축제문화과(√와) 여과문화하고(√가)
    있습니다.

그 밖에도 선어말 어미 오류(22-G-EP)-(6.a), 어말어미 오류(23-G-EF)
-(6.b), 감탄사 오류(24-G-EX)-(6.c), 접사 오류(25-G-SN)-(6.d) 등을
들었다. (6a)는 선어말 어미의 오류이면서 동시에 시제 오류(26-G-TE)
를 범하고 있는 경우이다.

(6) a. 〔22〕(22-G-EP/TE) 특히 재즈 댄스를 좋아하겠(√였)어요?

b. 〔23〕(23-G-EF) 서울에서 두 달동안 생활은 아주 재미있는 것이었습#
(√니)다.

c. 〔24〕(24-G-EX) 요보세요(√여보세요), 수미씨 있어요?

d. 〔25〕(25-G-SN) 존슨시(√씨)는 요즘 바쁜가봐요?

의미 영역은 문법적 의미 오류(32-S)를, 어휘 영역은 어휘적 의미 오
류(33-L)를 표시한다. 마지막으로 담화 오류(34-D)인데, 담화 오류는 말
하기에서는 나타날 수 있는 현상이지만, 쓰기의 작문에서는 나타나지 않
아 다루지 않는다.

(7) a. 〔32〕(32-S) 왜냐하면 나는 자기(√나)의 병을 위해 매일 약을 먹어야
하기 때문입니다.

b. 〔33〕(33-L) 그리고 목곡방(√목욕탕)하고 화장실이 같은 장소 있으니깐
덜웠습니다.

또한 표면 전략 영역(SS)은 크게 누락(O), 첨가(A), 오형태(M), 오어
순(M), 대치(R)로 나누고, 완전한 문장 안에 꼭 있어야 할 요소가 없는
경우를 누락으로 보고 보조사를 누락시킨 예를 (8)에서 들고 있다. 첨
가는 〔36〕~〔38〕번까지로 (8b)는 목적격조사와 보조사를 이중표시
(36-A-D)한 것이고, (8c)는 학습자가 보조사 '는' 대신에 주격조사 '가'
로 모든 보조사를 주격조사로 과잉일반화(37-A-O)한 것이다. (8d)는
주격조사 '이'가 단순첨가(38-A-S) 되었다.

(8) a. 〔35〕(35-O) 왜냐하면 다른 친구의 엄마#(√는) 우리 엄마처럼 그렇게
하지 않았기 때문이다.

b. 〔36〕(36-A-D) 밥을(√#)도 잘 먹고 운동도 잘 한다.

c. 〔37〕(37-A-O) 옛날에 ERIC씨가(√는) 영화 배우가 되고 싶었어요.

d. 〔38〕(38-A-S) 자가용 세금하고 기름이(√#) 세금 인상하라.

오형태를 과잉일반화(39-M-O)·대표형(40-M-A)·대표형교환(41-M-AL)·

단순화(42-M-S)로 나누고, 〔43〕과 〔44〕번은 오어순(43-M)-(9.a), 대치 (44-R)-(9.b)의 예로 제시한다.

(9) a. 〔43〕(43-M) 한국 사람 식사할 때 먹으며 큰 소리로(√큰 소리로 먹으며), 음식을 싫어서 다른 사람과 배려 안 했어요.
    b. 〔44〕(44-R) 다른 사람의 복지나 이익의(√에) 대해서도 생각하면 공해 문제나 환경파괴도 더 쉽게 해결할 수 있을 것이다.

최근 한국어 교육학계에서는 학위 논문을 통해 학습자 말뭉치(Learner's Corpus)를 이용하는 오류분석의 연구가 다양하게 이루어지고 있으며, 대형 프로젝트의 하나로서 오류 말뭉치의 구축과 분석이 이루어지고 있다.

제 **3** 장 대조분석의 실제

　일반적으로 언어학에서 많이 다루고 있는 두 언어간의 특정한 분야나 혹은 세부 사항에 관한 대조 연구는 행해져 왔지만, 스페인어와 한국어 문형간의 전반적인 대조 연구는 아직 미약한 상태라고 할 수 있다. 특히 본 연구에서 추구하고자 하는 양 언어의 기본 문형에 관한 대조 연구는 거의 이루어진 것이 없다. 국내외적으로 영어・한국어나 일어・한국어와 관련된 제반 연구는 어느 정도 진전되어 두 언어간의 자동번역 시스템을 지원할 수 있는 이론적 근거를 마련되고 있으나, 스페인어와 한국어 간의 대조 연구는 미미하여 향후 서・한 자동번역 시스템을 구축하고자 할 때 이론적인 근거를 제공하기가 어려운 것이 현실이다.

　이러한 요구를 바탕으로 하여 본 연구에서 구체적으로 진행한 대조의 이유와 대상, 방법 및 절차에 대해 간단히 기술해 보기로 한다. 앞 절에서도 지적한 바와 같이 두 언어를 대조하기 위해서는 왜 두 언어를 분석해야 하는가 하는 분석 이유와 분석한 결과를 어떤 목적에, 어떻게 이용할 것이냐 하는 분석 목적, 그리고 양 언어의 대비 분석 시 양 언어가 가지는 여러 요소 중 어떤 것을 어느 정도의 범위에서 분석할 것이냐 하는 분석 대상 및 범위, 그리고 어떤 방법으로 분석할 것이냐 하는 분석 방법에 대한 정리가 있어야 한다. 대조 연구에 있어서 전제가 되는 위의 사항들을 본 연구와 관련해서 차례로 기술해 보기로 하겠다.

첫째, 분석 이유는 세계 3위의 위상을 차지하는 스페인어의 수요의 증가로 인한 한국과 스페인 언어권간의 언어, 문화 교류의 가능성을 들 수 있다. 언어에서 다른 품사에 비해 상대적으로 많은 비중을 차지하는 한·서 기본 동사의 대조 분석은 한국어를 배우는 스페인어 화자, 스페인어를 배우는 한국어 화자에게 언어적 차이와 유사성에 대한 이해를 돕고 나아가 양국간의 문화와 의식 구조에 대한 상호 이해를 도울 수 있다. 또한 이러한 대조분석의 결과는 양국간의 자동번역 시스템 개발(한서 번역, 서한 번역)에 기초 자료로 활용될 수 있다.

둘째, 분석 범위와 대상은 다음과 같다.

1) 분석의 대상이 되는 한국어 기본 동사 약 50여 개, 스페인어 기본 동사 약 50여 개의 목록을 분석의 대상으로 삼는다.

2) 한국어, 스페인어 공히 구어가 아닌 문어 데이터로 한정한다. 이는 연구의 방법론이 대규모 문어 말뭉치(corpus)의 활용을 바탕으로 이루어졌기 때문이며, 향후 구어 말뭉치가 구축된다면 이를 활용한 대조분석으로 확장될 수 있을 것이다.

3) 대조의 영역에는 음운, 형태, 통사, 의미, 화용 등의 여러 영역이 존재하나, 본 연구에서는 양국어 50여 개의 기본 동사 목록을 확정하여 이를 바탕으로 한 통사, 의미, 화용의 영역으로 국한한다(구체적 자료는 3장에서 전체 목록을 제시한다.).

4) 대상이 되는 언어는 공시성에 중점을 두어 현대 한국어, 현대 스페인어로 한정한다.

5) 기본 동사를 분석의 대상으로 하므로 차용어는 포함하지 않았으나, 한국어의 경우 한자어를 포함한다(한자어는 차용어로 보지 않는다.).

셋째, 분석의 방법론은 다음과 같다.

1) 한국어, 스페인어 공히 두 언어의 표준어로 한정한다.

2) 기준 언어는 한국어를 기준으로 한 기본 동사의 대조분석과 스페인어를 기준으로 한 대조분석 양쪽을 모두 시행한다.

3) 설명어(메타언어)는 한국어로 한정하여 설명한다.

4) 양 언어의 기본 동사의 의미 항목을 자세히 기술하고(의미적 정보) 해당 의미 항목과 관련된 격틀 정보와 논항 정보(통사적 정보)를 제시한다. 아울러 해당 동사와 관련된 관용구와 속담의 대조를 통해 어휘적 정보와 더불어 언어외적 정보(화용적 정보, 문화적 정보)를 기술한다.

5) 의미의 기술은 핵심 의미와 더불어 확장 의미, 관용적 의미까지 제시되며, 해당 의미의 예문을 3개 정도 제시하고, 이들의 대역 문장을 제시하여 대조의 틀을 삼는다.

넷째, 대조분석의 절차는 다음과 같다.

먼저 1단계는 기술의 단계로 스페인어에서의 기본 문형 자료를 수집하고 한국어에서의 기본 문형 자료를 수집한다. 2단계는 기술의 단계로 빈도와 중요도를 반영하여 스페인어의 주요 서술어의 목록을 구축하고 역시 한국어 기본 서술어의 목록을 구축하여 기술한다. 3단계는 선택의 단계로 스페인어와 한국어의 주요 서술어 목록 중 대조 리스트를 확정한다. 4단계는 대조의 단계로 확정된 대조 리스트를 대상으로 한 서술어별 문형 분석 작업을 실시하고 서술어별 예문 말뭉치(corpus)의 분석 및 대조에 필요한 예문을 선정한다. 마지막 5단계는 예측의 단계로서·한 서술어별 대조분석 결과를 바탕으로 한 대조 이론을 도출한다.

1. 유형별 대조분석

1) 한국어 · 스페인어 대조분석

(1) 대조분석의 방법 및 절차

① 기본 동사 선정

한국어 기본 동사는 외국인을 위한 한국어 교재에서 추출하였다. 이런 동사들은 한국어회화 교재의 교재별 중복도와 교재 등급별 편중도를 일차 기준으로 삼고, 이 동사들을 말뭉치(corpus)를 대상으로 작성한 한국어 기본 어휘 후보 목록의 빈도와 누적 사용률을 검토하여 외국인을 위한 한국어 교재의 동사들이 교육용 기본 동사로서 신뢰성을 가지는지를 검증한 것이다.28)

연구 대상이 된 교재는 현재 국내 유수의 한국어 어학원에서 널리 사용되고 있는 8종의 외국인을 위한 한국어교재이다. 이들 8종의 교재는 한국어를 배우는 외국인들이 가장 먼저 접하는 교재로 외국인의 한국어 습득에 중요한 역할을 한다.

대상이 되는 8종의 한국어 교재는 다음과 같다.

    a. 이화 여자 대학교 1권, 2권
    b. 한국외국어대학교 한국어 1, 2
    c. 연세대학교 한국어 1~6
    d. 고려대학교 한국어 1~6
    e. 가나다 외국인을 위한 한국어 1~3
    f. 서울대학교 한국어 1~3
    g. Korean though English 1~3
    h. 시사 한국어, 외국인을 위한 한국어 1, 2

이들 교재에서 추출한 동사들의 분석 방법은 다음과 같다. 먼저 8종의 한국어 교재에 나타나는 동사들에 대해 교재별 중복도와 교재 등급별 편중도를 조사한다. 그 결과 교재별 중복도가 높은 동사들이 초급 교재에 치중되어 있다면 그 동사는 한국어 교육을 위해 필수적이고 기초적인 동사라 할 수 있으며, 이를 바탕으로 한국어 교육용 기본 동사를 가려 뽑을 수 있다.

다음으로 교재 중복도와 초급 교재 편중도에 의해 비교된 동사들을

---

28) 동사 선정에 대한 자세한 논의는 강현화(2001a)를 참조할 것. 5종 이상 교재에 중복되어 나타나는 동사들이 10종의 회화 교재에서 사용되는 횟수는 94,839회이다. 이들 동사 중 73.1%가 100회 이상 사용되는 동사들로 회화체에서도 그 사용 빈도가 높은 기본 동사임을 알 수 있다.

말뭉치(corpus)를 대상으로 작성한 한국어 기본 어휘 후보 목록의 빈도와 누적 사용률을 검토하여 외국인을 위한 한국어 교재의 동사들이 교육용 기본 동사로서 신뢰성을 가지는지를 검증한다.

이와 같이 교재 중복도에 의한 자료 분석 결과를 살펴 보면, 교재 중복도가 높은 동사들은 주로 1·2급의 초급 교재에 나타남을 알 수 있다. 8종 교재 모두에 나타나거나 7종의 교재에 나타나는 동사 중 1급 교재에 나타나는 비율이 각각 83.3%, 86.1%이며, 6종의 교재에 나타나는 동사의 1급 교재 비율이 57.1%, 5종의 교재에 나타나는 동사의 1급 교재 비율이 31.7%로, 1급 교재에 쓰인 동사들이 한국어를 배우는 외국인들에게 필요한 기본 동사로서 중요도를 가짐을 알 수 있다.

또한, 2급 교재의 동사 담당 비율도 8종 교재에서 16.7%, 7종 교재에서 13.9%, 6종 교재에서 42.9%, 5종 교재에서 55.6%이다. 이는 5종 이상의 교재에서 중복되어 나타나는 동사들이 1·2급 교재에 나타나는 비율이 95.2%임을 의미한다. 그러므로, 여러 1·2급 교재에 높은 중복도를 보이는 동사들은 기본 동사 후보로서 충분한 자격을 가지는 것으로 가정할 수 있다.

5종 이상의 교재에 중복되어 나타나는 동사 165개(빈도 660이상 141개)의 누적 빈도는 2,634,524이다. 이를 문화관광부 세계화 추진위원회(1998)의 '한국어 교육을 위한 기초 어휘'를 바탕으로 살펴보면, 【표 1】과 비교하여 보면 알 수 있듯이, 낱말수 비율은 1.21%이지만, 사용률은 29.31%임을 알 수 있다. 5종 이상의 교재에서 중복되어 나타나는 동사들이 한국어에서 가지는 비중이 적지 않음을 반증한다.

【표 1】 한국어 기본 풀이씨(동사 + 형용사) 분포

빈도	낱말수	빈도합	낱말수 비율	사용률
평균 660이상	1,300	7,853,7 62	9.56%	87.40%
660미만	12,297	1,132,2 34	90.44%	12.60%
빈도7 이상전체	13,597	8,985,4 98	100.00 %	100.00 %

한편, '한국어 교육을 위한 기초 어휘 선정' 풀이씨 상위 빈도 10% (동사 130개) 안에 5종 이상의 교재에 중복되는 동사가 60개인 36.4%가 들어 있으며, 상위 빈도 20% 안에는 93개인 56.4%가 들어 있다. 이러한 수치는 5종 이상의 교재에 중복되어 나타나는 동사들이 기본 동사로서 충분한 가치를 가진다고 할 수 있다.

이러한 분석과정을 통해 선정한 동사 목록은 아래와 같다.

(1) 나가다, 기다리다, 넣다, 내리다, 끝나다, 드리다, 듣다, 만들다, 만나다, 주다, 먹다, 찾다, 묻다, (글)쓰다, 가다, 알다, 시작하다, 시키다, 오다, 살다, 쉬다, 받다, 바꾸다, 놀다, 마시다, 돕다, 사다, 자다, 읽다, 걷다, 좋아하다, 걸리다1, (시간, 감기)걸리다2, 배우다, 일어나다, 앉다, 팔다, 나오다, 입다, 타다, 되다, 보이다, 놓다, 버리다, 그리다, 모르다, 잡수시다, 주무시다, 신다, 하다, 이다, 있다[29]

대조의 기준이 되는 한국어 동사의 의미 기술과 문형은 『연세한국어 사전』에 주로 기대었고 보충이 필요한 것은 『현대한국어 동사구문 사전』을 참조하였다.

---

29) 본 연구는 한국어의 용언 특성상 격틀 구조를 가지는 동사만을 다루었으나, '이다, 있다'의 경우에는 한국어에서도 격틀 구조를 가지므로 본 연구에 포함하였다.

선정된 한국어 기본 동사와 스페인어의 동사 사이에는 의미적, 통사적인 대응이 항상 규칙적으로 이루어지는 것이 아니므로, 한·서 번역시에 대응 의미나 문형을 일관되게 기술하는 데 어려움이 많다. 따라서한국어 동사의 의미를 기술하고, 각각의 한국어 동사의 의미가 스페인어의 어떤 동사와 문형에 대응되는가를 의미, 통사, 화용적 측면에서면밀하게 관찰, 기술하기로 한다. 번역에 있어서도 직역과 의역은 차이를 보일 수 있다. 회화의 자연스러움을 강조하여 지나치게 의역을 하게되면 두 언어간의 의미적 교집합이 현저하게 줄어드는 결과를 낳게 되어, 본 연구에서는 스페인어로 번역할 때 어색하지 않으며 비문법적이지 않은 직역을 택하였다.30)

본 연구에서는 한·서 동사 문형 대조를 위하여 다음과 같은 과정을거치도록 하였다.

(2) a. 한국어 동사의 사전 상의 모든 의미 항목을 기술하고, 각각의 경우에가능한 문형(격틀)과 논항 제약, 통사, 형태, 의미, 화용적 특징을 기술한다.

 b. 각 의미 항목별 한국어 문장을 스페인어로 번역하여 대응되는 동사형을찾고, 한국어 격틀에 대응되는 스페인어 격틀을 찾는다.

 c. 이때 스페인어 대역 표현에서 한국어와 같은 수의 논항을 가지는가, 같은 격틀로 실현되는가, 논항에 대한 의미적 제약은 동일한가를 함께 기술한다. 한국어에서 한 의미 항목에 해당되는 예문들 중 이러한 제약에서 차이가 나는 부분들은 스페인어에서 더 세분하여 기술한다.

 d. 그밖에 스페인어로 번역 시에 의미, 화용적으로 한국어와 대조되는 사항들을 기술한다.

 e. 문화적 차이로 인하여 통사, 의미적으로 완전한 대역 문장이 이해되기어려운 경우 문화적 차이에 대한 설명을 추가한다.

② 기본 동사의 격틀 유형

본 연구에서 유형화한 서술어에 따른 격틀을 살펴보면 다음과 같다.

---

30) 이 부분은 스페인 모국어 화자의 도움을 받았다.

(3)

격틀 구분 1	격틀 구분 2	격틀 구분 1	격틀 구분 2
a. 1이 V		b. 1이 2에 V	
	(1에) 2가 V		1이 (2에)V
	1에 2가 V		1이 2에 V
	(1에게) 2가 V		1이 (2에/로) V
	1에게 2가 V		1이 2에/로 V
	1이 V		1이 (2에/를) V
	1이/〔절〕 V		1이 2에/를 V
	1이 (〔절〕) V		1이 (2에/로/를) V
	1이 〔절〕 V		1이 2에/로/를 V
	1이 (2가) V		1이 2에/보다 V
	1이 2가 V		1이 2보다 V
	1이 2가/에 V		1이 (2에게) V
			1이 2에게 V
			1이 (2에게서) V
			1이 2에게/를 V
			1이 (2에서) V
			1이 2에서 V
			1이 2에서/가 V
c. 1이 2로 V			
	1이 (2로) V		
	1이 2로 V		
	1이 2로/를 V		
	1이 (2에서) 3으로 V		
	1이 2에 (3으로) V		
	1이 (2에게) 3으로 V		
	1이 (2와 3으로) V		
	1이 2로/〔절〕 V		
	1이 2로/〔부〕/〔절〕 V		
	1이 〔부〕 V		

1이 (2에) 3으로/
〔절〕 V

(1에게) 2가 3으로 V

(4)

격틀 구분 1	격틀 구분 2	격틀 구분 1	격틀 구분 2
a. 1이 2 를 V		b. 1이 2에	
	1이 (2를) V	3 을 V	1이 2에 (3을) V
	1이 2를 V		1이 (2에) 3을 V
	1이 2를/가 V		1이 2에 3을 V
	1이 2를 /보다 V		1이 (2에/로) 3을 V
	1이 (2를/〔절〕) V		1이 2에/로 3을 V
	1이 2를/〔절〕 V		1이 (2에게) (3을) V
	1이 2를 〔절〕 V		1이 (2에게) 3을 V
			1이 2에게 3을 V
			1이 2에게/를 〔절〕 V
			1이 2를 3을 V
			1이 (2에게서) 3을 V
			1이 (2에서) 3을 V
			1이 2에서 3을 V
			1이 2에게 (〔절〕) V
			1이 (2에게) (3을/〔절〕) V
			1이 2에게 3을/〔절〕 V
c. 1이 2를		d. 1이 2 와 V	
3 으로 V	1이 2를 (3으로) V		1이 (2와) V
	1이 2를 3으로 V		1이 2와 V
	1이 (2를) 3으로 V		1이 2와/를 V
	1이 2를 3과 4로 V		1이 2와/에게 V
	1이 2를 3으로/에 V		1이 2와/로 V
	1이 2를 (3으로/〔절〕) V		1이 2와 3을 V

e. 1이 2를   f. 기타
   3 과 V   1이 2를 3과 V   1에/를 V
               1이 2를 3과/에 V   1에 V
               1이 2를 3과/으로 V   1에 2를 V

(5)

격틀 구분 1	격틀 구분 2	격틀 구분 1	격틀 구분 2
a. 1이 Adj		b. 1이 2 가	
	(1에) 2가 Adj	Adj	1이 (2가) Adj
	1에 2가 Adj		1이 2가 Adj
	(1에게) 2가 Adj		1이 〔절〕 Adj
	1에게 2가 Adj		
	1이 Adj		
	1이/〔절〕 Adj		
	〔절〕 Adj		
	1이 (2보다) Adj		
c. 1이 2로 Adj		d. 1이 2에	
	1이 (2로) Adj	Adj	1이 (2에) Adj
	1이 2로 Adj		1이 2에 Adj
			1이 2에 (3이) Adj
			1이 2에/가 Adj
			1이 (2에게) Adj
			1이 2에게 Adj
			1이 (2가) (3에게) Adj
e. 1이 2와		f. 기타	
Adj	1이 (2와) Adj		1이 2Adj
	1이 2와 Adj		
	1이 2와 (3이) adj		
	1이 2와/에 Adj		
	1이 2와/에서 Adj		

(2) 대조의 샘플

위에서 살펴본 대조분석의 대상, 방법, 절차에 따라 선정된 한국어 기본 동사 '가다'의 대조분석 결과를 보이면 아래와 같다.

스페인어 대역 표현이 한국어와 같은 논항 제약을 가지는 경우에는 별도로 스페인어 논항 정보를 기술하지 않으며, 논항 제약이 추가로 필요한 경우에만 스페인어 격틀과 함께 논항 정보를 기술하게 된다. 한국어 격틀에서 없던 논항이 스페인어에서 나타나는 경우 0으로 표시하게 되며, 그 외에 의미, 화용적으로 특이한 사항은 ※ 표시와 함께 기술한다. 논항의 기술에 있어서는 의미부류를 적는 것을 원칙으로 하나 특정 단어만이 논항으로 올 수 있는 경우에는 따옴표(' ') 안에 이 단어를 넣어 구분하였다.

'가다'의 의미 항목은 총 30개로 나누었으며, 약 23의 관용구를 이루고 있다. 동일한 의미를 가졌으나, 격틀이나 논항이 달리 나타나는 경우에는 하나의 의미로 보아 한 의미 항목 내에서 처리하는 것을 원칙으로 삼았다. 각각의 의미 항목에는 해당 의미를 잘 드러내는 예문을 세 개씩 들고, 이들의 해당 표현을 기술하였다.

가다

1. (한 곳에서 다른 곳으로) 옮겨 움직이다.

1이 2에(에게)/로 가다
1이 2를 가다
1이 2가다
(1 : 유정, 2 : 장소)
(1 : 교통수단, 2 : 사람)
¶ 오늘 나는 공원에 갔었어요.
¶ 오빠는 서울로 갔다.
¶ 민수는 미국 가서 공부했다

1 ir(se) a 2
(2 : 장소)
1 ir a/ por/ con 2
(2 : 사람)

¶ Hoy fui al parque.
¶ Mi hermano se fue a Seúl.
¶ Minsu fue a estudiar a los E.E .U.U.

¶ 아이는 엄마에게 갔다.   ¶ El nino se fue a/con su mamá.

〔※*2를 : 2의 어휘특성〕

¶ 잠시 후에 택시가 너에게 갈 거다.   ¶ Al rato el taxi va a ir por ti.

¶ Al rato vendrá el taxi por ti.

(※2 : 2인칭 일때 ir가 venir로 교체

될 수 있음)

〔※*2를 : 2의 어휘특성〕

1이 2에서 가다   1 venir/ ir(se) de 2

(1 : 유동, 2 : 장소)

〔※주로 "2에서 간 1" 꼴로 쓰임〕

¶ 서울에서 간 사람들이 일을 저질렀다.   ¶ Ha causado problemas la gente que ha venido/ido de Seúl.

¶ 여기에서 간 사람을 만났소?   ¶ ¿Se ha encontrado con la persona que vino/ se fue de aquí?

¶ 부산에서 간 레미콘 차량들이 여의도   ¶ Se han reunido en Yoido los
에 집결했다. vehiculos con hormigones que vinieron/fueron de Pusan.

1이 2로 가다   1 ir(se) a 2

(1 : 교통수단, 2 : 장소)

¶ 철수는 무작정 부산으로 가는 기차에   ¶ Chulsu subió al tren que iba a
올라탔나 Pusan sin pensar ni reflexionar.

2. (일을 보기 위해)일정한 장소로 움직이다.

1이 2에 가다   1 ir a 2
1이 2를 가다   (1 : 사람, 2 : 교회, 학교…)
1이 2가다

¶ 중학교 때는 주일이면 교회에 갔다.   ¶ En la secundaria me iba a la iglesia los domingos.

¶ 당분간 학교에 가고 싶지 않다.   ¶ Por ahora no quiero ir a la escuela.

3. 길을 따라 움직이다.

(1이) 2/3으로 가다   **1 ir por/a 2 3**
(1 : 사람, 2 : "이", "그", "저", 방향, 3 :
"길")
〔※주로 종속절로만 쓰임〕
¶ 이 길로 가면 작은 집이 나옵니다.   ¶ Si va por este camino, encontrará
/aparecerá una pequeña casa.
¶ 저 길로 가다가 오른쪽 길로 가십시오. ¶ Vaya por ese camino y luego
vaya por/ a la derecha.

4. (특정한 조직이나 기관에) 참가하거나 소속되다.

1이 2에 가다   **1 ir a 2** (2 : 군대)
1이 2를 가다   **1 hacer el servicio militar**
1이 2가다   **1 ir al ejército**
(1 : 사람, 2 : 기관, 단체)   **1 ir a la mili**
1 entrar en el ejército

¶ 졸업하면 바로 군대를 가야지.   ¶ Después de graduarme, iré al
ejército directamente./ entraré en
el ejército/ haré el servicio militar.
¶ 우리 애는 올해 학교 간단다.   ¶ Mi hijo va a la escuela este año.
¶ 내년에는 대학에 꼭 가겠다고 결심했다. ¶ Decidí ir a la universidad, sin
falta, el año que viene.

5. (어떤 일에 복무하거나 종사하기 위하여 일정한 곳으로) 옮기다.

1이 2로 가다   **1 ir a 2**
(1 : 사람, 2 : 기관·단체·부서)
¶ 영업부로 가든가 아니면 다른 회사로 ¶ Vaya al departamento de ventas
가든가 해요.   o vaya a otra empresa.
¶ 삼 년 후에 당신은 의무적으로 다른 ¶ Después de tres años deberá ir a
부서로 가게 될 겁니다.   otro departamento obligatoriamente.

6. (어떠한 상태나 사태를) 지향하다.

1이 2로 가다
(1 : 사람·단체, 2 : 추상)
¶ 이것이 통일로 가는 첫 단계이다.

¶ 우리 사회가 지금 어디로 가고 있는 건지.

1 ir hacia/para/por 2
2로 가는 : Para 2
¶Esta es la primera fase para la unificación.

¶¿Hacia dónde estará yendo nuestra sociedad?

7. (어떠한 상태나 사태에) 이르다.

1이 2까지 가다
(1 : 상태, 2 : 상태)

¶ 더이상 손을 쓸 수 없을 정도로 사태는 갈 데까지 다 가 버린 뒤였다.

¶ 본선까지 가기 전에 예선에서 떨어진 격이구먼.

¶ 그는 생명이 위독한 상태까지 갔다가 가까스로 회생했다.

1 ir(se) hasta/a 2
1 llegar a 2
1 estar en 2

¶ El asunto ya se había ido hasta un extremo en que no podíamos hacer más nada.

¶ Es como haber fracasado en las preliminares antes de haber llegado a las finales.

¶ Estuvo en un estado que amenazaba su vida, pero milagrosamente se resucitó./ apenas se ha resucitado.

8. (어디로) 향하거나 이어지다.

1이 2로 가다
(1 : 사람, 2 : 장소)
¶ 우체국을 나온 그들은 마을로 가는 길로 접어들었다.
¶ 안마당에서 대문으로 가는 꽃밭에 앵두꽃이며 장미가 한창 피어 있었다.

1 ir a 2
¶ Al salir de correos tomaron el camino para ir al pueblo.
¶ Estaban florecidos los cerezos y las rosas en el jardín que estaba entre el patio interior y el portón.

9. ㄱ. (무엇이) 움직여서 (어디에) 있게 되다.

1이 2로 가다
1이 2에 가다
(1 : 사물, 2 : 장소)

¶ 반사적으로 손이 허리춤의 권총 손잡이로 갔다.

¶ 손이 등뒤로 가도록 묶었다.

¶ 마음이 불안해지면 나도 모르게 손끝이 입에 가 있곤 했다.

[0 : 여격clitic] irse 1 por 2/
0 llevarse 1 a 2
(0 : 1의 소유주, 1 : 신체일부)
1 ir por 2

¶ Se me fue la mano por la manija de la pistola que había en la cintura.

¶ Le até (para que vayan) las manos por la espalda.

¶ Cuando me ponía nervioso, me llevaba las uñas a la boca sin darme cuenta.

ㄴ. (눈길이 어디로) 쏠리다.

1이 2로 가다
1이 2에 가다
(1 : '시선'·'눈길'·'마음', 2 : 대상)

¶ 그녀가 걸치고 있는 드레스에 시선이 갔다.

¶ 밥상 앞에 앉아서도 눈은 자꾸 텔레비전으로 갔다.

¶ 그는 노상 술에만 마음이 가 있었다.

los ojos [0 : 여격clitic]
ir (se) por/hacia 2
(1 : 눈길/시선/눈)
0 tener la mente puesta en 2
(0 : 1의 소유주, 1 : 마음)

¶ Se me iban los ojos por/ hacia el vestido que ella llevaba.

¶ Los ojos se me iban muchas veces para la televisión aún cuando estaba sentado en la mesa para comer.

¶ Él siempre tenía la mente puesta en el alcohol.

10. (누구의) 소유로 되다.

1이 2에게 가다
(1 : 재산·물건, 2 : 사람)

¶ 아버지가 돌아가시고 나면 첩에게 재산이 다 갈 수도 있잖소?

¶ 그의 재산은 모두 장남에게 갔다.

0 [2 : 여격clitic] dejar 1 (a 2)
(0 : 1의 소유주)

¶ Después de que fallezca el padre, tal vez le deje toda la herencia a la concubina.

¶ Le dejó al mayor toda la herencia.

11. (무엇이) 보이지 않게 없어지다.

1이 2로 가다
1이 2 가다
(1 : 물건, 추상, 2 : '어디')

¶ 감사라도 걸려서 그 돈 어디로 갔느냐고 하면 뭐라고 말할 테냐?

¶ 세상에 발을 딛고 서 있다고 믿었던 자신감은 어디로 갔을까?

¶ 그 그림이 어디로 갔을까?

2 irse/ meterse 1
2 [0 : 여격clitic] irse 1
(1 : 사람의 정신적, 물리적 소유물)

¶ ¿Qué le dirás si te preguntan dónde se ha ido el dinero cuando vengan a supervisar?

¶ ¿Dónde se me habrá ido la confianza en creer que tenía los pies sobre la tierra?

¶ ¿Dónde se habrá metido el cuadro'?

12. (일이) 진행되어 (어디에) 이르다.

1이 2에 가다
1이 2로 가다
(1: 사건, 2: 사건의 단계)
[※절로만 쓰임]

¶ 후반부로 가자 술기운 때문에 분위기가 시끌벅적해졌다.

¶ 그 계획은 실천 단계에 가서 흐지부지되고 말았다.

1 llegar a 2
2로 가자/ 가서: a/en 2
al llegar a 2
갈수록: al ir a 2/현재분사
결국에 가서: al final

¶ Al final el ambiente empezó a alborotarse por el alcohol .

¶ Ese plan se quedó en nada al llegar a la práctica.

¶ 이대로 방치한다면 다음 세대에 가서 ¶ ¿Quién deseará hacer esas cosas
는 누가 이런 일을 하려 하겠습니까?   en las siguientes generaciones si
las descuidamos así?

¶ 새벽으로 갈수록 오히려 그는 잠을 ¶ A pesar de que iba ya amaneciendo,
이룰 수 없었다.   más aún, él no podía conciliar el
sueño.

〔※*2에 : '-ㄹ수록'의 제약〕

¶ 그는 결국에 가서 모두 자백했다.   ¶ Él lo confensó todo al final.
〔※*2로 : '결국에'의 어휘화〕

13. (어떤 표면을 길 삼아서) 움직이다. 이동하다.

1이 2를 가다   **1 ir por 2**
(1 : 사람, 2 : '길'·'길'합성어)   **1 venir por 2**
¶ 갑자기 그가 가던 길을 되돌아왔다.   ¶ De repente él volvió por el camino
que había venido/ ido.

¶ 길을 가던 사람들이 주위로 몰려들었다. ¶ La gente que iba por el camino
se aglomeró a su alrededor.

¶ 한 나그네가 산길을 가다가 구덩이 ¶ Un forastero que iba por la
속에 빠진 호랑이를 보았습니다.   montaña vio al tigre atrapado en
un pozo.

14. 어떤 일을 하려고 있던 곳을 떠나 움직이다.

1이 2를 가다   **1 ir(se) de 2** (2 : 휴가)
1이 2 가다   **ir a ver una película** (2 : 영화구경)
(1 : 사람, 2 : '이사'·'휴가'·'구경'·'면회'· **1 mudar a 0** (2 : 이사)
'유학'·'마중')   〔※2의미가 동사에 포함〕
1 ir a estudiar a 0 (2 : 유학)
1 visitar/ver a 0 (2 : 면회)
1 ir en busca de 0 (2 : 마중)

¶ 마침내 서울로 이사를 간 것이 아니었 ¶ ¿Al final, se habían mudado a
던가?   Seúl?

¶ 우리 휴가 언제 갈 거야?　　　¶ ¿Cuándo nos vamos de vacaciones?

¶ 우리 영화 구경 갈래?　　　　¶ ¿No quieres ir a ver una película?

¶ 진희는 졸업하면 유학이나 갈까 하는　¶ Chinji parece que va a ir a
눈치였다.　　　　　　　　estudiar al extranjero después de
　　　　　　　　　　　　graduarse.

¶ 내 대신 가끔 면회나 가다오.　¶ Por favor, ve a visitarlo/ verlo
　　　　　　　　　　　　a menudo en mí lugar.

¶ 그 날도 나는 아이를 마중 갔다.　¶ Ese día también (yo) había ido
　　　　　　　　　　　　en busca del niño.

15. (어떠한 수준이나 정도에) 이르다.

1이 2(는) 가다　　　　　말이나 안하면 중간이나 가지.

(1 : 상황·물건·위치, 2 : 가격·가치·위　: Si no hubieras dicho nada, las
치)　　　　　　　　　cosas hubiesen ido mejor.

　　　　　　　　　　으뜸가다, 천하에 둘째가라면 서러워
　　　　　　　　　　하다 : 1 ser el mejor

　　　　　　　　　　1이 시가가 2 가다 : El precio
　　　　　　　　　　actual de 1 estar a 2

　　　　　　　　　　1 costar 2

¶ 그런 점에서는 철수가 으뜸가는 위치　¶ En ese aspecto se podría decir
에 있었다고 할 수 있었다.　　que Chulsoo era el mejor.

¶ 그 사람은 천하에 둘째가라면 서러워　¶ Ese hombre es el mejor del mundo.
할 양반이었다.

¶ 이런 집은 시가가 얼마나 갈까?　¶ ¿A cuánto estará el precio
　　　　　　　　　　　　actual de esta casa?

¶ 이거 아마 백화점같은 데서 몇 십만　¶ Esto costará, tal vez, por lo
원 갈 걸요.　　　　　　menos unos cien mil wones en los
　　　　　　　　　　　　grandes almacenes.

16. (일정한 시간을 통하여) 지속하다.

1이 2를 가다
1이 2 가다
1이 부사 가다
(2 : 기간)

1 durar 2
1 durar 부사
1이 오래가다
no 〔0 : 여격clitic〕 irse 1
(0 : 1의 소유주, 1 : 질병)

¶ 억지로 모은 재물은 삼대를 가기 어렵다.

¶ Es difícil que la riqueza acumulada (/ahorrada) con esfuerzo dure tres generaciones.

¶ 어머니 걱정대로 평화스러운 날은 얼마 가지 못했다.

¶ Tal como presintió mi madre, los días de paz no duraron mucho.

¶ 나의 망설임은 길게 가지 않는다.

¶ Mis vacilaciones no suelen durar mucho.

¶ 감기가 오래 가는구나.

¶ No se te va el resfrío.

17. 내기나 노름판에 돈을 걸다.

1이 2(를) 가다
(1 : 사람, 2 : 돈·액수…)

2 ir

¶ 나는 철수가 이긴다는 쪽에 5만원 간다.

¶ Van cincuenta mil wones a que Chulsu gana.

18. 떠나다.

1이 가다
(1 : 사람)

1 irse

¶ 철수가 아까 갔어.

¶ Chulsu se fue hace poco.

¶ 그가 가 버렸어요.

¶ Él se ha ido.

19. (시간이) 흐르다. 지나다.

1이 가다

pasar 1 〔※후치주어〕

(1 : 시간)

날/해가 갈수록: al pasar el tiempo
/a medida que pasan los días/
asa el tiempo
하루가 가고 이틀이 지나는 동안
: de un día para otro

¶ 해가 갈수록 겨울을 나기가 점점 힘 ¶ Al pasar el tiempo, se hace más
들어지는구나. difícil pasar el invierno.

¶ 컴퓨터는 날이 갈수록 발전해 가고 ¶ A medida que pasan los días/
있다. pasa el tiempo, el ordenador se
desarrolla más y más.

¶ 하루가 가고 이틀이 지나는 동안, 참 ¶ Han ocurrido cosas tan extrañas
으로 기이한 일이 생겨났다. de un día para otro.

20. (어떠한 시기가) 끝나다. 지나다.

1이 가다   ir(se) 1/1 ir(se)
(1 : 시기)   세월이 가면: con el tiempo

¶ 폭력의 시대가 가고 평화의 시대가 ¶ Se han ido los tiempos de la
왔다. violencia y han llegado los de la paz.

¶ 괜히 나 때문에 아까운 청춘 다 갔다 ¶ Por favor no te arrepientas de haber
고 후회하지 말고 연애도 해. dejado ir tu preciosa juventud
por mí y enamórate de otro.

¶ 세월이 가면 잊혀지겠지요. ¶ Con el tiempo se olvidará.

21. (건강이나 몸의 기능이) 나빠지거나 망가지다.

1이 가다   1 empeorarse
(1 : 사람의 신체 일부분)   [0 : 여격clitic] irse 1

¶ 주먹이 날아올 때 '아이쿠 이제 성한 ¶ Al ver que venía el puñetazo,
눈마저 가는구나'하는 생각이 들었다. pensé 'ay, ahora hasta el ojo
sano se me va a ir'.

¶ 술을 많이 마시면 제일 먼저 간이 간다. ¶ Si bebe mucho alcohol, se empeora
primero el hígado.

22. (상대방 전화에 연결되었다는 신호 소리가) 들리다.

1이 가다
(1 : 신호)

¶ 이내 삐-삐- 하고 신호가 갔다.

¶ 신호가 가는데 전화는 받지 않는다.

oírse 1
transmitirse 1
sonar1′ (1′ : 전화)

¶ Inmediatamente se trasmitió la señal haciendo bip-bip.

¶ Se oía la señal pero nadie cogía el teléfono./Sonaba el teléfono pero nadie respondía/lo cogía.

23. ㄱ. (기계 따위가) 움직이거나 작동하다.

1이 부사 가다 (1 : 기계류)

¶ 틀리게 가는 시계조차 볼 수가 없어 때를 짐작할 수가 없었다.

¶ 길을 들였더니 차가 잘 가네요.

1 ir 부사

¶ No se podía ver ni siquiera un reloj que fuera (/anduviera) mal; por eso, era difícil de advinar la hora.

¶ El coche va muy bien después de haberme acostumbrado a él.

ㄴ. 어떤 동력으로 (기계 따위가) 움직이거나 작동하다.

1이 2로 가다 (1 : 기계류, 2 : 동력)

¶ 옛날처럼 삿대로 저어 가는 배가 아니고 기계로 가는 동력선이다.

¶ 이 시계는 태엽으로 간다.
¶ 이 자동차는 전기로 간다.

1 ir con 2
1 ir a 2 (2 : 기계)

¶ El barco no marcha/va con remos como en los tiempos pasados sino a máquina.

¶ Este reloj va con cuerda.
¶ Este coche va con electricidad.

24. (사람이) 죽다.

1이 가다   **1 irse**
(1 : 사람)

¶ 이 어른께서 이렇게 허망하게 가시다니. ¶ Quién hubiera pensado que este
señor se iría tan repetinamente.

¶ 힘든 농사일을 하며 고생스럽게 살다 ¶ Era una mujer que había empleado
간 아내였다.   su vida trabajando difícilmente en
el campo y se nos ha ido.

¶ 숱하게 많은 유태인들이 그 사람 때 ¶ Miles de judíos fueron de forma
문에 비명에 가고 말았다.   traumática por su culpa.

25. (어떠한 상태로) 지속하거나 진행하다.

1이 2 가다   **1 ir/seguir 2**
(1 : 상황, 2 : '이렇게'·'이대로'류의 부사)
〔※주로 '가면 · 가다가'의 꼴로 쓰임〕

¶ 오빠 이렇게 가다가는 안 될 것 같아. ¶ Creo que no debemos seguir así,
hermano.

¶ 아무래도 이대로 가면 죽도 밥도 아니 ¶ Creo que si vamos así no podremos
겠어.   obtener nada .

26. (연락이나 소식 등이) 전하여지거나 알려지다.

1이 (2에게/로) 가다   1 〔2 : 여격clitic〕 llegar (a 2)/
(1 : '소식'·'연락'·'기별'·'사람', 2 : 사람· 0 〔2 : 여격clitic〕 avisar a/
장소)   〔※동사에 1의 의미 포함〕
0 〔2 : 여격clitic〕 dar 1 a 2
(2 : 사람)
1 irse a 2 (2 : 장소)

¶ 기다리면 학교로 곧 연락이 갈 겁니다. ¶ Si espera, el aviso va a llegar a
la escuela en un momento.

¶ 석담은 민 선생에게 기별이 안 갔 ¶ Sukdam se enfadó al oír que
다는 말에 화를 벌컥 냈다. no le había llegado la noticia al
Sr. Min.

27. (줄, 금 따위가) 생기다. 그어지다.

2에 1이 가다
(1 : '줄'·'금', 2 : 장소·사물)

2 tener 1/2 arrugarse
〔※동사에 1의 의미 포함〕
(2 : 금)
2 tener grietas

¶ 그 곳에서는 구김이 안 가고 탄력성 ¶ Allí trataban como de primera
도 좋은 나일론을 최고로 쳤다. calidad al nilón por su elasticidad
y por no arrugarse.

¶ 순녀의 그 곱던 얼굴에도 주름이 갔다. ¶ Hasta en la suave cara de Sunio
tenía arrugas.

¶ 컵에 금이 가 있네. ¶ El vaso tiene grietas.

28. (어떠한 감정이 누구에게) 향하다.

1이 (2에게/에) 3이 가다
(1 : 사람, 2 : 사람·일, 3 : '믿음'·'호감'·
'마음'·'공감')

1 동사(3과 관련) 2
1 comprender 2 (3 : 공감)
1 sentir/tener simpatía por/a 2
(3 : 마음, 호감)
1 confiar en 2 (3 : 믿음, 2 : 사람)
1 tener fe en 2
(3 : 믿음, 2 : 일, 사실)
〔※동사에 3의 의미가 포함〕

¶ 그의 진단 중에 딱 한 가지는 공감이 ¶ Comprendo solamente una cosa
간다. en su diagnóstico.
¶ 때로 이상하게 마음이 더 가는 환자가 ¶ A menudo hay pacientes por los
있다. cuales siento más simpatía .
¶ 그에게는 믿음이 안 간다. ¶ No puedo confiar en él.

¶ 그 일이 잘 될 거라는 믿음이 간다.

¶ 윤주라는 애, 난 호감이 가지 않아.

¶ Tengo fe en que todo va a salir bien.

¶ A Yunju no le tengo simpatía.

29. (생각이나 이해가) 미치다.

1이 2가 3이 가다
(1 : 사람, 3 : '이해' · '구별' · '짐작')

1 동사(3와 관련된)
1 **comprender** 2 (3 : 이해)
1 **distinguir** 2 (3 : 구별)
1 **imaginar** 2 (3 : 상상)
1 **adivinar** 2 (3 : 짐작)
〔※동사에 3의 의미 포함〕

¶ 형수님 그러는 거 난 이해가 간다.

¶ 뒤에서 봐서는 여잔지 남잔지 구별이 안 간다.

¶ 상상이 안 갈 정도로 큰 액수였다.

¶ 누군지 짐작이 가십니까?

¶ Yo sí comprendo por qué actúa así mi cuñada.

¶ Desde atrás no se puede distinguir si es hombre o mujer.

¶ Era una suma tan grande que no podía ni imaginarmela.

¶¿Puede advinar quién es?

30. (이익이나 손해가 어떠한 대상에) 미치다.

2에/에게 1이 가다
(1 : '무리' · '해' · '피해', 2 : 사람 · 단체 · 건 강)

0 〔2 : 여격 clitic〕 **perjudicar en** 2

2 〔0 :여격clitic〕 **darse (a** 0)
(0 : 2의 소유주, 2: 건강 · 신체일부)
〔※동사에 1의 의미 포함〕
0 **hacer** 1 a 2/0 **dañar a** 2 (0·2 : 사람)

¶ 건강에 큰 무리가 가지 않을 정도로 만 하세요.

¶ Hágalo sólo hasta cierto grado para que no le perjudique en su salud.

¶ 제 충고를 무시하고 가볍게 움직이면 ¶ No olvide que puede dañar/ 다른 사람에게 해가 간다는 것을 명심 hacer daño a otras personas si 하세요. actúa a la ligera y no hace caso a mis consejos.

(관용구)

1. 손이 가다

1에 손이 가다

(1 : 물건) (직. ir la mano)
손이 안 간 데 없는 1
1 que [1 : 대격clitic] manejar
(완료형)
ㄱ. (어떠한 대상에 사람의 노력이나 힘 **손이 안 간 1**
이) **미치다.** **1 que no haberse cuidado**
1이 손이 많이 가다
1 necesitar mucha atención y cuidado

¶ 그는 자신의 손이 안 간 데 없는 물 ¶ Tocó con la mano los objetos 건을 만져 보았다. que había manejado.
¶ 사람이 사는지 폐옥인지 분간하기 어 ¶ Eran unas casas que no habían 려울 정도로 손이 안 간 집들이었다. sido cuidadas y era difícil distinguir si estaban deshabitadas o no.

¶ 이 기계는 손이 많이 가고 매일 손질 ¶ Esta máquina necesita mucha 해 주지 않으면 안 된다. atención y cuidado diario.
ㄴ. (어떤 것을 향하여 손이) **움직이다.** **1이 2에 손이 안 가다**
no [1 : 여격clitic] irse la mano a 2
1 no echar mano a 2
1 no querer ni tocar 2
¶ 나는 선뜻 물수건에 손이 안 간다. ¶ A mí no se me va la mano a la toalla mojada fácilmente

¶ 아마 내가 끓인 미역국을 먹으면 병원 음식은 손도 안 갈걸? ¶ Si él prueba la sopa que yo le hago, no querrá ni tocar la comida del hospital.

2. 간 곳(이)/데(가) 없다 : 완전히 없어지다.

1이 간 곳(이)/데(가) 없다 (1 : 구체· 추상) · **1 no encontrarse en ningún lugar/ lado**

¶ 맑고 장하던 이성의 조화는 간 곳이 없고, 어지럽고 시끄러운 소음뿐이네. ¶ La pura y admirable armonía de la razón ya no se encuentra en ningún lado; sólo hay un ruido desordenado y estridente.

¶ 도시에는 예전과 같은 인정은 간 곳이 없다. ¶ En la ciudad no se encuentra la generosidad de antaño.

3. 간에 기별도 안 가다. 1 no llegar ni para un diente

: 먹은 양이 너무 적다 (직. no ir el mensaje al hígado)

¶ 배가 너무 고파 이 음식으로는 간에 기별도 안 가네. ¶ Con el hambre que tengo, éste no me llega ni para un diente.

4. 갈 곳/데 없는/없이 : 어쩔 수 없는/없이. 다른 도리가 없는/없이.

갈 곳/데 없이 sin ningún remedio

갈 곳/데 없는 1 sin duda

(1 : 유정) **sin poder tener coartada**

¶ 된장찌개에서 문득 구수한 고향의 내음을 맡게 되는 느낌, 갈 데 없는 조선 사람이란 증거 아닌가. ¶ Sentir bruscamente el olor sabroso del pueblo natal en el 'Duenchangchigue' (sopa de soja), significa sin duda que soy coreano.

¶ 그 사람때문에 어머니는 갈 곳 없이 거짓말을 한 여자로 몰리게 되었다. ¶ Por esa persona, mi madre ha sido acusada de mentirosa sin poder tener coartada.

5. 갈수록   cada vez más
: 시간이 지나면 더욱 더. 점점 더.

¶ 갈수록 꿈과 현실의 경계가 모호해져 ¶ Cada vez más, el límite entre la
간다.   realidad y el sueño se hace más
                                  ambiguo.
¶ 갈수록 매상이 신통치 않아요.   ¶ Cada vez más las ventas no son
                                  satisfactorias./Cada vez las ventas
                                  van de mal en peor

6. 골로 가다 : 일이 잘못되어 낭패를 당하다.

1이 골로 가다   **1 irse al traste/al carajo/a**
(1 : 사람)   **pique/a**
                                  la mierda
                                  1 fracasar
¶ 이러다가 우리 모두 골로 가겠어.   ¶ Si seguimos así vamos todos al
                                  traste.

7. 맛이 가다 : 정상이 아니다.   (직. irse el sabor)

1이 맛이 가다   **1 estar mal** (1 : 사람)
(1 : 사람 · 사물)   **1 estar pasado** (1 : 음식물)
¶ 철수가 맛이 갔데.   ¶ Chulsu está mal.
¶ 이 김치는 완전히 맛이 갔네.   ¶ Este kimchi está totalmente
                                  pasado.

8. 한물(이) 가다 : 유행이 지나다.

1이 한물(이) 가다   **1 ser pasado**
(1 : 사람 · 사물 · 추상)   **1 pasar de moda**
¶ 랩은 이제 한물 간 장르지요.   ¶ El rap es un género ya pasado.

¶ 통이 넓은 바지는 이제 한물 갔다.　¶ Los pantalones anchos ya fueron/ pasaron de moda.

9. 뿅 가다 : 마음을 빼앗기다.

1이 2에/에게 뿅 가다
(1 : 사람, 2 : 사람·추상)
¶ 나는 새로 오신 선생님에게 뿅 갔다.
¶ 진우는 금아의 미소에 뿅 갔다.

1 enamorarse de 2
1 estar loco por 2
¶ Yo me enamoré del nuevo profesor.
¶ Jinu se enamoró de la sonrisa de Kuma./ Jinu está loco por la sonrisa de Kuma

10. 생전 가도/가야.　Aunque se muera

(직. aunque vaya durante toda su vida)

백년 가도/가야
백날 가도/가야 : 영원히
¶ 생전 가야 그 인간은 그 버릇 못 고쳐.

aunque vaya durante 100 años
aunque vaya durante 100 días
¶ Aunque se muera, ese hombre no va a poder cambiar ese hábito.

11. 오고 가는 : 주고 받는.

tomar y dar/toma y daca
(직. venir e ir)

¶ 사람이 서로 오고 가는 것이 있어야지.　¶ Entre la gente es necesario que haya un tomar y dar.

12. 오나가나 : 어디에서나.

siempre
(직. aunque venga o se vaya)

¶ 오나가나 나만 당하는군.　¶ Siempre, yo soy el imbécil.

13. 오도 가도 못하다 : 꼼짝 못하다.

1이 오도 가도 못하다　　**1 no poder ir a ninguna parte**

(1 : 사람)

¶ 우리는 오도 가도 못하고 산장에 발이 묶였다

(직. sin poder venir ni ir)

¶ Nosotros nos quedamos en la cabaña sin poder irnos a ninguna parte.

14. 저리 가/가라 : 눈앞에서 사라져라.

¶ 꼴도 보기 싫으니까 저리 가.

¡Vete para allí!
¡Vete al infierno!

¶ Vete al infierno, no quiero ver ni tu cara./No quiero verte ni en pintura./Vete que ni quiero verte.

15. ~의 길을 가다 : 어떠한 인생을 살다.

1이 2의 길을 가다
(1 : 사람, 2 : '고난'·직업류)

¶ 그는 나에게 군인의 길을 가라고 권유했다.

¶ 젊은 시절 민수는 고난의 길을 갔다.

1 ir/tomar/seguir el camino de 2
1 ir para/por 2

¶ Él me aconsejó tomar/ir/seguir el camino de soldado(/militar).

¶ En su juventud, Minsu fue por el camino difícil.

16. 시집/장가(를) 가다 : 결혼하다.

1이 시집/장가(를) 가다
(1 : 사람)

¶ 애가 학교를 졸업하면 기정 씨에게 시집을 가겠단다.

¶ 건너 마을 김씨는 벌써 장가가서 애가 둘이다.

1 casarse
(직. 1 ir a casa de la familia política de 1´ marido/mujer)
(1´: 1의 소유형용사)

¶ Ella dice que va a casarse con Kiyung después de graduarse.

¶ El señor Kim, del otro lado del pueblo, ya se casó y tiene dos niños.

17. 하늘나라/저세상/저승으로 가다 : 죽다.

1이 하늘나라/저세상/저승으로 가다   **1 irse al cielo**
(1 : 유정)
¶ 아버지는 하늘나라로 가셨다.   ¶ Mi padre se ha ido al cielo.

18. 가는 말이 고와야 오는 말도 곱다.   **Favor, con favor se paga.**
                                  Pagan con la misma deuda/moneda.
                                  (직. Si/Cuando las palabras que van son
                                  amables, también lo serán las que
                                  vienen.)
¶ 가는 말이 고와야 오는 말도 곱지.   ¶ Favor, con favor se paga.

19. 금이 가다 : 관계가 악화되다.

1에 금이 가다 (1 : 우정·사랑)   **0 romper 1** (0 : 1의 소유주)
                                  1 romperse
                                  (직. ir la fractura)
¶ 그까짓 일로 우리 우정에 금이 가서 ¶ ¡Cómo vamos a romper nuestra
야 되겠느냐.   amistad por esa cosita!
¶ 별거 아닌 일로 우리 사랑에 금이 갔다. ¶ Nuestro amor se rompió por
                                  algo insignificante.

20. ~의 손에 가다 : 누가 무엇을 사용하다.

1이 2의 손에 가다   **1 estar a 2′ alcance**
(1 : 물건, 2 : 사람)   (2′ : 2의 소유형용사)
                                  (직. 1 ir a la mano de 2)
¶ 뭐든지 민수의 손에 가면 남아나는 게 ¶ Minsu rompe todo lo que está a
없다.   su alcance.

21. 갈 데까지 가다 : 파국으로 치닫다.

1이 갈 데까지 가다
(1 : 상황·추상)

¶ 이제 갈 데까지 간 모양이구만.

¶ 이 정권은 이제 갈 데까지 갔어.

1 ir demasiado lejos
(직. 1 ir hasta donde puede ir/hasta el final)

¶ Parece que se ha ido demasiado lejos.

¶ Este gobierno ha ido demasiado lejos.

22. 마을 가다/다니다 : 이웃에 놀러 가다/다니다.

1이 (2로) 마을 가다/다니다
(1 : 사람, 2 : 장소)
¶ 어머니는 옆집으로 마을 가는 걸 좋아하신다.

1 ir a charlar a la casa del vecino

¶ A mi madre le gusta ir a charlar a la casa del vecino.

23. 잘못된 길을 가다 : 인생을 망치다.

1이 잘못된 길을 가다 (1 : 사람)
¶ 나는 젊은 시절에 객기를 부리다 잘못된 길을 갔다.

1 irse por el mal camino

¶ En mi juventud me había ido por el mal camino dejándome llevar por el impulso.

가다(보조동사)
[용언의 '-아/어'꼴 다음에 쓰임]
1 ir 현재분사 : 진행됨을 나타냄.

¶ 가로수도 먼저 난 잎은 고엽이 되어 누렇게 메말라 갔다.

¶ Las primeras hojas de los árboles de la acera se han ido marchitando.

¶ 박 영감의 코 고는 소리는 점점 높아만 간다.

¶ Los ronquidos de Don Park van haciendose más fuertes.

2. (어떠한 동작을 반복하여) 계속함을 나타냄.
동사의 현재분사 ['가며', '가면서'의 꼴로 쓰임]

¶ 모기에 뜯겨 가면서도 밤새도록 우리 셋은 이런저런 이야기를 나누었다.

¶ A pesar de que los mosquitos nos picaban, los tres charlamos de muchas cosas durante toda la noche.

¶ 아저씨는 침을 튀겨 가며 열변을 토했다.

¶ El señor dio un fervoroso discurso escupiendo la saliva./y hasta le salía saliva de la boca.

(보조동사)의 관용적 표현

1.

¶ 거짓말도 가려 가며 해!

¶ Cuando mientes, debes tener cuidado con quien hablas.

2.

눈치 봐 가며 :
¶ 눈치 봐 가며 행동해라.

Viendo lo que pasa alrededor
¶ Actúa viendo lo que pasa alrededor.

한국어 '가다'는 총 35개의 의미 항목을 가지며 이중 26개 항목이 스페인어 'ir'에 대응된다. 한국어 '가다'가 스페인어 'ir'로 대응되는 경우는 주로 구체적 장소의 이동이나 추상적 상태 변화의 뜻으로 쓰이는 경우이고, 격틀은 한국어에서는 '1이 2에/로/를/ø 가다'의 세 형태가 가능하나 스페인어에서는 모두 '1 ir a 2'의 한 형태로 대응된다. '가다' 동사에 대한 형태적, 통사적, 의미적 대조의 분석 내용은 다음 절에서 자세히 논하기로 한다. 두 번째 샘플은 '먹다'의 대조분석 결과인데, '먹다' 동사의 예문을 바탕으로 하는 의미 항목별 대조분석을 생략하고 아래 표에서 기본적인 의미 항목만을 대조하면 다음과 같다.

【표 2】 한국어 '먹다' 동사의 대역표현

먹 다	스페인어 대응 표현
1 딱딱한 음식을 씹어 입을 통하여 넘기다 1이 2를 먹다 (1 : 유정, 2 : 고체성 음식)	1 comer(se) 2
2 액체로 된 것을 마시다 1이 2를 먹다 (1 : 유정, 2 : 액체성 음식)	1 tomar/beber 2
3 약을 씹거나 마시다 1이 2를 먹다 (1 : 유정, 2 : 약)	1 tomar 2
4 입이나 코를 통하여 연기나 기체를 들여 마시다 1이 2를 먹다. (1 : 유정, 2 : 기체)	1 tomar 2
5 어떤 마음이나 자세를 가지다 1이 2를 먹다. (1 : 사람, 2 : '마음')	1 decidir 0 (0 : 동사원형) (2 : 돈) 1 quedarse con 2
6 어떤 일에 일정한 몫이나 이익을 차지하다 1이 2를 먹다	(1 : 사람, 단체, 2 : '돈', '뇌물') (2 : 뇌물) 1 ser sobornado ※2의 의미가 동사에 포함
7 나이가 들다 1이 2를 먹다 (1 : 사람, 2 : 나이)	1 cumplir 2

8   물기 같은 것을 빨아들이다
       1이 2를 먹다 (1 : 물건, 2 : 물)   1 absorber/ empapar 2
9   대패나 톱 등이 잘 들다
       1이 2 먹다 (1 : '톱', '칼날', 2 : 부사어)   1 cortar 2

10   경쟁이나 시합에서 높은 등수를 차지하다
       1이 2에서 3을 먹다   1 ser 3 en 2
       (1 : 사람, 2 : 경기, 3 : 등수)

11   원래의 상태가 손상되다
       1에 2가 먹다 (2 : '벌레', '버짐')   2 comerse 1

12   강제로 여자와 성관계를 가지다
       1이 2를 먹다 (1 : 사람, 2 : 사람(여자))   1 violar a 2

13   겁이나 충격 등을 경험하다
       1이 2를 먹다   (2 : 쇼크) 1 asustarse
       (1 : 사람, 2 : 겁, 쇼크)   (2 : 겁) 1 asustarse de miedo
                                 ※2의 의미가 동사구에 포함

14   어떤 규제나 조처 등을 당하다
       1이 2를 먹다 (1 : 사람, 1 : 벌)   0 [1 : 여격clitic] multar (a 1)
                                 ※2의 의미가 동사에 포함

15   남으로부터 욕이나 핀잔을 듣다
       1이 2를 먹다   1 ser humillado/avergonzado por 0
       (1 : 사람, 2 : 욕, 핀잔)   ※2의 의미가 동사구에 포함

'먹다'의 대조분석에서 한국어 '먹다'와 스페인어 'comer'의 의미 항목
은 완전히 일치하지 않는다. 한국어 '먹다'에서 기술된 기본 의미는 스
페인어 'comer'로 나타나나, 전이된 의미는 'comer'가 아닌 다른 동사
들로 나타난다. 한국어 '먹다'는 관용구를 제외하고 총 15개의 의미 항
목으로 기술되는데, 이중 스페인어 'comer'로 대응되는 것은 '음식물을

씹어서 삼켜 뱃속에 넣다' 항목을 포함한 3개 항목뿐이다. 따라서 '먹다' 의 의미 항목 중 'comer'로 직접 대응되는 의미 항목의 비율은 16.7% 정도에 불과하다. 다시 말하면 학습자들이 한국어 '먹다'를 스페인어 'comer'로 대응시킬 경우 83.3%의 의미 항목에서 오류를 범할 가능성 이 있음을 의미한다. 하지만 대역되는 3개의 의미가 모두 기본 의미임 을 감안한다면 의미 빈도상(말뭉치에서의 개별 의미 항목의 빈도)으로는 더 높은 수치를 기록하게 될 것이다.31)

【표 2】에서 각 의미 항목에서 논항의 의미적 제약은 스페인어의 동 사를 선택하는 데 제약 조건으로 작용한다. 가령 '먹다'의 경우 '음식물 을 씹어서 삼켜 뱃속에 넣다'의 의미 항목은 논항 1이 '유정물'이고 논항 2가 '고체성 음식, 물체'일 경우에는, '1 comer 2'로 대역되지만, 논항 2가 '액체성 음식' 혹은 '약'인 경우 각각 '1 beber/tomar 2', '1 tomar 2'로 대역된다. 관용구의 경우 별도의 의미 항목 없이 구 전체 와 논항에 대한 의미 정보 기술만이 명시되며, 스페인어의 해당 표현에 직접 대응된다.

한국어와 스페인어는 통사적으로 논항을 실현하는 방식이 서로 다르 다. 한국어와는 달리 스페인어의 일반 명사는 형태적 격 표시를 가지고 있지 않다. 동사는 주어의 인칭, 수에 따라 굴곡하므로, 주어는 동사의 일치 자질에 의하여 문장 내에서 확인된다. 직접 목적어가 사람인 경우 에는 전치사 'a'에 의하여 표시되나, 그밖의 경우에 형태적 격 표시는 나타나지 않는다. 간접목적어는 접어(clitic)와 전치사 'a'에 의하여 표시 될 수 있다. 문장에서 그밖의 다른 논항들의 격은 다양한 전치사에 의 하여 표시된다. 또한 한국어에서 주제(topic)/초점(focus)은 주격조사 –은 (–는) /–이(–가) 등으로 구분될 수 있는데, 스페인어에서는 같은 기능이 주어와 동사의 상대적 어순에 의하여 표시된다. 따라서 한국어의 '1이 2에게 3을 동사' 격틀은 스페인어에서 '1 [2 : 여격clitic] 동사 3 (a

---

31) 현 시점에서 의미 항목별 의미 빈도를 산출하는 것은 쉽지 않다. 컴퓨터가 의미를 변별할 정도로 정보학의 발달이 이루어지지 않는 한, 수작업에 의한 의미 변별을 거친 의미빈도 산출이 이루어져야 하기 때문이다.

2)'로 대응된다. 그러나 【표 2】에서 보듯이 모든 경우에 한국어와 스페
인어 격틀이 1대1 대응을 보이는 것은 아니다. 【표 2】의 6, 13, 14,
15번 항목의 한국어에서 논항 2가 스페인어에서 논항으로 나타나지 않
고 대신 동사 의미의 일부로 표현되는 것을 볼 수 있으며,32) 14번 항
목에서는 한국어에 나타나지 않는 논항이 스페인어에서 주어(0으로 표시)
로 나타나고 한국어에서 주어인 첫 번째 논항은 스페인어에서 목적어로
나타남을 볼 수 있다.

(3) 한·서 동사의 유형별 대조분석 결과

본 절에서 한국어 상위 빈도 동사 52개의 모든 의미 항목 기술과 그
에 대응되는 스페인어 기술을 바탕으로 두 언어를 대조분석한 것을 정
리하기로 한다. 이 때 모든 동사를 기술한 예를 보이는 것은 한계가 있
으므로, 우선 관용구를 제외한 기본 의미 항목에서 한국어와 스페인어
문형을 여러 각도에서 대조하여 유형화하기로 한다.

① 어휘적 차이

이 절에서는 한국어·스페인어 산 기본 농사의 의미를 대조한 유형을
몇 가지 예를 들어 설명하기로 한다. 한국어 각 동사는 기본 의미가 같
은 스페인어 대응 짝을 찾을 수 있다. 기본 의미라 함은 사전 기술시
첫 항목이며 비유적으로 쓰이지 않는 의미를 지칭한다. 대조분석에서
한국어 동사의 의미 항목 중 가장 대표적인 의미 항목을 공유하는 스페
인어 동사를 찾을 수 있다. 대응되는 스페인어 동사는 한 개 혹은 그
이상이 될 수도 있으며, 대응되는 동사가 한 개일 때에 의미 영역이 중

---

32) 이러한 현상은 스페인어에서 형태적 파생이 매우 생산적인 사실과 무관하지 않다.
Lang(1990)에 의하면 스페인어는 형태적 파생이 매우 활발한 언어이다. 이는 로
만스어의 전반적 특징이며 로만스어 중에서도 스페인어는 가장 생산적 파생 형태
소를 가진다.

복되는 정도가 다양하게 나타날 수 있다. 한국어 동사가 한 개 이상의 스페인어 동사에 대응되는 경우, 대응되는 스페인어 동사 간의 의미 겹침에 따라 다시 몇 가지 유형으로 나누어 볼 수 있다. 한국어·스페인어 동사 대역에 있어서 나타나는 대응 유형을 구체적으로 살펴보면 다음과 같다.

첫째로, 한국어에서 한 동사의 대표 의미를 포함한 의미의 일부가 스페인어에서 같은 의미를 대표 의미로 가지는 한 동사에 중첩되는 경우(K∩S)로 대부분의 동사들이 이 유형에 해당한다. 【표 3】에서 보는 바와 같이 '가다 & ir'의 경우 한국어의 '가다'는 74.2% 정도의 의미가 'ir' 동사의 의미와 일치하며, '넣다 & meter'(75%), '놀다 & jugar'(25%) 등 여러 동사들이 이 유형에 속한다.

둘째로, 한국어 동사의 의미가 모두 스페인어의 한 동사로 대역될 수 있는 예(K⊆S)인데,[33] 모두 6개의 동사가 여기에 해당한다. '기다리다 & esperar'(100%), '돕다 & ayudar'(100%), '만나다 & encontrar(se)'(100%), '배우다 & aprender' (100%), '쓰다 escribir'(100%) 등이 그 예이다.

셋째로는 한국어 동사가 스페인어 동사 2개 이상으로 대역되는 경우(K∩S1, S2...)가 있다. 이 경우에도 대응되는 스페인어 동사들 간의 의미 겹침의 정도에 따라 몇 가지로 나누어 생각해 볼 수 있다.

첫째, 스페인어 동사간의 의미 겹침이 없이 둘로 명확히 나뉘는 경우(S1∪S2)인데, '걸리다 & estar colgado, estar puesto, tocar', '좋아하다 & gustar, querer'가 그런 예이다. 이 경우 의미 중복도는 S1 + S2로 산출된다.

둘째, 대응되는 스페인어 동사 간에 부분적 의미의 겹침(S1∩S2)이 있는 경우도 있다. '끝나다 & terminar, acabar'의 경우 'terminar'에 대응되는 경우가 50%, acabar에 대응되는 경우가 75% 그리고 두 동

---

33) 한국어 동사는 스페인어 동사로 100% 대역되지만, 해당 스페인어 동사 역시 한국어로 100% 대역되는지 여부는 스페인어 동사를 기준 언어로 하는 대조분석을 다시 필요로 하므로 K⊆S라고 하였다. 이 때, K는 한국어를, S는 스페인어를 나타낸다.

사 모두에 대응될 수 있는 경우가 25%가 된다. 따라서 두 동사에 대응되는 비율은 (S1+S2-(S1∩S2))로 산출될 수 있다. 이 유형은 두개 이상의 동사에 대역되는 가장 흔한 경우로 '내리다 & bajar/caer', '놓다 & dejar/poner', '되다 & ser/hacerse/ponerse/estar', '듣다 & escuchar/oír', '알다 & saber/conocer', '버리다 & dejar/tirar', '있다 & tener/estar/haber', '찾다 & encontrar(se)/buscar' 등을 들 수 있다.

셋째, 대응 스페인어 동사간 완전한 의미 일치(S1=S2)가 나타나는 예로는 '시작하다 & empezar/comenzar'와 '걷다 & andar/caminar'를 들 수 있는데, 이 경우 모든 의미 항목에서 두 동사 중 어느 것이 대응되어도 완전한 대역형이 된다.

넷째 유형은 한국어 동사에서 하나의 의미 항목이 스페인어에서 두개의 의미 항목으로 나누어지는 경우(K⊆S1+S2)이다. 이 때 대응되는 두 스페인어 동사 사이에 의미 겹침은 없다. 한국어 '걸리다 & durar + tardar', '신다 & ponerse + llevar', '입다 & ponerse + llevar'가 이에 해당된다. 가령, 한국어의 '입다'는 '옷을 걸치거나 두르다'라는 기본 의미를 가지게 되는데, 동사가 동사의 상적 특성에 따라 스페인어에서 각각 'llevar, ponerse'의 두 동사로 대응된다. 예를 들어 "그는 청바지를 입었다."라는 문장은 현재의 상태(**Lleva** vaqueros.) 혹은 과거의 동작(**Se ha puesto** los vaqueros.)으로 대응될 수 있다. 이 유형은 한국어 동사의 의미 항목 하나가 스페인어에서 두 개의 동사로 분리된다는 점에서 단순히 두개 이상의 동사에 대역되고 의미 겹침이 없는 '걸리다 & estar colado, estar puesto, tocar' 유형과는 구분된다고 할 수 있다.

다섯째로 한국어가 스페인어로 전혀 대역될 수 없는 예(K≠S)를 들 수 있는데, '드리다 & dar', '잡수시다 & comer', '주무시다 & dormir'와 같이 한국어의 존대형 동사의 경우가 해당된다. 스페인어에서는 주어 2인칭에서 'tú(너), vosotros(너희들)'과 같은 대명사가 'usted(당신), ustedes(당신들)'과 같은 존대형으로 쓰여 문법적으로는 3인칭으로 표시하는 것 이외에는 다른 존대형은 존재하지 않으므로, 한국어 존대형 동사의 완전한 대응형은 없다고 볼 수 있고, 대신 '주다, 먹다, 자다'의 대응형으로 대신하게 된다.

이밖에도 여러 유형이 존재할 것으로 예측할 수 있으나, 본 절에서는 한국어를 기준으로 하는 한서 대조에만 중점을 두었으므로, 이는 기준어가 스페인어인 서한 대조가 면밀히 분석된 후에 함께 논의될 수 있는 대조 관계라고 할 수 있다.

기본 동사 52개를 동사별로 기본 의미가 대역되는 동사를 중심으로 그 의미 대조 관계를 밝히면 【표 3】과 같다. 【표 3】은 한국어 동사의 의미 항목과 그 동사의 기본 의미에 해당되는 스페인 동사간의 의미 중복도를 높은 것부터 차례로 보인 것이다.[34][35]

표에서 '한-서 중복도'에 나타나는 수치는 '배우다'의 경우, 스페인어로 표현할 때 모든 의미 항목에서 'aprender'로 대응될 수 있다는 것을 의미하고, '놀다'는 의미 항목 중 25%정도가 jugar에 대응됨을 나타낸다. 대응되는 스페인어 동사가 둘 이상인 경우 완전 일치(S1=S2)를 제외한 나머지 경우에서 괄호 안의 숫자는 두 동사의 중복도(S1∩S2)를 나타낸다. 존대어의 경우에는 대응 표현이 없는 것으로 보았으며, '모르다'는 독립어휘로는 존재하지 않고 '알지 못하다'와 같이 '알다'의 부정형으로만 나타난다.

---

34) 이는 기준어인 한국어를 중심으로 살핀 것으로 중복도가 100%라는 의미는 한국어의 의미가 모두 스페인어의 한 동사로 대역된다는 것을 의미하며 두 동사간의 전체적인 의미 중복도는 서한 대조가 이루어져야 완성된다.

35) 아래의 도표에서 제시하는 백분율은 대역 동사를 중심으로 의미 항목당 일치도만을 조사한 것으로, 의미 항목당 말뭉치 빈도(의미 빈도)는 고려하지 않은 것이다. 향후 언어정보학의 발달로 의미 빈도 처리가 용이해진다면 의미 빈도를 고려한 대역빈도를 산정할 수 있게 될 것이다.

【표 3】 한국어 동사와 스페인어 동사 의미 중복도

한국어 동사	중복도% (한 → 서)	스페인어 동사	한국어 동사	중복도% (한 → 서)	스페인어 동사
시작하다	100	empezar /comenzar	버리다	62.5/25.0 (12.5)	dejar/tirar
배우다	100	aprender	오다	59.3	venir
걸리다2	100	durar+tardar	모르다	58.3/24. 9/24.9 (8.3)	no saber/ no conocer/ desconocer
보이다	100	ver(se)	만들다	58.3	hacer
기다리다	100	esperar	시키다	55.6	pedir
돕다	100	ayudar	내리다	54.2/4.2 (4.2)	bajar/caer(se)
쓰다	100	escribir	일어나다	53.3	levantar(se)
걷다	100	caminar/andar	앉다	50.0	sentarse
신다	100	ponerse+llevar	쉬다	50.0	descansar
만나다	100	encontrar(se)	묻다	50.0	preguntar
바꾸다	85.7	cambiar	마시다	50.0	beber
나오다	83.9	salir	사다	50.0	comprar
읽다	83.3	leer	자다	50.0	dormir
살다	80.0	vivir	타다	50.0/50.0 (25.0)	subir/montar
이다	80.0	ser	하다	33.4	hacer
받다	76.0	recibir	좋아하다	33.3/33. 3(0)	gustar/querer
그리다	75.0	dibujar	놓다	26.4/17.6 (2.94)	dejar/poner
넣다	75	meter	놀다	25.0	jugar
끝나다	75.0/50.0 (25)	acabar/terminar	입다	20.0	ponerse+llevar

팔다	75.0	vender	되다	33.2/11.1/11.1(5.6)	ser/hacerse/estar
가다	74.3	ir	있다	26.7/40/20 (6.6)	tener/estar/haber
찾다	70.0/20.0 (10)	buscar/encontrar	먹다	16.7	comer
주다	69.6	dar	걸리다1	5.3/5.3/10.5(0)	estar colgado/estar puesto/tocar
듣다	66.7/49.9 (33.3)	oír/escuchar	드리다	0/75(주다)	x/(dar)
나가다	66.7	salir	잡수시다	0/33(먹다)	x/(comer)
알다	63.7/9.1 (18.2)	saber/conocer	주무시다	0/100 (자다)	x/(dormir)

② 통사적 차이

의미의 차이는 결국 문형의 차이로 반영되기 마련인데, 같은 의미 항목의 대역 문장에서 논항 수가 달리 나타나기도 하며, 동일 문형으로 나타나더라도 논항의 유형이나 조사 선택 등의 다양한 차이를 보이는데 몇몇의 통사적 차이를 정리해 보면 다음과 같다.

첫째, 스페인어 대역형이 한국어와 동일한 논항의 수, 논항 제약을 가지나 격틀에서 차이를 보이는 경우이다. 대표적 예로는 '좋아하다 & gustar', '있다 & tener, ser' 등을 들 수 있다. 예문 (6)은 논항은 같으나 격틀에서 차이를 보이는 것을 나타낸다.

(6) a. 1에게 2가 있다. (1, 2 : 사람)
☞ 1 tener 2
예) 그에게 아들이 셋 있다.
☞ Tiene 3 hijos.

b. 1이 2를 좋아하다. (1 : 유정)

　　☞ (a 1) 〔1 : 여격clitic〕 gustar 2

　예) 곰은 꿀을 좋아한다.

　　　☞Al oso le gusta la miel.

c. 1이 2에 걸리다. (1 : 사람, 2 : 경찰…)

　　☞ 2 coger 1/1 ser cogido/arrestado por 2

　예) 음주 운전자가 경찰에 걸렸다.

　　　☞ La policía cogió el conductor borracho.

　　　☞ El conductor borracho fue cogido por la policía.

둘째, 논항에 대한 의미적 제약에서 두 언어는 차이를 보이는데, 주로 한국어에서의 하나의 격틀이 논항의 의미에 따라 스페인어에서 대응 표현이 달라지는 예이다. 예컨대, 한국어에서 '1이 2를 마시다'는 2에 액체, 기체, 먼지 등이 올 수 있다. 스페인어는 2가 액체인 경우 '1 beber/tomar 2', 2가 기체인 경우 '1 aspirar/inspirar/tomar 2', 먼지인 경우 '1 tragar 2'로 된다.

'오다'의 경우에도 한국어에서는 '어떠한 일을 하러 일정한 장소로 움직이다'라는 단일 의미가 스페인어에서는 논항의 의미에 따라 다른 동사로 번역된다.

　(7) 1이 (2에/로) 3을 오다

　　　(1 : 사람, 2 : 장소, 3 : '이사', '휴가', '구경', '면회', '유학…')

　　　　☞ 1 venir a dar saludo a 2　　　(3 : 세배)

　　　　　1 venir a visitar a 2　　　　　(3 : 면회)

　　　　　1 mudarse a 2　　　　　　　(3 : 이사)

　　　　　1 irse de vacaciones a 2　　　(3 : 휴가)

　　　　　1 venir a 2 a estudiar　　　　(3 : 유학)

　　　　　1 venir trasladado a 2　　　　(3 : 전근)

셋째, 논항의 숫자가 달라지는 경우인데, 이는 몇 가지 경우로 다시 나누어 볼 수 있다. 우선 두 언어에서 필수 논항과 수의 논항이 달라지는 경우로, 한국어에서 필수 논항이 스페인어에서 수의 논항이 되거나

반대로 한국어에서 수의 논항이 스페인어에서 필수 논항이 되어 논항의
특성에서 일대일 대응을 보이지 않을 수 있다.

  그 예로 한국어 '오다'의 의미 항목 중 '길을 따라 움직이다'의 경우를
들 수 있다. (8)의 예문에서 보이는 것처럼 '(1이) 2 3으로 오다'의 격
틀로 실현되는데, 이때 1은 수의 논항으로 이 문장에서 주어는 반드시
표면에 나타나지 않아도 된다. 반면 스페인어 대응형에서는 반드시 주
어가 명시되어야 하므로 1은 필수 논항으로 '1 venir por 2 3'의 격틀
로 구현된다.

> (8) 다음에는 이 길로 오면 빨리 올 수 있습니다.
>   ☞ La próxima vez, si viene por este camino, podrá llegar más
>   pronto.

  또한 한국어 '오다'는 행위자인 주어(1)와 착점(2)을 기본 논항으로
한 '1이 2로 오다'가 기본 문형인 반면에 스페인어 'venir' 동사는 기점
논항을 기본 논항으로 취하여 '1 venir de 2'가 기본 문형이 된다. 또
한 한국어 '가다'는 착점 혹은 기점을 논항으로 모두 취할 수 있어 '1이
2로/에/에서 가다'가 모두 가능하나 스페인어 'ir'는 착점만을 기본 논항
으로 취해 '1 ir a 2'만이 기본 문형이 된다. 따라서 한국어 '1이 2에서
가다'는 스페인어 'ir' 동사 대신 기점 논항을 기본으로 취하는 '1 venir
de 2'로 쓰는 것이 더 자연스러운 대응형이 된다.

  그 외에도 한국어 '쓰다'는 반드시 목적어를 요구하여 '1이 2를 쓰다'
로 나타나는 반면, 스페인어 'escribir'의 경우 격틀 유형이 '1 escribir
(2)'로, 목적어 논항은 생략될 수 있다. 이런 점에서 한국어와 스페인어
동사간 논항 차이의 예로 들 수 있다.

  두 언어에서 논항이 달라지는 두 번째 유형은 논항이 추가되는 경우
이다. 먼저 한국어에 없던 논항이 스페인어 대응 표현에서 나타나는 경
우가 있다. 한국어에서 사람과 관련된 무정 명사(신체 일부, 그 밖의 소유
물)가 주어인 경우에 스페인어 대응 표현에서는 '논리적으로 존재하는

사람'이 주어로 나타나야 하며 무정물 주어가 오면 어색한 문장이 된다.

(9) a. 1이 2에게 가다.
    ☞ 0 〔2 : 여격clitic〕 dejar 1 (a 2)
    예) 그의 재산은 그의 아들에게 갔다
        ☞ Le dejó al mayor toda la herencia.
  b. 1이 오다. (1 : 잠, 졸음)
    ☞ 0 tener 1 (0 : 사람)
    예) 졸음이 왔다.
        ☞ Tenía sueño.
  c. 1이 2에 걸리다. (1 : 구체, 2 : 신체)
    ☞ 0 tener 1 (atragantado) en 2
    예) 가시가 목에 걸렸다.
        ☞ Tiene una espina atragantada en la garganta.
  d. 1이 걸리다.
    ☞ 0 tardar 1 en 0′
    예) 서울에 오는 데 차로 열 시간이 걸렸다.
        ☞ He tardado 10 horas en venir a Seúl.

또한 한국어에서 주어나 목적어의 논리적 소유주가 스페인어 번역시 주어나 간접목적어 논항으로 구현되는 경우가 있다. 이러한 경우 스페인어 대응 격틀 기술에 있어 추가되는 논항을 명시하여야 한다.

(10) a. 1이 2로 가다. (1 : 시선, 눈길, 신체일부, 2 : 장소)
    ☞ 〔0 : 여격clitic〕 ir(se) 1 por 2 (0 : 1의 소유주)
    예) 그녀가 입고 있는 옷에 시선이 갔다.
        ☞ Me iba la vista por el vestido que llevaba ella.
  b. 1이 가다 (1 : 신체 일부)
    ☞ 〔0 : 여격clitic〕 irse 1 (0 : 1의 소유주)
    예) 술을 많이 마시면 제일 먼저 간이 간다.
        ☞ Si bebe mucho el alcohol, se le va primero el
          hígado.

　한국어 동사의 논항이 스페인어에서 논항으로 나타나지 않고 동사와 합쳐져 하나의 형태로 실현되는 경우가 많은데, 이러한 논항 축소는 주로 한국어에서 어휘적 의미가 없거나 약한 기능동사가 동사로 쓰인 경우에 많이 나타난다.

(11) a. 1이 2를 내리다. (1 : 식물, 2 : 뿌리)
　　　　　☞ 1 arraigarse
　　b. 1이 2를 (3에) 넣다. (1 : 사람, 2 : 전원)
　　　　　☞ 1 poner/encender 3
　　c. 1이 2를 (3에) 놓다. (1 : 사람, 2 : 무늬)
　　　　　☞ 1 decorar 3
　　d. 1이 2에게 3을 드리다. (1, 2 : 사람, 3 : 말씀, 설명)
　　　　　☞ 1 [2 : 여격clitic] explicar (a 2)
　　e. 1이 2를/에게 3을 시키다. (1, 2 : 사람, 3 : 이해, 실망, 안심)
　　　　　☞ 1 convencer a 2　(3 : 이해)
　　　　　　1 decepcionar a 2　(3 : 실망)
　　　　　　1 tranquilizar a 2　(3 : 안심)

　넷째, 문법 범주가 일치하지 않는 경우도 있는데, 주로 스페인어 동사가 한국어의 형용사 범주로 대응되는 예가 그것이다.

(12) a. Tengo(동사) un hermano.
　　　　　☞ 나는 형이 **있다**.(형용사)
　　b. No me gusta(동사) fumar.
　　　　　☞ 나는 담배 피는 게 **좋지 않다**.(형용사)

　'이다'의 경우, 한국어 '1이 2이다'에서 2는 명사, 양태부사 등이 올 수 있는 반면 스페인어 '1 ser 2'에서 2는 명사, 형용사가 올 수 있다.

(13) 1이 2이다. (1 : 명사, 2 : '-적' 명사)
　　　　　☞ 1 ser 2′　(2′ : 2와 관련된 형용사)
　　　　예) 어머니의 자식 사랑은 무조건적이었다.

☞ El amor de la madre hacia su hijo es incondicional.

이와 유사하게 한국어에서 명사인 논항이 스페인어에서는 동사원형으로 대응되는 예가 있다.

(14) a. 1이 2를 시작하다
　　　☞ 1 comenzar/empezar 2
　　　☞ 1 comenzar/empezar a 2′ (2′ : 2와 관련된 동사)
　　　예) 우리는 청소를 시작했다.
　　　　　☞ Empezamos a limpiar.
　　b. 1이 2를 배우다
　　　☞ 1 aprender 2
　　　☞ 1 aprender a 2′ (2′ : 2와 관련된 동사)
　　　예) 그녀는 네 살부터 글을 배웠다.
　　　　　☞ Ella aprendió el abecedario/a leer/a escribir a
　　　　　　los cuatro años.

그밖에도 한국어에서의 동사구가 스페인어에서는 전치사구로 표현되는 경우가 다수 나타난다. 이때 한국어에서 동사는 특정 구로만 쓰이는 경우가 많다.

(15) a. 1로 해서　　　☞ por 1
　　b. 2 하면　　　　☞ respecto a 1
　　c. 1로 가서/가자　☞ en/ a 2
　　d. 결국에 가서　　☞ al final
　　e. 세월이 가면　　☞ con el tiempo

다섯째 상태와 진행을 나타내는 상 표시에도 차이를 나타낸다. 한국어의 '걸리다'는 '걸려 있다'나, 과거형 '걸렸다' 꼴로 현재의 상태를 나타내는 반면 스페인어의 경우, 걸려 있는 상태를 가리키면 'estar colgado/puesto en'으로 걸리는 동작이 강조되면 'ser colgado/puesto en'이 된다.

여섯째, 시제와 태 표현에서도 차이를 보이는데, 한국어에서 과거형이 스페인어에서 현재 시제로(16), 동사의 수동태가 능동태로 번역되는 경우(17)도 있다.

(16) a. 그의 저 천재성은 가족에게서 <u>왔다</u>.
　　　　☞ Ese genio le **viene**(현재형) de familia.
　　b. 오늘 그녀는 아주 우아한 드레스를 <u>입었다</u>.
　　　　☞ Hoy **lleva**(현재형) un vestido muy elegante.
　　c. 아이들이 의자에 <u>앉았다</u>.
　　　　☞ Los niños están **sentados**(현재형) en las sillas.

(17) a. 이 볼펜은 잘 안 <u>써진다</u>.
　　　　☞ Este bolígrafo no **escribe**(능동) bien.
　　b. 여기서 나는 영화가 잘 <u>보이질</u> 않는다.
　　　　☞ Aquí no puedo **ver**(능동) bien la película.

한국어의 '보이다'의 경우에도, "물리적 대상이 눈에 뜨인다"는 의미의 '1이 (2에) 보이다'에서 보이는 대상은 주어로, 보는 주체(사람)는 '2에'로 표현되는 피동형이다. 그러나 스페인어의 경우 보는 주체는 주어로, 보는 대상은 목적어로 오는 능동형이며, 격틀은 '2 ver 1'로 나타난다. 이때 한국어 '보이다'의 '2에' 논항은 수의적이나 스페인어에서 2는 필수 논항이면서 주어로 실현된다.

③ 화용적 차이

첫째, 한국어에서는 주어나 화자의 연령, 성별, 지위, 친분 관계에 따라 존대 표현이 있으나 스페인어에서는 이러한 존대법이 동사에는 존재하지 않는다. 즉, '드리다'는 '주다'의 높임말로 스페인어에서는 그러한 존대 표현의 대응형은 없다고 할 수 있다. 대신 'dar(주다)' 동사는 주어의 인칭, 수에 대한 변화형이 있을 뿐이다. 주어가 화자보다 연장자이거나 사회적으로 높은 지위를 가지는 경우 사용되는 '잡수시다'와 '주무시다'

역시 스페인어에서 대응되는 존대형은 없고, 각각 'comer(먹다)', 'dormir
(자다)'로만 대응된다.

　화자에 대한 화용적 정보가 동사의 사용에 차이를 보이는 또 다른 예
는 '가다'와 '오다' 같은 이동 동사가 있다. 한국어 '오다'와 '가다'는 주어
의 이동의 결과가 화자에게 물리적 혹은 심리적으로 어떤 영향을 주는
가와 같은 화용적 정보가 포함된 동사이다. 스페인어 대응형 'venir'와
'ir'도 이러한 화용적 정보를 포함하나, 구체적인 동사 선택에 있어서는
두 언어는 차이를 보인다. 다음은 한국어 '가다'가 스페인어 'venir(오
다)'로, '오다'가 'ir(가다)'로 대응되는 예이다.

> (18) a. 1이 2에서 가다. (1 : 사람, 2 : 장소)
> 　　　　☞ 1 **venir**/ir de 2
> 　　　예) 여기에서 <u>간</u> 사람을 만났소?
> 　　　　　　☞ ¿Se ha encontrado con la persona que **vino** de aquí?
> 　　b. 1이 2로/에/를 오다. (1 : 사람, 2 : 장소, 사람)
> 　　　　☞ 1 venir/ **ir** a 2
> 　　　예) 그 땐 서울에 <u>오면</u> 뭔가 새 인생을 찾을 수 있지 않을까 희망이
> 　　　　　 있었으니까요.
> 　　　　　　☞ En aquella ocasión, tenía esperanzas de encontrar
> 　　　　　　　una nueva vida si **iba** a Seúl.

　한국어 '가다'는 화자에게서 멀어지는 것을, '오다'는 화자에게 가까워
오는 것을 나타낸다. 스페인어 'venir'는 주어가 화자뿐 아니라 청자에
게 가까운 곳으로 이동하는 것을 의미할 수도 있다. 따라서 한국어 '가
다'가 'ir'와 'venir' 모두에 대응되는 것이다. 특히 '가다'가 기점 논항을
취하여 '1이 2에서 가다'형으로 쓰이는 경우에는 착점을 기본 논항으로
취하는 스페인어 'ir'대신 기점 논항을 기본형으로 취하는 'venir'가 교
체되어도 화용론적인 제약에서 벗어나지 않는 것이다. 마찬가지로 '1이
2로 오다'의 경우에도 기점 논항을 기본형으로 주로 취하는 'venir' 동
사 대신 착점 논항을 기본 논항으로 취하는 'ir'가 쓰여도 화용적 제약에

걸리지 않는 것이다.

다음으로는 한국어에서 한 의미 항목이 의미, 화용적 정보에 따라 스
페인어에서 두개의 의미 항목으로 나뉘어지는 경우를 들 수 있다. '듣다'
동사는 스페인어 동사 'oír'와 'escuchar' 두 가지로 대응되는데, 주어가
무의식적으로 듣는 것인지 아니면 의식적으로 집중하여 듣는 것인지에
따라 'oír' 혹은 'escuchar'가 선택된다. 그밖에도 한국어에서 한 의미
항목이었던 것이 상적인 의미에 따라 스페인어에서 두 가지로 대응되는
경우가 있다.

셋째, 동사의 은유적 표현에서 한국어와 스페인어는 많은 차이를 보
인다. 그 대표적 예로 '먹다'와 'comer'동사를 들 수 있다.

한국어 '먹다'는 은유적으로 쓰였을 때 몇 가지 부정적 의미를 나타낼
수 있다. '뇌물/돈을 먹다'는 은유적으로 '재물을 부정하게 가지다'라는
부정적 의미로 사용될 수 있다. 그 밖에도 '나이를 먹다', '겁/쇼크를 먹
다'와 같은 표현이 있다. 이러한 의미는 스페인어에서 'comer' 동사에
대응되지 않고 다음과 같은 표현에 대응된다.

  (19) a. 1이 2를 먹다. (1 : 사람, 2 : 돈, 재산)
     ☞ 1 quedarse con 2
    b. 1이 2를 먹다. (1 : 유정, 2 : 나이)
     ☞ 1 cumplir 2
    c. 1이 2를 먹다. (1 : 남자, 2 : 여자)
     ☞ 1 violar a 2

또한 스페인어 'comer'가 '돈, 재산'과 같은 목적어를 취할 때, 한국
어와 달리 '소비하다, 쓰다'의 의미를 나타낸다. 스페인어 '소비하다, 쓰
다'에 대한 한국어 대응 표현은 다음과 같다.

  (20) 1 comer 2 (1 : 사람, 2 : 돈, 재산)
    ☞ '1이 2를 쓰다/써버리다'

스페인어 'comer'도 은유적으로 쓰여 주로 부정적 의미, 즉 '목적어 명사의 색, 크기, 자질 등에 손상을 입히다'를 나타낸다. 이때 한국어에서는 '먹다'가 아닌 다른 동사들로 갈음된다.

> (21) 1 〔2 : 여격clitic〕 comer 3
>> ☞ 1이 3을 바래게 하다　　　　　 (3 : 색)
>> 1이 2의 3을 작아 보이게 하다　 (3 : 신체, 장소)
>> 2때문에 3에 구김이 가다　　　 (3 : 의류나 직물)
>> 1이 2를 부식시키다　　　　　 (1 : 화학물질, 3 : 금속)
>> 1이 2를 성가시게 하다　　　　 (3 : 사람)

위의 '먹다, comer'와 달리 한국어와 스페인어가 유사한 은유적 의미를 가지는 경우도 있다. '팔다'와 'vender'가 그 예인데 한국어와 스페인어에서 모두 부정적 의미의 유사한 표현을 가짐을 볼 수 있다. 이때 스페인어에서는 목적어 3 없이 재귀형인 '스스로를 팔다'라는 표현으로 쓰여 한국어와 격틀에서 차이를 보인다.

> (22) 1이 (2에게) 3을 팔다. (1, 2 : 사람, 3 : 양심, 지조…)
>> ☞ 1 vender 3 (a 2) / 1 venderse

그 밖에도 문화적 차이에 의하여 스페인어로 번역한 문장이 이해가 안 되거나 어색하게 되는 경우도 다수 발견된다.

> (23) 철수는 평균 98점으로 전 학년에서 1등을 했다.
>> ☞ Cheolsu es el primero del curso con una media de 98.

스페인에서 학교 성적은 '수, 우, 미, 양, 가'와 유사한 등급으로만 나타내고 등수로 나타내지는 않는다. 주로 등수를 언급할 때에는 콩쿨이나 운동 경기에서이고 학교 성적에 대한 등수 매김은 스페인 사람들에게는 문화적으로 이해가 안 되는 부분이다.

또한 다음 (24)에서는 한국어 '도장을 찍다'가 스페인어에서 'firmar

(서명하다)'로 대응된 것을 볼 수 있는데, 은행이나 사업장의 서류를 증
명하기 위하여 도장을 찍는 한국의 풍습과는 달리 서양에서는 도장대신
서명을 하므로 '도장을 찍다(Sellar)'와 같은 직역은 잘 이해되지 않기
때문이다.

> (24) 나는 서류에 도장을 찍었다.
> ☞ Firmé los documentos. (직. Sellé los documentos.)

그 외에도 '시집가다, 장가가다'나 '딸을 주다' 같은 표현은 결혼을 하
면 여자가 남자의 집으로 간다는 한국적 사고를 반영하는 것이며, 스페
인에서는 이러한 개념이 없으므로 단순히 'casarse(결혼하다)', 'casar(결
혼시키다)'로 나타내게 된다.

한국어에서 '미끄럼을 타다'는 '미끄럼을 타고 내려온다'는 뜻으로 쓰
인다. 이에 대응되는 스페인어 표현은 'subirse al trampolín'으로 '미
끄럼에 오르다'의 뜻을 가지고 있다. 두 언어가 같은 놀이에 대하여 서
로 상반된 표현을 하는 것으로 이 또한 두 언어권 사이의 시각의 차이
로 볼 수 있을 것이다.

(23), (24)와 같이 두 언어권 사이의 문화적 차이로 인하여 스페인
어 대응 표현이 문법적, 의미적으로 온전하나 잘 이해가 되지 않는 경
우도 볼 수 있다. 이는 언어의 대조에 있어서 언어학적 요소들뿐 아니
라 문화적인 면들이 충분히 고려되어야 함을 나타낸다고 하겠다.

2) 스페인어·한국어 대조분석

(1) 대조분석의 방법과 절차

① 기본 동사의 선정

스페인어 기본 동사는 한국어와 마찬가지로 교육용 교재 코퍼스로부터
상위 빈도 동사를 추출하여 선정하였다. 우선 스페인에서 출판된 3종의

교재와 미국에서 사용되고 있는 6종의 교재를 선정하였는데 교재 목록은
(25)와 같다.

(25)

책제목	출판사	출판년도	출판국	교습방법
ELE curso de espanol para extranjeros	SM	1997	스페인	communicative
Viaje al espanol 1, 2	Santillana	1993	스페인	communicative
Antena 1, 2	SGEL	1988	스페인	communicative
Dos mundos	Mc-Graw Hill	1990	미국	communicative
Destinos	Mc-Graw Hill	1991	미국	communicative & cultural
Mosaico	Prentice Hall	1994	미국	communicative & cultural
Sabias que..?	Mc-Graw Hill	1999	미국	information -based/ communicative
Spanish now1, 2	Barron's	1996	미국	information -based/ communicative
Situaciones	D.C. Heath and Company	1988	미국 /캐나다	Communicative

(25)에서 선정된 교재들은 최근 13년 이내에 출판된 초, 중급 수준의
스페인어 교재들이다. 또한, 의사소통접근법(Communicative approach)을
기본 교습 방법으로 택하고 있다. 본 연구에서는 이들 교재에 나오는 자연
스런 대화 위주의 본문을 중심으로 그 본문 내에 나타난 동사들의 빈도를
조사하고 이들 중 상위 빈도를 가지는 동사 목록을 선정하였다. 이들 동

사들은 교재에서 학생들이 적극적 학습해야 할 대상인 적극적 어휘(active vocaburary)에 해당하는 부분이며 단순히 참고를 위한 동사는 상위 동사 선정의 대상에서 배제하도록 하였다.

동사 선정을 위하여 두 가지 추출방법을 시도하였는데, 우선 각 교재마다 동사가 출현하는 횟수를 측정하여 그 총 합으로 동사들 간의 빈도수를 비교하는 것으로, 단 각 교재마다 출현하는 동사의 총 수가 다름으로, 각 동사의 출현 수를 전체 동사 출현 횟수로 나누고 이 숫자에 천을 곱하여 동사의 빈도를 천분률로 나타내도록 하였다. 그렇게 하면 모든 교재에서 나온 동사의 천분률 빈도의 합을 내어, 이 수치가 가장 높은 동사에서부터 낮은 동사를 선정할 수 있게 된다. 이러한 방법은 각각의 교재마다 특정 동사가 얼마나 자주 출현하는가를 알아보고 그 동사의 중요도를 측정할 수 있는 방법이 될 수 있다. 이렇게 하여 출현 빈도의 천분률의 합의 결과가 0.1 이상의 차이를 보이는 지점을 선택하여 98개의 상위 빈도 동사를 선정하게 되는데, 빈도 수치의 차이가 0.1 미만인 경우 동사의 빈도 차이를 인정하기 어렵다고 생각되었기 때문이다.

또 다른 추출 방법은 본문과 교재내용의 특성상 전체적 합산 통계 방식이 타당성이 없다고 판단되는 경우에 쓸 수 있는 방법으로 각 교재의 색인을 중심으로 출현한 동사의 목록을 작성하여 한 동사가 이들 교재 중에서 몇 개의 교재에 중복되어 나타나는지를 살펴보는 방법이다. 따라서 이러한 방법을 쓸 경우에 한 교재에 특정 동사가 한 번 출현하거나 혹은 100번을 출현하거나 같은 값으로 매김으로 한 교재에서 특정 동사가 얼마나 자주 출현하는가보다는 얼마나 여러 교재에서 고르게 분포되어 있는가를 볼 수 있다. 본 연구에서는 미국에서 출판된 6종의 교재 중에서 5종 이상의 교재에 중복적으로 출현하는 동사를 108개 선정할 수 있었다.

이러한 두 가지 방법으로 선정된 상위 빈도 동사 선정 결과를 종합하여 미국과 스페인 교재의 양쪽에서 모두 상위 빈도 동사로 선정된 동사를 중심으로 한 100개의 기본 동사를 설정할 수 있는데, 연구의 양적인 측면을 고려해서 모든 기본 동사를 대상으로 하지 못하고 상위 빈도

동사 98개 중 6종의 모든 교재에서 중복되어 출현하는 동사 50개만을
선정하였는데, 그 목록을 상위 빈도 동사 순으로 기술하면 (26)과 같다.

(26) ser, estar, ir, tener, haber, hacer, poder, gustar, querer, ver,
　　　 decir, pasar, tomar, vivir, trabajar, llamar, saber, ver, oír, dar,
　　　 mirar, comer, hablar, salir, conocer, sentir, poner, quedar, traer,
　　　 parecer, llevar, estudiar, volver, escribir, preferir, llegar, jugar,
　　　 cenar, pedir, dejar, leer, preguntar, buscar, dormir, ayudar,
　　　 escuchar, vender, preparar, encontrar, entender

　스페인어의 방언적 다양성을 반영하고자 스페인과 미국의 교재를 대
상으로 삼았다. 미국 교재는 중남미 스페인어를 충분히 반영하고 있으
므로 위의 분석 결과는 스페인과 미국 교재의 비교뿐 아니라, 스페인과
중남미 스페인어의 차이를 비교할 수 있으리라 생각된다.
　기본 동사 선정의 타당성을 높이기 위해 선정한 기본 동사들을 José
Ramón Alameda y Fernando Cuetos의 스페인어 빈도 사전 *Diccionario
de Frecuencia de las unidades lingüísticas del castellano*
(1995)에서 나타난 상위 빈도 100개 동사와 비교하였다. 위 사전은
1978년에서 1993년 사이에 출판된 문학 작품, 신문 등의 코퍼스(corpus)
에서 뽑아낸 103,335개의 문장과 2,000,000개의 낱말을 기본으로 하고
있다. 따라서 위 사전에서 제시된 자료는 구어체 코퍼스(oral corpus)가
아닌 소설, 수필, 신문, 과학, 기술 등의 문어체 코퍼스임을 고려하여,
스페인어 교재에서 추출한 상위 빈도 동사와 비교하였다. 빈도 사전에
서 상위 빈도 100개 동사 목록에서 'tratar'(다루다), 'descubrir'(발견하
다), 'considerar'(고려하다), 'existir'(존재하다) 등 문어체에서 많이 사용
되는 관념적 동사들을 제외한다면 본 연구의 기본 동사 50개와 빈도
사전에서 뽑은 상위빈도 동사 목록과 대부분 일치하였다. 이를 근거로
본 연구에서 선정한 기본 동사의 타당성은 어느 정도 증명할 수 있었다.

② 기본 동사의 격틀 유형

앞에서 선정된 스페인어 기본 동사들을 중심으로 스페인어·한국어의 문형 비교를 하였으며, 선정된 50개 동사들에서 보여지는 각각의 문형들이 한국어의 어떤 문형에 대응되는가를 살펴보게 된다. 이를 위하여 스페인어에서 구체적으로 구현되는 문장 유형들을 제시하면 다음과 같다. 동사의 유형은 타동사와 자동사로 이분할 수 있지만 재귀동사 형태나 수동형에 많이 사용되는 'se'의 용법에 주목할 필요가 있다. V-se는 동사가 주어와 함께 재귀대명사를 동반하는 것을 나타낸다.

1) **주어가 없는 문형 : ø V O**
V 1
V 1 전치사 2
V 1 que 절 / 접속법 절
V que 동사원형
V que 접속법 절

2) **자동사 : S V**
1 V
1 V 형용사/ 부사/ 과거분사/ 현재분사
1 V 동사원형
1 a/ de 형용사
1 V a/de/en/por/para 동사원형
1 V que 절 / 접속법절
1 V a que 절
1 V a 동사원형
1 V que 동사원형
1 V en que 절
1 V 의문사/ si 절

3) **타동사 : S V O**
1 V 2
1 V 2 현재분사
1 V 과거분사 2
1 V a 2
1 V 전치사 2
1 V 부사 con 2
1 V (a) 2 형용사/부사
1 V 동사원형 a 2

4) **2중목적어 타동사 : S V O1 O2**
1 V 2 전치사 3
1 V a 2 3
1 V de 2 a/en 3
1 V a 2 전치사 3
1 y 2 V 3
1 여격Clitic(2) V 3 (a 2)
1 여격Clitic(2) V a 3 (a 2)
1 여격Clitic(2) V de 3 (a 2)

1 V a 2 a 동사원형

1 V que 동사원형 a 2

1 여격Clitic(2) V (a 2)

1 여격Clitic(2) V (a 2) 형용사

1 여격Clitic(2) V 동사원형 (a 2)

1 여격Clitic(2) V (a 2) que 절/
접속법절

1 여격Clitic(2) V (a 2) 의문사
/si 절

5) **목적어가 3개 이상인 동사**
           : S V O1 O2 O3

1 여격Clitic(2) V 3 (a 2) por 4

7) **재귀동사 후치주어 : Vse S**

(a 2) 여격Clitic(2) Vse 형용사/
부사 1

여격Clitic(2) Vse 1

여격Clitic(1) Vse 동사원형

1 여격Clitic(2) V 전치사 3 (a 2)

6) **재귀동사 : S Vse**

1 Vse

1 Vse a 동사원형

1 Vse que 절

1 Vse con que 절

1 Vse 형용사/부사

8) **재귀동사 타동사 : S Vse O**

1 Vse 2

1 Vse 2 현재분사

1 Vse 부사 con 2

1 Vse a/de/en/para/por 2

1 Vse 전치사 2

1 Vse 2 por 과거분사

1 여격 Clitic(2) Vse

1 여격 Clitic(2) Vse de 3 (a 2)

1 Vse 2 en 3

(2) 대조의 샘플

스페인어 동사 중 'ir'를 예로 들어 대조의 실제를 보이면 다음과 같다.

ir

1. (한 곳에서 다른 곳으로) 옮겨 움직이다.

1 ir(se) (de 3) a 2　　　　　　**1이 (3에서) 2로/에 가다**
1 ir(se)　　　　　　　　　　　　**1이 가다**
(1 : 유정·교통수단, 2·3 : 장소)
¶ Va a la piscina todos los días.　¶ 그는 매일 수영장에 간다.
¶ Juan se va a Madrid.　　　　　¶ 후안은 마드리드에/로 간다.
¶ Voy de Madrid a Sevilla con　¶ 나는 마드리드에서 세비야에/로 자주
frecuencia.　　　　　　　　　　　간다
¶ Ellos iban a pie.　　　　　　　¶ 그들은 걸어서 가고 있었다.
¶ Fuimos en avión.　　　　　　　¶ 우리는 비행기로 갔다.

1 ir a/para 2　　　　　　　　**1이 2로 가다**
(1 : 유정·교통수단, 2 : 장소)
〔※전치사 a는 장소가 착점(goal)/방향
(direction)의 두 의미역으로 해석됨. 단
방향의 경우 para로 대치할 수 있다.〕
¶ El autobús va a Barcelona.　　¶ 이 버스는 바르셀로나로 간다.
¶ Vamos para allá.　　　　　　　¶ 저쪽으로 가자.

2. (일을 보기 위해) 일정한 장소로 움직이다.

1 ir a 2　　　　　　　　　　　**1이 2에/를 가다**
(1 : 사람, 2 : 학교·교회·직장…)
¶ Todas las mañanas va al colegio.　¶ 그는 매일 아침 학교에 간다.

3. (어디로) 향하거나 이어지다.

1 ir a 2   **1이 2로 가다**
(1 : 길·공간, 2 : 장소)   **1이 2로 이어지다**
                                           1로 가면 2이다

¶ Esta carretera va a Buenos Aires.   ¶ 이 길은 부에노스아이레스로 간다.
                                      ☞ 이 길로 가면 부에노스아이레스다.

1 ir de 2 a 3   **1이 2에서 3으로 가다/이어지다**
1 ir desde 2 hasta 3
(1 : 길·공간, 2·3 : 장소)

¶ La carretera va del pueblo a la   ¶ 이 길은 시골에서 도시로 이어진다.
ciudad.

¶ Esta costa va desde mi pueblo   ¶ 이 해변은 우리 마을에서 너희 마을
hasta el tuyo.   로 이어진다.

4. (어떠한 상태나 사태에) 있다.

1 ir 전치사 2   **1이 ~있다**
(2 : 장소, 추상)

¶ Esto va al lado de aquello.   ¶ 이것은 저것 옆에 있다.
¶ No vayas con miedo.   ¶ 두려움과 있지 마라.
                                   (☞ : 두려워하지 마라.)

5. (어떠한 상태나 사태에) 이르다.

1 irse a 2   **1이 2에 이르다**
(1 : 사건·일, 2 : 상태)

¶ El negocio se fue a la quiebra ¶ 너의 경솔함때문에 그 사업이 파산에
por tu falta de discreción.   이르렀다.

6. 변하다.

1 ir a 2
(2 : 형용사 : 'extremo' · 'mejor' · 'peor')

¶ La empresa va a mejor/peor.

1이 ~쪽으로 가다

¶ 회사는 더 좋은 쪽으로/나쁜 쪽으로 갔다.

1 ir al extremo

¶ La situación fue al extremo.

1이 극단으로 치닫다.

¶ 상황은 극단으로 치달았다.

7. 차이가 나다.

de 2 a 3 ir 1
〔※후치주어〕

¶ Lo que va de ayer a hoy es que hay más delitos.

¶ Del 3 al 7 van 4.

2와 3은 1차이가 난다.

¶ 어제와 오늘은 차이가 나는 것은 범죄가 늘었다는 것이다.

¶ 3과 7은 4 차이가 난다.

8. 어떤 위치나 순서에 놓이다.

1 ir 2
(1 : 구체, 2 : 서열 · 시간)

¶ Nuestros ciclistas van los primeros.

¶ ¿Quién va ahora?

¶ ¿Qué va ahora?

¶ Las matemáticas van primero.

1이 2 (순서)이다

¶ 우리 싸이클 선수들이 일등이다.

¶ 지금 순서는 누구입니까?

¶ 지금 순서는 무엇입니까?

¶ 수학이 첫 번째이다.

☞ 수학이 우선이다.

9. 진행되다 진전되다.

1 ir 부사

1이 ~게 진행되다

(1 : 사건·상황)

¶ Sus amenazas iban en serio. ¶ 그의 협박은 심각하게 진행되었다.
(☞ 그는 심각하게 협박했다.)

¶ Si no hay consenso, la cumbre ¶ 합의가 안 되면 정상회담은 잘 진행
noirá bien. 되지 못할 것이다.

¶ Las negociaciones van mal. ¶ 협상은 잘못 진행되고 있다.

10. 옷을 입다.

1 ir con/de 2   **1이 2를 입다**
(1 : 사람, 2 : 의복)

¶ Juan va de gala. ¶ 그는 좋은 옷을 입었다.

¶ Siempre va con falda. ¶ 그녀는 항상 치마를 입는다.

11. 관련이 되다.

1 ir con/en 2   **1은 2와 관련되다**
(1·2 : 무정)

¶ Este sobre va con esta carta, ¶ 이 봉투는 이 편지와 관련되니 혼동
no te confundas. 하지마.

¶ En esto va tu prestigio. ¶ 너의 권위는 이것과 관련된다.

¶ La cantidad va en detrimento ¶ 양은 품질의 저하와 관련된다.
de la calidad.

¶ El color va en gustos. ¶ 색깔은 취향과 관련된다.

12. 무엇을 다루다.

1 ir de 2   **1이 2를 다루다**
(1 : 영화·연극·신문·잡지·기사·글…, 1이 2에 대한 것이다
2 : 주제·사건…)

¶¿De qué va la película? ¶ 그 영화는 무엇에 대한 것이니?

13. 태도를 취하다.

1 ir de 형용사
(1 : 사람)

¶ Va de listo.

¶ No se puede ir de rico, porque se enfadan contigo.

1이 ~ㄴ/인 체하다

¶ 그는 약삭빠른 체한다.

¶ 너에게 화낼 수 있으니, 부자인 체해선 안돼.

14. 어떤 일을 하려고 있던 곳을 떠나 움직이다.

1 ir de 2
(1 : 사람, 2 : '캠핑'(camping)·'술'(copas)·'쇼핑'(compras)·'소풍'(excursión)·'산책'(paseo)·'낚시'(pesca)·'방학'(vacaciones)·'창녀'(putas))

¶ Esta tarde vamos de copas.

¶ Sus padres fueron de compras/paseo/ pesca/vacaciones.

¶ Los chicos han ido de putas por curiosidad.

1이 2 를 가다
1이 술 마시러 가다 (2 : 술)
1이 사창가에 가다 (2 : 창녀)

¶ 오늘 오후에 우리는 술 마시러 간다.

¶ 그의 부모님들은 쇼핑을/산책을/낚시를/휴가를 갔다/

¶ 젊은이들이 호기심으로 사창가에 갔다.

15. (기계 따위가) 움직이거나, 작동하다.

1 ir 부사
(1 : 기계류)

¶ El reloj va muy bien.

¶ El coche no va fino.

¶ Tu reloj va retrasado.

¶ El motor no va bien.

1이 ~가다

¶ 그 시계는 잘 간다

¶ 그 차는 잘 가질 않는다.

¶ 네 시계는 늦게 간다

¶ 이 엔진은 잘 안 간다.

16. 어울리다, 적당하다.

1 [2 : 여격clitic] ir (a 2)
(1·2 : 구체)

1이 2에/에게 어울리다

¶ Este color no te va.   ¶ 그 색은 너에게 안 어울려.

¶ No te va nada ese peinado.   ¶ 그 머리 모양은 너에게 전혀 어울리지 않아.

¶ Esta tela le va de perlas al sillón.   ¶ 이 천은 안락의자에 아주 잘 어울린다.

¶ No te va tu novia.   ¶ 네 애인은 너에게 안 어울려.

1 ir con 2   **1이 2와 어울리다**

¶ Estas cortinas van con el color de las paredes.   ¶ 이 커튼 색은 벽 색깔과 어울린다.

¶ Tu novio no va contigo.   ¶ 네 남자친구는 너와 안 어울려.

17. 상관하다.

(a 2)〔2 : 여격clitic〕ir 1   **1이 2와 상관있다**
〔※ 후치주어〕

¶¿Qué te va a ti con eso?   ¶ 그 일이 너와 무슨 상관있니?

18. 좋다.

(a 2)〔2 : 여격clitic〕ir 1   **2는 1이 좋다**
(1 : 명사·동사원형, 2 : 사람)   **2는 ~는 게 좋다**
〔※ 후치주어〕

¶ Me va la montaña.   ¶ 나는 산이 좋다.

¶ Me va mucho eso de pasear en bicicleta.   ¶ 나는 자전거로 산책 하는 게 좋다.

¶ Me va esa chica.   ¶ 나는 그 여자 애가 좋다.

19. 떠나다, 가버리다, 나가다.

1 irse (de 2)   **1이 2에서 나가다**
(1 : 사람, 2 : 장소)   **1이 가버리다**

¶ Se fue de casa.   ¶ 그는 집에서 나갔다.

¶ Juan se fue.   ¶ 후안이 가 버렸다.

20. 그만 두다.

1 irse de 2 1이 2를 그만두다

(1 : 사람, 2 : 추상 : 직업·일…)

¶ Me fui de aquel trabajo porque ¶ 나는 그 직장을 더 이상 견디지 못하
no lo aguantaba más. 여 그만두었다.

¶ "No me he ido de la política", ¶ "나는 정치를 그만두지 않았다"라고
recordó Gorbachov. 고르바쵸프는 회상했다.

21. 액체나 기체가 새다.

1 irse de 2 1이 2에서 새다

(1 : 액체·기체, 2 : 용기)

¶ El agua se va de la pila. ¶ 건전지에서 물이 새었다.

¶ El agua se va del desagüe. ¶ 물이 하수도에서 새었다.

22. 없어지다, 지나가다, 사라지다.

1 irse 1이 없어지다

(1 : 무정)

¶ El dinero se va rápidamente. ¶ 돈은 금방 없어진다.

23. (표시나 얼룩이) 지워지다.

1 irse 1이 지워지다

(1 : 얼룩·때·표시…)

¶ No se va la mancha de grasa. ¶ 기름 얼룩은 지워지지 않는다.

¶ La mancha de tinta se fue al ¶ 잉크 얼룩은 우유를 붓자 지워졌다.
echarle la leche.

24. (기억에서) 사라지다, 생각이 안 나다, 잊어버리다.

(a 2) 〔2 : 여격clitic〕 irse 1 2가 1을 잊어버리다

〔※ 후치주어〕

¶ Se me van los nombres últimamente.   ¶ 최근에 나는 이름들을 자꾸 잊어버린다.
¶ Se me fue tu número de teléfono.   ¶ 나는 네 전화번호를 잊어버렸다.

25. (사람이) 죽다.

1 irse   **1이 가다**
(1 : 사람)
¶ Se ha ido, pero recordaremos   ¶ 그는 갔으나 그를 영원히 기억할 것
siempre.   이다.
¶ Cuando vimos que el abuelo se   ¶ 할아버지가 가시는 것을 보고 우리는
nos iba, nos rompimos a llorar.   울음을 터뜨렸다.
¶ Se fue de este mundo sin haberse   ¶ 그는 가족과 화해하지 않은 채 갔다.
reconciliado con su familia.   (☞ 죽었다)

26. 자기도 모르게 움직이다, 삐끗하다.

[2 : 여격clitic] irse 1   **2가 1이 삐끗하다**
(1 : 신체일부, 2 : 사람)
¶ Se le fue el pie, pero no se cayó.   ¶ 그는 발을 삐끗했으나 넘어지진 않았다

27. 노름에서 돈을 걸다, 내기를 하다.(구어)

1 ir a que 절   **0이 ~하는 데 1(를) 걸다**
(1 : 돈·액수)   (0 : 사람)
¶ Van mil euros a que termino   ¶ 내가 너보다 일찍 끝내는 데 1000페
antes que tú.   세타 걸겠어.
¶¿Cuánto va a que corro más   ¶ 내가 당신보다 빨리 뛴다는 데 얼마
rápido que tú?   를 걸겠습니까?

1 ir con 2   **1이 2(를) 걸다**
(1 : 사람, 2 : 돈·액수)   (1 : 사람, 2 : 돈·액수)
¶ Yo voy con cinco más.   ¶ 나는 5 더 걸겠어.
¶ No va más.   ¶ 더 이상 돈을 걸지 못한다.

(관용구)

1. 1 ir a 동사원형
(1 : 유정)
¶ Voy a comprar pan.

1이 ~하러 가다
¶ 나는 빵 사러 간다.

2. 1 ir adelante
(1 : 사람)
¶ Sus chicos van adelante en el colegio.

1이 잘 나가다
(직. 앞으로 나아가다)
¶ 그의 아이들은 학교에서 잘 나간다.

3. 1 ir a lo suyo
(1 : 사람)
¶ Es de los que van siempre a lo suyo.

1이 이기적으로 행동하다
(직. 1이 자기 것으로 가다)
¶ 그는 항상 이기적으로 행동하는 사람 중 하나다.

4. 1 ir a misa
(1 : 사람)
¶ Lo que dice el profesor va a misa.

1이 그대로 행하다
(직. 1이 미사 보러 가다)
¶ 그 선생은 말한 것을 그대로 행한다.

5. 1 irse a la calle
(1 : 사람)
¶ Después de cinco años trabajando en esta empresa, Estrella se ha ido a la calle.

1이 해고되다
(직. 1이 길로 가다)
¶ 이 회사에서 5년 간 일하고 나서 에스트레야는 해고되었다.

6. 1 ir a la par
(1 : 사람 복수형)
¶ Si nos toca la lotería vamos a la par.

1이 똑같이 나누다
(직. 1이 짝으로 가다)
¶ 복권에 당첨되면 우리 똑같이 나누자.

7. 1 ir al grano
(1: 사람)

1이 본론으로 들어가다
(직. 1이 알갱이로 가다)

¶ Déjate de preámbulos y vamos
al grano.

¶ 서론은 그만하고 본론으로 가자.

8. Vaya con Dios

잘 가
(직. 하나님과 함께 가기를)

¶ Vaya usted con Dios, doña Carmen.

¶ Carmen양 잘 가요.

9. Vaya en paz/Vaya con la paz
de Dios.

잘 가

(직. 하나님의 평화와 함께 가기를)

¶ Vaya usted en paz.

¶ 잘 가세요.

¶ Vayas con la paz de Dios.

¶ 잘 가.

10. 1 ir con ojo/con cien ojos
(1 : 사람)

조심하다
(직. 1이 (100개의) 눈을 뜨고 가다)

¶ En este camino tan peligroso
hay que ir con cien ojos.

¶ 이처럼 위험한 길에선 조심해야 한다.

11. 1 ir con pies de plomo
(1: 사람)

1이 신중을 기하다, 조심하다
(직. 1이 납으로 된 발로 가다)

¶ Anda con pies de plomo a la
hora de firmar tu contrato.

¶ 계약에 싸인할 때 신중해라.

12. 1 ir de cráneo
(1 : 사람)

(직. 1이 두개골로 가다)
ㄱ. 1이 어려움을 겪다

¶ Este año vas de cráneo en los
estudios.

¶ 금년에 너는 공부하는데 어려움을 겪
고 있다.

ㄴ. 1이 착각이다

¶ Si piensas que van a venir a
buscarte a casa, vas de cráneo.

¶ 네가 그들이 너를 찾아 집으로 온다
생각한다면 착각이다.

13. 1 ir de culo
(1 : 사람)

(직. 1이 엉덩이로 가다)

ㄱ. **1이 잘 나가지 않는다.**

¶ Este año nuestro equipo va de culo.

¶ 금년에 우리 팀은 잘 나가질 않는다.

¶ Voy de culo con esa rubia.

¶ 나는 그 금발여자와 잘 나가질 않는다.

ㄴ. **1이 급하다**

¶ Os dejo, que hoy voy todo el día de culo de tanto trabajo que tengo.

¶ 나 갈께. 오늘 일이 많아서 하루 종일 급해.

14. 1 ir de flor en flor
(1 : 유정)

1이 이리저리 떠돌다

(직. 이 꽃에서 저 꽃으로 다니다)

¶ Va de flor en flor, pero no tiene ni una novia formal.

¶ 그는 진짜 여자친구 없이 이리저리 떠돈다.

15. 1 ir de mal en peor
(1 : 상황·상태·사업·일…)

1이 점점 나빠지다

¶ La empresa va de mal en peor, y seguro que acaba cerrando.

¶ 그 회사는 점점 나빠져서 결국 문 닫을 게 확실하다.

16. 1 ir de puerta en puerta
(1 : 사람)

1이 이집 저집 다니다

(직. 이문 저문 다니다)

¶ Desde que tuvo bancarrota va de puerta en puerta.

¶ 그는 파산한 후로 이집 저집 다닌다.

17. 1 ir detrás de 2
(1·2 : 사람)

1이 2를 쫓아다니다

¶ Va detrás de su jefe para que le suba el sueldo.

¶ 그는 월급 올려 달라고 상사를 쫓아 다닌다.

¶ No creo que consiga su amor por mucho que vaya detrás de él.

¶ 그를 아무리 쫓아 다녀도 사랑을 얻지는 못할 거다.

1 ir detrás de 2
(1 : 사람, 2 : 구체)

1이 2를 가지고 싶어하다

¶ He ido detrás de este libro por ¶ 나는 이 책을 3년 동안이나 가지고
tres años.   싶어했다.
¶ Mi hermano va detrás de un coche. ¶ 내 동생은 어떤 차를 가지고 싶어한다.

18. 1 ir demasiado lejos
(1 : 일·사건…)
¶ Las cosas han ido demasiado
lejos.

1이 갈 때까지 가다
(직. 1이 너무 멀리 가다)
¶ 일들이 갈 때까지 갔어.

19. 1 ir para 2
(1 : 사람, 2 : 직업)
¶ Juan va para cocinero.
1 ir para militar
¶ Mi hermano va para militar.

1이 2가 되는 것을 배우다
(직. 1이 2를 향해 가다)
¶ 후안은 요리사 되는 것을 배우고 있다.
1이 군대에서 훈련을 받다.
¶ 내 동생은 군대에서 훈련을 받고 있다.

20. 1 ir para largo
(1: 사건·행위…)
¶ El cambio de casa va para largo.

1이 멀었다.
¶ 집 바꾸는 것은 아직 멀었어.

21. 1 ir por 2
(1 : 추상: 말·이야기·논의…)
¶ No te desentiendas del problema;
lo que he dicho va por ti.

1이 2를 지적하다
¶ 문제를 잘못 이해하지 마. 내가 말한
것은 너를 지적한 거야.

22. 1 ir sobre ruedas
(1 : 일·사업…)
¶ El negocio va sobre ruedas.

1이 잘 되다
(직. 1이 바퀴로 굴러가다)
¶ 사업이 잘 된다.

23. 1 irse a la cama
1 irse a la piltra
1 irse al catre
(1 : 사람)
¶ Los niños se fueron a la cama
muy tarde.

1이 자러 가다
(직. 침대로 가다)
¶ 아이들은 늦게 자러 갔다.

24. 〔1 : 여격clitic〕 irse el santo   1이 말하려던 것을 깜박하다
al cielo
(1 : 사람)   (직. 1의 수호성인이 하늘로 올라가 버리다)
¶ Iba a decirte algo, pero se me ¶ 나는 너에게 뭔가를 말하려 했는데
fue el santo al cielo.   말하려던 것을 깜박했어.

25. 〔1 : 여격clitic〕 irse la mano   1이 실수를 하다
(1 : 사람)   (직. 1의 손이 가버리다)
¶ Se le ha ido la mano con la sal. ¶ 그는 소금을 가지고 실수를 했다.

26. 〔1 : 여격clitic〕 irse la cabeza 1이 현기증이 나다
(1 : 사람)   (직. 1의 머리가 가버리다)
¶ Mi abuela no puede bajar la ¶ 우리 할머니는 현기증이 나서 에스칼
escalera mecánica porque se le va 레이터로 못 내려가신다.
la cabeza.

27. 〔1 : 여격clitic〕 irse la fuerza 1이 말만 하다
por la boca
(1 : 사람)   (직. 1의 힘이 입을 통해서 나가 버리다)
¶ Se le va la fuerza por la boca, ¶ 그는 나한테 전화한다고 하고 안 해.
porque siempre me promete llamar 그는 말만 해.
y no me llama.

28. 〔1 : 여격clitic〕 irse los ojos   1이 2를 하염없이 보다
(1 : 사람)   (직. 1의 눈이 가버리다)
¶ Se le van los ojos tras los ¶ 그녀는 잘생긴 남자 아이를 하염없이
chicos guapos.   본다. 눈 빠지게 보고 있다.

29. sin ir más lejos   다른 데서 찾을 것 없이
                                  (직. 더 이상 멀리가지 않은 채)
¶ Tú, sin ir más lejos, me has ¶ 다른 데서 찾을 것 없이 바로 네가
dado un plantón más de una vez.   나를 여러 번 기다리게 했잖아.

30. ¡vamos!   자!/기운 내!

¶¡Vamos, el triunfo es vuestro!   ¶ 자, 승리는 너희 것이다.

¶¡Vamos, espabila, que vas a   ¶ 자, 일어나, 늦겠어.
llegar tarde!

31. vaya 1   이런 1
                                           〔※놀람, 짜증, 저항의 뜻, 문맥에 따라
                                           긍정적 의미로도 쓰임〕

¶¡Vaya coche que se ha comprado! ¶ 뭐 이런 차를 샀어!/정말 대단한 차야!

¶¡Vaya granuja!   ¶ 이런 건달 같으니!

32. ¡vaya por Dios!   저런!
                                           (직. 주여!)

¶¡Vaya por Dios! Ahora que se   ¶ 저런! 휴가 가려는데 다리가 부러지
iba de vacaciones, se ha roto la   다니.
pierna.

33. ¡Vete al infierno!   지옥에나 가버려.

34. ¡Vete (tú) a saber!   모르지? 가서 알아봐.
¡Vaya usted a saber!

¶ Vete a saber qué material es ¶ 이게 재료가 뭔지 모르지? 가서 알아
éste.   봐.

ir(조동사)

1. (동작, 상태, 상태 변화가) 계속되거나 진행되다.

ir 동사의 현재분사	**~아/어 가다/오다**
¶ Va amaneciendo.	¶ 동이 터 온다.
¶ Va comiendo el arroz poco a poco.	¶ 그는 밥을 조금씩 먹어 간다.

2. ~할 것이다.

ir a 동사원형	**1이 ~ㄹ 것이다**
¶ Vamos a comer en seguida.	¶ 우리는 즉시 식사할 것이다.

　지면관계상 대조한 동사의 결과를 모두 보일 수는 없으므로 대조한 샘플을 제시함으로 이해를 돕고자 한다. 아래 【표 4】는 스페인어 'comer'의 의미 항목을 기술하고, 이를 대역하여 한국어와 대조한 것이다. 아래의 표를 보면 스페인어 'comer'의 경우 13개의 의미 항목 중 46%에 해당하는 6개 항목만이 한국어 '먹다'로 대응되는데, 이는 스페인어 'comer'를 한국어 '먹다'로 직접 대응시킬 경우 46%의 의미 항목에서만 대역된다는 의미이다. 하지만 대역되는 6개의 의미가 모두 기본 의미임을 감안한다면 그 사용 빈도가 아주 높아서 의미 빈도(코퍼스에서의 개별 의미 항목의 빈도)로는 훨씬 더 높은 수치를 기록할 것이다.

【표 4】 스페인어 'comer' 동사의 대역표현

Comer	한국어 대응 표현
1　음식을 입을 통하여 넘기다	
1 comer(se) 2	**1이 (2를) 먹다**
(1 : 유정, 2 : 고체성 음식)	
2　딱딱한 음식을 씹어 입을 통하여 넘기다	
1 comer (2)	**1이 (2를) 먹다**
(1 : 유정, 2 : 고체성 음식)	

3   점심 식사를 하다
       1 comer (2)   1이 점심을 먹다
       (1 : 사람, 2 : '점심')
4   이기다, 앞지르다
       1 comer a 2   1이 2를 먹어버리다
       (1 : 추상, 2 : 사람)
5   육체적, 정신적으로 언짢게 하다
       1 comer a 2   1이 2를 성가시게 하다
       (1 : 유정, 2 : 사람)
6   (색, 윤기를) 조금씩 파괴하다, 원래의 상태를 손상시키다.
       1 [3 : 여격clitic] comer(se) 2   1때문에 (3의) 2가 바래다
       (a 3) (1 : 물리적, 화학적 객체, 2 :
       '색', '윤기')
7   실제 크기보다 작게 보이게 하다
       1 [3 : 여격clitic] comer(se) 2   1로 (3의) 2가 작아 보이다
       (1, 2 : 무정, 3 : 2의 소유주)
8   장기에서 말을 따먹다
       1 comer(se) a 2   1이 2를 (따)먹다
       (1 : 사람, 2 : 장기판의 말 종류)
9   다 써버리다, 소비하다, 부식시키다
       1 comer(se) 2 /   1이 (3의) 2를 쓰다

       1 [3 : 여격clitic] comer 2
       (1 : 사람, 기계, 2 : 돈, 재산, 연료,
       3 : 2의 소유주)
10   (글씨나 발음에서) 단어나 음을 빠뜨리다, 빼먹다
       1 comer(se) 2   1이 2를 **빼**먹다
       (1 : 사람, 2 : 언어의 단위 : '단어',
       '문장', '음절', '음'..)
11   구김을 만들다
       1 comer(se) 2   1이 2에 구김을 만들다
       (1 : 무정, 2 : 의류, 직물류)   1로 2에 구김이 생기다
12   불안하게 만들다
       1 comerse a 2   2가 1로 불안하다
       (1 : 추상, 2 : 사람)

13	다른 것의 가치를 잃게 하다	
1 comerse 2		**1이 2의 가치를 떨어뜨리다**
(1 : 무정, 2 : 구체, 물건의 값)		1로 2의 가치가 떨어지다

(3) 대조분석 결과

스페인어와 한국어의 기본 동사는 통사적으로 언제나 규칙적인 대응만을 보이는 것이 아니므로, 서·한 대역 시에 일관적으로 대응 의미나 문형을 기술하기에 어려움이 많다. 즉, 의미 항목별로 규칙적 대응만을 보이는 것이 아니므로, 한 동사가 사용될 수 있는 여러 의미를 기술하고 각각의 경우에 대역 표현의 의미, 통사, 화용적 정보에 대해 기술되어야 한다. 또한 번역도 직역과 의역으로 차이를 보일 수 있는데, 회화의 자연스러움을 강조하여 지나치게 의역을 하게 되면 두 언어간의 의미적 교집합이 현저하게 줄어드는 결과를 낳게 된다. 따라서 본 연구에서는 한국어로 번역할 때 어색하지 않은 범위에서 문법적인 방법을 택하였다. 이 부분은 스페인어 한국어 이중언어 화자의 도움을 받았다.

① 어휘적 차이

본 절에서 분석한 기본 동사들의 서·한간 의미 대조의 유형을 몇 가지 유형으로 나누어 설명하기로 한다.

먼저, 스페인어와 한국어의 의미가 일부 중첩되는 경우(S∩K)로 대부분의 동사들이 이 유형에 해당한다. 예를 들어 스페인어 'buscar'의 의미의 50%는 한국어의 '찾다'로 대역된다.

둘째, 스페인 동사의 의미가 모두 하나의 한국어 동사로 대역될 수 있는 예(S⊆K)인데, 'preferir & 좋아하다', 'cenar & 먹다', 'haber & 있다', 'saber & 알다' 등이 여기에 속한다. 스페인어 동사는 100% 한국어 동사로 대역되지만, 한국어 동사 역시 100% 스페인어로 대역되는지 여부는 한국어 동사를 기준 언어로 하는 대조분석을 다시 필요로 하므로 S⊂K라는 표식을 사용하였다.

셋째, 스페인어 동사가 한국어 동사 2개 이상으로 대역되는 경우(S∩K1, K2···)로, 대응되는 한국어 동사 간의 관계에 따라 다시 몇 가지로 나누어서 생각해 볼 수 있다. 'ver & 보다, 보이다', 'escribir & 쓰다, 써지다', 'querer & 원하다, 사랑하다', 'tener & 가지다, 있다', 'llegar & 도착하다, 있다' 등과 같이 대응 한국어 동사(K1, K2)들이 중첩되지 않고 완전 분리될 수 있는 경우(K1∪K2)로 의미 중복도는 K1+K2로 산출된다. 또한 대응 한국어 동사 간에 포함 관계나(K1⊃K2) 중첩 관계(K1∩K2)를 보이는 예도 있다. 전자에 해당하는 예로는 'oír & 듣다(100%)⊃들리다(14%)', 'preparar & 준비하다(50%)⊃준비시키다(34%)'를 들 수 있다. 이때 스페인어와 한국어의 의미 중복도는 K1의 의미 중복도와 같다. K1과 K2 간에 의미의 부분적 중첩(K1∩K2)을 보이는 예로는 'gustar & 좋다, 좋아하다'와 같이 '좋다'에 대응되는 경우가 38%, '좋아하다'로 대응되는 경우가 50% 그리고 두 동사에 모두 대응될 수 있는 경우가 12%가 된다. 따라서 스페인어 'gustar'와 한국어 '좋다/좋아하다'의 의미 중복도는 (K1+K2-(K1∩K2))로 산출할 수 있다. 이와 같은 유형에 속하는 동사로는 'jugar & 놀다, 하다', 'volver & 돌아오다, 돌아가다', 'pedir & 요구하다, 부탁하다, 수분하다', 'salir & 나가다, 나오다', 'encontrar & 발견하다, 찾다' 등을 들 수 있다.

넷째, 스페인어와 한국어 동사가 상호 일치되어 대역되는 예(S≒K)가 있는데, 'ayudar'는 한국어 '돕다'와 상호 대응될 수 있다.

이밖에도 여러 유형이 존재할 것으로 예측할 수 있으나, 본 장의 연구가 스페인어를 기준으로 하는 서·한 대조에만 중점을 두었으므로, 앞장에서 보인 것과 관련된 자세한 기술은 생략한다.

개별 동사의 의미 중복도를 보이면 【표 5】와 같다. 표에서 보인 백분율은 개별 의미 항목을 하나로 보았을 때 이들의 중복도를 보인 것이며, 의미 항목의 사용 빈도를 고려한 것은 아니다.

【표 5】 스페인어 동사와 (대응되는) 한국어 동사 의미 중복도

스페인어 동사	중복도% (서 → 한)	한국어동사	스페인어 동사	중복도% (서 → 한)	한국어동사
preferir	100	좋아하다	estudiar	43	공부하다
cenar	100	먹다	venir	43/9	오다/나오다
haber	100	있다	dormir	40/10	자다/재우다
saber	100	알다	querer	36/9/9	원하다/사랑하다/ 필요하다
oír	84/14	듣다/들리다	salir	33/33	나가다/나오다
conocer	82	알다	comer	31	먹다
hablar	81	말하다	entender	30	이해하다
ser	80	이다	ir	28.1	가다
decir	80	말하다	traer	28/ 14/14	가져오다/ 가져다주다/오다
vender	80	팔다	dar	28/22	주다/하다
ayudar	75	돕다	trabajar	27	일하다
vivir	71	살다	hacer	24/9	하다/만들다
leer	71	읽다	estar	23/23	있다/이다
escuchar	67	듣다	jugar	21	놀다
sentir	63	느끼다	tener	21/26	가지다/있다
ver	59/6	보다/보이다	volver	18/9/18	돌아오다/ 돌아가다/돌리다
escribir	57	쓰다	pedir	17/ 33/17	부탁하다/ 요구하다/주문하다
poder	50	이기다	preparar	17/33	준비하다/ 준비시키다
gustar	50/25	좋다/ 좋아하다	dejar	13/19/ 13	놓아두다/두다/ 떠나다
buscar	50	찾다	encontrar	8/15/ 23/8	찾다/발견하다/ 만나다/있다
mirar	50	보다	llegar	8/8	도착하다/이르다

llamar	50/13	부르다/불리다	llevar	8/4	가져가다/가져오다
quedar	50	남다	tomar	6/12/6/6/6/6	잡다/받다/타다/택하다/먹다/마시다
preguntar	50/25	묻다/궁금하다	pasar	3/3/8/14/3	가져가다(오다)/주다/통과하다/데려오다

예를 들어 'buscar'와 '찾다' 간의 중복도 50%는 'buscar'의 의미 항목 중 반 정도가 한국어의 '찾다'로 번역될 수 있음을 의미하는 것이다. 이런 백분율은 기계번역 시 격틀 유형의 전환 가능 정도를 짐작하는 데에 도움이 될 수 있다. 하지만 기본적인 의미 항목이 가장 높은 빈도로 사용될 것이므로 사용 빈도상의 중복도는 50%를 훨씬 넘어설 것이 분명하다.

서·한 대조 결과, 스페인어의 한 단어가 한국어에서는 구 꼴로 대역되는 예도 있다. 예컨대 스페인어 'cenar'는 자동사로 '1이 저녁을 먹다/저녁식사를 하다'를 격틀로 가지고, 타동사로서 목적어로 음식이 오면 '1이 저녁으로 2를 먹다'에 해당된다.

뿐만 아니라 스페인어 'comer'가 한국어 '먹다' 파생 동사에 대응되는 경우도 있는데, 목적어가 장기판의 말 종류일 때에는 '1이 2를 따먹다'로, 2가 단어, 문장, 음절 등 말의 단위를 나타내는 경우에는 '생략하다'의 의미인 '1이 2를 빼먹다'로 대응된다.

이밖에 'saber'와 'conocer'의 경우 한국어 '알다'에 대응되는데, 두 동사의 부정형인 'no saber'와 'no conocer'는 한국어에서는 '알다'의 반의어인 '모르다'로 대응된다. 스페인어에서 부정의 부사 'no'를 포함한 동사구가 한국어에서 단일동사로 대응되는 예라고 할 수 있다.

② 통사적 차이

의미의 차이는 결국 문형의 차이로 반영되기 마련인데, 같은 의미 항목의 대역 문장에서 문형이 달라져 논항 수가 달리 나타나기도 한다. 스페인어와 한국어는 동일 문형으로 나타나더라도 논항의 유형이나 조사 선택 등에서 다양한 차이를 보이는데 몇몇 통사적 차이를 정리해 보면 다음과 같다.

첫째, 한국어 대역형이 스페인어와 동일한 논항의 수, 논항 제약을 가지나 구현되는 격틀에서 차이를 보이는 경우이다. 스페인어 'gustar'는 의미 영역에서 한국어 '좋다/좋아하다'에 대응되나, 두 언어의 격틀에는 차이가 있다. 스페인어의 격틀은 주로 '(a 2) [2 :여격clitic] gustar 1/동사원형'으로 경험주가 여격(clitic)으로, 좋아하는 대상이 후치 주어로 나타나는 반면, 한국어의 격틀은 '1이 2가 좋다/1이 2를 좋아하다'로 좋아하는 사람이 주어로, 좋아하는 대상은 목적어나 보어로 나타난다. 그 밖에 스페인어와 한국어의 격틀이 다른 동사의 예를 보이면 (27)과 같다.

(27) a. 1 tener 2 (1 : 사람)
      ☞ 1이 2가 있다
    예) Tengo un hijo y una hija.
        ☞ 나는 아들 하나와 딸 하나가 있다.
    예) Tengo clase de español esta tarde.
        ☞ 나는 오늘 오후에 스페인어 수업이 있다.
  b. 1 tener 2 (1 : 장소)
      ☞ 1에 2가 있다
    예) Mi casa tiene 4 habitaciones.
        ☞ 우리 집에는 방이 네 개 있다
  c. 1 llevar 2 (1, 2 : 구체)
      ☞ 1에/에게 2가 있다
    예) Todas las cajas llevan su precio.
        ☞ 모든 상자에 가격이 있다.

한국어 '듣다'의 목적어로는 사람이 올 수 없으나 스페인어 'oír'나 'escuchar'는 목적어로 사람이 올 수 있다. 따라서 한국어 대응형은 '1 이 2를 듣다'가 아니라 '1이 2의 말을 듣다'로만 가능하다.

  (28) a. 1 oír a 2 (1, 2 : 사람)
        ☞ 1이 2의 말을 듣다
      예) ¿Me estás oyendo?
          ☞ 내 말 듣고 있니?
      b. 1 escuchar a 2 (1, 2 : 사람)
          ☞ 1이 2의 말을 듣다
      예) Mi hijo no me ha escuchado y salió con sus amigos.
          ☞ 우리 아들은 내 말을 듣지 않고 친구들과 외출했다.

  일반적으로 스페인어 '여격clitic'은 간접목적어로 한국어에서 '~에게/에'로 나타난다. 그러나 스페인어 여격clitic이 한국어에서 조사 '~에게/에'에 대응되지 않는 경우가 있는데, 이때 clitic은 주어나 목적어의 소유주인 경우이다. '머리카락, 목소리'처럼 보통 주어나 목적어가 사람의 신체 일부와 같은 불양도 소유물인 경우 소유주인 사람이 clitic으로 표시된다. 한국어에서의 격 실현은 동사에 따라 다르며 주로 '~이/가'와 같은 주격이나 '~의' 형태로 구현된다. (29)는 그 예이다.

  (29) a. [2 : 여격clitic] dormirse 1 (1 : 신체일부, 2 : 사람)
            ☞ 2가 1에 쥐가 나다
        예) Se me ha dormido la pierna.
            ☞ 나는 발에 쥐가 났다.
      b. (a 2) [2 : 여격clitic] salir 1 (1 : '싹', '잎', '가지', '이빨'…, 2 : 생물)
            ☞ 2가 1이 나다
            ☞ 2에/에게 1이 나오다
        예) Al nino le han salido ya cinco dientes.
            ☞ 아이는/에게 벌써 이빨이 다섯 개 났다/나왔다.
      c. [1 : 여격clitic] irse los ojos tras 2 (1 : 사람)
            ☞ 1의 눈이 가버리다 /1이 2를 하염없이 보다

예) Se le van los ojos tras los chicos guapos.
    ☞ 그녀의 눈이 잘 생긴 남자 아이들에게로 가버렸다.
    ☞ 그녀는 잘 생긴 남자 아이들을 하염없이 본다.
d. 1 [2 : 여격clitic] comer 3 a 2
    ☞ 1로 2의 3이 바래다
예) El sol le ha comido el color a la ropa tendida.
    ☞ 햇빛 때문에 널어 놓은 빨래의 색이 바랬다.

둘째로, 논항의 의미적 제약에서 두 언어는 차이를 보인다. 스페인어의 하나의 격틀이 논항의 의미적 성격에 따라 한국어에서 여러 개로 나뉘어지는 경우이다.

(30) 1 ponerse 2 (1 : 사람, 2 : 의복, 장신구, 신발류)
    ☞ 1이 2를 입다   (2 : 옷)
       1이 2를 쓰다   (2 : 모자)
       1이 2를 끼다   (2 : 장갑)
       1이 2를 신다   (2 : 신발)
       1이 2를 하다   (2 : 넥타이)
       1이 2를 두르다/하다   (2 : 목도리, 스카프)

스페인어의 한 동사가 한국어에서는 논항에 따라 대응 표현이 달라진다. 아래 예문을 살펴보자.

(31) a. 1 tener (a) 2 como/de 3
    ☞ 1이 2를 3으로 <u>가지고 있다</u> (2 : 사물)
      1이 2를 3으로 <u>데리고 있다</u> (2 : 사람)
  b. 1 pasar 2 전치사 3
    ☞ 1이 2를 3으로 <u>가져가다/가져오다</u> (2 : 사물)
      1이 2를 3으로 <u>데려가다/데려오다</u> (2 : 사람)

(31b)에서 동사의 교체는 2가 3으로 이동한 결과 2가 화자로부터 물리적, 심리적으로 멀어지는 경우에는 '가져/데려가다'형으로 반대의

경우에는 '가져/데려오다'로 대응되어 화자 정보에 따라 대응형이 달라지는 유형으로도 볼 수 있다.

셋째, 스페인어와 한국어 동사가 의미 유형에 있어서는 일치하나 각각 동사의 필수 논항 수가 달라서 번역 시 일대일 대응을 보이지 않는 경우이다. 스페인어 'estudiar'가 특정 교육기관에서 교육을 받는다는 의미인 경우 '1 estudiar (2) en 3'으로 사람명사 주어와 장소명사가 필수 논항으로, 공부하는 내용에 해당하는 목적어 명사가 수의 논항이다. 반면에 한국어 대응형 '1이 2를 (3에서) 공부하다'에서 2는 필수 논항이며 장소명사 3은 수의 논항이다. 따라서 스페인어 '1 estudiar 2 en 3'은 '1이 3에서 2를 공부하다'로 대응되나, 목적어 논항 2가 없는 '1 estudiar en 3'의 대응형 '1이 3에서 공부하다'는 한국어에서 자연스런 문형이 아니며 대신 '1이 3을 다니다'로 대역하는 것이 자연스럽다. (32)는 그 예이다.

> (32) a. Estudia filología inglesa en la Universidad de Yonsei.
>   ☞ 그는 연세대학교에서 영문학을 공부한다.
>   b. Estudió en un colegio de monjas.
>   ☞ 그녀는 수녀학교를 다녔다.

이와 유사한 유형으로 'parecer' 동사와 그 대응형을 들 수 있는데, (33)에서 사람명사인 논항 3은 한국어에서는 수의 논항으로 격틀상 나타나지 않는 것이 더 자연스럽다.

> (33) 1 〔3 : 여격clitic〕parecer 2
>   ☞ (3에게는) 1이 2같다
>   a. El examen me pareció difícil.
>   ☞ (나에게는) 시험이 어려운 것 같았다.
>   b. La casa le pareció un palacio.
>   ☞ (그에게) 그 집은 궁궐 같았다.

예문 (34)에서 스페인어 'escribir'의 격틀은 '1 escribir (2)'로 목적

어 논항이 수의 논항으로 생략될 수 있는 반면, 한국어 '쓰다'에서 목적
어는 필수 논항으로 반드시 나타나야 함을 보여주고 있다. 따라서 스페
인어 자동사 '1 escribir'는 한국어 대응형에서 문맥에 따라 적당한 목
적어를 추가하여야 한다. 보통 '글을 쓰다', '기사를 쓰다', '작품을 쓰다'
등으로 대응된다.

(34) a. Esta profesora <u>escribe</u> sobre la historia.
　　☞ 이 여선생은 역사에 대하여 <u>글을</u> 쓴다.
　　b. Este autor <u>escribió</u> solo para el teatro.
　　☞ 이 작가는 연극을 위해서만 <u>작품을</u> 썼다
　　c. Mi amiga <u>escribe</u> en los periódicos.
　　☞ 내 친구는 신문에 <u>기사를</u> 쓴다.

한편 '1 escribir a 2 (1, 2 : 사람)'에서처럼 스페인어 'escribir'는
직접목적어 없이 간접목적어로 사람명사를 취하여 '편지를 써서 주다'의
의미를 가진다. 이때 한국어 대응형은 '1이 2에게 편지를 쓰다'로 직접
목적어로 명사 '편지'를 추가하여야 한다.

(35) a. 1 [2 : 여격clitic] escribir (a 2) (1, 2 : 사람)
　　☞ 1이 2에게 편지를 쓰다
　　예) Le escribió una carta breve a su madre.
　　☞ 그는 어머니께 간단한 편지를 썼다.
　　b. 1′ escribirse (1′ : 사람 복수명사)
　　☞ 1′ 서로 편시를 쓰다
　　예) Nos escribimos con frecuencia.
　　☞ 우리는 서로 자주 편지를 쓴다.

논항이 추가되는 것은 'escuchar'나 'dormir' 동사의 대응형에서도
볼 수 있다. 스페인어 '1 escuchar 2'는 한국어 '1이 2를 듣다'에 대응
되는데, 한국어의 '듣다'는 반드시 목적어를 필요로 하는 타동사이나 스
페인어 'escuchar'는 자동사와 타동사로 모두 쓰일 수 있다. 따라서 스

페인어 'escuchar'가 자동사로 쓰이는 '1 escuchar'은 한국어 '1이 듣다'로는 대응될 수 없고 대신 목적어 논항이 추가된 '1이 0에 귀를 기울이다/1이 0을 자세히 듣다'에 대응된다. 스페인어 'dormir'의 경우에도 자동사와 타동사로 모두 쓰일 수 있으나 한국어 '자다'는 자동사로만 쓰이므로 타동사 '1 dormir a 2'는 사역동사 '1이 2를 재우다'로 대응되어야 한다.

한국어 대응형에서 논항이 줄어드는 유형도 있다. 스페인어에서 주어가 3인칭 복수형으로 특정인을 지칭하지 않는 경우 한국어에서 주어가 나타나지 않는다. '1 poner 2 en 3 (2 : 영화, 연극, 작품, 공연, 방송프로)'의 한국어 대응 표현에서는 주어가 나타나지 않으며 '3에서 2를 하다'로만 실현된다.

> (36) 1 poner 2 en 3 (1 : 사람, 2 : 영화, 연극, 작품, 공연, 방송프로, 3 : 장소)
> ☞ 3에서 2를 하다
> a. Hoy ponen una película de terror en el Cine Rex.
> ☞ 오늘 렉스 극장에서는 공포영화를 한다.
> b. Esta noche no ponen nada interesante en la televisión.
> ☞ 오늘밤 텔레비전에서는 재미있는 것을 아무 것도 안 한다.

넷째로, 대응되는 문법 범주가 일치하지 않는 경우이다. 주로 스페인어 동사가 한국어의 형용사 범주로 대응되는 예가 그것이다. 스페인어 'estar'는 장소의 전치사구나 형용사나 부사구를 동반하여 주어의 위치 또는 상태를 나타내는 동사로, 한국어 형용사 '있다'에 대응된다. 주로 '1 estar en 2' 형은 '1이 2에 있다'로 '1 estar 형용사'는 '1이 형용사'에 대응되며, '1 estar de/a 2'에서 2가 '신분, 시간, 날짜, 가격, 온도' 등을 나타내는 경우에는 '1이 2이다'로 대응된다.

또한 스페인어 '1 ser 2'의 문형에서 2가 명사에서 파생된 관계 형용사인 경우 2의 한국어 대응형은 명사형이 된다. 스페인어에는 순수하게 자질을 나타내는 '양질 형용사' 이외에도 명사로부터 파생된 '관계적 형용사'가 있다. 관계적 형용사는 한국어의 형용사가 아닌 명사에 대응된다.

(37) a. el diccionario <u>médico</u> ☞ <u>의학</u> 사전

    b. la política <u>cultural</u> ☞ <u>문화</u> 정책

이와 같은 관계적 형용사가 'ser' 동사의 보어로 오는 경우가 있다. '1 ser 2'에서 2가 단체, 사회, 지역에 소속되거나 출신임을 나타내는 형용사인 경우 한국어 대응형 '1이 2이다'에서 2는 형용사가 아닌 명사가 된다.

(38) a. Mi madre es <u>andaluza</u>.

       ☞ 우리 어머니는 <u>안달루시아 사람</u>이다.

    b. Tu amigo es <u>socialista</u>.

       ☞ 너의 친구는 <u>사회당원</u>이다.

다섯째, 스페인어와 한국어는 진행과 결과를 나타내는 상에서도 차이를 보인다. 스페인어 'encontrar'는 '사람이나 사물을 발견하거나 만나다'이라는 결과적 의미를 갖는다. 반면 한국어 '찾다'는 무엇을 발견하기 위해 찾는 과정뿐 아니라 무엇을 찾은 결과를 나타낼 수 있다. 또한 'buscar'는 한국어 '찾다'에 해당되며, '발견하다'는 의미는 없고 찾는 과정을 나타내는 동사이다. 따라서 '1 buscar 2'는 한국어 '1이 2를 찾다/구하다'로 대응되는데, 과정적 의미가 있으므로 실제로 '찾고 있다/구하고 있다' 형태로 대응되어 스페인어에서 나타나지 않는 조동사가 나타난다. (39)를 살펴보자.

(39) a. <u>Buscamos</u> trabajo.

       ☞ 우리는 직장을 <u>찾고 있다</u>.

    b. Juan <u>busca</u> novia.

       ☞ 후안은 애인을 <u>구하고 있다</u>.

여섯째로, 시제와 태 등에서 두 언어 사이에 불일치를 보이는 경우이다. 우선 현재 시제의 스페인어 문장이 한국어에서 과거형으로 대응되는 경우를 들 수 있다. 'llevar'가 '옷을 입고 있는 현재 상태'를 나타내는

경우 한국어에서 과거형 '입었다'로 대응되며, '습관적으로 입는다'는 의
미로 쓰인 경우에는 현재형 '입는다'로 대응된다. 또한 'llevar'가 '일정
한 곳에서 시간을 보내다'의 의미로 쓰일 때 스페인어 현재형은 한국어
과거형으로 대응된다. 또한 '알다'의 의미를 가지는 'conocer' 동사의 목
적어로 장소 명사가 올 때 그 장소를 가 본 경험을 통해 아는 것을 의
미하며 한국어로는 '~에 가보다'의 과거형인 '~에 가봤다'로 대응된다.

> (40) a. Ese genio le <u>viene</u> de familia.
>   ☞ 그의 저 천재성은 가족에게서 <u>왔다</u>.
> b. Hoy <u>lleva</u> un vestido muy elegante.
>   ☞ 오늘 그녀는 아주 우아한 드레스를 <u>입었다</u>.
> c. Juna siempre <u>lleva</u> vaqueros.
>   ☞ 후안은 항상 청바지를 <u>입는다</u>.
> d. <u>Llevo</u> 2 años en Corea?
>   ☞ 나는 한국에서 2년을 <u>보냈다</u>.
> e. <u>Llevamos</u> 3 años juntos.
>   ☞ 우리는 3년을 같이 <u>지냈다</u>.
> f. ¿<u>Conoce</u> usted Corea?
>   ☞ 한국에 <u>가 봤어요</u>?

또 다른 예로 '1 tener 2'에서 1이 사람이고 2가 1의 자질이나 특
성, 소유물일 때에 스페인어 현재형이 한국어 과거형 '1이 2를 가졌다'
로 되는 경우를 들 수 있다.

> (41) a. <u>Tiene</u> los cabellos negros.
>   ☞ 그는 검은 머리를 <u>가졌다</u>.
> b. Juan <u>tiene</u> dos coches.
>   ☞ 후안은 차 두 대를 <u>가졌다/가지고 있다</u>.

또한 스페인어 동사의 능동태가 한국어에서 수동태로 대응되는 경우
(42)도 있다.

(42) a. Este bolígrafo no <u>escribe</u> bien.

     ☞ 이 볼펜은 잘 안 <u>써진다</u>.

   b. No se que me pasa, pero no <u>oigo</u> nada.

     ☞ 나는 무슨 일이 일어났는지 모르겠지만 아무것도 <u>들리지</u> 않는다.

   c. Aquí no puedo <u>ver</u> bien la película.

     ☞ 여기서 나는 영화가 잘 <u>보이질</u> 않는다.

한국어 동사의 능동형이 스페인어에서는 능동형과 사동형 모두로 쓰이는 경우도 있다. 'estudiar'는 '1 [2 : 여격clitic] estudiar 3'로 쓰여 '1이 2에게 3을 공부하도록 하다'는 사역의 뜻을 가지는데 이때 강제적 의미는 없고 '1이 2가 3을 공부하도록 돕다'는 의미만 가진다.

마지막으로 스페인어와 한국어에서 현저한 차이를 보이는 것은 사역동사의 대응이다. 스페인어의 많은 동사들은 무정명사를 주어로 하고 사람을 목적어로 하는 간접사역동사로 쓰일 수 있다. 그러나 한국어에서는 무정명사 사역주가 주어로 사람명사 피사역주가 목적어로 오는 '1이 2를 ~하게 하다' 사역구문은 자연스럽지 못하므로 '1로/때문에 2가 ~되다' 구문으로 대응된다. 이러한 대응 유형은 다양한 동사에서 볼 수 있는데, 아래 예문을 살펴보자.

(43) a. 1 hacer polvo a 2　(1 : 추상, 2 : 사람)

     ☞ 1로/때문에 2가 기운을 잃다.

    예) La muerte de su padre le ha hecho polvo.

      ☞ 아버지의 죽음 때문에 그가 기운을 잃었다.

   b. 1 [2 : 여격clitic] hacer 3　(a 2)　(1 : 사물, 2 : 사람)

     ☞ 1로/때문에 2가 3이 생기다.

    예) El zapato le hizo una herida.

      ☞ 신발때문에 그는 상처가 생겼다.

   c. 1 dormir a 2　(1, 2 : 사람)

     ☞ 1로 2가 지루하다/ 1이 2를 지루하게 만들다

    예) La conferencia nos ha dormido a todos.

      ☞ 회의로 우리 모두 지루해졌다.

   d. 1 [2 : 여격clitic] comer 3 a 2　(1, 2, 3 : 무정)

☞ 1로/때문에 2의 3이 바래다

예) El sol le ha comido el color a la ropa tendida.

☞ 햇빛때문에 널어 놓은 빨래의 색이 바랬다.

e. 1 [2 : 여격clitic] traer a la memoria 3 (2 : 사람)

☞ 1을 보면 2가 3를 떠올리다/1이 2에게 3을 상기시키다

예) Estas callles me traen a la memoria el día de nuestra boda.

☞ 이 길은 우리의 결혼식을 떠올리게 한다.

f. 1 traer a 2 de cabeza (1 : 무정, 2 : 사람)

☞ 2가 1로/때문에 골치 아프다

예) Este proyecto me trae de cabeza.

☞ 이 프로젝트때문에 나는 골치가 아프다

③ 화용적 차이

첫째, 한국어로 번역 시 화자의 공간적 정보가 필요한 경우가 있다. 'salir'는 한국어의 '나가다/나오다'처럼 두 동사로 번역될 수 있는데, 화자의 발화 시점과 장소를 기준으로 하여 문장의 주어가 화자 가까이 오면 '나오다' 반대의 경우에는 '나가다'로 번역된다. 이 경우 주어진 문장에서 화자의 발화 지점에 대한 정확한 정보가 명시되어야 정확한 번역이 가능하다. 2가 구체적 장소가 아닌 '집단, 모임, 조직'과 같은 명사의 경우에도 화자기 그 집단의 일원이면 '나가다' 집단과 무관하면 '나오다'로 대응된다.

(44) a. Salí a la terraza.

☞ 나는 테라스로 나왔다./나갔다.

b. Los niños salieron del cine muy temprano.

☞ 아이들은 일찍 영화관에서 나왔다./나갔다.

c. Eduardo ha salido del club.

☞ 에두아르도는 클럽에서 나왔다./나갔다.

이와 유사한 점은 스페인어 'llegar'에서도 볼 수 있다. '1 llegarse a/hasta 2 (1 : 사람, 2 : 사람, 장소)'에서 2가 화자와 일치하는 1인칭

대명사 'mi, nosotros'이거나 2가 장소인 경우 1의 이동의 결과 화자
와 1의 거리가 상대적으로 가까워지는 경우에는 '1이 2에게/에 오다'로
대응되며, 반대로 1이 화자에서 멀어지거나 주어가 화자와 일치하는 1
인칭 대명사인 경우에는 '1이 2에게/에 가다'로 대응될 수 있다. 또한
주어가 1인칭으로 화자와 일치하는 경우는 '가다'로만 대응된다.

> (45) a. Me llegué a la tienda.
>   ☞ 나는 가게에 갔다.
>   b. Se llegó a mi a causa del frío.
>   ☞ 그는 추위 때문에 나에게 왔다.

또한 스페인어 '1 〔2 : 여격clitic〕 preguntar (a 2) 의문사/si 절
(1, 2 : 사람)'은 '1이 2에게 ~는지 묻다'로 대응되는데, 2가 1보다 나
이가 많거나 사회적 지위가 높은 사람일 때 '1이 2에게 ~는지 여쭙다'
로 대응된다. 이때 논항에 대한 상대적인 언어외적 정보가 대응 표현을
결정하는데 중요한 요소로 작용함을 볼 수 있다. 이와 유사하게 스페인
어 'dormir'는 본래 '자다'로 대응되나 주어가 화자보다 연장자이거나
사회적 지위가 높을 때에는 '주무시다'로 대응된다.

3) 대조분석 결과의 활용

이상으로 서·한 기본 동사의 대조를 통해 의미와 통사상의 차이를
논해 보았다. 이러한 연구는 향후 다음과 같은 영역에서 활용될 수 있
으리라 기대된다.

첫째, 이러한 대조분석은 스페인어를 배우는 한국어 학습자나 한국어
를 배우는 스페인어 학습자들의 오류를 해석하는 데에 기초 자료가 된다.

둘째, 자동번역에 의한 오류에 설명을 제공한다. 실제로 인터넷상에
서 제공하는 자동번역의 예들은 아래의 (46)과 같은 오류를 보이는데,
이런 오류에 대한 설명의 자료를 제공하고 보다 면밀한 자동번역 시스

템을 개발하는데 기초 자료가 된다. 인터넷상에서 제공되는 대표적 기계번역 시스템인 Alta vista를 이용하여 서·한 번역을 시도하여, 스페인어 'saber'와 'gustar'의 예문을 입력하여 보았을 때 다음과 같은 오류가 나타났다.

> (46) 서·한 번역 오류의 예
>> a. Esta tarta sabe a limón.
>>> ☞ ??This cake knows to lemon.
>>> ☞ ?? 이 케잌은 레몬에 안다.
>> b. Juan gusta el vino y le pareció excelente.
>>> ☞ ?? Juan pleases the wine and it seems to him excelent.
>>> ☞ *후안은 포도주를 만족시키고 excelent 그에게 보인다.

위에서 나타난 번역문들은 통사 혹은 의미, 화용적으로 비정상적인 문장들로 대부분의 경우 단어 하나의 의미가 단어 하나로 대응되는 '단어 대 단어(word to word)' 번역 방식을 채택하여 생긴 오류이다. 만일, 위의 예문에서 주어진 동사들이 사전에서 다음 (47)과 같은 논항 정보를 가지고 이에 근거하여 그의 의미 항목과 대응 표현을 찾아 나간다면 많은 오류를 줄일 수 있게 될 것이다.

> (47) a. 1 saber a 2 (1 : 음식류)
>> ☞ 1이 2(의) 맛이 나다
> b. 1 gustar 2 (1 : 사람, 2 : 음식류)
>> ☞ 1이 2의 맛을 보다

셋째, 이러한 대조는 언어 학습자들의 평가에 활용될 수 있다. 예측할 수 있는 오류들을 평가에 활용한다면 평가를 통한 학습으로도 연계할 수 있으리라 본다.

외국어 학습자들이 범할 수 있는 오류 유형 중 어휘적 오류가 차지하는 비율은 문법적 오류의 3배 가량 되며, 언어 습득에 있어 더 큰 방해 요인으로 작용한다는 것은 Gass & Selinker(1994), Gass(1988) 등

에 의해 지적된 바 있다. 이는 외국어 학습 시 정확하고 자세한 어휘적
정보의 습득이 중요함을 지시한다고 할 수 있다. 본 연구에서 제공하는
서·한 기본 동사 문형 대조 연구는 향후 외국어 교육에서 학습자들이
모국어와 비교하여 대상 언어를 이해하는 데 많은 도움을 줄 것이다.

제 **4** 장 음운 대조분석

본 장에서는 스페인어와 한국어의 음운체계와 음성학적 특징 등을 대조분석하여 기술한다. 스페인어 화자가 한국어를 배울 때의 발음상의 어려움을 기술하고 아울러 한국어 화자가 스페인어를 배울 때 발음상의 어려움을 기술함으로 해서 가능한 오류를 예측하여 보도록 한다. 이를 위해 1.에서는 한국어의 음운론적 특징, 2.에서는 스페인어의 음운론적 특징을 기술하고 3.에서는 두 언어의 음운 대조를 다루고자 한다.

1. 한국어의 음운론적 특징

1) 한국어의 자음

한국어에 나타나는 자음 음소를 조음 위치와 조음 방법에 따라 분류하면 【표 1】과 같다.

【표 1】 한국어 자음의 음소

위치	양순음	치조음			연구개음	성문음
방법	파열음	파열음	마찰음	파찰음	파열음	마찰음
연음	ㅂ	ㄷ	ㅅ	ㅈ	ㄱ	
경음	ㅃ	ㄸ	ㅆ	ㅉ	ㄲ	
격음	ㅍ	ㅌ		ㅊ	ㅋ	ㅎ
비음	ㅁ	ㄴ			ㅇ	
유음			ㄹ			

한국어의 자음은 위의 도표에서 보듯이 조음 위치(調音 位置, place of articulation)와 조음 방식(調音 方式, manner of articulation)에 따라 분류되는데, 먼저 조음 위치에 따른 구분으로는 조음 시 입술에 의해 장애가 발생하는 소리로써 두 입술을 맞대어 내는 양순음(兩脣音, bilabial)이 있으며, 한국어의 ㅂ 계열음인 'ㅂ, ㅃ, ㅍ, ㅁ'이 여기에 속한다. 다음으로 치음은 혀의 끝부분이 윗니 끝이나 윗니 뒷부분에 접촉하여 내는 자음이다. 한국어의 'ㄷ, ㄸ, ㅌ, ㄴ'이 여기에 속한다. 치조음은 혀의 끝부분을 윗니 뒷잇몸에 접촉하여 내는 자음이며 치경음이라고도 한다. 한국어의 경우 'ㄹ, ㅅ, ㅆ'이 여기에 속한다. 혀의 앞부분(전설)을 경구개에 접촉하여 내는 자음은 경구개음이라고 하며 전설음이라고도 한다. 한국어의 'ㄴ, ㅅ, ㅆ, ㅈ, ㅉ, ㅊ'이 여기에 속한다. 다만 여기서 'ㄴ, ㄹ, ㅅ, ㅆ'은 치조음으로도 발음되는데, 따라서 이들 자음들은 둘 모두의 특성을 함께 지니고 있는 치조구개음(alveo-palatal)이 정확하지만 일반적으로 한국어의 경우는 경구개음으로 처리한다. '힘'이라는 단어에서 'ㅎ'을 강하게 발음할 때 내는 소리가 진정한 경구개음이다. 연구개음은 혀의 뒷부분(혓뿌리, 설배/설근)이 연구개에 닿아서 내는 자음이다. 한국어의 'ㄱ, ㄲ, ㅋ, ㅇ'이 여기에 속한다. 성문음은 성문에서 만들어지는 자음으로 'ㅎ'이 여기에 속한다.

조음 방식에 따라 자음을 분류하면 폐쇄음(閉鎖音/stop, 또는 파열음 plosive), 마찰음(摩擦音/fricatives), 파찰음(破擦音 africates), 비음(鼻音

/nasals), 유음(流音/liquid) 등 다섯 가지로 나뉘는데, 폐쇄음은 양순음인 'ㅂ, ㅃ, ㅍ'은 두 입술로 공기의 흐름을 막았다가 터뜨리며 내는 소리고, 치음인 'ㄷ, ㄸ, ㅌ'은 혀의 끝을 윗니 바로 뒤에 대어 공기의 흐름을 막았다가 터뜨리며 내는 소리고, 연구개음인 'ㄱ, ㄲ, ㅋ'은 혀의 뿌리 또는 혀의 뒷부분의 등쪽을 연구개 부분에 대어 공기의 흐름을 막았다가 터뜨리며 내는 소리다.

마찰음은 스스로 움직일 수 없는 조음점과 스스로 움직일 수 있는 조음체가 공기의 흐름에 장애를 일으킬 때 폐쇄음처럼 완전한 폐쇄를 하는 것이 아니라 좁은 틈을 남겨 놓아 공기가 그 사이를 통과시키면서 발생하는 마찰을 이용하여 내는 소리다. 한국어의 치조구개음 'ㅅ'과 'ㅆ'은 혀끝과 치조 사이에서 조음되는 마찰음이고, 'ㅣ'모음 앞의 구개변이음 'ㅅ'은 전설과 치조구개 사이에서 조음된다. 파찰음은 조음점과 조음체를 접촉시켜 폐쇄를 형성했다가 완전히 개방하지 않고 조금만 개방해서 두 조음 기관의 좁은 틈 사이로 공기를 통과시켜 조음하는 소리다. 한국어에는 세 개의 파찰음 /ㅈ, ㅊ, ㅉ/이 있다. 비음 양순음인 'ㅁ'과 치음 'ㄴ', 연구개음 'ㅇ'이 있다.

유음은 조음 시 공기 흐름에 장애를 가장 적게 받는 자음이다. 한국어의 경우, 유음에는 'ㄹ'이 있는데 이 'ㄹ'은 환경에 따라 두 개의 변이음, 즉 설측음과 탄설음으로 실현된다. 예를 들어 한국어 '몰라'에서 두 'ㄹ'은 설측 유음이며 한편 '나라'에서 'ㄹ'은 탄설 유음이다.

다음으로는 한국어 자음 음소가 가지는 변이음을 살펴보자.

먼저 음소 /ㄱ/과 변이음들을 살펴보면, 이 음소는 환경에 따라 [k], [g], [k̚]로 실현되는데, 그 대표음은 [k]이다. [k]는 말 첫머리나, 무성음, 모음 사이에서 나타난다. 예를 들면 '강, 가을'의 첫소리를 들 수 있으며, '누구, 성구'와 같은 단어에서는 유성음 [g]로 나타난다. [k̚]는 '독'과 같이 끝소리 자리(말 끝 모음 뒤)에 나타난다.

다음으로 음소 /ㄷ/와 그 변이음들은 [t], [d], [t̚]로 실현되는데, 그 대표음은 [t]이다. [t]는 '다리, 동'과 같은 말 첫머리나 무성음과 모음 사이에서 나타난다. 그리고 [d]는 '바다'와 같이 유성음 사이에서

[t]와 배타적으로 나타난다. 마지막으로 [t]는 끝소리 자리에서, 위의
두 소리와는 배타적으로 나타난다.

/ㅂ/과 그 변이음들을 살펴보면, 이 음소는 환경에 따라 [p], [b],
[p]로 바뀌어 실현되는데, 그 바뀌는 조건은 /ㄱ/의 경우와 같다. [p]
는 '북'과 같이 첫소리 자리에서 나타난다. 그리고 [b]는 '삽이, 단비'와
같이 유성음 사이에서 [p]와 배타적으로 나타난다. 마지막으로 [p]는
끝소리 자리에서 실현되는 소리이다.

다음으로 음소 /ㅈ/와 그 변이음들을 살펴보면 이 음소는 첫소리에서
만 나타나지만, [tʃ], [ts], [ʤ], [ʣ], [z], [z]의 여섯 변이음으로 실
현된다. 먼저 [tʃ], [ts]는 '좋다, 지금'과 같이 유성음이 아닌 자리에서
나타나며, 두 소리는 사람에 따라, 경우에 따라 수의로 서로 바뀐다.
[ʤ], [ʣ] 두 소리는 '아주, 소주'와 같은 유성음 사이에서 서로 바뀌며,
앞의 소리와는 배타적으로 나타난다. [z], [z]는 모음 사이에서 [ʤ],
[ʣ]와 수의로 바뀐다. 그리고 이 두 소리의 변이는 [tʃ], [ts], [ʤ],
[ʣ]의 변이처럼, 사람에 따라, 경우에 따라 수의로 바뀔 수 있다.

음소 /ㅅ/와 그 변이음들은 특별한 경우가 아니면 모두 첫소리로 나
타나며, [s], [ʃ], [ɕ] 소리로 실현되는데, 대표음은 [s]이다. [s]는 '수
영, 서울'과 같은 /i, j, y, ɥ/ 아닌 모음 앞에서 나타난다. [ɕ]는 '시작'
과 같은 /i, j/ 앞에서 나타난다. 그리고 [ʃ]는 /y, ɥ/ 앞에서 나타난다.

음소 /ㅎ/와 그 변이음들을 살펴보면 이 음소는 [h]로 실현되는데,
'이하'와 같은 유성음 사이에서 [ɦ]가 되는 것이 일반적인 경향이며, 공
깃길이 좁은 /i, j/ 앞에서는 [ç]소리로 나타나며, /u, w, y, Ø/ 앞에
서는 [ɸ]로 나타나기도 한다.

음소 /ㄴ/과 그 변이음들을 살펴보면 이 음소의 대표음은 [n]이다.
먼저 [n]은 '노래, 놀이'와 같이 /i, j/ 밖의 소리가 이어날 때에 나타난
다. 그리고 [ɲ]는 '노닐다'와 같이 /i, j/가 이어날 때에 실현되는 소리
이다.

음소 /ㄹ/과 그 변이음은 말 첫머리에 나타나지 않는다. 이 음소는
[ɾ], [l], [ʎ], [r]로 실현되는데, 먼저 [ɾ]는 '노래'와 같이 모음 사이에

서 첫소리로 단독으로 나타난다. 그리고 [l]은 모음 사이에서 겹으로 나타나거나, 끝소리로 나타난다. 다음으로 [ʎ]는 모음과 /i, j/ 사이에서 나타나며 항상 겹쳐서 실현된다. 마지막으로 [r]은 [ɾ]소리를 힘주어 내면 나타나는 소리이다.

2) 한국어의 모음

한국어의 모음 음소를 살펴보면 【표 2】와 같다. 모음은 혀의 높이, 혀의 전후위치, 입술의 모양에 의하여 구분된다.

【표 2】 한국어 모음의 음소

	전설 모음		후설 모음	
	평순	원순	평순	원순
고모음	ㅣ	ㅟ	ㅡ	ㅜ
중모음	ㅔ	ㅚ	ㅓ	ㅗ
저모음	ㅐ		ㅏ	

먼저 고모음 중 [i]는 혀끝을 아랫니 바로 뒤의 잇몸에 대고 입술을 평평하게 약간 벌린 상태로 내는 소리다. [ɨ]는 전설 고모음 /이/를 조음하던 자리에서 입을 벌린 정도(개구도)와 혀의 높이는 그대로 유지한 채 전설 위치의 혀만을 뒤로 약간 움직여서 중간쯤 위치시켜 내는 소리다. [u]는 전설 고모음 /이/에서 중설 고모음 /으/로 이동하듯 혀를 완전히 뒤로 움직이고 입술을 앞으로 약간 내밀면서 둥글게 만든 후 내는 소리다.

반고모음 계열 중 [e]는 전설 고모음 /이/를 발음하던 위치에서 입술은 평평하게 유지한 채 입을 좀 더 벌리고 내는 소리이며, [ə]는 중설 고모음 /으/를 조음하던 위치에서 입술은 평평하게 유지한 채 입을 좀 더 벌리고 내는 소리다. [o]는 후설 원순 고모음 /우/를 조음하던 위치에서 입을 좀 더 벌린 상태에서 내는 소리다.

〔ɛ〕는 전설 평순 반고모음 '에'보다 입을 좀 더 열고 내는 소리다. 현대 국어에서는 이들 두 모음 '에'와 '애'의 변별성이 많이 약화되어 실제 발화에서는 거의 구별이 되지 않는다. 〔ʌ〕는 /어/〔ə〕보다 혀를 좀더 뒤로 움직이고 입을 좀더 열어 내는 소리다. 현대 한국어의 모음체계에는 음소로 설정하지는 않지만 서울지역의 발화에서는 쉽게 관찰되는 소리다.

〔a〕는 /어/의 조음 위치에서 입을 최대한 벌여 혀의 높이가 가장 낮아지면서 내는 소리다.

이중모음으로는 다음과 같은 것이 있다. 반모음 〔y〕는 '이' 모음의 조음 위치에서 다른 위치로 움직이면서 내는 소리이고 반모음 〔w〕는 '우' 모음의 조음 위치에서 다른 위치로 움직이면서 내는 소리다. 예를 들어 이중모음 '야'를 발음할 때 자세히 관찰을 하면 처음 조음시 정확하게 '이'모음은 아니지만 거의 같은 위치에서 조음을 시작하다가 '아'모음으로 발음되는데 이 때 '아'모음은 분명하고 또 오래 지속된다는 것을 알 수 있지만 처음 시작할 때의 '이'와 같은 소리 즉, 〔y〕는 상대적으로 불분명하고 아주 짧게 발음되는 듯하다가 후속하는 '아'모음으로 합류되는 듯한 느낌을 준다.

다음은 이중모음의 예이다.

야 ; /ya/ 여 ; /yə/ 요 ; /yo/ 유 ; /yu/ 예 ; /ye/ 애 ; /yɛ/ 와 ;
/wa/ 왜 ; /wɛ/ 워 ; /wə/ 또는 /wʌ/ 웨 ; /we/ 외 ; /we/ 위 ; /wi/

3) 한국어의 음절 구성

한국어에서 음절은 모음을 성절음으로 하여 어두와 어말에 각각 한개의 자음을 허용하는 CVC 구성을 가진다. 어두 자음과 어말 자음은 하나가 있을 수도 있고, 전혀 없을 수도 있으므로 (C)V(C)로 짜여져 있다고 할 수 있다.[36]

'(C)V(C)'는 구체적으로는 'V', 'CV', 'VC', 'CVC'의 네 종류의 음절

구조를 포함하는데 어두 자음으로는 19개의 자음이 모두 허용되나 어말 자음으로는 /ㄱ, ㄷ, ㅂ, ㅇ, ㄴ, ㅁ, ㄹ/의 일곱 개의 자음만이 허용된다. 따라서 어두 자음 19개, 단모음 10개와 복모음 12개를 함한 22개의 모음, 어말 자음 7개를 가지고 이론적으로 나타날 수 있는 우리말 음절의 종류는 3,520가지가 될 것이나, 실지로 쓰이는 음절의 수는 일 천 정도이다.[37)]

4) 한국어의 초분절 음소

한국어에서는 모음의 길이가 단어의 뜻을 분화해 주는 음소로서 작용한다. 표준국어에서 모음의 장단에 의하여 뜻이 달라지는 예는 다음과 같다.

  말 [mal] : [ma:l]
  발 [pal] : [pa:l]
  솔 [sol] : [so:l]
  굴 [kul] : [ku:l]

소리의 높낮이 즉 성조는 표준한국어에서는 음소적 기능을 가지지 못한다. 그러나 경상남도 방언에서 나타나는 몇 가지 단어의 발음에서 소리의 상대적 높이는 의미 분화에 중요한 역할을 한다. 그 예로 '말'은 높은 소리로 내면 '나는 말'로 중긴소리는 '되는 말'로 낮은 소리는 '언어'의 뜻으로 된다. 이는 한국어를 중국어와 같은 성조 언어로 분류할 수 있는 근거는 되지 못하며 일부 방언에서 국지적으로 나타나는 현상일 뿐이다.

소리의 세기인 '강세' 또한 한국어에서는 변별적으로 작용하지 않는

---

36) C는 자음(Consonant)을 나타내며 V는 모음(Vowel)을 나타낸다. ( )는 없어도 되는 소리를 나타낸다.
37) 허웅(1985), 『국어음운학』, 샘문화사, p.212 참조.

다. 이러한 점에서 한국어는 강세를 변별적 자질로 사용하는 스페인어나 영어와 대조된다.

한국어의 악센트는 단어의 첫 음절에 주로 부과되고 첫 음절이 단모음으로 끝나면 둘째 음절에 부과되기도 한다. 악센트 음절은 다른 음절보다 더 높고, 길고, 세게 발음되는 경향이 있다. 영어의 악센트 위치는 단어마다 고정되어 있어서 악센트의 위치를 규칙으로 예측할 수 없다. 영어권 학습자들은 한국어를 배울 때 영어의 리듬패턴으로 발음하는 경향이 있어서 '해바라기'와 같은 4음절어에서는 셋째 음절에 악센트를 부과하는 경향이 있다. 한국어의 악센트는 매우 규칙적으로 부과되므로 적절한 교육이 이루어지면 영어권 학습자들이 쉽게 한국어의 악센트를 배울 수 있다.

한국어는 영어와 유사하게 평서문과 의문사 의문문, 명령문, 청유문 등은 내림 억양으로 발음되고 '예-아니오' 의문문은 오름 억양으로 발음되는 경향이 있다. 영어에서는 가장 중요한 핵억양(문미 억양)이 마지막 악센트 음절에서부터 문장의 끝음절에 얹히는 데 반해 한국어에서는 핵억양이 문장의 마지막 음절에 얹힌다. 그러나 비슷한 핵억양이라도 영어와 한국어에서 전달하는 의미가 다르기도 하므로 영어권 학습자들에게 한국어의 핵억양의 용법을 체계적으로 지도해야 한다.

2. 스페인어의 음운론적 특징

본 절에서는 스페인어의 음성, 음운론적 특징을 살펴보기로 한다.

스페인어는 30개의 알파벳으로 되어있으며 ch, ll, rr은 복자음으로 분리하지 않으며 k와 w는 외래어를 표기할 때만 사용한다. 다음은 스페인어의 알파벳이다.

A(a) B(be) C(ce) Ch(che) D(de) E(e) F(efe) G(ge) H(hache) I(i) J(jota)
K(ka) L(ele) Ll(elle) M(eme) N(ene) Ñ(eñe) O(o) P(pe) Q(cu) R(ere)
Rr(erre) T(te) U(u) V(uve) W(doble uve) X(equis) Y(igriega) Z(zeta)

1) 스페인어의 자음

본절에서는 스페인어의 자음 음소와 각 음소의 변이음에 대하여 살펴
보기로 한다. 우선 스페인어의 자음 음소 목록을 보이면 아래와 같다.
【표 3】은 스페인어 자음 음소들을 조음 방법, 위치, 성대 진동 유무에
따라 무성/유성으로 분류한 것이다.

【표 3】 스페인어의 자음 음소

조음 위치 조음 방법	양순음 bila- bial	순치음 labio- dental	치간음 inter- dental	치음 dental	치경음 alveolar	경구개 치경음 alveo- palatal	경구 개음 palatal	연구 개음 velar	성문음 glotal
파열음 무성	p			t				k	
유성	b			d				g	
파찰음 무성						č			
유성									
마찰음 무성		f	θ		s			x	
유성									
비음	m				n		ɲ		
설측음					l		λ		
단순 진동음					r				
복합 진동음					ř				
접근음							j	w	

스페인어 파열음의 경우 조음 위치에 따라 양순음 /p, b/, 치조음
/t, d/, 연구개음/k, g/로 구분할 수 있다. 스페인어 무성파열음 /p,

t, k/의 경우 영어와 같은 기식음 /pʰ, tʰ, kʰ/으로 구현되지는 않으며, 따라서 한국어와 같은 경음/격음 대립은 없고 유성/무성 대립만 존재한다. 무성음의 경우 한국어 경음 /ㅃ, ㄸ, ㄲ/의 발음에 가깝다. 스페인어 유성파열음 /b, d, g/의 경우 다양한 변이음으로 실현되는데 주로 단어 첫머리와 비음/설측음 뒤를 제외한 다른 모든 경우에 마찰음화 하는 규칙이 적용된다.

【표 4】 스페인어 파열음의 변이음

음소	변이음	위치	예
/b/	[b] 파열음	# ____ 비음____	vamos[bamos] ambito[ambito]
	[ƀ] 마찰음	다른 모든 경우	amaba[amaƀa]
/d/	[d] 파열음	# ____ 비음/설측음____	dato[dato] toldo[toldo]
	[đ] 마찰음	다른 모든 경우	todo[tođo]
/g/	[g] 파열음	# ____ 비음/설측음____	gorro[goŕo] alga[alga]
	[ǧ] 마찰음	다른 모든 경우	águila[aǧila]

파찰음의 경우에는 유성/무성, 경음/격음 대립 없이 무성파찰음 /č/만이 있는데, 발음상으로는 한국어의 /ㅊ/나 /ㅉ/와 유사하다.

마찰음은 폐강에서 나온 공기가 구강의 좁아진 어느 한 부분을 통과하면서 마찰을 일으켜 나는 소리이다. 스페인어에는 【표 3】에서 본 양순파열음 /b/의 변이음 [ƀ]와, 순치음 /f/, 치음 /θ/, 그리고 파열음 /d/의 변이음인 [đ], 치조음 /s/, 경구개음 /č/의 변이음인 [ʃ, ž] 연구개음 /x/와 그 변이음 [ɣ]이 있다. 순치음 /f/의 경우 영어와 유성음 /v/은 없으며 철자상 나타나는 'v'는 양순파열음 /b/와 동일하게 발음된다. 치경마찰음 /s/의 경우 유성자음 앞에서 유성치경마찰음 [z]로 되며 치음 앞에서 조음 위치가 앞쪽으로 변하는 규칙이 적용된다.

【표 5】 스페인어 치경마찰음 /s/의 변이음

음소	변이음	위치	예
/s/	〔z〕유성	___유성자음	mismo 〔mizmo〕
	〔s〕무성	다른 모든 경우	cosa 〔kosa〕 si 〔sí〕
	〔z̪〕유성치음 〔s̪〕무성치음	___유성치음 ___무성치음	desde 〔dezd̪e〕 este 〔es̪te〕

스페인어에서는 /l, ʎ/의 두 개의 설측음이 있다. 치경음 /l/과 경구개음 /ʎ/인데 경구개 설측음의 경우 한국어 학습자들이 발음상의 어려움을 많이 겪는다. 경구개음 /l/은 다음에 오는 자음의 조음 위치에 동화되어 다양한 변이음으로 구현되는데 이를 정리하면 【표 6】과 같다.

【표 6】 스페인어 경구개설측음 /l/의 변이음

음소	변이음	위치	예
/l/	〔l̪〕치음화	___치음	alto〔al̪to〕 toldo〔tol̪do〕
	〔l̪〕치간음화	___〔θ〕	alzo〔al̪θo〕
	〔l〕구개음화	___구개음	colcha〔kol̟ca〕
	〔l〕치조음	다른 모든 경우	pala〔pala〕

스페인어의 비음은 조음 위치에 따라 양순음 /m/, 치경음 /n/, 경구개음 /ɲ/으로 대립된다. 특히 음소 /n/의 경우 단어 첫머리에 오는 경우를 제외하고 다음에 오는 자음의 조음 위치에 동화 현상을 보인다. 【표 7】은 /n/의 변이음을 나타낸다.

【표 7】 스페인어 치경 비음 /n/의 변이음

음소	변이음	위치	예
/n/	〔n〕 치경음	#_____ 모음___ 모음 치경음___	nada 〔náđa〕 cana 〔kána〕 insípido 〔insípido〕
	〔m〕 양순음	_____ /p, b, m/	envidia 〔embíđia〕 ampolla 〔ampóλa〕
	〔ɱ〕 순치음	_____ /f/	anfibio 〔aɱfibio〕
	〔n̪〕 치간음	_____ /θ/	anzuelo 〔an̪θwélo〕
	〔n̪〕 치음	_____ /t, d/	antes 〔án̪tes〕 andas 〔án̪das〕
	〔ɲ〕 경구개음	_____ /č, y/	ancho 〔áɲčo〕 conyuge 〔kóɲ̂yuxe〕
	〔ŋ〕 연구개음	_____ /k, g, x/	ancla 〔áŋkla〕 hongo 〔óŋǧo〕 ángel 〔áŋxel〕

  스페인어에서는 혀를 치조에 대고 강하게 떨어주는 진동음이 있는데 진동의 지속 정도에 따라 단순 진동음 /r/과 복합 진동음 /r̄/으로 구분할 수 있다. 한국어에는 이러한 발음이 존재하지 않으므로 한국인 학습자들은 발음시 어려움이 있다.

  반모음이나 반자음은 모음이나 자음의 성질을 동시에 가지고 있지만 지속 시간이 짧은 점이 특징이다. 스페인어 반모음은 'peine', 'causa'의 'i', 'u'와 같이 이중모음에서 강모음 뒤에 나타나는 약모음에 해당되며, 반자음은 'pie', 'puerta'에서의 'i', 'u'와 같이 이중모음의 강모음 앞에 나타난다. 이때 /y/는 나타나는 위치에 따라 두 가지 변이음으로 구현된다.

【표 8】 음소 /y/의 변이음

음소	변이음	위치	예
/y/	〔y〕 마찰음	다른 모든 경우	mayo〔mayo〕
	〔ŷ〕 파열음	#_____ 비음/설측음_____	yerno〔ŷerno〕 conyuge〔konŷuxe〕

2) 스페인어의 모음

스페인어는 'a, e, i, o, u' 다섯 개의 모음이 있으며 이중 'a, e, o'
는 강모음, 'i, u'는 약모음으로 분류된다. 스페인어의 모음은 혀의 높이
와 전후 위치에 의하여 분류하면 다음 표와 같다. 스페인어의 후설 모
음 /o, u/는 모두 원순 모음에 해당한다.

【표 9】 스페인어의 모음

	전설 모음	중설 모음	후설 모음
고모음	i		u
중모음	e		o
저모음		a	

강모음과 약모음이 결합하여 이중모음 혹은 삼중모음을 만들기도 하
는데 이중모음은 '강모음 + 약모음' 또는 '약모음 + 강모음'의 구성을
보인다. 삼중모음은 '약모음 + 강모음 + 약모음'의 구성을 보인다. 스
페인어 모음이 변이음을 보이는 경우는 대개 이중모음이나 삼중모음을
형성하여 반모음, 반자음화되는 경우로 이를 보이면 【표 10】과 같다.

【표 10】 스페인어 모음 /i/와 /u/의 변이음

음소	변이음	위치	예
/i/	/i̯/반모음	이중모음의 두 번째 요소 삼중모음의 세 번째 요소 (강모음+약모음)	peine〔peine〕 buey〔bwei̯〕
	/j/반자음	이중모음이나 삼중모음의 첫 번째 요소 (약모음+강모음)	pie〔pje〕 limpieis〔limpjeis〕
/u/	/u̯/반모음	이중모음의 두 번째 요소 삼중모음의 세 번째 요소 (강모음+약모음)	causa〔kau̯sa〕 guau〔gwau̯〕
	/w/반자음	이중모음이나 삼중모음의 첫 번째 요소	puerta〔pwerta〕 averiguáis 〔aßerigwais〕

3) 스페인어의 음절 구성

스페인어의 음절은 모음을 중심으로 구성되며 모음 단독으로 음절을 구성하거나(V) 초성과 종성에 각각 두 개까지의 자음을 허용할 수 있다. 따라서 스페인어에서 가능한 음절 구조는 V, CV, CVC, CCV, VC, CCVC, VCC, CVCC, CCVCC의 7가지 구성이 가능하다. 또한 종성에는 /d, n, θ, s, x, r, l/의 7개 음소만이 나타날 수 있다. 이중 /s, x/만을 제외한 모든 자음이 유성이며 특히 /x/의 경우 어말에서 아주 드물게 나타난다. 또한, 스페인어 자음 중 /ɲ/과 /r/은 단어 첫머리에 올 수 없다.

성절 모음 앞에 두 개의 자음이 오는 경우에는 첫번째 자음으로는 파열음 /p, b, k, g, t, d/나 순치음 /f/이 올 수 있고, 두번째 자음으로는 유음 /l/이나 단순 진동음 /r/이 올 수 있다. 다음은 스페인어 음절의 초성으로 올 수 있는 자음연쇄이다.

(3) /pr, br, pl, bl, fr, fl, gr, gl, kr, kl, dr, tr/

또한 모음 다음에 오는 자음이 두 개 이상인 경우에는 단어의 마지막 음절에서는 허용되지 않고 단어 중간에서만 허용된다. 모음 뒤에 허용되는 자음 연쇄는 다음과 같다.

(4) a. /ns/ + 자음 : 예) transporte, instaurar
    b. /bs/ + 자음 : 예) abstraer
    c. /ks/ + 자음 : 예) explicar, expresar, extracto
    d. /ds/ + 자음 : 예) adscrito
    e. /rs/ + 자음 : 예) perspectiva

4) 스페인어의 초분절 음소

스페인어에서 변별적 기능을 하는 초분절 자질로는 강세와 음조(entonación)를 들 수 있다. 한국어나 영어와는 달리 스페인어는 모음의 깊이는 변별적 기능이 없다.

스페인어의 모든 단어는 강세를 가지는 음절이 하나씩 있으며 일반적으로 단어의 끝에서 두 번째 음절에 강세가 온다. 강세가 불규칙할 경우에는 철자상 악센트(acento)를 찍어서 구분해 준다. 'papa(감자)/papá(아버지)', 'halla(그가 찾는다)/allá(거기에)', 'termino(내가 끝내다)/término(끝)/terminó(그가 끝냈다)'와 같이 같은 음으로 구현되는 단어가 강세가 어디에 오는가에 따라 뜻이 달라질 수 있다.

스페인어에서 음조는 화자에 따라 다르기도 하지만 일반적으로 통사적 변별력을 가진다. 스페인어는 의문사가 있는 의문문을 제외하고 통사 구조상으로 평서문과 의문문을 구분하는 방법이 없다. 따라서 음조는 평서문과 의문문, 감탄문 등을 구분하는 통사적으로 중요한 역할을 하게 된다. 다음은 그 예이다.

(5)　　　　↗　　→　　↗
　　a.　¿Ha venido tu primo?
　　　　↗　　→　　↘
　　b.　Ha venido tu primo.

3. 상호 음운 대조분석

본절에서는 지금까지 살펴본 스페인어와 한국어 음운론적 기술를 바탕으로 두 언어의 음운체계에 대한 대조분석을 한다. 외국어 학습시 나타나는 발음상의 오류는 대부분 그 원인을 모국어와 학습언어 간의 서로 다른 음운론적 특징에서 찾을 수 있다. 따라서 두 언어의 음운 대조는 한국어 화자의 스페인어 학습시에 또한 스페인어 화자의 한국어 학습에서 정확한 발음을 습득하고 연습하는데 도움이 될 수 있다.

본절에서는 한국어와 스페인어의 음운 대조를 두 가지 각도에서 살펴보기로 하겠다. 우선 1)에서는 스페인어를 기초로 하여 한국어 음성, 음운체계를 살펴보기로 한다. 이는 스페인어 화자가 한국어 학습시에 범하는 가능한 발음상의 오류와 밀접한 관련이 있다. 2)에서는 한국어를 기초로 하여 스페인어 음성, 음운체계의 특징을 한국어 화자가 스페인어 학습시 범할 수 있는 오류와 관련하여 살펴보기로 한다.

1) 스페인어·한국어 음운대조

스페인어 화자가 한국어를 학습할 경우에 나타나는 발음상의 오류는 크게 두 가지로 나누어 생각해 볼 수 있다. 첫째 외적 요인에 의한 오류로, 한국어의 음소가 스페인어에는 없는 음소이거나, 있더라도 조음 위치나 방법이 상이할 때 나타난다. 이러한 음운론적 차이로 인한 발음상의 오류는 한국어에서 나타나는 각각의 소리의 조음적 특징을 이해함

으로서 상당수 극복할 수 있다. 두 번째로 한국어에 존재하는 음운규칙
이나 형태음운 규칙을 적용하지 못하여 생기는 오류로 이는 모국어의
외적 개입이 아닌 내적 오류에 해당하는 것이다. 우선 스페인어와 다른
한국어의 음소들을 조음적 관점에서 살펴보기로 한다.

파열음은 폐에서 나오는 날숨을 폐쇄하였다가 조음기관을 갑자기 개
방하여 내는 파열적 음성으로서 한국어에는 양순음 /ㅂ, ㅃ, ㅍ/ 치조
음/ㄷ, ㄸ, ㅌ/ 연구개음 /ㄱ, ㄲ, ㅋ/로 나뉘며 스페인어에서는 양순음
/p, b/, 치조음 /t, d/, 연구개음/k, g/로 나뉜다. 스페인어의 파열음
은 성대가 울리느냐 울리지 않느냐에 따라서 유성과 무성으로 나뉘져
이것이 변별적 자질이 된다. 한국어의 경우【표 1】에서 보다시피 연음,
경음, 격음이 변별적 자질이 되는 것이다. 한국어의 /ㅂ, ㄷ, ㄱ/는 스
페인어의 /b, d, g/와 음성적으로 비슷하며 한국어의 /ㅃ, ㄸ, ㄲ/도
스페인어의 /p, t, k/와 비슷하기 때문에 발음하는 데 거의 문제가 없
다.[38] 다만 기식음을 동반한 /ㅍ, ㅌ, ㅋ/의 변별이 문제가 되는데 이
것은 스페인어에는 없는 발음이기 때문에 스페인어 학습자들은 /ㅃ, ㄸ,
ㄲ/와의 차이점을 분별할 수 없다.

영어를 학습한 스페인어 화자의 경우에는 /ㅍ, ㅋ, ㅌ/가 영어의
/p, t, k/와 같은 기식음 [pʰ, tʰ, kʰ]임을 인식시키는 방법이 있다.[39]

다음으로 파찰음(Africada)이란 파열음 직후에 파열음과 조음점이 같
은, 마찰음이 이어져 나는 소리를 말한다. 한국어에서는 /ㅈ, ㅉ, ㅊ/의
세 개의 파찰음이 있으나 스페인어에서는 /č, ĵ/, 두 개의 파찰음이 있다.
스페인어에서의 /č/는 한국어의 /ㅊ/와 비슷하고 /ĵ/는 한국어의 /ㅈ/
과 비슷하다 그러나 /ㅉ/는 스페인어와 대립하는 음소나 변이음이 없기

---

38) 한국어의 /ㄱ, ㄷ, ㅂ/과 같은 파열음은 주어진 환경에 따라 무성음 또는 유성음의
변이음으로 구현되며, 그 대표음은 무성파열음 [k, t, p]이라는 점에서 스페인어
/b, d, g/와 차이가 있다. 스페인어 /b, d, g/는 유성파열음 혹은 유성마찰음의
변이음으로 실현될 수 있다.
39) 대부분의 스페인어 화자들은 영어 학습시에도 /p, t, k/와 같은 파열음을 /ㅍ, ㅌ,
ㅋ/보다는 /ㄲ, ㄸ, ㄲ/로 발음하는 경향이 있다.

때문에 스페인어 화자들이 발음을 하거나 음을 구별하는 데 어려움을 느낄 수 있다.

마찰음(Fricativa)은 폐강에서 나온 공기가 구강의 좁아진 어느 한 부분을 통과하면서 마찰을 일으켜 나는 소리이다. 한국어에는 치조음 /ㅅ, ㅆ/과 성문음 /ㅎ/이 있고 스페인어에는 양순음〔β〕, 순치음 /f/, 치음 /θ/, 〔d〕, 치조음 /s/, 경구개음〔ʃ, ž〕, 연구개음 /x/이 있다. 한국어에는 마찰음이 매우 단순한 반면 스페인어에서는 매우 다양하기 때문에 스페인어 화자가 한국어를 배울 때 큰 어려움을 겪지 않는다. 다만 /ㅅ, ㅆ/은 스페인어에서는 같은 음소로 인식하기 때문에 변별적 자질을 갖기 어려워 차이점을 분별하는 데 어려움을 겪을 수 있다.

유음(lateral)은 혀끝을 잇몸에 가볍게 대었다가 떼거나, 혀끝을 잇몸에 댄 채 날숨을 양옆으로 흘려 보내면서 내는 소리이다. 한국어에서는 /ㄹ/ 하나의 유음이 있는 반면 스페인어에서는 /l, λ/의 두 개의 유음이 있다. 따라서 스페인어 화자들은 /ㄹ/ 발음시 스페인어 음소 /l/로 대응시키므로 어려움을 겪지 않는다. 반면에 한국어 화자들이 스페인어의 이러한 두 가지 음소와 두 가지의 이음을 〔ḷ, l〕 다 구분해 내기란 쉽지 않다.

비음(nasal)은 조음에 있어서 구강의 어느 한 부분을 폐쇄하고 연구개를 내려 코로 공기가 통하도록 하여 나는 소리이다. 한국어에는 /ㅁ, ㄴ, ㅇ/ 세 가지 비음이 있으며 그 외에 〔μ, ŋ, ń, ŋ〕의 네 가지 변이음이 있다. 스페인어에는 /m, n, ɲ/의 세 가지 비음이 있다. 기본적으로 한국어와 스페인어의 비음은 거의 비슷하기 때문에 스페인어 화자가 한국어를 배울 때 큰 어려움을 느낄 수 없지만 한국어 화자가 스페인어를 발음할 때 한국어에 없는 〔ɲ〕 소리를 내야하므로 어려움을 느낄 수도 있다.

스페인어에는 /a, e, i, o, u/의 다섯개의 모음이 있는데, 한국어의 /ㅐ, ㅡ, ㅓ/와 같은 음소가 없으므로 스페인어 화자가 한국어를 배울 때 어려움이 있다. 특히 모음 /으, 의/ 등은 가장 어려움을 겪는 부분이다.

스페인어 화자들이 한국어 학습시에 한국어의 음운, 형태 음운 규칙 등을 습득하지 못하여 나타나는 오류 중 가장 대표적인 것으로 칠종성 규칙을 들 수 있다. 한국어는 (C)V(C)의 음절 구조를 가지며 종성으로 오는 자음은 /ㄱ, ㄷ, ㅂ, ㅇ, ㄴ, ㅁ, ㄹ/ 일곱 개로 제한된다. /ㅌ, ㄸ, ㅎ, ㅅ, ㅆ, ㅈ, ㅊ, ㅉ/ 등의 자음이 종성으로 나타날 때에 다음에 오는 음절이 모음으로 시작하는 경우에는 그 음가가 살아있으나 그 다음 음절이 자음으로 시작되는 경우나 단어의 끝에서는 모두 /t/로 나타난다. 이와 유사하게 /ㅂ, ㅍ, ㅃ/는 어말 위치에서 모두 /ㅂ/로 /ㄱ, ㅋ, ㄲ/는 /ㄱ/로 실현된다. 스페인어 화자를 포함하여 외국어 화자가 한국어 학습시에 이러한 칠종성 규칙을 제대로 습득하지 못하여 많은 발음상의 오류를 생성한다.

한국어에서 /ㄱ, ㄷ, ㅂ/와 같은 파열음의 대표음은 /k, t, p/와 같은 무성음이며, 유성음 사이에서 /g, d, b/로 유성음화되는 규칙이 적용된다. 이러한 규칙을 습득하지 못한 스페인어 화자의 경우 '가게 [kage], 다도[tado], 바보[pabo]'와 같은 단어의 어두와 두번째 음절에 나타나는 /ㄱ, ㄷ, ㅂ/를 같은 음으로 인식하고 발음하는 경향이 있다. 특히 스페인어 화자는 한국어의 경음 /ㄲ, ㄸ, ㅃ/를 스페인어의 무성파열음 /k, t, p/와 유사한 소리로, 연음 /ㄱ, ㄷ, ㅂ/는 스페인어의 유성파열음 /b, d, g/와 유사한 소리로 인식하므로, 어두에 있는 파열음을 [gage], [dado], [babo]와 같이 유성음으로 발음하는 경향이 있다. 이와 같은 현상은 파찰음 /ㅈ/의 발음에서도 나타나는데 '자전거'의 경우 [tʃadʒʌgʌ]가 아닌 [dʒadʒʌgʌ]로 발음한다.

2) 한국어 · 스페인어 음운대조

한국어 화자의 스페인어 학습 시 나타나는 발음의 오류는 두 언어의 음소 체계의 차이로 인한 외적 오류와 스페인어 자체의 규칙을 습득하지 못하여 나타나는 내적 오류로 크게 나눌 수 있다.

외적 오류는 한국어와 스페인어의 음소 체계가 다름에 기인하는 것으로 한국어에는 없는 스페인어 음소의 발음 시 보이는 오류이다. 한국어 모음체계에 비하여 스페인어는 단순한 모음체계를 가지므로 한국어 화자가 스페인어 모음을 발음할 때에 큰 어려움은 없으나, 스페인어의 이중모음이나 삼중모음의 발음 중 한국어에서 복모음으로 존재하지 않는 경우에는 한 음절을 두 음절 이상으로 늘여 발음하는 경향이 있다. 그 밖에 두 언어의 음절 구조의 차이로 인한 오류도 한국어 화자가 가지는 전형적 오류에 포함시킬 수 있다. 아래에서 한국어 화자의 스페인어 학습 시에 보이는 오류의 예를 자세히 살펴보기로 한다.

스페인어의 /f, x, r, ř, č, ɲ, λ, θ/ 등은 한국어의 자음에서 없는 음소이다. 이들 중에는 한국어에서 특정 음소의 변이음으로 존재하는 경우도 있다. 즉 스페인어에서 'España'의 비음 /ɲ/는 한국어에서는 음소로 존재하지 않으나 '어머니', '양념'과 같이 /i, j/앞에 오는 /ㄴ/의 변이음으로 실현된다. /λ/은 한국어에서 '달력', '밀림'과 같이 음소 /ㄹ/이 연속해서 나타날 때, /i, j/모음 앞에 오는 /ㄹ/과 유사한 음가를 가진다. /f, x, r, ř, č, θ/ 등은 한국어에서는 없는 소리로 한국어 화자들은 한국어 음소 중 조음 위치나 방법에서 유사한 자음을 찾아 대치하는 경향을 보인다. 이러한 자음의 발음 연습을 위해서는 조음적으로 유사한 한국어 자음과 비교하여 그 차이점을 인식시키는 것이 중요하다고 하겠다.

'gente', 'jarro'와 같이 철자 'g, j'로 나타나는 음소/x/는 한국어의 /ㅎ/보다 좀 더 뒤에서 나는 소리이다. 치간마찰음 /θ/음은 'cero, zarza'에서 철자 'z, c'의 발음인데, 한국어에는 없지만, 영어에 있는 발음이므로 영어를 이미 학습한 한국인이라면 발음하는데 큰 어려움은 없다. 순치마찰음 /f/의 경우에도 한국어에는 존재하지 않는 음으로 한국어 화자는 이와 조음점이 가장 유사한 양순파열음 /ㅍ/나 조음 방법이 유사한 연구개 마찰음 /ㅎ/로 발음하는 경향이 있다. 따라서 'fósforo〔fosforo〕'의 경우 /포스포로/ 혹은 /호스호로/처럼 발음하는 한국어 화자들을 다수 볼 수 있다. 그러나 /θ/와 마찬가지로 영어를 이미 학습한 화자의 경우에는 /f/의 발음 습득에 큰 어려움은 없다.

한국어나 영어의 유음과는 달리 스페인어에서는 음소/r/과 /r̆/을 단순 진동음과 복합 진동음으로 따로 구분해 두고 있다. 이 두 음소는 혀와 치조가 만나서 만들어내는 소리로서 한국어의 /ㄹ/과 비슷하나 혀를 조금 더 뒤로 끌어당겨 여러 차례 떨면서 발음해야 한다.40) 복합 진동음 /r̆/은 'río, arroyo' 등과 같이 어두에서는 철자 'r'로, 단어 중간에서는 철자 'rr'로 표기되는데, 혀에 힘을 빼고 목구멍에서 바람을 밖으로 내보내며 혀를 5~6 차례 떨면서 발음하는 것으로, 이는 한국어에는 없는 조음 방법이기 때문에 한국어 화자가 가장 어려워한다.

한국어 화자가 스페인어 발음에서 많은 오류를 범하는 또 다른 예는 어두 유성파열음 /b, d, g/이다. 한국어 화자는 이들 유성파열음을 한국어 /ㅂ, ㄷ, ㄱ/과 유사한 것으로 인식한다. 그러나 이 세가지 한국어 파열음의 대표음은 각각 /k, t, p/로 무성음이며, 유성음 사이에서 유성음 /g, d, b/로 유성음화되는 규칙이 적용된다. 따라서 한국어 화자가 스페인어 'gato [gato]', 'das [das]', 'burro [bur̆o]'와 같은 단어를 발음할 경우 어두 파열음을 무성음화 하여 각각 '[kato], [tas], [pur̆o]'와 같이 발음하는 경향이 있다.

한국어의 음운 규칙을 스페인어의 발음 시에도 적용하여 나타나는 발음상의 오류도 존재하는데, 그 예로 치경음 /s/를 들 수 있다. 스페인어 치경음 /s/와 유사한 한국어 음소 /ㅅ/은 [s], [ʃ], [ɕ] 소리로 실현되는데, 특히 '실', '실패'와 같이 /i/ 모음 앞에서는 구개음화된 [ɕ]로 발음되며, '쉽다', '쉬'와 같이 /y, ɥ/ 모음 앞에서는 [ʃ]로 빌음된다. 이러한 한국어 음운 규칙을 스페인어 학습시에 적용하여 'sí'[si]를 [ɕi]로 'sigo'[siğo]를 [ɕiğo]로 발음하는 한국 학생들이 적지 않다.

두 언어의 음절 구조의 차이로 인하여 나타나는 오류도 다양하다. 한국어의 음절 구조는 (C)V(C)로 모음 앞에 한개의 자음만이 허용되며, '학교'/hakkyo/에서처럼 두 음절이 연결될 때에만 '자음+자음'의 겹자

---

40) 이는 영어의 음소 /r/과도 다른 소리이다.

음이 성립한다. 반면에 스페인어의 음절 구조에서는 한 음절 내에서 초성으로 /pr, br, pl, bl, fr, fl, gr, gl, kr, kl, dr, tr/와 같은 2개의 겹자음이 허용된다. 이러한 스페인어 자음군을 발음할 때에 한국어의 음절 구조를 반영하여 자음군 사이에 불필요한 /i/(/으/) 모음을 삽입하는 경향이 있다.

비슷한 양상이 어말 자음의 발음에도 나타나는데, 한국어에서는 음절 내의 종성으로 올 수 있는 자음은 /ㄱ, ㄷ, ㅂ, ㅇ, ㄴ, ㅁ, ㄹ/ 일곱 개로 제한된다. 즉 /ㅌ, ㄸ, ㅎ, ㅅ, ㅆ, ㅈ, ㅊ, ㅉ/ 등의 자음은 어두에는 나타나나 어말에서는 모두 대표음 /ㄷ/로 나타나며, /ㅍ, ㅃ/는 /ㅂ/로 /ㅋ, ㄲ/는 /ㄱ/로 나타나게 된다. 반면에 스페인어는 어말 위치에서 /d, n, θ, s, x, r, l/와 같은 자음이 올 수 있는데, /d, θ, s, x/ 등은 한국어 음절 구조상 어말 위치에 나타나지 않으므로 발음상 오류를 일으키기 쉽다. 'Madrid, reloj, gas'와 같이 /d, x, s/와 같은 자음이 어말에 오는 스페인어 단어를 발음하는 경우 한국어 화자는 이들 어말 자음을 모음 '으'를 넣어 음절을 새로 만들어 발음하는 경우가 많다. 따라서 2음절어인 'Madrid'를 [madrid]가 아닌 4음절어 [madiridi]로, 1음절어인 'gas'를 [gas]가 아닌 2음절어 [gasi]로 발음하게 되고, 'reloj'의 경우에도 [reloxi]처럼 3음절어로 발음하는 경향이 두드러진다.

지금까지 한국어와 스페인어의 대조되는 자질과 스페인어 학습자의 오류에 대하여 살펴보았다. 이와는 달리 스페인어의 잉여적 음운 규칙을 적용하지 않아서 나타나는 오류도 있는데 예를 들면 스페인어 유성파열음 /b, d, g/의 마찰음화 규칙의 적용이다. 스페인어 유성파열음 /b, d, g/는 단어 첫머리와 비음/설측음 뒤를 제외한 다른 모든 경우에 마찰음화 하는 규칙이 적용된다. 한국인 학습자가 스페인어를 배울 때 이러한 규칙을 적용하지 못하고 유성파열음을 대표음으로만 발음하여 'aguila [aǧila]', 'amaba [amaƀa]', 'todo [tođo]' 등의 단어를 각각 '[agila]', '[amaba]', [todo]'로 발음하는 오류가 생기게 된다.

모음의 경우 한국어의 모음체계에 비하여 스페인어 모음은 /a, e, i, o, u/의 다섯으로 수가 적고 모두 한국어 모음에 존재함으로 한국어 화자가 스페인어의 모음의 발음을 배우는 경우 어려움은 없다.

그러나 스페인어 이중모음의 경우 강모음 /a, e, o/와 약모음 /i, u/ 가 합쳐져서 나는 소리로 이때 약모음은 강모음 앞에서는 반자음으로 강모음 뒤에서는 반모음으로 된다. 각각의 예는 다음과 같다.

(6) a. 반모음 : a, e, o + i, u
　　　예) caigo, causa, peine, deuda, boina, bou
　　b. 반자음 : i, u + a, e, o
　　　예) pie, puerta, guapo, hiato, estación, cuota

반모음의 경우 한국어 이중모음에 대응형이 없으므로 한국어 화자들이 반모음을 성절 모음으로 발음하여 한 음절을 두 음절로 발음하는 경향이 있다. 가령 'causa〔kausa〕'의 경우 2음절어인데 한국어 화자의 경우 한국어 /까우사/에 가까운 3음절어 〔kausa〕로 발음하게 되는 것이다. 'peine〔peine〕'도 마찬가지로 2음절어를 /뻬이네/와 같은 3음절어 〔peine〕로 발음하기 쉽다.

반자음의 경우 /ie, ue, ua, ia, io/의 경우 /예, 웨(혹은 왜), 와, 야, 요/와 같이 한국어에 대응되는 이중모음이 대부분 있으므로 발음상 어려움은 없으나 'cuota〔kuota〕'와 같은 'uo'의 경우 /우오/로 두 개의 모음으로 발음하는 오류를 범할 수 있다.

이와 같은 현상은 '약모음 + 강모음 + 약모음'으로 이루어지는 삼중모음에서도 나타난다. 한국어에는 이러한 삼중모음이 없는 관계로 한국어 화자는 스페인어 삼중모음의 음절 수를 둘 혹은 셋으로 늘려서 발음하는 경향이 있어, 'buey〔bwei〕'를 〔buei〕로 'limpiéis〔limpjeis〕'를 〔limpieis〕로, 'averiguáis〔aßerigwais〕'를 〔aßeriguais〕로 발음하는 것이다.

제 **5** 장 동사별 문형 대조분석

1. 한국어 · 스페인어 동사별 문형 대조분석

1) 가다

가다

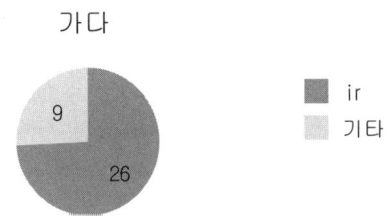

한국어 '가다'는 총 35개의 의미 항목을 가지며 이중 26개 항목이 스페인어 'ir'에 대응된다. 한국어 '가다'가 스페인어 'ir'로 대응되는 경우는 주로 구체적 장소의 이동이나 추상적 상태 변화의 뜻으로 쓰이는 경우이고, 격틀은 한국어에서 '1이 2에/로/를/ø 가다'의 세 형태가 가능한 반면 스페인어에서는 모두 '1 ir a 2'의 한 형태로 대응된다. 단, 논항

2가 사람인 경우 한국어 '1이 2에게 가다'는 스페인어에서 '1 ir a/por/con 2'의 세 형태로 대응이 가능하다. 이때 논항은 주로 착점(goal)의 의미역을 가지게 된다.

논항 2가 착점 이외의 의미역을 가지는 경우도 있는데, '1이 2에서 가다'처럼 'ir' 동사가 기점 논항을 취하는 경우로 이때 스페인어에서 'ir' 동사는 기점 논항을 기본 논항으로 취하지 않으므로 '1 ir de 2'보다는 동사를 '오다'의 뜻인 'venir'로 바꾼 '1 venir de 2'가 더 자연스런 표현이 되는데 'venir'는 기점 논항을 기본 논항으로 취하기 때문이다. 그 밖에도 2가 '경로'의 의미를 가지는 경우를 들 수 있는데, 한국어에서 '1이 길을 가다'와 같은 '1이 2를 가다'는 스페인어 '1 ir por 2'로 대응될 수 있다. "이것이 통일로 가는 길이다."와 같은 표현에서 '2로'는 착점이 아닌 방향의 의미역을 가지는데 이때 스페인어 격틀은 '1 ir hacia/para/por 2'가 된다.

'가다'는 이동동사로 쓰이는 경우 유정물 주어가 주로 오나, 무정물 주어를 취하는 경우도 있는데, 특히 '1이 2에/로 가다'에서 1이 '눈길/손'과 같이 사람 신체의 일부인 경우에는 스페인어 격틀에서 1의 소유주가 반드시 논항으로 명시된다는 점에서 한국어와 차이를 보인다. 소유주는 여격clitic으로 표시되어 '1 [0 : 여격clitic] irse por 2' 문형이 된다.

또한 '재산이 아들에게 가다'와 같이 1이 사람의 소유물이고 동사가 '소유 이전'의 의미를 나타내는 경우에 스페인어에서는 무정물 '재산'은 주어가 될 수 없으므로, '누군가가 재산을 아들에게 물려주다'와 같이 논리적으로 존재하는 행위자를 주어로 나타내 주어야 하는데 결과적으로 '0 [2 : 여격clitic] dejar 1 a 2' 문형이 된다. 이와 유사하게 '연락이 가다'의 경우에도 논리적으로 존재하는 연락을 하는 사람이 문법적 주어로 오게 되어, '0이 1에게 연락을 하다'의 형태로 '0 [2 : 여격clitic] dar 1 a 2' 형이 된다.

'가다'가 1항 술어로 쓰이는 경우 '철수가 가버리다', '폭력의 시대가 가다', '간이 가다'와 같이 이동의 과정은 명시되지 않고 변화를 의미하는 경우에는 스페인어 재귀형인 'irse'로 대응되고, '시계가 잘 가다', '이 대로 가다'같이 규칙적 동작이나 상황을 나타내는 경우에는 'ir'가 쓰이는데 후자의 경우 보통 '부사어'가 동반되어야 하며 'ir' 단독으로 쓰이지는 않는다.

'1이 2가 이해/짐작/구별/상상이 가다'는 '가다'가 기능동사로 쓰이는 경우이다. 스페인어 'ir'동사는 기능동사로 쓰이지 않으므로 '이해/짐작/구별/상상하다'의 뜻을 가진 스페인어 단일 동사형이 쓰이는데 이 경우에도 한국어에서는 사람 주어가 의무적으로 필요하지 않으나 스페인어의 경우 반드시 주어로 명시되어 '1 comprender/adivinar/distinguir/imaginar 2' 문형으로만 나타난다.

그밖에도 '가다'가 기능동사로 쓰이는 예는 '1이 이사/휴가/구경/면회/유학/마중 가다'인데, 이 경우에도 2가 'ir'동사의 직접목적어로 쓰이는 경우는 없으며 보통 2의 의미가 포함된 동사구로 나타낸다. 이 경우에 '어디로'(0으로 표시)에 해당하는 착점 논항이 추가되기도 한다. 다음은 한국어 '가다'가 기능동사로 쓰인 경우 스페인어 대응 격틀의 예이다.

(1) 1 ir(se) de 2   (2 : 휴가)
 1 ir a ver una película   (2 : 영화구경)
 1 mudar a 0 (※2의미가 동사에 포함)   (2 : 이사)
 1 ir a estudiar a 0   (2 : 유학)
 1 visitar/ver a 0 (※2의미가 동사에 포함)   (2 : 면회)
 1 ir en busca de 0   (2 : 마중)

이와 유사한 기능동사 유형에는 '1이 (2에게/에) 3(믿음/호감/마음/공감)이 가다'와 같은 감정동사도 해당되는데, 이 경우에도 스페인어 'ir'대신 3의 의미를 포함하는 단일동사나 동사구에 대응된다.

(2) 1 comprender 2   (3 : 공감)
 1 sentir/tener simpatía por/a 2   (3 : 마음, 호감)
 1 confiar en 2   (3 : 믿음, 2 : 사람)

1 tener fe en 2   (3 : 믿음, 2 : 일, 사실)

2) 걷다

걷다

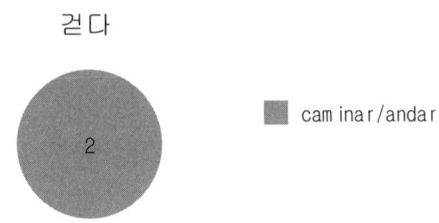

한국어 '걷다'는 모든 의미 항목에서 스페인어에서 'andar'와 'caminar'
어느 동사에도 대응될 수 있다.

한국어 '걷다'는 자동사와 타동사 두 가지로 모두 쓰이는데, '1이 걷
다'의 경우 '1 caminar/andar'가 된다. '1이 2를 걷다'에서 목적어 2는
의미상 '경로'(path)에 해당되는데, 스페인어에서 2는 직접목적어로 올
수 없고 전치사구인 'por 2'로만 올 수 있으므로 '1 andar/caminar
por 2'로 대응된다.

'andar'와 'caminar'의 의미적 차이는 거의 없으며, 단 두 동사의 용법
과 사용 빈도는 방언적 차이를 보인다. 중남미 스페인어에서는 'caminar'
동사의 사용이 두드러지며, 스페인에서는 'andar'의 사용 빈도가 상대
적으로 높은 편이다.

3) 걸리다¹ ('걸다'의 피동)

걸리다

■ estar colgado [41]
■ estar puesto
tocar
기타

한국어 '걸리다'는 '무엇이 표면에 수직/수평으로 매달려 있는 것'을 대표 의미로 가진다. 스페인어에서는 '벽에 옷이 걸리다'와 같이 수직으로 매달리는 것은 'colgar' 동사로, '솥이 부뚜막에 걸리다'처럼 수평으로 매달리는 것은 'poner' 동사로 표현한다.

'걸리다'는 '걸다'에서 파생된 피동형이므로 스페인어에서도 '수동태'로 'ser/estar + colgar/poner의 과거분사형'으로 표현된다. 단 상태를 가리킬 경우에는 한국어에서 '1이 2에 걸려 있다'로 조동사와 함께 표현되고 대응되는 스페인어 격틀은 '1 estar colgado/puesto en 2'가 된다. 걸리는 동작을 나타내는 '1이 2에 걸리다'는 '1 ser colgado/puesto en 2'로 된다.

스페인어 'colgar'나 'poner' 동사는 물리적 위치를 가리키는 경우로만 쓰이므로 '목숨이 걸리다', '상이 걸리다'와 같은 은유적, 추상적 의미 항목에서는 대응될 수 없다. 이 경우에는 'jugarse', 'haber'와 같은 동사로 각각 대응된다. 또한 '1이 2에 걸리다'에서 2가 '법/그물/미끼'와 같은 추상 명사로 '무엇에 잡히다'의 의미가 있는 경우에는 '2에'에 해당되는 명사가 무엇인가에 따라 각각 '1 violar 2/1 estar atrapado en 2/1 caer en 2'로 대응된다.

'1에 2가 걸리다'에서 2가 '시동'인 경우에 스페인어 대응형은 2의 의

---

41) estar는 ser와 교체 가능

미가 동사에 포함된 'arrancar'가 되어 '1 arrancar'가 되는데, 이때 제동을 거는 행위자 논항이 추가되어 주어로 명시되는 '0 arrancar 1' 형도 동시에 쓰일 수 있다. 또한 '1에 제동이 걸리다'의 경우에도 스페인어에서는 행위자 주어가 반드시 명시되어야 하므로 '0 poner el freno a 1'로 대응된다.

또한 '철수는 그 일이 마음/양심에 걸렸다'에서 격틀은 '1이 2에 걸리다'로 '철수'는 기본 논항으로 간주되지 않는다. 그러나 스페인어에서 경험주 사람은 반드시 명시되어야 할 필수 논항으로 '0 no sentirse cómodo por 1'이나 '[0 : 여격clitic] preocupar 1'와 같이 주어로 나타나며 한국어 격틀에서 주어 1은 스페인어에서 전치사의 목적어 혹은 후치 주어로 나타나고 '양심/마음'은 스페인어에서 논항이 아닌 동사(구)의 의미의 일부로 나타난다.

4) 걸리다² (시간이 V)

걸리다

한국어 '1이 걸리다'는 시간이 소요된다는 뜻의 한 의미 항목으로만 나타내질 수 있다. 그러나 스페인어에서는 한국어의 한 의미 항목이 그 상적 특징에 따라 두 의미로 세분되고 각각 'durar/tardar' 동사에 대응된다.

"한국에서 일본까지 1시간 걸린다."와 같은 경우에는 지속의 의미가 있으므로 'durar' 동사로 대응되는데, 이때 1항 술어인 한국어 '걸리다'와는 달리 스페인어 'durar'는 2항 술어로서 주어로 '명사 혹은 동사원

형'이 오고 '시간을 나타내는 명사'가 목적어로 오는 '0 durar 1' 형태로
만 올 수 있다. 따라서 '한국에서 일본으로 가는 것이/한국에서 일본으
로의 여행이 1시간 걸린다' 식으로 '가다'('ir') 동사원형이나 '여행'('viaje')과
같은 명사가 주어로 쓰여 "Dura 1 hora ir/el viaje de Corea a
Japón."로 된다.

  '완결'의 의미가 있는 경우에는 'tardar' 동사가 쓰이는데, 이때 완결
된 동작을 표시하기 위해 'en/para 동사원형'으로 이루어진 전치사구를
수반하게 되고 사람 주어가 추가되어 '0'가 0을 하는데 1이 걸린다' 형
태로 '0' tardar 1 para/en 0' 문형으로 대응된다. 따라서 "도착하는
데 시간이 많이 걸렸다."는 "Ha tardado mucho en llegar."가 되며
이때 도착하는 사람이 누구인가에 따라 'tardar'의 주어는 결정된다.

5) 그리다

그리다

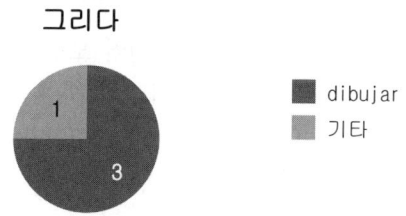

한국어 '그리다'는 3개의 의미 항목에서 스페인어 'dibujar' 동사와
중복된다. 의미가 중복되는 경우는 주어가 사람이고 목적어가 구체명사
이면서 '1이 2를 그리다'의 격틀로 나타날 때이며 스페인어 '1 dibujar 2'
에 대응된다.

  단 '아이들이 원을 그리며 노래를 불렀다'와 같은 경우에서처럼 '동그
라미 그림을 그린 것'이 아니라 '둥글게 대형을 만들다'란 뜻으로 쓰인다
면 'dibujar' 대신 '만들다'의 뜻인 'hacer'동사를 써서 '1 hacer 2'로

대응된다. 스페인어 'dibujar'는 '소설을 통해 평화를 그리다'와 같은 추상적 의미로는 쓰이지 않으므로 대신 '기술하다'의 뜻인 '1 planear/describir 2'가 대응될 수 있으며, '마음속에 사랑을 그려 보다'와 같이 '상상하다'의 의미인 경우에도 'dibujar' 대신 '1 imaginar 2'가 쓰인다.

6) 기다리다

기다리다

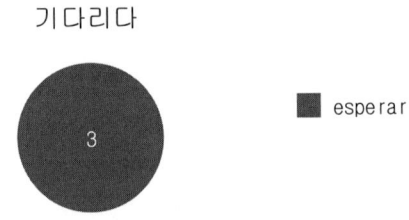

■ esperar

한국어 '기다리다' 동사는 모든 의미 항목에서 스페인어 'esperar' 동사에 대응될 수 있다. 한국어와 스페인어 모두 자동사와 타동사로 동시에 쓰이며, 주어로는 '사람'이 목적어로는 '사람, 기간, 추상' 명사가 올 수 있다. '1이 2를 기다리다'에서 2가 사람인 경우에는 스페인어 '1 esperar a 2'로, 그 밖의 경우에는 전치사 'a'없이 '1 esperar 2'로 대응된다.

7) 끝나다

끝나다

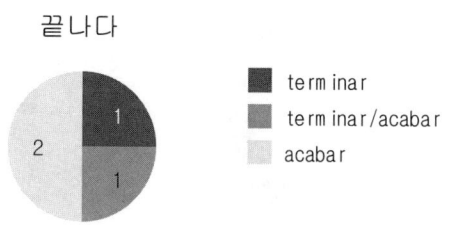

한국어 '끝나다'는 총 4개 의미 항목을 가지며 모두 스페인어 'terminar' 나 'acabar(se)'에 대응될 수 있다. 단, '강/도로가 끝나다'와 같이 공간 적 의미로 쓰이는 경우에는 '1 acabar(se)'만 쓰일 수 있다. 스페인어 'terminar'와 'acabar'는 '끝나다'와 '끝내다'의 뜻을 모두 가지고 있어, 자동사와 타동사 두 기능을 가지는데, 자동사는 주로 후치주어가 나타 난 'terminar /acabar 1' 문형으로 대응된다. 한국어 '1이 끝나다'에서 '일이/회사가 끝나다'와 같이 1이 '사건, 일' 등을 나타내는 명사로 논리 적인 주어가 존재하여 '0이 1을 끝내다'가 가능한 경우에는 스페인어에 서 사람 주어를 명시하고 '일'을 목적어로 한 타동사 문형 '0 terminar/ acabar 1'로 대응될 수 있다.

8) 나가다

나가다

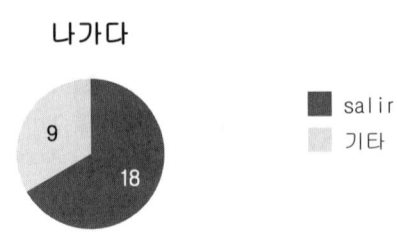

■ salir
■ 기타

9

18

한국어 '나가다'는 18개 항목에서 스페인어 'salir' 동사에 대응될 수 있다. 한국어 '1이 2에/로/를 나가다'는 주로 유정물 주어의 내부에서 외부로의 이동의 의미를 가지는 경우에 스페인어 '1 salir a 2'에 대응된다. 그러나 '도시로/사회에 나가다'와 같이 더 큰 곳으로의 이동이나 '학교/직장에 나가다'처럼 일정하게 다닌다는 반복의 의미는 스페인어 'salir'에 없으므로, 이때는 '가다'('ir') 동사를 사용하여 '1 ir a 2'로 대응된다.

한국어 '1이 2에/로 나가다'에서 2에/로 교체를 보이면 2의 의미역이 '착점'인 경우로 스페인어 전치사 'a'를 2 논항 앞에 사용한 '1 salir a 2'에 대응된다. 이와 비교하여, '신문/영화/텔레비전에 나가다'처럼 '매스컴을 탄다'는 의미로 쓰이는 경우는 격조사 '2로' 교체가 안 되고 2가 단순한 장소를 나타내는 '처소' 논항으로 이때는 스페인어 전치사 'en'을 사용한 '1 salir en 2' 문형으로 대응된다. 또한 '1이 2에서/를 나오다'에서처럼 2가 '기점' 논항인 경우 스페인어 '1 salir de 2'로 대응되는데 '방을 나가다'와 같은 물리적 의미뿐 아니라 '직장을 나가다'와 같이 '소속집단을 떠나다'의 은유적 의미로도 쓰인다. '문/입구를 나가다'는 '무엇을 통과하여 나가다'의 의미로서 2는 '경로'의 의미역에 해당된다. 스페인어에서는 전치사 'por'를 사용하여 '1 salir por 2' 문형으로 대응된다.

'나가다'는 주로 사람 주어의 위치 이동을 의미하나 1항 술어로 무정물 주어가 오는 경우도 있는데, '말/이야기가 나가다'나 '총알이 나가다'와 같이 1이 위치 이동을 의미하는 경우에만 'salir'가 쓰일 수 있다. '총알이 나가다'의 경우 '1 salir/ 1 dispararse'로 대응되며, '말/이야기가 나가다'의 경우에는 '말/이야기'를 하는 사람이 여격clitic으로 표시되어 '(0 : 여격clitic) salir 1'로 대응된다.

'정신/넋이 나가다', '범퍼가 나가다', '전기가 나가다'와 같이 정상의 상태가 비정상의 상태로 변화한다는 뜻으로 쓰이면 주로 'salir'가 아닌 다른 동사로 대응되는데, 특히 '정신/넋'과 같이 주어가 사람의 정신·신체의 일부이면 스페인어 대응형에서는 '사람'이 주어로 명시되고 1이 논항이 아닌 동사의미의 일부가 되어, '0 desmayarse'로 된다. '범퍼가 나가다'는 '차'에 해당하는 명사가 여격clitic으로 명시되어 '(0 : 여격clitic) estropearse 1' 문형으로 나타낼 수 있고, '전기가 나가다'의 경우에는 '1 irse/cortarse/apagarse/salir'에 대응된다.

9) 나오다

나오다

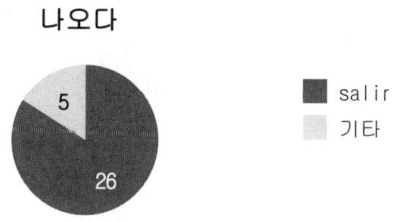

5

26

- ■ salir
- ▨ 기타

한국어 '나오다'는 '나가다'와 마찬가지로 내부에서 외부로의 이동을 의미한다. 이때 화자를 중심으로 가까운 곳으로 주어가 이동하거나 화자의 관심이나 이익에 가까워짐을 의미한다. '나가다', '나오다' 모두 한 동사 'salir'로 대응된다.

'salir'는 '1 salir de 2'와 같이 기점을 기본 논항으로 취하므로 착점인 'a 2'를 취하는 '1 salir a 2'는 높은 빈도의 문형으로 볼 수 없다. 오히려 "철수는 도무지 집 밖에 나오는 일이 없다."와 같은 '1이 2에 나오다' 문형을 '집에서 나오다' 식의 '1 salir de 0' (2 : 0 밖) 문형으로 표현하여 "Cheolsu nunca salía de casa."로 대응하는 것이 자연스러운 문장이 된다.

마찬가지로 '도시로 나오다', '약속 장소에 나오다'와 같이 '나오다'가 '착점' 논항과 함께 사용되는 경우 내부에서 외부로의 이동의 의미가 두드러지지 않고 단순한 주어의 이동을 의미할 경우에는 '오다'/'가다' 동사인 'venir/ir'에 대응되어 '1 venir/ir a 2' 문형으로 된다.

또한 '소식이 뉴스에 나오다'와 같이 2에 해당하는 논항이 착점이 아닌 단순한 처소 논항인 경우에는 '1 salir en 2'로 대응된다.

'나오다'는 1항술어로 쓰여 '무엇이 생기다, 나타나다'의 의미로도 쓰일 수 있는데, 대부분 후치주어로 'salir 1'형에 대응된다. 이때 '대답, 말이 나오다', '울음이 나오다'와 같이 주어가 사람의 행동과 관련된 경우 스페인어에서는 사람이 여격clitic으로 명시되어 '[0 : 여격clitic] salir 1'로 대응된다. '말이 나오지 않았다'는 '그에게서 말이 나오지 않았다' 형태인 "No le salía ninguna palabra."가 된다.

또한 '서류/통지서가 나오다'는 스페인어 대응형에서 '서류/통지서'를 받는 사람, 즉 수혜자가 논항으로 명시되어야 하며 주로 여격clitic으로 표시된다. 따라서 '[0 : 여격clitic] salir/venir 1'형으로 대응된다. '1이 구경/소풍/산책/배웅 나오다'와 같이 '나오다'가 기능동사로 쓰이는 경우에 스페인어 'salir'에 대응될 수 없고 '1 venir de/como 2'형이 된다.

10) 내리다

내리다

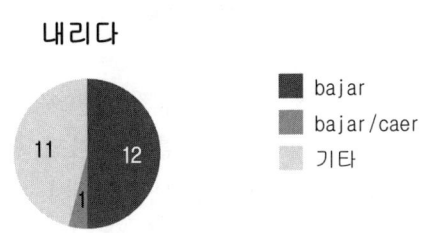

■ bajar
■ bajar/caer
□ 기타

한국어 '내리다'는 13개 항목에서 스페인어 'bajar'에 대응되며 그중
한개 항목은 'bajar'와 'caer'에 동시에 대응될 수 있다. 한국어 '내리다'
는 자동사 및 타동사로 쓰인다는 점과, 위에서 아래로의 이동과 함께
상태 변화를 의미하는 점에서 스페인어 'bajar'와 유사한 문형이 많다.

자동사로써 '내리다'가 '물가/부기가 내리다'와 같이 상태 변화의 의미
를 나타내는 경우와 '1이 차에서 내리다'처럼 주어의 상하 위치 이동을
나타내는 경우에 스페인어 '1 bajar(se)'에 대응된다.

'살/부기/체증이 내리다'와 같이 1이 사람의 신체적 정신적 일부로 볼
수 있는 것이면 사람이 주어나 여격 clitic (0)으로 추가되어 '0 perder/
bajar 2 (2 : 살)'이나, '1 [0 : 여격clitic] irse/pasarse'로 대응될 수
있다.

위치 변화를 나타내는 '1이 2에서 내리다'에서 2가 기점의 의미역을
가지며 교통수단을 나타내면 스페인어 '1 bajar(se)/salir de 2'에 대응
되고, 2가 '서울, 종점에서 내리다'에서와 같이 2가 착점이면 '1
bajarse en 2'로 된다.

스페인어 'bajar(se)'는 주로 주어가 유정물일 때에 쓰이며, '비행기가
공항에 내리다'와 같은 표현에서는 '착륙하다'의 의미인 '1 aterrizar en
2'가 된다. '비/눈이 내리다'와 같은 자연 현상은 대개 하나의 동사
'llover/nevar'로 표현되는데, 이들 동사는 주어가 존재하지 않는 무인

칭 동사들이다. 같은 의미를 '눈/비/이슬' 등을 주어로 하고 '떨어지다' 뜻의 동사 'caer(se)'를 술어로 하여 한국어와 비슷한 자동사 구문인 '1 caer(se)'로 표현할 수도 있는데, 이때 'caer(se)'는 반복적인 상하이동 을 나타낸다.

'내리다'가 타동사로 쓰여 '막/바지/짐/손을 내리다'와 같이 목적어의 구체적 위치 이동의 의미이거나 '값을 내리다'와 같이 수치를 내린다는 의미일 때는 '1 bajar 2'로 대응된다. 여기에서 '바지'와 같이 목적어가 사람 주어의 소유물이나 일부분인 경우에는 동사를 재귀형으로 써서 '1 bajarse 2'형으로 대응시킬 수 있다. 또한 '바지입다'라는 표현은 스페인 어에서 은유적으로 '지배하다, 주도권을 잡다'의 의미로 쓰이는데, 그 예로 "En tu casa ¿quién lleva los pantalones?"(너의 집에서는 누가 주도권을 잡고 있지? ☞ 직. 너의 집에서는 누가 바지를 입고 있지?), "Ponte los pantalones.(정신차려. 주도권을 꽉 잡아라. ☞ 직. 바지 입어.)"와 같은 표현 에서 바지의 은유적 의미를 알 수 있다. 따라서 '바지를 내리다'의 표현 인 'bajar los pantalones'는 이와 반대로 즉, '주도권을 놓다'는 은유 적 의미 가질 수 있으며, 따라서 성인에게는 잘 쓰이지 않는다.

한국어 '내리다'는 기능동사로 '1이 명령/지시/결정/결론을 내리다'와 같이 쓰이는데, 스페인어 'bajar'는 기능동사로는 쓰이지 않고, 대신 '1 dar 2' 형태가 쓰인다. '스위치를 내리다'와 같은 표현도 'bajar' 대신, '전기를 끄다'의 의미인 '1 apagar 2' 형태가 쓰이며, '1이 뿌리를 내리 다'와 같은 표현은 스페인어에서 '뿌리'에 해당하는 직접목적어가 논항이 아닌 동사의 일부가 되어 '1 arraigarse'형으로 대응된다.

11) 넣다

넣다

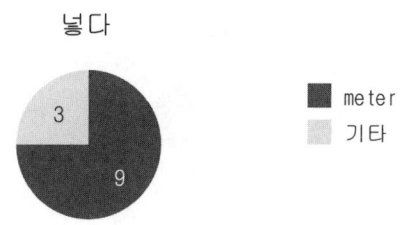

3

9

■ meter

■ 기타

한국어 '1이 2를 3에 넣다'는 '사람이 어떤 것을 다른 것 속에 들어가게 하다'는 의미로 구체적 의미와 추상적 의미 모두 쓰인다. 한국어 '넣다'의 의미 유형 중 9개가 스페인어 'meter'로 대응됨을 볼 수 있는데, 주로 '1 meter 2 en 3' 문형이 된다. 그러나 2나 3의 의미적 특성에 따라 다른 구체적 동사 표현이 동시에 쓰일 수도 있다. '돈을 은행에 넣다'의 경우 '1 meter 2 en 3' 표현과 함께 '입금하다'의 뜻인 '1 ingresar 2 en 3'가 쓰일 수 있고, '매파를 넣다'의 경우도 '1 meter a 2 en 3'과 함께 '1 incorporar a 2 en 3'을 쓸 수도 있다. 또한 '서류나 이력서를 제출하다'는 'meter' 가 아닌 'presentar'가 된다.

'1이 2를 3에 넣다'에서 2가 '전원'인 경우에는 스페인어에서 '전원'이 논항으로 나타나지 않고 대신 이 의미를 포함한 동사 'poner'나 'encender'가 쓰이는데 이때 '3'은 동사의 직접목적어로 나타나 '1 poner/ encender 3' 형태로 된다. '1이 압력/힘/기압을 넣다'와 같이 '넣다'가 기능동사로 쓰이는 경우 '1 meter 2 en 3'나 '1 hacer 2 sobre 3' 문형으로 대응된다.

12) 놀다

놀다

■ jugar
▨ 기타

　한국어 '놀다'는 주어로 '사람, 사물, 상점' 등을 허용하는데, 스페인어 'jugar'의 경우 유정물 주어만을 허용하고 제한된 의미로만 쓰인다. 따라서 '놀다'의 총 8개 항목 중 '아이가 신나게 놀다'와 같이 '재미있고 즐겁게 시간을 보내다'의 의미와 '물고기가 떼를 지어 놀다'와 같이 '이리 저리 움직이다'의 두 의미만 스페인어 'jugar'에 대응될 수 있다.

　'놀다'의 주어가 무정물로 상점이나 회사가 노는 것은 'descansar'동사로, '아기가 뱃속에서 놀다'와 같이 '움직이다'의 뜻은 'hacer movimientos'로, '함부로 놀다'는 'comportarse'로 대응된다.

13) 놓다

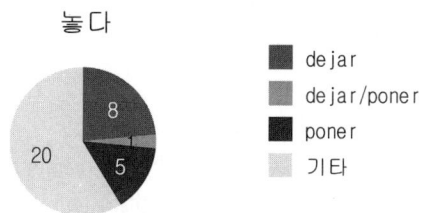

놓다

- ■ dejar
- ■ dejar/poner
- ■ poner
- ■ 기타

한국어 '1이 2를 (3에) 놓다'는 사람이 구체물을 어느 장소에 놓는다는 의미로 쓰일 때 스페인어 '1 poner/dejar 2 (en 3)'에 대응된다. 'poner' 동사는 무엇을 놓는 동작이나 행위 자체를 강조하는 동사이며 'dejar'는 놓은 결과를 강조하여, '놓아두다', '가지고 있던 것이나 하던 일을 놓는다, 잊고 빠트리다'는 의미로 쓰인다. '놓다'의 총 34개 항목 중 13개 항목이 스페인어 'poner'나 'dejar'에 해당된다.

그 밖의 '1이 2를 (3에) 놓다'의 예에서는 2의 특성에 따라 다양한 스페인어 동사가 쓰일 수 있는데, '빚/돈을 놓다'의 경우 '1 prestar 2 a 3', '솜을 놓다'의 경우 '1 rellenar 3 con 2', '외상을 놓다'는 '1 vender a crédito'에 각각 대응된다.

또한 '무늬를 놓다(decorar)', '마음을 놓다(aliviarse)'처럼 '2를 놓다'가 하나의 의미 단위가 되어 스페인어에서 한 동사로 표현되어 결과적으로 논항의 수가 줄어드는 경우도 있다. 이때 한국어에서는 '1이 무늬를 (3에) 놓다'로 3은 수의 논항인데 반하여 스페인어 대응형 '1 decorar 3'에서 3은 동사의 직접목적어로 필수 논항이라는 점에서 대조된다.

한국어에서 '~문제를 놓고'와 같은 구문에서 '1이 2를 놓다'는 항상 '2를 놓고' 형태의 동사구로만 쓰이는 경우로 이때 스페인어 대응형은 동사구가 아닌 전치사 구 'con/por/sobre 2'가 쓰여 두 언어간의 문법 범주 불일치 예를 보여준다.

'1이 2에게 3(엄포/으름장/훼방/방해)을 놓다'는 '놓다'가 기능동사로 쓰인 예로 스페인어 대응형에서는 'poner/dejar' 동사는 안 쓰이고 대신 'dar'동사 구문이나 동사나 동사구에 3의 의미가 포함된 형태로 대응된다. 다음은 한국어 '놓다'가 기능동사로 쓰인 예와 그 스페인어 대응형이다.

(3) (3 : 엄포, 으름장)   1 [2 : 여격clitic] preguntar amenazante (a 2)

        1 [2 : 여격clitic] enfurecerse/ irritarse (a 2)

        1 [2 : 여격clitic] amenazar (a 2)

  (3 : 핀잔)   1 [2 : 여격clitic] dar una bronca

  (3 : 훼방, 방해)   1 [2 : 여격clitic] causar 3 (a 2)

  (3 : 줄행랑)   1 esfumarse/ escaparse

  (3 : 잰걸음)   1 caminar a paso

  (3 : 퇴짜)   1 rechazar a 2

  (3 : 오케이)   1 dar el visto bueno

  (3 : 몰매)   1 dar/ pegar una paliza a 2

  (3 : 속력)   1 acelerar

  (3 : 북새질, 패악질) 1 amenazar con permanecer (a 2)

        1 hacer cosa malvada (a 2)

14) 돕다

돕다

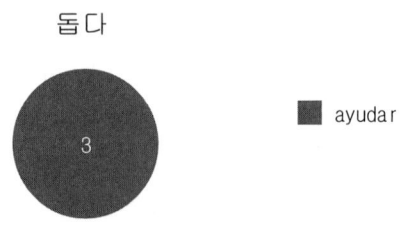

3   ■ ayudar

한국어 '돕다'는 3개 의미 항목을 가지며 모두 스페인어 'ayudar'에 대응된다. '1이 2를 돕다'에서 '철수가 영희를 돕다'와 같이 2가 사람인 경우에는 '1 ayudar a 2'에 대응되며, '식욕/혈액순환을 돕다'와 같이 도와주는 내용이 목적어로 오는 경우에는 '1 ayudar a/en 2'가 된다. 이때 2에 해당하는 명사가 '공부/청소를 돕다'와 같이 동사성 명사인 경우 이와 관련된 동사를 써서 '1 ayudar a 동사원형(2와 관련)'으로 대응된다.

15) 되다

되다

- ■ ser
- ■ hacerse/ser
- ■ estar
- □ ponerse/estar/hacerse
- ■ 기타

한국어 '되다'는 총 18개 의미 항목을 가지는데, 이를 여러 의미 유형으로 나눌 수 있다. 우선 '밥이 다 되다'와 같이 완성의 뜻인 경우에는 스페인어 '1 estar hecho'에 대응되며, '일이 잘되다'처럼 성공의 의미가 있는 경우에는 '1 funcionar bien/solucionarse'가 된다.

그밖에 '1이 2가 되다'와 같은 2항 술어의 경우에 가장 두드러진 의미는 '변화'인데 '학교를 나와 선생님이 되다'처럼 사람이 새로운 신분이나 지위를 얻는다는 의미로는 '1 ser/hacerse 2'로 대응되고, '구름이 물이 되다'처럼 상태 변화를 의미하는 경우에는 '1 ser/ponerse/convertirse/estar 2'로 대응된다. 이때 2는 동사의 직접목적어가 아닌 주격 보어로 명사나 형용사가 올 수 있다.

또한 "나는 그와 사돈이 된다."처럼 관계의 의미인 경우에는 스페인어

'1 ser 2'로 대응된다. "신발은 가죽으로 되었다."에서 2는 1의 재료를 나타내어 '1 ser de 2'형으로 대응되는데, 한국어에서 '되었다'의 과거형으로 표현한 것을 스페인어에서는 "Estos zapatos **son** de cuero." 와 같이 현재형으로 표현하는 것을 볼 수 있다.

그밖에 시간 표현과 함께 '되다'가 오는 '밤이 되다, 여름이 되다'는 '도착하다' 뜻의 'llegar 1'가 쓰이는데, 1이 '밤, 오후'인 경우에는 주어 없이 동사에 1의 의미가 포함되어 있는 'anochecer/atardecer'로 대응될 수도 있다. "이 나무는 100년 되었다."나 "이 떡은 삼일 되었다."와 같이 나이를 먹거나 시간이 지났다는 의미인 경우에는 주어의 성격에 따라서 대응되는 스페인어 동사가 달라지는데, 유정물 주어는 '1 tener 2'로 무정물 주어는 '1 llevar 2'가 된다.

16) 드리다

드리다

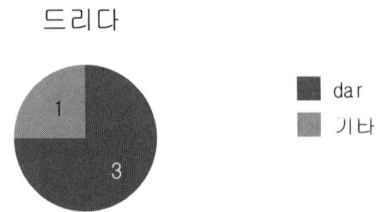

■ dar
■ 기타

한국어 '드리다'는 '주다'의 높임말로 스페인어에서는 직접 대응되는 동사는 없고 대신 '주다'에 해당하는 'dar' 동사에 대응된다고 볼 수 있다. 주로 '1이 2에게 3을 드리다'는 '1〔2 : 여격clitic〕dar 3'에 대응된다. 또한 '드리다'는 기능동사로서 '주다'가 아닌 기능동사 '하다'의 높힘말로 쓰일 수도 있는데, '말씀/부탁/설명/인사/절/기도/예배를 드리다' 등이 그 예로 스페인어에서는 같은 기능동사의 역할을 하는 'dar'나 '3 하다'에 대응되는 단일 동사 표현에 각각 대응될 수 있다. 다음은 한국어 '드리다'의 기능동사 예와 그 스페인어 대응형이다.

(4) 1이 2에게 3을 드리다

(3 : 말씀, 설명)	1 〔2 : 여격clitic〕 explicar (a 2)
(3 : 부탁)	1 〔2 : 여격clitic〕 pedir un favor (a 2)
(3 : 절)	1 〔2 : 여격clitic〕 hacer una reverencia (a 2)
(3 : 인사, 문안)	1 〔2 : 여격clitic〕 saludar (a 2)
	1 〔2 : 여격clitic〕 dar saludos/ respetos (a 2)
	1 (〔2 : 여격clitic〕) dar 3 (a 2)
(3 : 기도)	1 rezar a 2

17) 듣다

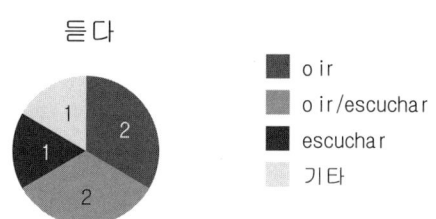

듣다

- ■ oir
- ■ oir/escuchar
- ■ escuchar
- ■ 기타

한국어 '듣다'는 총 6개 의미 항목을 가지는데, 그 중 '무엇을 농담으로 듣다 (☞ 1 tomar 2 como 3)'에 해당하는 의미 항목을 제외한 5개 항목에서 스페인어 'oír'나 'escuchar'에 대응된다.

한국어 '듣다'에 해당하는 스페인어 동사는 'oír'와 'escuchar' 두 가지가 있다. 'oír'는 무의식적으로 듣는 것이고 'escuchar'는 의식적으로 집중하여 듣는 것이다. 한국어 '1이 2를 듣다'의 경우 두 가지로 모두 해석이 가능하여 스페인어 '1 escuchar/ oír 2'로 모두 대응될 수 있다. 단 '수업/강의를 듣다'의 경우에는 2의 특성에 의하여 '1 escuchar 2'만이 가능하다.

두 언어의 문형이 차이를 보이는 것은 '1이 0의 말/충고를 듣다'의 경우인데, 한국어에서 '철수의 말을 듣다'에서 '철수'는 논항이 아니고 '말'이 '듣다'의 직접목적어인 것에 반하여 스페인어 대응표현에서는 '말/충고'는 논항으로 대응되지 않고 번역되지도 않으며, 오히려 말이나 충고를 하고 있는 사람인 '0'이 '듣다'의 직접목적어로 와서 '1 escuchar/oír a 0'로 된다.

18) 마시다

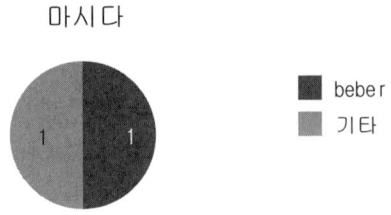

마시다

한국어 '마시다'는 마시는 대상물이 액체인가 혹은 기체를 포함한 다른 물질인가에 따라 두 가지 의미 항목으로 나눌 수 있는데, 두 경우 광범위한 의미로 '1 tomar 2'로 대응시킬 수 있다. 그러나 구체적으로 2가 액체이면 스페인어 'beber'로도 대응된다. 2가 기체인 경우에는 스페인어 '1 aspirar/inspirar/tomar 2'에 대응되며, 먼지인 경우 '1 tragar 2'에 대응된다.

19) 만나다

만나다

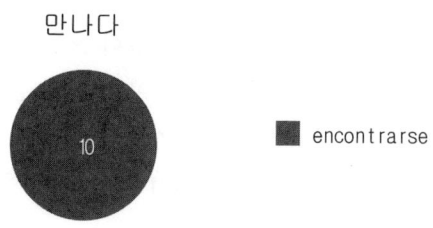

한국어 '1이 2를 만나다'는 거의 대부분 스페인어 '1 encontrarse con 2'에 대응된다. 또한 '두 대각선이 만나다'나 '두 나라 대표가 만나다'와 같이 1이 복수형 명사로 서로 만나는 상호의 의미를 가지는 경우에는 재귀형 '1´ encontrarse'로 대응된다. '철수는 도중에 시냇물을 만나 물을 마셨다.'와 같은 경우처럼 '만나다'가 무정물 목적어를 취하여 '발견하다'의 의미인 경우에는 '1 encontrar 2' 형태도 가능하다.

20) 만들다

만들다

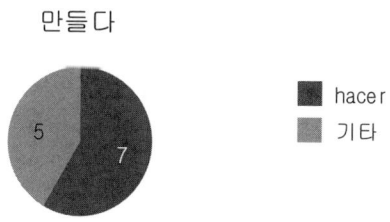

한국어 '만들다'는 '창조'와 '사역'의 의미를 가지는 동사로 7개 항목에서 스페인어 'hacer'로 대응될 수 있다. 한국어 '1이 2를 만들다'에서 2

가 구체물인 경우에는 스페인어 '1 hacer 2'에 대응된다. 단 구체명사 2의 특성에 따라 각각 다른 동사가 대신 쓰일 수도 있는데, '책을 만들다'의 경우 '출판하다' 의미의 '1 publicar 2', '건물을 만들다'의 경우 '건물을 짓다'의 의미인 '1 construír 2' 등이 쓰일 수 있다. 또한 '장사 밑천을 만들다/돈 천만원만 만들다'와 같이 '미리 만들어 놓다'의 의미가 있는 경우 'hacer' 대신 '1 preparar 2'로 대응된다. 또한 '1이 2를 만들다'에서 2가 '조직/단체/기관'인 경우에는 '설립하다'의 의미인 '1 establecer/ formar 2'로 대응된다.

'1이 2를 ~게 만들다'나 '1이 2를 3도록 만들다'와 같은 사역동사의 경우 '만들다'는 스페인어 'hacer'동사에 대응되나 피사역자이며 한국어에서 직접목적어인 2 논항은 대격 표지 대신 스페인어에서는 간접목적어로 여격 표시를 가지게 되어 '1 〔2 : 여격clitic〕 hacer 동사원형/que 접속법 절'의 문형으로 나타낸다. 이는 피사역자가 사람인 경우 직접사역보다는 간접 사역의 의미를 가지므로 스페인어에서는 이러한 간접사역의 의미를 여격clitic을 통하여 나타내는 것이다.

21) 먹다

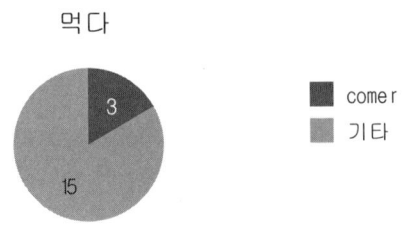

한국어 '1이 2를 먹다'는 목적어 논항으로 올 수 있는 명사가 다양하여 음식물(고체, 액체성), 기체 이외에도 사람, 추상, 구체물 등의 명사

가 올 수 있고 총 18개 의미 항목을 가진다. 반면에 스페인어 'comer' 동사는 그 의미가 제한되어 '1 comer 2'에서 1은 유정물만 올 수 있으며 2는 '고체성 음식'만이 올 수 있다. 따라서 '1이 2를 먹다'가 '1 comer 2'로 대응될 수 있는 것은 3개 항목에 불과하다. '1이 2를 먹다'에서 2가 '액체나 기체, 약'인 경우 스페인어 '1 tomar 2'에 대응되며, 특히 액체성 음식물의 경우 'beber'동사를 사용한다.

한국어 '먹다'는 은유적으로 쓰였을 때 몇 가지 부정적 의미를 나타낼 수 있다. '뇌물/돈을 먹다'의 표현과 같이 은유적으로 '재물을 부정하게 가지다'란 부정적 의미로 사용될 수 있다. 그밖에도 '나이를 먹다', '겁/쇼크를 먹다'와 같은 표현이 쓰일 수 있다. 스페인어에서는 이러한 의미는 'comer'동사로 표현될 수 없고 다음과 같은 표현으로 각각 대응된다.

> (5) 1이 2를 먹다 (1 : 사람, 2 : 돈, 재산) ☞ 1 quedarse con 2
> 1이 2를 먹다 (1 : 유정, 2 : 나이) ☞ 1 cumplir 2
> 1이 2를 먹다 (1 : 남자, 2 : 여자) ☞ 1 violar a 2

스페인어 'comer'가 '돈, 재산'과 같은 목적어를 취하는 경우에는 한국어와는 다른 은유적 의미를 가지게 되어 '소비하다, 쓰다'의 뜻으로 된다. 이에 대한 한국어 대응 표현은 '1이 2를 쓰다/써버리다'이다.

스페인어 'comer'도 은유적으로 쓰여 주로 부정적 의미를 나타내는데, 목적어 명사의 색, 크기, 자질 등에 손상을 입힌다는 뜻으로 쓰인다. 이에 대한 각각의 한국어 대응형은 '먹다'가 아닌 다음과 같은 동사들이 된다.

> (6) 1 [2 : 여격clitic] comer 3
> ☞ (3 : 색) 1이 3를 바래게 하다
> (3 : 신체, 장소) 1이 2의 3을 작아 보이게 하다
> (3 : 의류나 직물) 1때문에 2에 구김이 가다
> (1 : 화학물질, 3 : 금속) 1이 2를 부식시키다
> (3 : 사람) 1이 2를 성가시게 하다

'1이 2를 먹다'에서 2가 '마음/겁, 쇼크/욕'과 같은 명사인 경우에는 '먹다'가 기능동사로 쓰인 예로 논항 2는 스페인어 대응형에서 논항으로 나타나지 않고 대신 동사 의미의 일부로 표현된다.

(7) (2 : 마음) 1 decidir 동사원형
　　(2 : 겁) 1 asustarse
　　(2 : 쇼크) 1 asustarse de miedo

'1이 2에게 욕을 먹다'는 스페인어에서 '1 ser humillado/avergonzado por 2'로 표현되거나 2가 주어로 1이 간접목적어로 나타나는 '2 [1 : 여격clitic] dejar humillado/avergonzado (a 1)'로 나타날 수 있는데, 이 때 논항 3에 해당하는 '욕'은 스페인어에서 논항이 아닌 동사 의미의 일부로 표현됨을 볼 수 있다.

22) 모르다

한국어 '1이 2를 모르다'는 무엇을 알지 못하는 상태를 의미하는 경우 'saber'나 'conocer'동사의 부정형이나 'desconocer' 동사가 쓰인다. '모르다'의 의미 항목 중 9개 항목이 이에 해당한다. '1이 2를 모르다'에서 목적어 2가 사람인 경우에는 '안면이 없다'는 의미가 되어 '1 no conocer a 2'나 '1 desconocer a 2'로 대응되며 그밖에 2가 추상명사인 경우에도 '경험을 하지 못하다'라는 의미를 강조할 경우에는 '1 no conocer 2'나 '1 desconocer 2'로 대응될 수 있다. 그 밖의 경우에는 모두 '1 no saber 2'로 대응된다.

한국어 '1이 2를 모르다'는 목적어 2로 '명사'나 '절' 등이 올 수 있는데, 'saber' 동사의 경우 직접 목적어로 명사를 취할 수 없어 '방법을 모르다'와 같이 2가 명사인 경우 '1 saber 2'로는 대응 불가능하며 대신 '1 saber de 2' 형태로 대응된다. 2가 추상명사이고 이 의미를 포함하는 스페인어 동사가 있을 경우 '1 saber 동사원형(2와 관련)' 형태로 대응된다. '1이 2를 모르다'에서 2가 절인 경우 'saber' 동사는 목적절을 취하는데 이때 cómo, por qué, cuánto 등의 의문사나 si와 같은 접속사와 함께 쓰여 '1 saber cómo/por qué/cuánto/si 절'의 형태로 대응된다.

'모르다'가 '관심을 두지 않다' 혹은 '상관이 없다'의 의미일 때, 이것은 스페인어 'importar' 동사의 부정형에 대응되는데, 사람 주어 1은 스페인어에서 간접목적어로 2는 후치 주어로 나타나 '(a 1) 〔1 : 여격 clitic〕 no importar 2'로 대응된다. 또한 '1이 2밖에 모르다'의 경우 '(a 1) sólo 〔1 : 여격clitic〕 interesar 2' 문형에 대응된다.

'피곤도 모르고/시간 가는 줄도 모르고'처럼 의미적으로 '마땅히 알아야 할 심리적, 물리적 사실을 깨닫거나 느끼지 못하는 경우에는 '1 no conocer/saber 2' 대신 지각의 의미인 '1 no sentir 2'나 '1 no darse cuenta de 2'에 대응된다.

23) 묻다

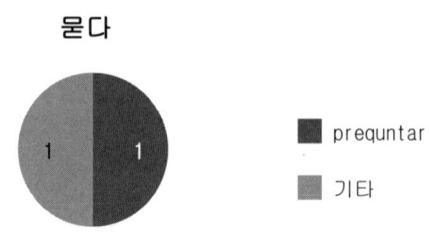

한국어 '묻다'는 순수하게 '무엇에 대한 대답이나 설명을 요구하다'의 의미로 쓰이는 경우에 스페인어 'preguntar' 동사에 대응될 수 있다. 이 경우 논항에 대한 제약은 두 언어에서 일치하며 '1이 2에게 3을 묻다'는 3이 명사인 경우에 '1 〔2 : 여격clitic〕 preguntar sobre 3'로, 3이 절인 경우에는 '1 〔 2: 여격clitic〕 preguntar 의문사/si 절'로 대응된다.

그러나 한국어 '묻다'와는 달리 스페인어 'preguntar'는 '책임을 묻다, 죄를 묻다'와 같은 은유적 표현으로는 쓰이지 않는다. '1이 2에게 죄를 묻다'는 '1 acusar a 2'로 대응되며, '1이 2에게 책임을 묻다'는 책임에 대한 구체적 내용(3)과 함께 '1 〔2 : 여격clitic〕 hacer cargo de 3 (a 2)' 혹은 1을 생략한 채로 '2가 3에 대한 책임을 지다' 형인 '2 hacerse cargo de 3'으로 대응된다.

24) 바꾸다

바꾸다

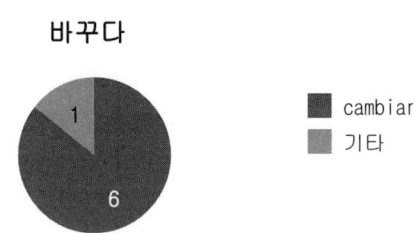

cambiar
기타

한국어 '바꾸다'는 '전화/사람을 바꾸다'의 경우와 같이 '전화를 다른 사람에게 넘기다'의 의미 항목을 제외하고 6개 항목에서 스페인어 'cambiar' 동사에 대응된다.

통사적으로는 몇 가지 다른 형태를 가질 수 있는데, '1이 2를 3으로 바꾸다'에서 '꿈을 현실적으로 바꾸다'와 같이 2의 속성을 다르게 만들다는 의미로 쓰이는 경우는 '1이 2를 바꾸어 더 3하게 하다'의 의미인 '1 cambiar 2 haciéndo 2 más 3'에 대응된다. 또한 한국어에서는 '이름을 철수로 바꾸었다'와 '한자이름을 한글이름으로 바꾸었다'가 같은 격틀로 실현됨을 볼 수 있는데, 전자의 경우 '2를'에 해당하는 것은 3의 종류에 해당하고, 후자에서는 '2를'은 3과 교체할 수 있는 구체적 내용을 가리킨다. 스페인어의 경우 '이름을 철수로 바꾸었다'와 같은 경우는 '1 cambiar 2 por 3'의 격틀로 실현되고, '한자이름을 한글이름으로 바꾸었다'와 같은 경우는 '1 cambiar 2 por/a 3'가 된다. 이 경우 '이름을 한자이름에서 한글이름으로 바꾸었다' 식이 될 수도 있는데, 2'를 '이름'으로 하여 '1 cambiar 2', de 2 por/a 3'로 나타낼 수도 있다.

또한 '바꾸다'는 '자리를 바꾸다, 연필을 크레파스와 바꾸다'와 같이 '상호교환'의 의미로도 쓰이는데, 이 경우 '1이 2와 3을 바꾸다'는 '1 cambiar 3 con 2'로 1이 복수 명사이면 '1 cambiarse de 3'로 대응된다. '1이 2를 바꾸다'에서 2가 구체적으로 바뀐 내용인 경우에는

'cambiar' 동사의 직접목적어로 2가 와서 '1 cambiar 2'로 대응되나, '자리를 바꾸다', '안면을 바꾸다'와 같이 구체적 내용 없이 종류를 바꾼다는 의미인 경우에는 '1 cambiar de 2'가 쓰인다.

25) 받다

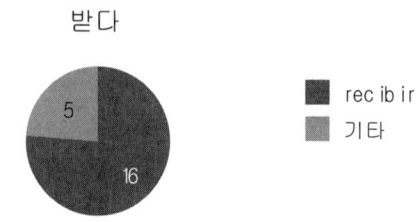

받다

■ recibir
■ 기타

한국어 '받다'는 주어가 '유정물'인 경우 거의 모든 경우에서 스페인어 'recibir'동사에 대응될 수 있다. '1이 2를 받다'는 2논항이 무정물이면 '1 recibir 2'로 2논항이 사람인 경우에는 직접목적어 앞에 전치사 'a'를 동반한 '1 recibir a 2'로 대응될 수 있다.

'세금/요금을 받다'의 경우에서처럼 '2'가 돈과 관련된 명사이고 동사의 의미에 '무엇을 요구하여 받아내다'의 의미가 있으면 '1 cobrar (por) 2'에 대응되며, '우산/양산을 받다'는 수여동사의 의미가 없고 '받치다'의 의미이므로 '1 abrir 2'로 대응된다.

'대야에 물을 받다'와 같은 의미로 쓰이는 경우에는 '1이 2에 3을 받다' 문형은 스페인어에서 '1 recibir 3 (en 2)'이나 '1이 3으로 2를 채우다'에 해당하는 '1 llenar 2 con/de 3'로 대응될 수 있는데, 이 경우 한국어와 상이한 격틀로 구현됨을 알 수 있다.

그밖에 '음식이 입에 받다'의 경우 한국어에서는 '1이 (2에) 받다'로 2는 '입, 사람, 몸'등에 해당하는 명사로 수의 논항인데 반하여 스페인어

대응형에서는 '(a 2') 〔2' : 여격clitic〕 sentar bien 1'(2' : 2의 소유
주)로 2는 필수 논항이며 또한, 한국어 '2에'에 해당하는 논항이 '입, 몸'
과 같이 신체의 일부라도 스페인어에서는 2의 소유주가 되는 '사람'만이
논항으로 올 수 있다. 따라서 한국어와 스페인어 문형은 논항의 제약,
의미 특성, 격틀 등에서 대조를 보이고 있다. 이와 유사하게 '그의 남편
은 붉은 색이 받는다'와 같이 '어울리다'의 의미에서 한국어 '2가 1이 받
다'의 문형은 스페인어 '(a 2) 〔2 : 여격clitic〕 quedar (bien) 1'로 대
응되는데 이때 한국어에서 유정물 주어 2는 스페인어에서 간접목적어
즉 여격clitic으로 구현되고 1은 스페인어에서 후치주어로 나타난다.

26) 배우다

배우다

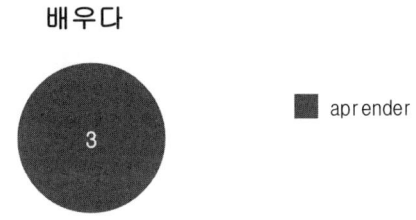

■ aprender

한국어 '배우다' 동사는 '글, 지식, 기술'등을 배운다는 의미로 쓰여 모
든 의미 항목에서 스페인어 'aprender'에 대응될 수 있다. 보통 한국어
'1이 2를 배우다'는 스페인어 '1 aprender 2'로 대응되는데, 이때 2가
행위성 명사인 경우 이에 대응되는 스페인어 명사 대신에 이와 관련된
동사가 대응되어 '1 aprender a 동사원형 (2와 관련된 동사)' 문형으로
대응된다. 가령 '수영을 배우다', '말을 배우다' 등은 각각 'aprender a
nadar', 'aprender a hablar'가 된다. '글을 배우다'의 경우에도 'aprender
el abecedario'로도 표현할 수 있으나 '읽는/쓰는 것을 배우다'의 의미

로 'aprender a leer/escribir'로도 쓸 수 있다. 이는 대응되는 문법 범주와 격틀이 달라지는 예라고 할 수 있다.

또한 '행동을 배우다'처럼 특정 행위, 풍습 등으로부터 간접적으로 배우는 것을 의미할 경우 스페인어에서 '1 aprender 2'에서처럼 2가 직접목적어로 바로 올 수 없으며 '~로부터 배우다'인 '1 aprender de 2'가 쓰인다. 또한 '술, 담배, 도둑질'과 같은 부정적 행위를 시작하게 된다는 표현을 한국어에서는 '~를 배우다'식으로 표현하게 되는데, 스페인어는 단순히 '~를 하다'나 '~를 시작하다'로 표현하여 두 언어권 사이의 문화적 관점의 차이를 엿볼 수 있다.

27) 버리다

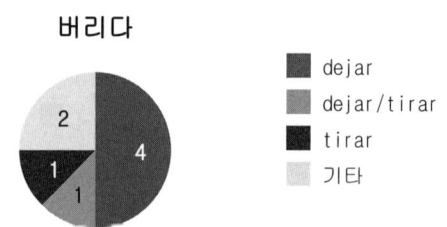

한국어 '1이 2를 버리다'는 두 가지 의미로 나누어서 생각할 수 있다. 우선 "담배꽁초를 길바닥에 버리다"에서처럼 주어 1이 목적어 2를 멀리 가게 한다는 뜻, 다시 말하면 목적어가 위치 변화를 하는 경우로, 이 경우에는 2가 구체명사로 행위자 주어에 의하여 쉽게 위치 변화를 할수 있는 사물이 된다. 이러한 경우 스페인어에서는 '던져버리다' 의미의 'tirar'동사에 대응되며 '1 tirar 2' 문형으로 나타낼 수 있다.

'직장을 버리다, 가족을 버리다'와 같은 경우에는 주어가 '직장/가족을 두고 떠나다'의 의미이므로 결국 목적어 명사를 제자리에 둔 채 주어 명

사가 멀어진다는 의미로 주어 위치의 변화를 나타낸다. 이 경우 스페인
어에서는 '두고 떠나다'라는 'dejar' 동사를 써서 '1 dejar (a) 2'형에 대
응된다. 이 경우 은유적으로 가족이나 조국을 마치 물건을 던지듯이 버
린다는 의미를 강조하려 할 때에는 '1 dejar tirado (a) 2'의 표현을
써서 주어와 목적어의 위치 변화를 동시에 나타낼 수도 있다. 한국어
'버리다'의 8개 항목 중에서 6개 항목이 주어나 동사의 위치 이동을 나타
내는 의미로 쓰여 스페인어 'tirar'나 'dejar'에 해당됨을 그래프 상에서
도 볼 수 있다.

한국어의 '흙탕물에 옷을 버리다'와 같이 목적어의 상태 변화 의미로
는 스페인어 'tirar'나 'dejar' 동사가 쓰이지 않고 'estropear, echar a
perder, perjudicar' 등이 쓰인다. '1이 2에 3을 버리다'는 스페인어
'1 echar a perder 3 en 2'로 대응될 수 있고, 또한 2가 기계류인 경
우에는 스페인어에서 '2가 1의 3을 망가지게 하다'와 같은 사역동사의
구조나 '3이 2로 인해 망가지다'와 같은 기동동사의 구조로도 표현할 수 있
는데, 각각 '2 [1 : 여격clitic] estropear 3'과 '3 estropearse debido
a 2'가 대응표현이 된다. 이 경우 한국어 '1이 2에 3을 버리다'와는 완전
히 다른 격틀로 대응됨을 알 수 있다.

28) 보이다

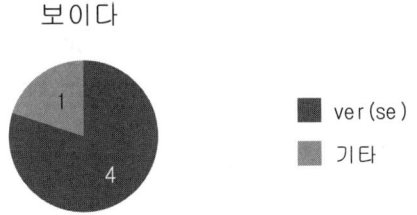

보이다

한국어 '보이다'는 크게 두 가지 의미로 구분된다. "웃음을 (지어) 보이다"와 같이 행위자 주어가 '무엇을 보여 준다'는 능동의 의미와 "택시가 보이다/실마리가 보이다"와 같이 물리적 추상적 객체가 주어로 오고, 보는 주체가 수의적 논항이 되는 피동의 의미가 그것이다. 전자의 경우 스페인어 '1 mostrar 2' 문형으로 대응된다.

피동의 의미인 경우 주어 논항의 성격에 따라 몇 가지로 나누어 생각할 수 있다. 우선 '물리적 대상이 눈에 뜨이다'는 보이는 대상이 주어 '1이'로, 보는 주체(사람)가 '2에'로 표현되어 '1이 (2에) 보이다'의 격틀로 나타난다. 스페인어의 경우 보는 주체가 주어로, 보는 대상은 목적어로 표현되어 능동 구문인 '2 ver 1'가 된다. 한국어 '보이다'에서 논항 2는 수의적이나 스페인어에서 2는 주어이므로 필수 논항이 된다. 따라서 "벽에 걸린 시계가 보였다"와 같이 주어가 논리적으로는 존재하나 문법적으로 나타나지 않는 경우에도 스페인어는 논리적 주어를 반드시 문법적으로 명시하여야 한다. 위의 문장의 경우 논리적 주어는 화자에 해당되므로 1인칭 단수형 주어를 써서 "<u>Veo</u> el reloj colgado en la pared."으로 표현한다.

또한 "그는 마흔이 훨씬 넘게 보였다."나 "강물은 차갑게 보였다."에서처럼 '무엇이 어떻게 여겨지다'의 의미로 쓰이는 '1이 2로/처럼 보이다'는 2가 형용시인 경우에는 '1 verse/parecer 2', '0 ver (a) 1 2'로 2가 명사인 경우에는 '1 verse/parecer (como) 2'나 '0 ver (a) 1 (como) 2'로 대응될 수 있다. "비가 올 것 같다."와 같이 1이 주어절에 해당되는 경우에는 스페인어에서 2 논항(사람)이 필수적으로 명시될 필요는 없으며, 주어가 필요 없는 'parecer que 절'이나 'ver'동사의 수동형인 'verse que 절' 형태로 표현되어, "Parece que va a llover."로 대응된다.

29) 사다

사다

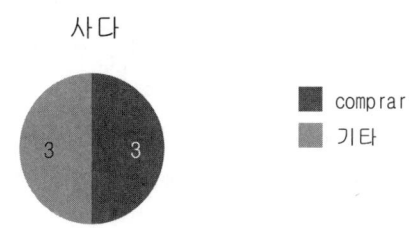

■ comprar
■ 기타

 한국어 '사다'와 스페인어 'comprar'는 둘 다 직접목적어 논항을 취하는 동사로 통사적 유사성을 가진다. 그러나 목적어 논항으로 한국어 '사다'는 '구체, 추상, 사람' 명사를 취할 수 있는 반면에 스페인어 'comprar'는 목적어로 구체명사만 취할 수 있고 '추상명사'는 취할 수 없다. 그래프 상에서 보이는 바와 같이 한국어 '사다'의 총 6개 의미 항목 중 3개 항목만이 스페인어 'comprar'로 대응될 수 있다.

 '1이 2를 사다'에서 목적어 2가 '사람/노동력'과 같은 명사이고 '고용하다'의 의미를 가지는 경우에 스페인어 'comprar'는 쓰일 수 없으므로 '고용하다' 의미의 동사 'emplear'나 '계약하다' 의미의 'contratar'를 써서 '1 emplear/contratar (a) 2'에 대응시킬 수 있다. 그밖에 사람이 'comprar' 동사의 목적어로 쓰이는 경우에는 사람을 물건처럼 사고 판다는 약간 비하하는 의미가 생길 수 있어 '1이 여자를 사다'와 같은 비어적 표현에서만 '1 comprar a 2'가 쓰일 수 있다.

 '돈을 사다'라는 표현은 이전에 곡식이 화폐처럼 사용되었으므로 곡식을 팔아 돈을 마련한다는 의미로 사용되었으므로 스페인어로 '돈을 벌다'의 의미인 'ganar dinero'로 표현한다. 또한 '1이 2에게 3을 사다'에서 3이 '식사/술'과 같은 명사인 경우에는 '1 [2 : 여격clitic] comprar 3'이나 '1 [2 : 여격clitic] invitar a 3'에 대응될 수 있는데 '1 comprar 3'은 '1이 3을 사다 주는 것'이고, '1 invitar a 3'은 '같이 가서 3을 먹고 1이 돈을 내는 것'을 의미한다. 한국어에서 '밥/술을 사다'는 후자의 의미에 가깝다고 볼 수 있다.

그밖에 한국어 '사다'가 '부러움/노여움/미움을 사다'와 같이 감정 명사를 목적어로 취하여 기능동사로 쓰이는 경우에 목적어는 "이들 부부는 주위의 부러움을 샀다."에서와 같이 '0의 2'와 같은 형태로 쓰이게 되는데 이때 한국어에서 0은 동사의 논항이 아니나 스페인어에서는 0이 독립된 논항으로 나타나게 되어 아래의 스페인어 문형에 대응된다.

(8) 1이 2'를 사다 (2' : 0의 2)

    ☞ 1 provocar/ganarse 2 de 0

    1 provocar que 절

  [※이 때 절의 주어는 0, 술어는 2와 관련된 동사]

  0 [1 : 여격clitic] coger manía (a 1) (2 : 미움)

예) a. 이들 부부는 주위의 부러움을 샀다.

    ☞ Este matrimonio provocaba/se ganaba la envidia de todos.

    b. 아버지에게 무슨 말을 더 했다간 공연히 노여움만 살 뿐이었다.

    ☞ Si hubiera dicho algo más, eso habría provocado que se enfadara mi padre.

    c. 철수는 이번 일로 선생님의 미움을 샀다.

    ☞ Por esto, la profesora le cogió manía a Cheol-su.

30) 살다

살다

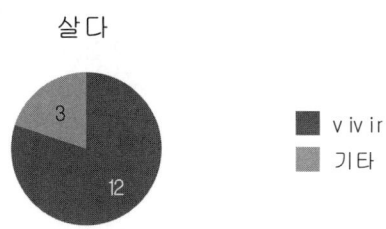

  ■ vivir
  ■ 기타

　한국어 '살다'와 스페인어 'vivir'는 주어 논항으로 유정물, 추상명사가 올 수 있고 자동사 혹은 타동사로 쓰인다는 점에서 유사성을 보인다. 한국어 '살다'가 가지는 의미 유형 중에서 스페인어 'vivir'에 대응될 수 있는 유형은 12개 항목이다.

　한국어에서 주어 1이 '기억/느낌/제도/사물/문물'과 같은 무정명사이고 주로 '살아 있다'의 꼴로 쓰이는 경우에 스페인어 대응형은 '1 vivir'와 함께 '1 estar vivo'도 쓰일 수 있다.

　타동사로 쓰이는 경우 스페인어 'vivir'는 목적어로 '기간'을 나타내는 명사나 동사 의미와 유사한 '삶, 상황' 등의 명사만 올 수 있다. 따라서 '1이 상황/삶/기간을 살다'의 경우에만 스페인어 '1 vivir 2' 문형에 대응될 수 있고, '머슴을 살다, 벌금형을 살다'와 같이 '신분, 형기' 등의 목적어 논항이 오는 경우에는 스페인어 'vivir'는 사용될 수 없으며 대신 'trabajar, cumplir' 등 다른 동사로 대응된다.

　'1이 세를 살다'의 경우에는 '1 vivir de alquiler'로 격틀의 차이를 보이며, 의미적으로도 세를 사는 개념이 두 언어권 간의 차이를 보인다. 한국의 '전세' 개념은 스페인에서는 생소하며, 스페인에서는 보통 보증금(fianza) 약간과 월세(alquiler)를 지불하며 집을 빌린다. 따라서 한국어에서 '전세'를 뜻하는 경우에는 자세한 설명을 부연하여야만 두 언어권 간의 문화적 차이를 서로 이해할 수 있다.

또한 한국어 '살다'는 상태의 의미 이외에 '기가 살다'와 같이 상태 변화를 나타낼 수 있으나, 스페인어 'vivir'는 상태 의미만을 가진다. 따라서 '1이 기가 살다'의 경우 '1 avivar/enfadarse/tomar fuerza'와 같은 상태 변화 동사가 대응되는데 이때 논항 2('기')는 스페인어 대응형에서 논항이 아닌 동사(구) 의미의 일부로 표현된다.

31) 쉬다

쉬다

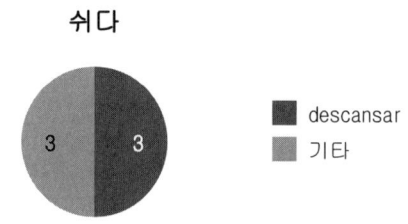

■ descansar
■ 기타

한국어 '쉬다'는 스페인어 'descansar'에 해당한다. 한국어 '쉬다'는 자동사로 뿐 아니라 '회사를 쉬다'와 같이 타동사로도 쓰이는데, 스페인어 'descansar'는 자동사로만 쓰인다. 따라서 '1이 회사/일/학교/농사를 쉬다'의 표현은 목적어 논항이 문법적으로 표시되지 않고 문맥상 이해되면서 '1 estar en reposo'로 대응된다. '1이 머리를/다리를 쉬다'와 같이 목적어로 사람 신체의 일부가 오는 경우에도 스페인어 대응표현에서는 목적어를 표현하지 않고 '1 descansar'의 자동사형으로만 쓰인다.

한국어 '쉬다'는 주어로 사람 이외에 가게, 회사 등도 올 수 있으나 스페인어 'descansar'는 '유정물' 주어만을 허용하며, 상점, 회사가 쉬는 것은 '문을 닫다'의 의미인 '1 estar cerrado'로 표현한다. '쉬지 않고'의 꼴로 쓰여 '움직임이 잠시 그침'을 뜻하는 경우에는 '1 parar' 형으로 대응될 수 있다.

32) 시작하다

시작하다

2

■ empezar/comenzar

한국어 '시작하다'는 모든 의미 항목에서 스페인어 'comenzar'나 'empezar'에 대응될 수 있다. 'empezar'와 'comenzar' 두 동사의 의미적, 통사적 차이는 없으며, 사용 빈도에 있어서 스페인에서는 'empezar'가 중남미에서는 'comenzar'가 선호된다.

한국어 '시작하다'는 주어로 명사가 오는 '1이 2를 시작하다'나 명사절이 오는 '1 시작하다 (1 : '-기' 명사)' 형이 올 수 있으나, 스페인어 'empezar/comenzar' 동사의 경우 절이 주어로 올 수 없다. 따라서 '1 empezar/comenzar 2'로 대응되거나 '1이 청소를 시작하다'와 같이 2에 해당하는 명사가 '청소'와 같은 행위성 명사인 경우에는 이와 관련된 스페인어 동사 'limpiar(청소하다)'가 대신 대응되어 '1 empezar/comenzar a 동사원형(2와 관련)' 형태로 대응된다. 이는 한국어 목적어 명사가 스페인어 동사원형에 대응되는 예로 한국어와 스페인어가 문법 범주에 있이서 상이한 대응을 보이는 예라 할 수 있다.

한국어 "여자들이 눈물을 흘리기 시작했다"같이 절이 주어로 오는 경우 주어절의 주어인 "여자들"이 스페인어 전체 문장의 주어가 되고 주어절의 술어인 "눈물을 흘리다"는 동사원형의 형태로 'empezar/comenzar' 동사 다음에 오게 되어 "Las mujeres empezaron/comenzaron a llorar."의 형태가 된다. 따라서 한국어 '1 시작하다 (1 : '-기' 명사)'의 스페인어 대응형은 '1′ empezar/comenzar a 1″ (1′ : 1의 주어, 1″ : 1

의 술어(동사원형))'가 된다.

33) 시키다

시키다

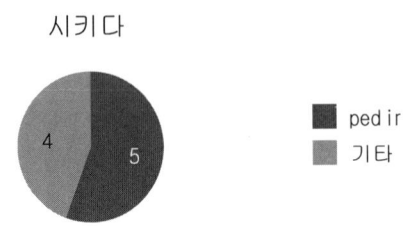

■ pedir
■ 기타

한국어 '시키다'는 사역의 의미를 기본으로 '1이 2로 하여금 3하도록 하다'의 의미 구조를 가진다. 한국어 '시키다'의 총 9개 의미 유형 중 이러한 사역의 의미를 가지는 경우를 포함한 5개 항목에서 스페인어 'pedir'에 대응된다. 한국어 '1이 2에게 3을 시키다'의 스페인어 대응형은 '1 〔2 : 여격clitic〕 pedir/ordenar 3' (a 2) (3' : 명사·3과 관련된 동사원형)'이나 '1 〔2 : 여격clitic〕 pedir/ordenar que 접속법 절'이 되는데, 스페인어 대응형에서 3'와 접속법 절의 동사는 한국어 격틀의 명사 논항 3이 아닌 3과 관련된 동사형이 온다. 따라서 '1이 2에게 방 청소를/그 일을 시키다'는 스페인어에서 각각 동사형 'limpiar/hacer'을 써서 '1 〔2 : 여격clitic〕 pedir/ordenar limpiar la habitación/ hacerlo' 혹은 '1 〔2 : 여격clitic〕 pedir/ordenar que limpie la habitación/ lo haga'로 대응될 수 있다. 3이 행위성 명사가 아닌 경우에도 그 명사를 목적어로 취하는 동사형이 와야 하므로, '국무총리를 시키다'도 '국무총리의 일을 하도록 시키다'에 해당하는 'hacer que hiciese(/haga) de primer ministro'가 3'에 대응된다.

'시키다'는 그 명령/부탁의 강도에 따라 pedir와 ordenar 두 동사로 번역될 수 있는데, 'pedir'는 부탁이나 요구의 의미이고, 'ordenar'는 명령의 의미가 두드러진다. 일반적으로는 'pedir' 동사가 쓰이나 주어가 목적어(2)에 대하여 권위를 가진 계층이거나 '강제'의 의미가 있는 경우에는 'ordenar' 동사를 쓴다. 두 동사는 같은 문형으로 실현된다.

그밖에도 '식당에서 음식을 주문하다'의 뜻으로 쓰이는 '시키다'도 스페인어 'pedir'에 대응될 수 있는데, '1이 (2에) 3을 시키다'와 그 대응형 '1 ([2 : 여격clitic]) pedir 3 (a 2)'가 이에 해당된다.

또한 '3을 시키다'가 스페인어에서 하나의 동사로 나타나는 경우가 있는데, 이는 3이 '입원, 목욕, 이해, 걱정, 실망, 안심, 망신, 소화'등의 명사에 해당하는 경우로 한국어에서도 격조사 '을'을 생략하여 '입원시키다, 목욕시키다, 걱정시키다, 이해시키다' 등과 같이 하나의 동사로 만들 수 있는 경우이다. 다음은 한국어 '시키다'가 목적어의 특성에 따라 스페인어에서 하나의 동사로 표현될 수 있는 경우이다.

> (9) a. 1이 2에게 3을 시키다
>   (3 : 입원) : 1 ingresar a 2
>   (3 : 전학) : 1 cambiar a 2 a 0 (0 : 학교)
>   (3 : 목욕) : 1 bañar a 2
>   (3 : 이해) : 1 convencer a 2
>   (3 : 걱정) : 1 hacer preocupar a 2
>   (3 : 실망) : 1 decepcionar/desilucionar a 2
>   (3 : 안심) : 1 tranquilizar a 2
> b. 1이 2를 시키다
>   (2 : 소화) : 1 digerir
>   (2 : 망신) : 1 avergozar a 0

34) 신다

신다

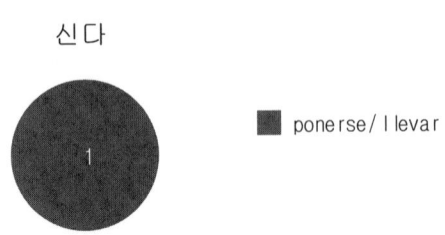

■ ponerse / llevar

  한국어 '신다'는 한국어에서 한 의미 항목에 해당되나 스페인어에서는 그 상적 특징에 따라 '신발이나 양말 류를 신는 동작'이나 '신고 있는 상태'의 두 가지 의미 항목으로 나누어 생각할 수 있다.

  '1이 2를 신다'가 동작을 의미하는 경우 스페인어 '1 ponerse 2'에 해당되며 상태 의미의 경우 '1 llevar 2'에 대응된다. 또한 "영희는 검은 구두를 신었다." 문장은 영희가 구두를 신은 과거의 동작을 의미할 경우 "Yong-hi se ha puesto los zapatos negros."로 번역되며, 상태의 의미로는 과거의 상태를 의미할 경우에는 "Yong-hi llevaba (llevar동사의 불완료 과거형)los zapatos negros."로, 즉 과거에 신은 동작에 대한 현재의 결과 상태를 의미할 경우에는 "Yong-hi lleva(llevar 동사의 현재형) los zapatos negros."가 된다. 후자의 경우 한국어 동사 과거형이 스페인어 현재 시제에 대응되는 예로 볼 수 있다.

  "그녀는 빨간 구두를 신는다."가 현재의 동작으로 해석되는 경우에는 "Ella se pone los zapatos rojos."로 습관적 상태를 나타내는 경우에는 "Ella siempre lleva los zapatos rojos."로 대응된다.

35) 쓰다

쓰다

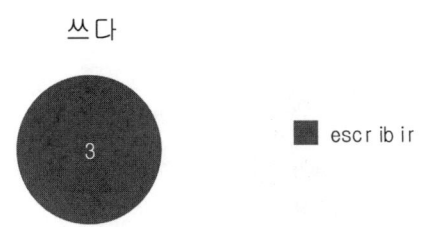

　　3　　■ escr ib ir

　한국어 '쓰다'는 3개 의미 항목 모두에서 스페인어 'escribir'로 대응
될 수 있다. 두 동사는 거의 유사한 문형을 보이는데, 주어 논항으로는
주로 '사람'이 오며 목적어 논항은 물리적 객체인 '글씨'나 추상적 '작품'
등이 온다.

　단 '계약서/합의서를 쓰다'와 같이 목적어 논항에 '서류'가 오는 경우
한국어에서는 '서류를 작성하다'와 같은 순수한 물리적 의미와 함께 '계
약서에 서명하다'의 의미로도 쓰일 수 있는데, 스페인어 'escribir'는 이 두
가지 의미를 다 표현할 수 없으며 전자의 경우에는 '1 escribir el
contracto/pacto'로 표현할 수 있으나, 후자의 경우 스페인어로는 '서
명하다' 동사를 써서 '1 firmar el contracto/pacto'로 표현해야 한다.

36) 앉다

앉다

■ sentarse/estar sentado
■ 기타

한국어 '1이 2에 앉다'는 주어 1이 유정물이고 2가 구체적 장소를 가리킬 때에만 스페인어 '1 sentarse en 2'로 대응된다. 총 6개 의미 항목 중 3개가 이에 해당한다.

한국어 '앉다'는 앉는 동작과 앉아 있는 상태의 두 가지 의미로 세분되어 각각의 경우 다른 스페인어 대응형을 가지는데, 상태를 나타내는 경우는 스페인어 '1 estar sentado en 2'로 대응되고, 동작의 경우 '1 sentarse en 2'로 대응된다. 한국어 과거형 '1이 2에 앉았다'는 중의성을 가져, 과거의 '동작'(Se sentó.)의 의미나, 과거에 앉은 동작의 현재 '상태'의 의미로(Está sentado.) 해석될 수 있다. 후자의 경우 한국어 과거형이 스페인어 현재형으로 대응되는 예이다.

그밖에 1이 사람이고 2가 관직이나 직위와 같은 추상명사인 경우에는 'sentar'동사가 아닌 '1 estar en 2'로 표현되고, '건물이 앉다'와 같은 경우는 '1 estar situado en 2/1 dar a 2'로 표현되며, '먼지가 앉다'는 '먼지가 쌓이다'의 의미인 '1 acumularse' 동사가 쓰인다.

37) 알다

알다

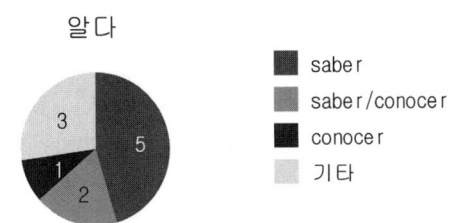

- ■ saber
- ■ saber/conocer
- ■ conocer
- ■ 기타

한국어 '알다'의 총 11개 의미 항목 중 8개 항목이 스페인어 'saber' 나 'conocer'에 해당한다. 스페인어에서는 '알다'의 대응형으로 'saber'와 'conocer' 두 동사가 있는데, 'saber'는 직접, 간접적 지식을 가짐을 의 미하고 'conocer'는 목적어가 주로 '사람'이나 '장소' 등으로 사람을 만나 서 안면이 있거나 어떤 곳에 가보아 아는 것을 의미한다.

또한 스페인어 'saber'와 'conocer'는 기본적으로 상태의 의미를 가진 동사로 '무엇을 알게 된 사건'의 의미보다는 '알고 있는 상태'의 의미가 더 두드러진다. "철수는 그 사실을 알았다."에서 한국어 '알다'의 과거형 은 '알고 있다'와 같은 상태와 '알게 되었다'와 같은 인지의 두 의미를 가지는데 전자의 경우 스페인어는 saber 동사의 불완료 과거형을 써서 "Cheol-su sabía la verdad."로 표현하고 후자의 경우 부정과거형의 문 장을 써서 "Cheol-su supe la verdad."로 표현한다. 즉, 동사의 상적 속성이 상태에서 상태 변화로 달라지는 것은 스페인어 동사의 부정과거 형 어미에 의해서이다.

또한 한국어 '알다'는 '1이 2를 알다'와 같은 2항 술어뿐 아니라 목적 보어와 함께 '1이 2를 3으로 알다'형으로도 쓰일 수 있으나 스페인어 'saber', 'conocer'는 2항 술어로만 쓰인다. 따라서 '1이 2를 3으로 알 다'는 스페인어에서 다음과 같은 문형으로 대응될 수 있다.

(10) 1 considerar 3 2
　　　1 considerar que 절
　　　1 saber que 2 ser 3
　　　1 pensar que 2 ser 3

단, 아는 내용이 불확실하거나 잘못된 정보인 경우에는 'saber'를 사용할 수 없으며 'pensar'나 'considerar'로 대응시키는 것이 좋다.

38) 오다

오다

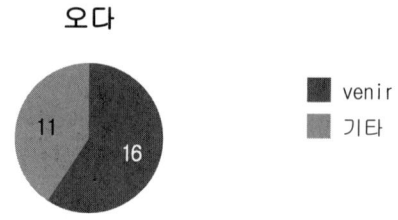

한국어 '오다'는 스페인어 'venir'에 대응된다. 한국어 '오다'는 2가 착점인 경우 '1이 2에/로/를 오다'의 세 격들로 나타나며 이에 대한 스페인어 대응형은 '1 venir a/para 2'나 '가다'에 해당하는 'ir' 동사를 써서 '1 ir a 2'가 된다. '1이 2로 오다'의 경우 2가 '착점'인 경우에는 '1 venir a 2'의 문형으로 나타나나, '이 길로 오다'에서처럼 '경로'를 나타내는 경우는 '1 venir por 2'가 된다. 또한 '서울에서 오다'와 같이 2가 '기점'인 경우 스페인어 '1 venir de 2'에 해당된다.

한국어 '오다'가 스페인어 'venir'로 대응될 수 있는 경우는 대개 유정물이나 교통수단이 주어로 오는 경우이고, '사태가 돌이킬 수 없는 상태에 오다', '하청회사에서 부품이 오다'와 같이 상황이나 상태, 사물 등이 주어로 와서 '도착하다, 이르다'의 의미가 되면 '1 llegar a/de 2' 문형

으로 대응된다. 이때 '시냇물이 무릎까지 온다'에서처럼 '1이 2에 오다'
에서 2가 사람의 신체 일부에 해당되는 경우 한국어 격틀에서는 논항으
로 나타나지 않는 '사람'이 스페인어 격틀에서 여격clitic으로 명시되어
'1 〔0 : 여격clitic〕 llegar a 2' 문형으로 대응될 수 있다.

또한 '눈이 오다, 비가 오다'와 같은 자연 현상의 경우 한국어에서는
'눈, 비, 서리' 등이 주어로 오나 스페인어는 'nevar, llover'처럼 하나
의 동사로 표현하고 문법적 주어는 존재하지 않는다. '1이 오다'에서 1
에 해당되는 명사가 '잠, 감, 느낌, 마비, 감기'와 같이 사람의 신체, 심
리 상태의 변화에 해당되는 경우 다음 예들에서 보이는 바와 같이 스페
인어에서는 반드시 사람이 주어로 명시되어야 한다.

(11) 1이 오다 (1 : 잠, 졸음)   ☞ 0 tener sueño   (0 : 사람)
      1에게/이 2가 오다 (1 : 사람, 2 : 느낌, 감기) ☞ 1 tener 2
                      (1 : 사람, 2 : 마비)   ☞ 1 estar paralizado
      1에 2가 오다 (1 : 사람, 2 : 변화, 변동)   ☞ 1 sufrir 2

또한 '1이 2에/로 3을 오다'에서 3이 행위성 명사인 경우에는 3의 특
성에 따라 각기 다른 동사구로 대응될 수 있다. 한국어 격틀의 명사 논
항 3은 스페인어 대응 표현에서는 반드시 명사로 나타나는 것은 아니며
주로 동사구로 표현된다.

(12) 1 venir a saludarme el año nuevo a 2 (3 : 세배)
      1 venir a visitar a 2 (3 : 면회)
      1 mudarse a 2 (3 : 이사)
      1 irse de vacaciones a 2 (3 : 휴가)
      1 venir a 2 a estudiar (3 : 유학)
      1 venir trasladado/a a 2 (3 : 전근)

'1이 2에/로 시집/장가를 오다'의 표현은 스페인어에서는 단순히 '결
혼하다'의 동사에 해당하는 '1 casarse con 2'로 대응된다.

39) 이다

이다

한국어 '이다'는 스페인어 'ser'로 대응될 수 있다. 한국어 '1이 2이다'에서 2는 명사, 양태부사 등이 올 수 있는 반면에 스페인어 '1 ser 2'에서 2는 명사, 형용사가, 전치사구 등이 올 수 있다. 스페인어의 '1 ser 2'에서 2가 명사인 경우는 "그가 학생이다"와 같이 1이 2에 대등하다는 뜻의 사물에 대한 지정의 의미로만 쓰인다. 한국어 "바느질이 제법이다."나 "어머니의 자식 사랑은 무조건적이었다."와 같은 예에서와 같이 '1이 2이다'에서 2가 양태부사나 '~적' 형태의 자질을 나타내는 명사인 경우 스페인어 대응 문형은 '1 ser 2 (2와 관련된 형용사)'가 되어 "El amor de la madre hacia su hijo es incondicional.", "Es bueno cosiendo"로 각각 대응될 수 있다. 또한 한국어 '1이 2이다'에서 '걱정이다, 불평이다, 자랑이다'와 같이 2가 감정을 나타내는 명사인 경우에는 스페인어에서 'ser 2' 대신 2의 의미가 포함된 단일 동사가 나타난다.

> (13) 1이 2이다
> 　　1 preocuparse (2 : 걱정)
> 　　1 quejarse (2 : 불평)
> 　　1 presumir (2 : 자랑)

40) 일어나다

일어나다

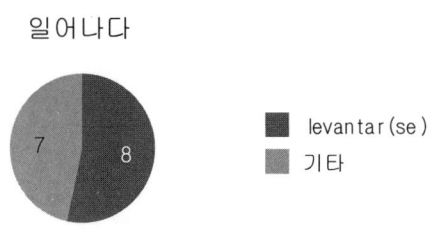

■ levantar(se)
■ 기타

한국어 '일어나다'는 아래에서 위로 향하는 물리적 자세 변화 이외에 없던 사건이나 현상이 생긴다는 추상적 의미로도 쓰인다. 반면 스페인어 'levantarse'는 '일으키다'라는 뜻을 가진 타동사 'levantar'의 재귀형으로 주로 물리적 자세 변화만 나타낸다. 한국어 '일어나다'가 스페인어 'levantarse'로 대응될 수 있는 경우는 8개 항목에서이다.

'일어나다'가 없던 현상이 생긴다는 의미일 경우에는 '(2에/에서/가) 1이 일어나다' 문형으로 많이 나타난다. 이 때, 1이 사건이나 일과 같은 명사인 경우 스페인어 대응형은 '1 pasar/producirse (en 2)'또는 'haber/surgir 1 (en 2)'이다. '현기증이 일어나다'에서처럼 2가 사람이고 1이 병이나 증세를 가리킬 때에는 스페인어에서 반드시 사람이 주어로 명시되어 '2 sufrir/padecer de 1' 가 되어야 한다.

또한 '짜증/경계심/충동이 일어나다'와 같이 '(2가) 1이 일어나다'에서 1이 감정을 나타내는 명사이고 2가 사람인 경우에 스페인어 내용형은 (14)와 같다. 1이 '짜증'인 경우에는 사람이 주어로 오고 '짜증'에 해당되는 명사가 형용사로 대응됨을 알 수 있다.

(14) 2가 1이 일어나다
    2 ponerse/estar 1′
      (1′ : 1과 관련된 형용사: irritable, molesto) (1 : 짜증)
    2 tener 1 (1 : precaución) (1 : 경계심)

(a 2) 〔2 : 여격clitic〕 venir 1 (1 : 충동)

41) 읽다

읽다

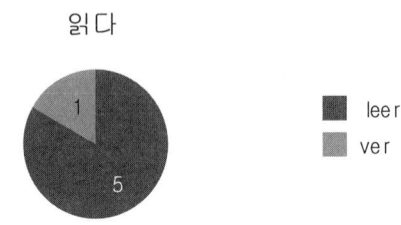

한국어 '읽다'는 6개 의미 항목 중 5개 항목에서 스페인어 'leer'에 대응되고, '대세/사회를 읽다'와 같이 '보다/알다'의 의미로 쓰인 경우에만 스페인어 '1 ver/conocer 2' 형에 대응된다.

한국어 '읽다'는 주어와 목적어를 필수 논항으로 하여 '1이 2를 읽다' 꼴로 쓰이는 타동사이다. 반면 스페인어 'leer'에서는 목적어 논항이 생략될 수 있어 '1 leer 2'와 '1 leer'형 모두 쓰일 수 있다. '1 leer' 형태는 주로 '책'이나 '글' 등 문맥에 의하여 예측할 수 있는 목적어를 생략한 경우이다.

또한 '영어를 읽다'에서와 같이 2가 언어명사에 해당되는 경우 '언어'는 읽기 위한 수단으로 보고, 읽는 대상으로 보지 않아 스페인어에서 '1 leer en inglés'로 대응된다. '1이 마음/심중/표정을 읽다'와 같이 2가 사람의 심리적, 물리적 상태를 나타내는 경우 스페인어에서도 '1 leer 2'형이 쓰인다는 점에서 두 언어간의 유사성을 볼 수 있다.

42) 입다

입다

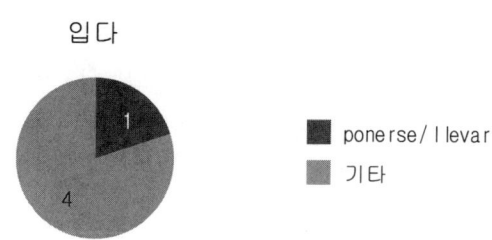

- ■ ponerse / llevar
- ■ 기타

    한국어 '입다'는 총 5개 의미 항목 중에서 '옷을 걸치거나 두르다'는 뜻으로 쓰이는 경우에만 스페인어 'ponerse/llevar'에 대응될 수 있다. 이 경우 한국어에 한 의미 항목이 스페인어에서는 '동작'과 '상태'의 두 상적 특징에 의하여 세분될 수 있는데, '동작'과 나타낼 경우 '1 vestirse/1 ponerse 2'에 대응되며, '상태'의 경우 '1 tener puesto 2/1 lleva 2' 가 된다. 과거형 '1이 옷을 입었다'는 과거의 동작이나 과거 행위의 현재 결과 상태를 나타낼 수 있는데, 동작의 경우 부정과거나 현재완료 시제를 써서 '1 se vistió/se ha vestido',나 '1 se puso 2/1 se ha puesto 2'로, 후자의 경우 스페인어에서는 현재시제로 '1 lleva 2', '1 tener puesto 2'로 대역된다. 상태의 경우에는 한국어 과거형이 스페인어 현재형에 대응됨을 볼 수 있다.

    '입다'는 '옷을 입다' 의미 이외에 다양한 은유적 표현을 찾을 수 있는데, 각각 다음과 같은 다양한 스페인어 대응형을 찾을 수 있다.

    (15) 1이 2를 입다
        1 tener/sufrir 2 (2 : 피해, 상처, 손해)
        1 obtener/recibir 2 (2 : 혜택, 은혜, 도움)
        1 pasar por manos de las personas (2 : 손때)

1 mancharse/ ensuciarse　(2 : 때)
2 poseer 1　(2 : 넋, 혼)

한국어 "무녀가 어머니의 넋을 입었다."라는 표현은 스페인어 대응형
에서는 "어머니의 넋이 무녀를 소유했다"의 뜻인 "El espíritu de la
madre ha poseído a la bruja."로 표현되는데, 두 언어에서 주어와
목적어가 서로 바뀌는 것을 볼 수 있으며, 한 가지 현상에 대한 두 언
어권 간의 관점의 차이를 볼 수 있다.

43) 있다

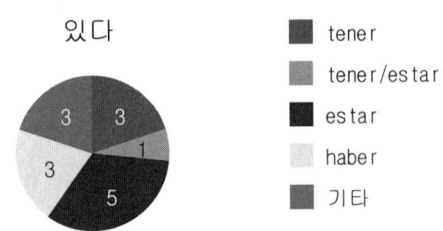

있다

■ tener
■ tener/estar
■ estar
■ haber
■ 기타

한국어 '1이 있다'는 1항 술어로 어떤 불특정한 사물이나 사건의 존
재 자체를 나타내는 경우에는 주로 스페인어 'haber 1'형으로 대응되
며, 특정한 명사의 위치나 상황을 나타내는 경우는 '1 estar 전치사 2'
로 대응된다. 'haber 1'형은 후치 주어로 'existir 1'로도 교체 가능하
며, 장소를 나타내는 전치사구 'en 2'와 함께 쓰여 'haber/existir 1
(en 2)'형으로도 쓰일 수 있다.

"그의 남편은 제약회사에 있다."는 '1이 2에 근무하다'의 의미를 가질
수 있으므로 '1 estar 전치사 2'와 함께 '1 trabajar en 2'도 쓰인다.

'있다'가 "그가 아들이 있다."나 "그 소설은 독창성이 있다."와 같이 유
정물 혹은 무정물 명사를 주어로 하여 소유를 나타낼 때 '1에게/에/이

2가 있다'의 격틀로 나타나는데, 이때 스페인어 대응 격틀은 1을 주어로 하고 2를 직접목적어로 하는 '1 tener 2'가 된다. 또한 '1에 2가 있다'에서 2가 자질명사에 해당하는 경우에는 스페인어에서 관련된 형용사로 대응될 수도 있는데, 이때 동사는 'ser'나 'estar'가 된다. 따라서 "이 소설에는 독창성이 있다."는 "Esta novela es original."로, "며느리가 태기가 있다."는 "Mi nuera está embarazada."로 각각 대응된다.

44) 자다

자다

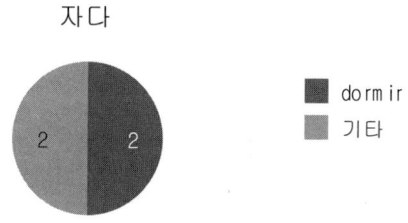

한국어 '자다'는 유정물 주어를 취하면서 자고 있는 상태를 나타낼 때만 스페인어 'dormir'에 대응될 수 있다. 유정물 주어를 취하더라도 '자러 가다', '잠자리에 들다'처럼 동작 변화를 나타내는 경우에는 '1 dormir' 대신 '1 acostarse'로 대응된다.

또한 한국어는 '유정물' 또는 '기계류'나 '자연 현상' 같은 것이 주어로 올 수 있어 '바람/물결이 자다'나 '시계가 자다'가 가능하나 스페인어의 경우 'dormir', 'acostarse'는 무정물 주어를 취할 수 없으므로 '멈추다' 의미의 'parar(se)'로 대신할 수 있다.

또한 남여가 성관계를 가진다는 의미의 '1이 2와 자다'는 '1 dormir con 2'이나 '1 acostarse con 2'로 대응할 수 있는데, 이 경우 매우 부정적으로 쓰여 '누구를 꼬셔서 자다'와 같은 속어적 의미를 가진다.

같은 의미를 표현하기 위해서 대신 '누군가와 밤을 같이 보내다'에 해당하는 '1 pasar la noche con 2'가 더 적당하다.

45) 잡수시다

잡수시다

'잡수시다'는 '먹다'의 높임말로, 스페인어는 한국어와 같은 존대법이 존재하지 않으므로 한국어 '먹다' 동사와 같이 'comer'로 대응된다. 한국어에서 '약/물/나이를 먹다'와 같은 표현은 스페인어 'comer'에 대응될 수 없으므로 '약/물/나이를 잡수시다'도 스페인어 'comer'에 대응될 수 없다.

46) 좋아하다

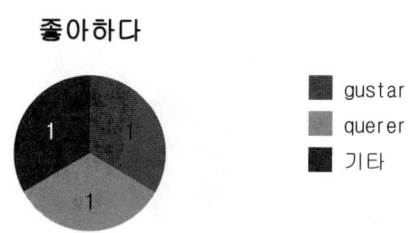

한국어 '좋아하다'는 1항 술어 혹은 2항 술어로 쓰이는데 '1이 2를 좋아하다'와 같은 2항 술어일 경우 1, 2가 모두 유정명사이고 능동적으로 감정을 주고받는 경우에는 '1 querer/amar a 2'에 대응될 수 있다. 한국어에서는 서로 좋아한다는 의미인 경우 '1이 2와 좋아하다', '1과 2가 좋아하다', '1′이 좋아하다 (1′ : 복수명사)'의 세 격틀로 나타나며, 이에 대한 스페인어 대응 격틀은 '1 y 2 quererse/amarse', '1′ quererse' 가 된다.

1이 유정명사이고 2가 행위를 받는 대상이면 'gustar' 동사가 쓰인다. 이때 'gustar' 동사의 주어는 '대상'인 2가 되며 주체인 1은 여격 clitic으로 간접목적어로 나타난다. 따라서 "그는 음악을 좋아한다."는 '음악이 그에게 좋다' 식의 '[1 : 여격clitic] gustar 2'의 문형으로 나타난다.

'1이 좋아하다'와 같이 1항 술어이면 '상태'를 의미하는 '1 estar contento' 로, '좋아하게 되다'와 같이 상태 변화를 의미하면 '1 ponerse contento' 로 대응된다.

47) 주다

주다

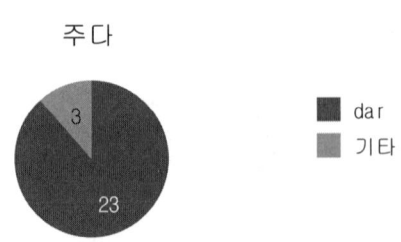

　　한국어 '주다'는 스페인어 'dar'에 대응된다. 한국어 '1이 2에게 3을
주다'는 스페인어 '1 [2 : 여격clitic] dar 3 (a 2)'에 대응된다. 수여동
사로 쓰이는 'dar'의 경우 여격clitic과 'a 2' 형의 간접목적어가 중복적
으로 쓰이거나, 여격clitic만이 쓰인다.
　　한국어 '주다'가 기능동사로 쓰여 '3을 주다'가 하나의 의미적 단위로
하나의 동사일 때 스페인어 'dar'나 'hacer' 동사도 같은 기능동사로 쓰
일 수 있으므로 '1 [2 : 여격clitic] dar/hacer 3 (a 2)'형이 쓰이거나
3의 의미가 포함된 한 동사형으로 대응될 수 있다. 다음은 그 예이다.

　　(16) 1이 2에게 3을 주다
　　　　 1 regar 2　(3 : 물)
　　　　 1 ayudar a　2　(3 : 도움)
　　　　 1 dar 3 a 2　(3 : 손해, 피해)
　　　　 1 [2 : 여격clitic] humillar　(a 2)　(3 : 망신, 무안)
　　　　 1 [2 : 여격clitic] advertir　(a 2)　(3 : 주의, 핀잔, 언질)
　　　　 1 [2 : 여격clitic] dar/hacer 3　(a 2)　(3 : 연락, 편지, 전화)
　　　　 1 dar 3 a 2　(3 : 변화, 강조)
　　　　 1 dar 3 a 2　(3 : 점수, 상, 벌)
　　　　 1 dar 3 a 2/encariñarse　(3 : 마음, 속, 정)
　　　　 1 [2 : 여격clitic] amenazar/advertir a 2　(3 : 겁)
　　　　 1 [2 : 여격clitic] dar 3 (a 2)

/1 〔2 : 여격clitic〕 bautizar con agua a 2 (3 : 세례, 안수)
1 apretar las manos con fuerza (2 : 손, 3 : 힘)
1 hacer fuerza con 1′ vientre (1 : 사람, 1′ : 1의 소유격, 2 : 배, 3 : 힘)
1 castigar a 2 (3 : 기합)

'1이 2에 딸을 주다'와 같은 표현은 결혼을 하면 여자가 남자의 집안으로 간다는 한국적 결혼관을 반영한 것으로 스페인어에서는 이런 개념이 없다. 따라서 스페인어 직역 표현인 'dar su hija'라는 표현은 결혼의 뜻으로 쓸 수 없고, 대신 단순히 '결혼시키다'에 해당하는 'casar'동사로만 대응이 가능하다.

또한 한국어 '그가 깨어나 준 것이 고맙다'에서 보조동사 '주다'와 같은 용법은 스페인어 'dar'에서는 보이지 않으며, 대신 "Agradezco que se **me** haya despertado."로 여격 clitic 'me'(1인칭 단수형)를 첨가함으로써 그가 깨어난 것이 자신에게 긍정적 영향이 있음을 나타내 줄 수 있다.

48) 주무시다

주무시다

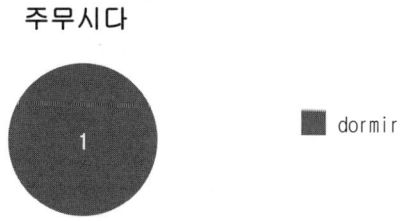

한국어 '주무시다'는 '자다'의 존대형으로 주어가 유정물로 화자보다 연령이나 사회적으로 높은 위치에 있는 경우 사용한다. 스페인어는 존대법이 없으므로 '자다'와 같은 표현인 'domir'로 대신한다.

49) 찾다

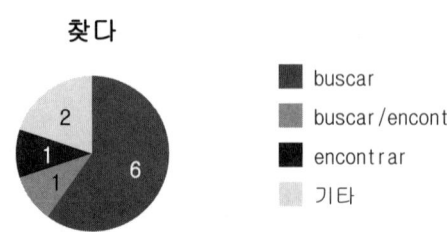

찾다

■ buscar
■ buscar/encont
■ encontrar
□ 기타

2
1
1
6

　한국어 '찾다'는 크게 무엇을 발견하기 위한 '과정'과 무엇을 발견한 '결과' 두 의미로 사용된다. '과정'의 의미로는 스페인어 'buscar'로 '결과'의 의미는 'encontrar'로 번역된다. 목적어로는 추상명사, 구체명사 모두 올 수 있으며, '책/사전을 찾다'의 경우 '책'이나 '사전'이 어디 있는지를 몰라 찾을 때는 '1 buscar 2'로 대응되나, 책이나 사전에 있는 정보를 찾는다는 의미로는 '사전에서 찾다'라는 '1 buscar en 2'에 대응된다.

　"많은 학생들이 절/스승을 찾는다."라는 표현은 절과 같이 장소를 목적어로 취할 때는 어느 곳에 긴다는 의미로 '1 irse a 2'로, 목적어가 사람이면 누구를 만나러/보러 '가다'의 의미인 '1 ver/buscar a 2'로 대응된다. 또한 '원기/건강을 찾다'와 같이 유정물 주어가 본래 가지고 있던 상태를 다시 회복한다는 의미의 '상태 변화' 동사로 쓰이는 경우에는 '1 recuperar 2'에 대응되며, '은행에서 돈을 찾다'와 같이 자신이 맡긴 것을 도로 찾는다는 의미로는 '1 sacar/recoger 2'가 대응된다.

50) 타다

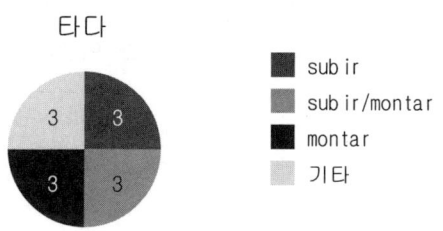

타다

- ■ subir
- ■ subir/montar
- ■ montar
- □ 기타

한국어 '타다'는 '버스에 타다'와 같이 낮은 곳으로부터 높은 곳으로의 위치 변화와 '그네를 타다/말을 타다'와 같이 무엇 위에서 일정한 움직임을 나타내는 두 가지 의미로 크게 나누어 생각해 볼 수 있다. 전자의 경우 '오르다'와 유사한 의미로 스페인어 'subir'동사에 해당된다. 단 '차에 타다'와 같이 '교통수단에 올라타다'의 의미인 경우에는 '1이 2에/를 타다'의 격틀로 2 논항이 착점이 되어 실현된다. 이에 대한 스페인어 대응형은 '1 subir a 2'나 '1 coger/tomar 2', '1 montar sobre 2'가 된다.

'산을 타다'와 같이 경사진 곳을 일정하게 오르는 경우에는 2 논항 '산'은 오르는 동작의 대상으로 동사의 직접목적어로 되어 '1이 2를 타다'의 격틀로 실현되고, 스페인어 '1 subir 2'로 대응된다. '그네를 타다/말을 타다'와 같이 어떤 것 위에서 일정한 움직임을 뜻하는 스페인어 동사는 'montar'이다. 유정물 주어가 오는 경우 '1 montarse en 2'에 해당된다. 단 '미끄럼을 타다'의 경우 한국어에서는 '미끄럼을 타고 내려온다'는 뜻으로 이해되나 스페인어에서는 미끄럼에 오른다는 의미로 '1 subir al trambolín'으로 대응되어 두 언어권 간의 표현 차이를 볼 수 있다. '1 이 파도/물살/공기/바람을 타다'는 '1 montar (sobre) 2'에 대응된다.

'벽을 타다'의 경우 '사람이 벽을 타다'는 '벽을 오르다'라는 의미이므로 '1 subir 2'가 되며, '소리가 벽을 타다'는 '1 montar 2'가 된다. 또한 '배를/에 타다'는 '배를 타기 위해 오른다'는 의미로 '1 subir a 2'가 되고, '한 배를 타다'의 경우에는 '같이 타고 가다'의 의미로 '1 montarse/ estar en 2'가 된다.

또한, '인기를 타다, 기회를 타다'와 같은 추상적 의미로는 스페인어 'subir/montarse'는 쓰이지 않으며, 이때는 '이용하다'라는 뜻의 'utilizar' 동사가 쓰인다.

51) 팔다

팔다

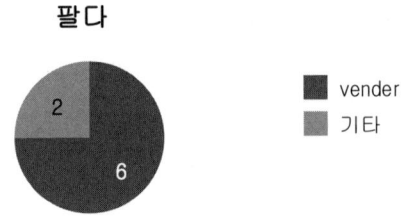

한국어 '팔다'와 스페인어 'vender'는 유사한 의미 구조를 가진다. '팔 다'의 총 8개 의미 항목 중에서 6개 항목이 스페인어 'vender'에 해당 된다. 주어로는 사람명사가 오고 목적어는 팔 수 있는 물건에 해당하는 구체명사가 와서 '1이 (2에게) 3을 팔다'와 '1 vender 3 a 2'로 대응된 다. 그러나 한국어에서 '1에서 2를 팔다'와 같이 물건을 파는 사람이 논 리적으로는 존재하나 문법적으로는 표시되지 않는 경우가 있는데, 스페 인어에서는 주어를 반드시 명시해야 한다. 이때 주어는 특정 사람을 지 칭하지 않고 3인칭 복수 일반주어가 되어 '0 vender 2 en 1 (0 : 3인 칭 복수형)'이나 행위자 주어를 생략한 채로 2를 주어로 한 수동태 '2 venderse en 1'로 대응될 수 있다.

은유적 표현에서 '팔다'와 'vender'는 유사하여, '1이 2에게 양심/지 조를 팔다'와 같은 부정적 의미는 스페인어 '1 vender 3 (a 2)'나 '스스로를 팔다'에 해당하는 '1 venderse'가 된다. '1이 몸/얼굴을 팔다'도 스페인어에서 'vender' 동사로 대응되는데, '1 vender 1´ cuerpo (1´ : 1의 소유격)'이나 '1 venderse a si mismo/a' 또는 '1 vender la belleza'로 표현한다.

'1이 2에게 3을 팔다'에서 3이 '정신/마음'과 같은 명사인 경우에는 스페인어 'vender'로 대응될 수 없고 대신 '1 estar distraído en 2/ 1 distraerse en 2'과 같이 3의 의미를 포함한 동사구로 표현한다.

52) 하다

하다

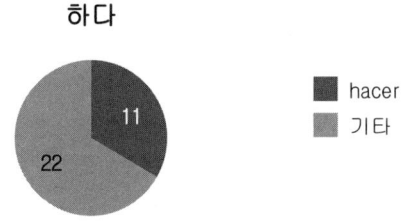

한국어 '하다'는 매우 포괄적인 의미 영역을 가지는 동사로 총 33개의 의미 항목을 가지며 그 중 동작, 행위의 의미와 '만들다, 전공하다, 운영하다' 등의 의미인 경우 스페인어 'hacer' 동사에 대응된다. '1이 2를 하다'가 '1 hacer 2'로 대응되는데, 2의 특성에 따라 스페인어 대응형에서 'hacer'이외에 다른 동사가 쓰이는 경우도 많다. 다음은 그 예이다.

(17) 1이 2를 하다
    1 jugar a 2 (2 : 놀이)
    1 tener 2 (2 : 신체일부)
    1 hacer 2 /1 estar con 2 (2 : 모양, 모습)
    1 vestirse con 2/1 ponerse 2/1 llevar 2 (2 : 옷)

1 ponerse 2/1 llevar 2 (2 : 장신구, 의류소품)

1 tomar 2 (2 : 식사, 술, 약)

1 manejar 2 (2 : 기계;컴퓨터)

1 tocar 2 (2 : 악기)

1 hablar 2 (2 : 언어)

1 [0 : 여격clitic] escribir (2) (2: 편지)

1 hacer 2 / 1 llamar a 0 (2 : 전화)

1 cortar 2 (2 : 나무)

그러나 '축하를 하다/말을 하다'와 같이 2가 행위성 명사이고 격조사 '를'을 생략한 채 '축하하다/말하다'가 가능한 경우 스페인어에서도 'felicitar'나 'hablar'와 같이 대부분 하나의 동사로 표현된다. 이때 2 는 스페인어에서 논항이 아니며 동사 의미의 일부가 된다. 이와 유사한 대응형을 보이는 예는 다음과 같다.

(18) 1이 2를 하다

　　　1 beber (2 : 술)

　　　1 fumar (2 : 담배)

　　　1 hablar 3 (2 : 말)

　　　1 dar un paso hacia 2/1 hacer un avance en relación con 3 (2 : 진출)

　　　1 felicitar a 0 (0 : 축하 받는 사람) (2 : 축하)

　　　1 hacer manicura (2 : 매뉴큐어)

　　　1 sentarse y cruzar las piernas (2 : 책상다리)

　　　1 cogerse de los hombros (2 : 어깨동무)

또한 '1등을 하다', '사과가 500원 하다'와 같은 의미는 스페인어 'hacer'로 쓰이지 않는다. 이 경우 각각 'ser' 'costar' 동사가 쓰여야 한 다. 특히 석차를 나타내는 경우 한국어에서는 '이번 시험에서 일등을 했 다.'와 같이 학교 성적을 등수로 나타내는 예문이 많은데, 스페인에서는 초, 중, 고등학교 성적을 평가할 때 석차를 매기는 일이 없으며, 단순히 sobresaliente - notable - bien - aprobado - suficiente - insuficiente - deficiente - muy deficiente의 등급만으로 나타낸다. '1등을 하다'

와 같은 표현은 콩쿠르 같은 학교 외 활동에서 쓰이나 학교 성적과 관련해서는 이상하게 들릴 수 있다.

그밖에 한국어에서 동사 구문이 스페인어에서는 동사구가 아닌 전치사구로 대응되는 경우가 있다. 가령 '그 일로 해서 상처를 입었다'와 같이 원인을 나타내는 '1로 해서/ 하여'는 'Por 1'로 대응되며, '암스테르담으로 해서 뉴욕으로 간다.'와 같이 '경유'의 의미로 쓰이는 '1로 해서'는 '(pasando) por/vía 1'로 '한국하면 생각나는 것이 무엇이지?'의 '1하면'은 'Respecto a 2'에 각각 대응된다.

한국어 '하다'의 용법 중에서 '서울에 가기로 했다', '신문을 이쪽으로 했다', '나를 보자고 했다'와 같이 본래 '정하다, 향하다, 말하다'와 같이 '~하다'형의 동사에서 '~'이 생략된 것과 같은 형태들이 있는데, 이 경우 스페인어 'hacer' 동사로는 쓰이지 않으며 'decidir, poner, decir'와 같이 동사의 본래 의미에 해당하는 대응형을 쓴다.

또한 '1이 2가 ~게 하다'와 같은 사역의 의미로 쓰인 경우에도 스페인어 'hacer' 동사가 쓰이는데 '1〔2 : 여격clitic〕 hacer 동사원형'으로 대응된다.

2. 스페인어 · 한국어 문형 대조분석

1) ayudar

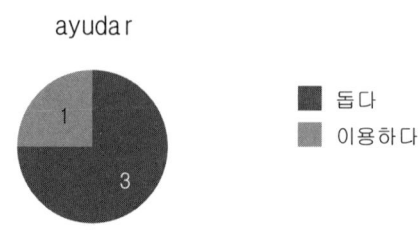

ayuda r

■ 돕다
■ 이용하다

스페인어 'ayudar'는 3개 항목에서 한국어 '돕다'에 대응된다. 주어와 목적어에 모두 사람 명사가 오고 도와주는 내용은 전치사구나 부정사구인 '1 ayudar a 2 (en/con 3)'이나 '1 ayudar a 2 a 동사원형'의 형태를 가진다. 한국어에서는 '1이 2를 (3에서) 돕다/도와주다'나 절을 목적어로 취한 '1이 2′를 돕다/도와주다'나 '1이 2′도록 돕다'에 대응된다. (2′는 2를 주어로 하고 동사원형을 술어로 하는 절로 '2가 ~는 것을'이나 '2가 ~도록' 꼴로 나타난다.) 따라서 "Me ha ayudado mucho en los estudios."는 "그는 내가 공부하는 것을 많이 도왔다."로 대응되며, "Me ayudó a subir el cargo."는 "그는 내가 짐을 올리는 것을/올리도록 도왔다."에 대응된다.

1이 무정명사인 경우에 한국어 대응 격틀은 '1이 2를 (3에서) 돕다/도와주다'와 '1이 2′를 돕다/도와주다' 또는 '1이 2′도록 돕다'이 될 수 있고, 이와 함께 '1이 2에 도움이 되다'로도 대응 가능하다. 따라서 "Estas pastillas me han ayudado con la digestión."은 "이 알약들은 내가 소화시키는데 도움이 되었다./소화시키도록 도와주었다."로 대응된다.

2) buscar

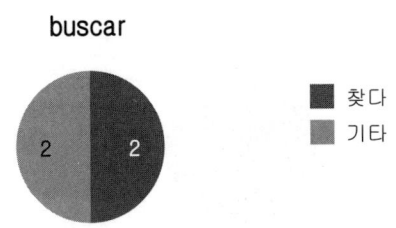

buscar

■ 찾다
■ 기타

스페인어 'buscar'는 총 4개의 의미 항목 중 2개 항목에서 한국어 '찾다'에 대응된다. 'buscar'는 무엇을 발견하기 위해 노력하는 과정을 나타내는 동사[42]로 '1 buscar (a) 2'는 한국어 '1이 2를 찾다/구하다'에 대응된다. 과정적 의미가 있으므로 '찾고 있다/구하고 있다' 형태로도 대응될 수 있다.

"Te has buscado la pelea."와 같이 '1 buscar(se) 2'에서 목적어 2가 상황이나 사건을 의미하는 경우에는 주로 완료형으로 쓰여 '1이 2를 스스로 찾았다'의 의미인 '1이 2를 초래하다'로 대응될 수 있다. 또한 'buscar'의 목적어에 명사대신 동사원형이 와서 '1 buscar 동사원형'의 문형이 되면 한국어 '1이 ~려고 노력하다'로 대응된다.

---

42) '발견하다'의 의미는 없다.

3) cenar

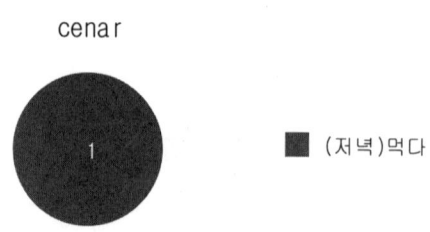

cenar

■ (저녁)먹다

　스페인어 'cenar'는 자동사와 타동사로 모두 쓰인다. 자동사로 쓰일 때 격틀은 '1 cenar'인데 한국어 대응형은 직접목적어 '저녁을'이 반드시 명시되어야 하며 '1이 저녁을 먹다/저녁식사를 하다'가 된다. 스페인어 한 동사가 한국어의 동사구에 대응되는 경우라고 할 수 있다. 타동사일 때 '1 cenar 2'이고, 이때 직접 목적어는 음식 종류를 나타내는데 대응되는 한국어 격틀은 '1이 저녁으로 2를 먹다'이다.

4) comer

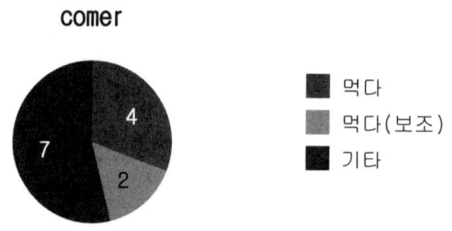

comer

■ 먹다
■ 먹다(보조)
■ 기타

　스페인어 'comer'는 총 13개 의미 항목 중에서 6개가 한국어 '먹다' 혹은 보조동사 '먹다'에 대응된다. '1 comer 2'는 한국어 '1이 2를 먹다'

에 대응되나, 목적어 명사의 의미 제약에 있어서 두 언어는 차이를 보인다. 한국어 '먹다'의 목적어로 고체, 액체, 기체가 모두 올 수 있는 반면에, 스페인어에서 'comer'의 목적어는 고체성 음식만이 올 수 있다.

은유적으로 쓰이는 경우에 'comer'와 한국어 '먹다'가 일치되는 경우는 거의 없다. 스페인어 'comer'는 주로 부정적 의미로, 목적어 명사의 '색, 크기, 자질 등에 손상을 입히다'나 '소비하다, 쓰다'를 나타낸다. 한국어에서 동사의 의미나 목적어 명사와의 연어관계에 따라 다양한 동사형으로 대응되는데, 그 예를 보이면 다음과 같다.

(19) a. 1 comer a 2 (1 : 유정, 2: 사람)
　　　☞ 1이 2를 성가시게 하다

　　b. 1 comerse 2
　　　1 [2 : 여격clitic] comer 3 a 2
　　　(1 : 물리적·화학적 객체, 2 : 사물, 3 : 색·윤기)
　　　　☞ 1이 2를 바래게 하다/1때문에 2가 바래다
　　　　1이 2의 3을 바래게 하다/1때문에 2의 3이 바래다

　　c. 1 comerse 2
　　　1 [2 : 여격clitic] comer(se) 3 (a 2) (1·3 : 무정, 2 : 3의 소유주)
　　　　☞ 1이 2를 작아 보이게 하다/1로/때문에 2가 작아 보이다
　　　　1이 2의 3을 작아 보이게 하다/1로/때문에 (2의) 3이 작아 보이다.

　　d. 1 comer(se) 2 (1 : 무정, 2 : 의류·직물류)
　　　　☞ 1이 2에 구김을 만들다 / 1로 2에 구김이 생기다

　　e. 1 comerse 2 (1 : 무정, 2 : 구체·물건의 값/가치)
　　　　☞ 1이 2의 가치를 떨어뜨리다

　　f. 1 comerse 2
　　　1 [2 : 여격clitic] comer 3 a 2
　　　　☞ 1이 2의 3을 쓰다/써버리다
　　　　(1 : 사람, 2 : 돈·재산, 3 : 사람, 2의 소유주)
　　　　1이 2를 먹다/쓰다 (1 : 기계류, 2 : 연료)
　　　　1이 2를 부식시키다 (1 : 화학물질, 2 : 금속)

b, c, d의 예문에서처럼 동사가 '사역' 의미를 가지며 주어가 무정물일 때 한국어 대응형에서 무정물 주어는 '사역주'로서 주격 조사와 함께 올 수도 있으나 그보다는 조사 '로/때문에'를 쓰는 것이 더 자연스러운 한국어 표현법이다.

스페인어 'comer'가 은유적으로 쓰이면서 한국어의 '먹다'로 대응될 수 있는 유일한 경우는, 주어가 기계류, 목적어가 연료이고 '쓰다/써버리다'의 의미를 가지는 경우이다. 가령 "Este motor come mucha gasolina."같은 스페인어 문장은 한국어 "이 엔진은 기름을 많이 먹는다."로 번역될 수 있다.

스페인어 'comer'가 한국어의 보조동사 '먹다'에 대응되는 예는 다음과 같다.

> (20) a. 1 comer(se) a 2
> (1 : 사람, 2 : 장기판의 말 종류 ; 'rey'·'reina'·'peón'⋯.)
> ☞ 1이 2를 따먹다/잡다
> b. 1 comer(se) 2   (1 : 사람, 2 : 단어·문장·음절·음)
> ☞ 1이 2를 빼먹다

스페인어 '1 comer (2)'가 '점심식사를 하다'인 경우, 한국어 대응 격틀은 '1이 점심을 먹다'이다. 이때 스페인어에서 직접목적어 2는 수의 논항인 반면에 한국어에서 '점심'은 필수 논항이다.

5) conocer

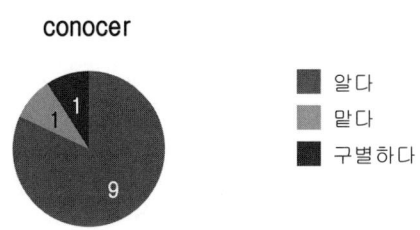

스페인어 'conocer'는 '경험에 의해 지식을 얻는 것'을 뜻한다. 보통 '1 conocer (de) 2'의 격틀로 쓰이는데 한국어의 '1이 2를/에 대해 알다'에 대응되며, 'conocer'의 부정문은 한국어의 '1이 2를/에 대해 모르다'에 대응된다. 스페인어 'conocer'의 총 11개 의미 항목 중 9개의 항목이 한국어 '알다'로 대응된다.

스페인어에서 'conocer'는 시제에 따라 상태와 완료의 두 가지 의미를 가진다. 동사의 현재형이나 불완료 과거 시제는 상태를 나타내며, '1이 2를 알다/모르다'나 '1이 2를 알고/모르고 있다'로 대응되며, 동사의 부정과거 시제나 조동사 'poder'나 'aspirar a'와 함께 '모르던 것을 알게 되다'라는 완료적 의미를 나타낸다. (21)은 'conocer'의 완료적 용법을 나타낸다.

(21) a. El científico **aspira a conocer** los misterios del mundo.
　　　☞ 그 과학자는 지구의 신비를 **알길 희망한다**.
　　b. He **podido conocer**, tras muchos años de estudio, los secretos de la economía.
　　　☞ 나는 수 년 간의 연구를 통하여 경제의 비밀을 **알 수 있게 되었다**.

또한 '1 conocer 2'는 2가 장소명사인 경우 2를 가보아서 안다는 뜻이므로, '1이 2에 가보았다(과거형)'으로 번역될 수 있다. 따라서 "¿Conoces

Madrid? (직. 마드리드를 아니?)"와 같은 현재 시제 문장은 한국어에서 "마드리드에 가 보았니?"라는 과거형 문장에 대응된다.

6) dar

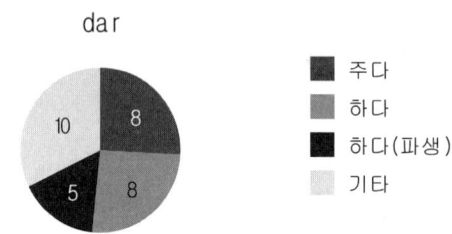

스페인어 'dar'는 '1 [2 : 여격clitic] dar 3 (a 2)'으로 한국어 '1이 2에게 3을 주다'에 대응된다. 주로 1과 2는 사람명사이고 3은 구체 혹은 추상명사를 목적어로 1이 2가 3을 가지도록 하는 '수여'의 의미를 가진다. 이때 2가 1보다 나이가 많거나 사회적 지위가 높을 때 '주다'는 '드리다'가 되어 '1이 2에게 3을 드리다'가 된다.

'1 dar 2'에서 1이 무정명사일 때 은유적 의미로 '1이 2를 주다'로, 1이 땅이나 생물을 지칭하는 경우에는 '1이 2를 생산하다'로, 1이 '열/향기'와 같은 명사일 때 '1이 2를 주다'와 함께 '1이 2를 내다'로도 대응된다.

스페인어 'dar'는 행위성 명사를 목적어로 취하여 기능동사로 많이 쓰이는데, 이것은 주로 한국어 기능동사 '하다'로 대응되거나 3의 의미가 포함된 하나의 동사로 대응된다. 이러한 예를 보이면 아래와 같다.

(22) 1 [2 : 여격clitic] dar 3 (a 2)

  (3 : instrucciones, persmiso, palabra, explicación, disculpa, paseo)

  ☞ 1이 2에게 3을 하다 (3 : 지시, 허가, 말, 설명, 사과, 산책)

이와 유사하게 공연이나 방송을 무대에 올리거나 방송에 내보낸다는 의미인 '1 dar 2'는 공연, 방송프로그램과 같은 명사를 목적어로 취하며 주어는 보통 3인칭 복수형 일반주어이다. 이는 한국어 '2를 하다'로 대응되는데, 한국어 대응형에서는 주어가 생략된다. 따라서 "Esta noche dan el Tenorio en el Teatro Nacional." 같은 문장은 한국어로 "국립극장에서 오늘 밤 테노리오를 한다."가 된다.

스페인어 'dar' 동사는 대부분 한국어에서 '2하다'와 같은 형태로 대응되는데, 'dar 2'가 한국어에서 '하다' 이외의 한 동사로 대응되는 예는 다음과 같다.

(23) 1 **dar** 2 (2 : '뛰기'(saltos) · '고함치기'(gritos) · '때리기'(golpe) · '차기'(patada)
　　　　　　　　 · '따귀'(bofetón) · '막대기로 때리기'(paliza)….)
　　　1 dar gritos 　☞ 1이 고함치다
　　　1 dar golpe 　☞ 1이 때리다/치다
　　　1 dar bofeton 　☞ 1이 따귀 때리다
　　　1 dar paliza 　☞ 1이 막대기로 때리다

또한 '1 〔2 : 여격clitic〕 dar 3'이 한국어 대응형에서 목적어 3과의 연어 관계에 따라 특정 동사가 쓰이는 예도 많은데 그 예를 보이면 다음과 같다.

(24) 1 〔2 : 여격clitic〕 **dar** 3
　　　☞ 1이 2에게 3을 묻다 (3 : 안부)
　　　　1이 2에게 3을 심어 주다 (3 : 생각)
　　　　1이 (2에게) 3을 주다/전하다 (3 : 소식)
　　　　1이 2에 3를 부여하다 (3 : 의미)

(25) 1 **dar** 2
　　　☞ 1이 불을 켜다 (2 : 불)
　　　　1이 물을 틀다 (2 : 물)
　　　　1이 가스를 틀다 (2 : 가스)
　　　　1이 2를 하다/개최하다/열다 (1 : 사람, 2 : 회의 · 행사 · 잔치…)

그밖에 'dar'가 다른 문형으로 쓰이는 경우는 "Me ha dado un dolor.(나에게 통증이 생겼다.)"처럼 'dar'가 수혜자(받는 사람)과 사람의 육체적 심리적 상태를 나타내는 명사를 목적어로 취하는 경우이다.

감정적 상태는 주로 '[2 : 여격clitic] dar 3 동사원형(1)'의 문형으로 표현되는데, 이때 목적어 3은 '기쁨'·'유감'·'감정'과 같은 추상명사이다. 한국어에서는 '1이 2에게 3을 주다 (1 : ~하는 것)'로 대응되거나, '기쁘다', '고통스럽다'처럼 3에서 파생된 형용사가 있는 경우 '2는 1아/어서 3′다(3′ : 3과 관련된 형용사)' 형태로도 대응된다. 그러한 예문을 보이면 아래와 같다.

> (26) a. Me ha **dado** mucha **alegría** saber que estáis bien.
> ☞ 너희들이 잘 있다는 것을 아는 것이 나에게 큰 <u>기쁨을 준다</u>.
> ☞ 너희들이 잘 있다는 것을 알아서 나는 <u>기쁘다</u>.
>   b. Me **da pena** veros tristes.
> ☞ 너희들이 슬픈 것을 보는 것이 나에게 <u>고통을 준다</u>.
> ☞ 너희들이 슬픈 것을 보아서 나는 <u>고통스럽다</u>.

또한 육체적 병의 증상을 나타내는 경우에도 '(a 2) [2 : 여격clitic] dar 1'로 표현하는데 이때 한국어 대응 격틀은 '2는/에게 1이 생기다'가 된다. 이에 대한 예로는 다음을 들 수 있다.

> (27) a. De repente me ha dado un dolor.
> ☞ 나는/에게 갑자기 통증이 생겼다.
>   b. Le han dado ya varios infartos.
> ☞ 그는/에게 여러 번 마비가 생겼다.

7) decir

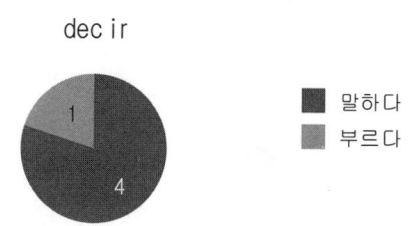

dec ir

■ 말하다
■ 부르다

스페인어 'decir'는 5개 의미 항목 중 4개 항목에서 한국어 '말하다'에 대응된다. 'decir'는 사람명사를 주어로, 말의 내용에 해당하는 명사나 절을 목적어로 하고 말을 듣는 사람이 여격clitic으로 와 '1 〔2 : 여격clitic〕 decir que 절'이나 '1 〔2 : 여격clitic〕 decir 3 (a 2)' 문형으로 나타날 수 있다. 이들 문형은 각각 한국어 '1이 2에게 ~고 말하다'나 '1이 2에게 3을 말하다'에 대응된다. 무정명사가 주어인 경우에는 '말하다'보다는 '의미하다', '말해 주다(나타내다)'로 번역하는 것이 더 자연스럽다.

(28) a. Su forma de escribir dice mucho de su personalidad.
　　　☞ 그의 필체는 그의 인간성에 대해 많은 것을 말해 준다.
　　b. Sus gestos dicen lo mucho que la quiere.
　　　☞ 그의 몸짓은 그가 그녀를 많이 사랑하는 것을 말해 준다.

또한 여격clitic이 주어와 동일인임을 지칭하는 재귀형인 '1 decirse que 절'은 한국어 '1이 ~고 혼잣말을 하다'에 대응된다.

스페인어 'decir'는 목적어(2)와 목적보어(3)를 취하는 '1 〔2: 여격clitic〕 decir 3 (a 2)'가 가능한데, 이 경우 한국어에서 '말하다'보다는 '부르다' 동사를 써서 '1이 2를 3이라 부르다'로 해석하는 것이 더 자연스럽다.

8) dejar

dejar

- ■ 놓아두다
- ■ 두다
- ■ 떠나다
- □ 기타

스페인어 '1 dejar 2 전치사 3'은 '1이 2를 3에 두다'로 대응되며, 사역의 의미를 가진다. 3은 구체적 장소이거나, 형용사나 부사가 전치사구를 대신하여 추상적 상태를 가리킬 수도 있다.

'1 dejar 2 전치사 3'에서 3이 장소명사인 경우 '1이 2를 3에 두다'에 대응되는데, 3이 사람명사일 경우에는 '1이 2를 3에게 빌려주다' 혹은 '1이 2를 3에게 맡기다'가 된다. 그러나 "할아버지가 시계를 나에게 남기다/물려주다."와 같이 단순한 공간의 이동이 아니라, 시간적 전후관계를 포함하는 경우에는 '1이 2를 3에게 남기다/물려주다'가 된다.

스페인어 '1 dejar 2'와 같이 장소의 전치사구가 없는 문형은 의미적으로 '본래 있던 곳에 둔다'를 나타내며 '1이 2를 (제자리에) 두다'로 대응된다.

추상적 상태의 변화를 나타내는 경우 '1 dejar 2 형용사/부사' 혹은 '1 dejar 2 como 형용사/절' 문형인데, 이것은 한국어 '1이 2를 ~게 하다'나 '1이 2를 ~것처럼 만들어 놓다'에 대응된다. 이때 'así', 'como estaba'와 같은 '그냥 그렇게, 본래대로'의 의미가 있는 부사나 절이 오는 경우에는 상태의 변화가 아닌 본래 상태를 유지한다는 의미가 되어 '1이 2를 ~게 두다', '1이 2를 ~ㄴ/었/았던 대로 두다'로 대응된다. 또한 형용사나 부사가 생략되거나 'tranquilo, en paz'와 같이 '조용히,

편안하게'와 같은 형용사나 부사구가 오는 문장은 '방해하지 않고 그 상
태 그대로 편하게 두다'를 의미하며 한국어로는 '1이 2를 (3) 놔두다'에
대응된다.

> (29) a. La noticia dejó muy tristes a los aficionados.
> ☞ 그 소식은 애호가들을 매우 슬프게 했다.
> b. Me han dejado el traje como nuevo.
> ☞ 그들은 나의 정장을 새 것처럼 만들어 놓았다.
> c. Dejaremos el jardín así.
> ☞ 우리는 정원을 이렇게 둘 것이다.
> d. Han decidido dejar el proyecto como estaba.
> ☞ 그들은 그 계획을 원래 있었던 대로 둘 것을 결정했다.
> e. Deja tranquilo al abuelo.
> ☞ 할아버지를 편히 놔두세요.
> f. Te dejo en paz.
> ☞ 나는 너를 편히 놔둔다.
> g. Déjame, por favor.
> ☞ 제발 나를 놔둬.

또한 전형적인 사역동사 구문인 '1 〔2 : 여격clitic〕 dejar 동사원형
(a 2)'는 한국어 '1이 2를 ~게/도록 하다/해 주다'로 대응된다. 특히 'dejar'
는 스페인어의 다른 사역동사와 비교하여 허락의 의미가 두드러진다.

> (30) a. Le dejé ver la televisión.
> ☞나는 그가 텔레비전을 보게 했다.
> b. ¿Me deja pasar, por favor?
> ☞저를 좀 지나가게 해주시겠어요?

사역동사인 'dejar'는 2의 상태나 위치 변화 이외에도 2의 상태 지속
을 의미하기도 한다. '1 dejar 2 형용사/부사'에서 형용사나 부사가 지
시하는 자질이 2의 본래 속성과 관련되면, '1이 2를 ~놔두다'에 대응된
다. 장소를 나타내는 3이 없는 경우에 2를 제자리에 둔다는 뜻으로 '1

이 2를 그냥/그대로 두다'에 대응된다. 이러한 의미에서 확장되어 '1 dejarse'같은 재귀형은 '스스로를 돌보지 않고 그냥 놓아두다'라는 뜻인 '1이 외모에 신경을 안 쓰다'에 대응되며, '1 dejar(se) de 2/동사원형'은 '1이 2를/기를 그만두다'로 대응된다.

'dejar'는 목적어뿐만 아니라 주어의 위치 변화도 나타내는데 '1 dejar (a) 2'는 한국어로 '1이 2를 떠나다/버리다'가 된다. 이때 2가 구체적 장소이면 '1이 2를 떠나다'로, 2가 사람이면 '1이 2를 버리다/떠나다'로 대응되며, 2가 사물이면 '1이 2를 두고 오다'로 대응된다.

9) dormir

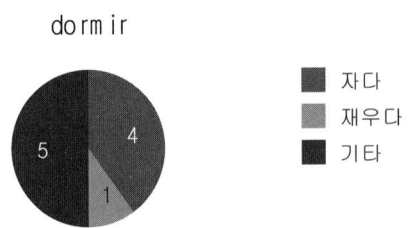

스페인어 'dormir'는 총 10개 의미 항목 중 5개 항목이 한국어 '자다'나 '재우다'에 대응된다. 본래 'dormir'는 자고 있는 상태를 나타내며 재귀형인 'dormirse'는 '잠이 들다'와 같은 상태 변화를 나타낸다. 'dormir'와 '자다' 모두 자동사이나 동족 목적어 '잠'과 함께 쓰여 타동사가 되기도 한다.

또한 'dormir'의 주어는 주로 유정물이나 '책, 물건' 등과 같은 무정물일 때 은유적인 의미를 나타낸다. 이 때에도 한국어 '1이 자다'로 대응된다.

(31) a. Tu tesis duerme en su cajón de mi despacho.
　　　☞ 네 논문이 내 사무실의 그 사람 서랍에서 잔다.

　b. Descubrí que mi solicitud dormía en el fondo de un armario.
　　☞ 내 신청서가 옷장 구석에서 자고 있는 것을 발견했다.

　스페인어 'dormir'가 타동사일 때 '1 dormir a 2 (1·2 : 사람)' 문형
이며, 이는 한국어 '1이 2를 재우다'에 대응된다. 그리고 수술 상황에서는
'1이 2를 마취시키다'로 대역된다. 같은 문형에서 1이 '회의, 영화'이고
2가 사람명사이면 '1이 2를 지루하게 하다'로 번역된다. 이때 한국어 대
응형에서 무정명사가 주어인 문형보다는 원인격 조사 '-로'를 써서 '1로
2가 지루하다'로 번역하는 것이 더 자연스럽다. 재귀형인 '1 dormirse
con 2'도 한국이 '1이 2로/가 지루하다'에 대응될 수 있다.

　그밖에 'dormir'가 은유적 의미를 나타낼 때 한국어에서 '자다'가 아
닌 다른 동사가 되는 몇 가지 예가 있다. 그 중 하나로 스페인어 '1
dormirse'에서 1이 자연현상일 때 한국어는 '1이 잠잠해지다'로 대역된
다. 또한 스페인어 'dormir'는 사람이 신체의 감각을 느끼지 못하게 되
는 경우를 나타내기도 하는데, 이때 신체 일부는 후치주어로, 사람은
여격clitic으로 와서 '〔2 : 여격clitic〕 dormirse 1 (1 : 신체일부, 2 :
사람)' 형태가 되는데, 한국어 대응형은 '2가 1에 쥐가 나다'가 된다.

10) encontrar

encontrar(se)

- ■ 발견하다
- ■ 찾다/발견하다
- ■ 만나다
- □ 기타

스페인어 'encontrar'는 '사람이나 사물을 발견하거나 만나다'를 기본 의미로 가진다. 'encontrar'의 총 12개 의미 항목 중에서 8개는 한국어 '찾다/발견하다/만나다' 등으로 대응된다. 한국어 '찾다'는 무엇을 발견하는 과정뿐 아니라 무엇을 발견한 결과를 나타낼 수 있다. 반면 스페인어 'encontrar'는 결과만을 나타낸다. 한국어 대응형에서 2가 구체명사이면 '1이 2를 찾다/발견하다'가 되고, 2가 추상명사일 때는 '1이 2를 찾다/발견하다'와 함께 '1이 2를 알다'도 가능하다.

또한 '1 encontrar (a) 2 형용사'처럼 목적어와 목적보어가 있는 문형은 '2가 어떠하다'는 사실을 발견하는 것을 의미하는데, 한국어에서는 '1이 2'라고 생각하다/2'라는 것을 발견하다'에 대응된다. 이때 2'는 2를 주어로 하는 절이다.

목적어가 사람인 경우에는 '1이 2를 찾다/발견하다/만나다'로도 대응될 수 있다. 이때 스페인어는 동사를 재귀형으로 써서 '1 encontrarse con 2' 형태를 많이 쓴다. 주어가 복수명사인 재귀형 '1 encontrarse'는 '1이 서로 만나다'와 같은 상호적 의미를 가지게 되지만, 주어가 자동차, 기차처럼 스스로 움직일 수 있는 유동물인 경우에는 '1이 서로 부딪히다'로 대응된다.

'1 encontrarse'에서 1이 입장, 태도, 생각과 같은 추상명사일 때, 이 문장은 부정적 의미와 긍정적 의미 둘 다를 가질 수 있다. 문장 내

에서 혹은 문맥에 의해 1이 서로 이질적이라는 의미가 포함되어 있으면
'1이 서로 맞서다'가 되며 그렇지 않은 경우에는 '1이 일치하다'로 대역
된다. (32)는 그 예이다.

(32) a. En la obra se encuentran dos estilos radicalmente distintos.
　　　　☞ 그 작품에서 두 가지 극단적으로 다른 양식이 만난다.
　　b. Las opiniones de dos partidos se encontraron.
　　　　☞ 두 당의 의견은 서로 맞섰다.
　　c. Por fin se encontraron sus intereses.
　　　　☞ 드디어 그들의 관심이 일치했다.
　　d. Se encontraron acorde en todos sus puntos.
　　　　☞ 그들은 모든 관점에서 일치했다.

　재귀형 'encontrarse'는 형용사나 부사구를 보어로 취해 '1 encontrarse
형용사/부사구'와 같은 문형이 되면 '1이 어떠한 상태에서 발견되다'를
의미하며, 한국어에서는 '1이 ~게 있다'나 '1이 ~이다' 혹은 형용사에 대
응될 수 있다. 예컨대 '1 encontrarse en 2'는 한국어 '1이 2에 있다'
로, '1 encontrarse 2(부사/형용사)'는 '1이 2(형용사)'나 '1의 상태가 2
이다'로 번역된다.

(33) a. Ahora se encuentra en el extranjero.
　　　　☞ 지금 그는 외국에 있다.
　　b. El Museo del Prado se encuentra en Madrid.
　　　　☞ 프라도 바물관은 마드리드에 있다.
　　c. Me encuentro enfermo y tengo algo de fiebre.
　　　　☞ 나는 아프고 열도 좀 있다.
　　d. El médico ha dicho que se encuentra bien, pero que debe
　　　　seguir con el tratamiento.
　　　　☞ 의사는 그의 상태가 좋으나 치료를 계속해야 한다고 말했다.

11) entender

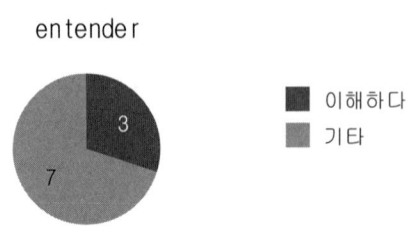

entender

■ 이해하다
■ 기타

3
7

　스페인어 'entender'는 10개 의미 항목 중 3개 항목이 한국어 '이해
하다'에 대응되며, 명사나 절이 목적어로 온 '1 entender 2', '1 entender
que/por qué 절' 문형으로 나타난다. 목적어가 절일 때 주로 상황에
대한 원인을 이해한다는 뜻이 되며, 한국어 '1이 ~ㄴ 것을 이해하다/1
이 왜 ~는지 이해하다'로 번역된다.

> (34) a. Entiendo que estés enfadado.
> 　　　 ☞ 나는 네가 화난 것을 이해한다.
> 　　b. No entiendo por qué tienes tanto miedo a la oscuridad.
> 　　　 ☞ 나는 네가 어두운 것을 왜 그렇게 무서워 하는지를 이해할 수 없다.

　그밖에 '1 entender que 절'이 단순한 상황의 판단을 나타낼 때, 이
문장은 '1이 ~고 생각하다'로 대응된다. 또한 '1 entender de 2'가 부
사어의 수식과 함께 나타난 문장은 '1이 2를/에 대해 ~ 알다/모르다'로
대응된다.

> (35) a. Entiendo que éste no es momento de discusiones.
> 　　　 ☞ 나는 지금이 논쟁을 할 때가 아니라고 생각한다.
> 　　b. ¿Tú entiendes que eso está bien hecho?
> 　　　 ☞ 너는 그게 잘 되었다고 생각하니?
> 　　c. No entiendo nada de fútbol.

☞나는 축구를 전혀 모른다.

d. Juan entiende mucho de arte moderno.

☞후안은 현대 미술에 대해 많이 안다.

'entender'는 구체적 행위를 나타내기도 하는데, '1 entender en 2 (2 : 사건)'는 '1이 2에 개입하다'로 대응되고, 재귀형 '1 entenderse con 2'는 '1이 2를 맡다'로 대응된다.

(36) a. La Audiencia Nacional entiende en temas de delitos de narcotráficos.

☞ 법원이 마약 범죄 사건에 개입한다.

b. Yo haré el informe y tú te endiendes con el delegado.

☞ 나는 조사를 할 테니 너는 대표 위원을 맡아라.

또한 1 · 2가 모두 사람이면 '1 entenderse con 2'에서 '1과 2가 서로 이해하다', '1이 2와 친하다', '1이 2와 몰래 사귀다' 등으로 대응될 수 있다.

(37) a. Como se entiende muy bien con su primo, se pasan el día jugando.

☞ 그는 사촌과 매우 친해서 하루 종일 같이 논다.

b. Se entiende con la mujer de su mejor amigo.

☞ 그는 가장 친한 친구의 부인과 몰래 사귄다.

12) escribir

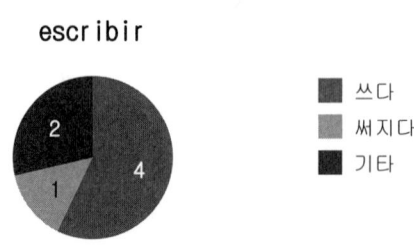

escribir

■ 쓰다
■ 써지다
■ 기타

　스페인어 'escribir'는 총 7개 의미 항목 중 2개 항목을 제외한 대부분이 한국어 '쓰다'와 일치한다. 단 스페인어 'escribir'는 목적어 없이 자동사로 '1 escribir'가 쓰이는데, 한국어 '쓰다'는 타동사 '1이 2를 쓰다'로만 쓰이므로 한국어로 번역시 반드시 목적어(2)가 필요하다. 따라서 '1 escribir' 구문은 문맥에 맞는 목적어를 삽입한 한국어 문형 '글을 쓰다', '기사를 쓰다' '작품을 쓰다'로 대응시킬 수 있다.

　'1 escribir a 2 (1·2 : 사람)'처럼 사람명사가 간접목적어로 오는 경우 대개 '편지'에 해당하는 직접목적어가 생략된 것으로 특성상 '써서 주다'라는 의미까지 포함한 수여동시기 된다. 한국어에서는 '편지'라는 목적어를 추가한 '1이 2에게 편지를 쓰다'로 대응되며, 주어가 복수이고 재귀형인 '1 escribirse'은 '1이 서로 편지를 쓰다'로 번역된다. 'escribir'의 주어가 사람 이외의 명사일 수 있는데, '1 escribir 부사'이며 이때 주어는 필기도구에 해당되는 명사로 피동형인 '1이 ~써지다'로 대응되어야 한다.

13) escuchar

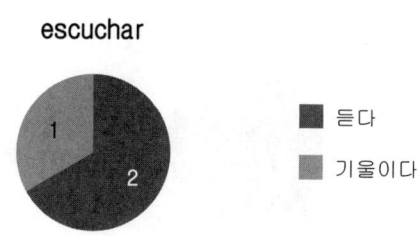

escuchar

■ 듣다
■ 기울이다

  스페인어 '1 escuchar 2'는 한국어 '1이 2를 듣다'에 대응된다. 스페인어 'escuchar'는 자동사와 타동사로 모두 쓰일 수 있으나 한국어 '듣다'는 반드시 목적어를 필요로하여 '1이 2를 듣다'의 타동사형으로만 쓰인다. '1 escuchar'처럼 자동사로 쓰이는 경우에도 '1이 0을 자세히 듣다/0에 귀를 기울이다'로 한국어에서는 반드시 듣는 대상이 명시되어야 한다. 스페인어 '1 escuchar 2'의 한국어 대응형은 '1이 2를 듣다'가 되는데, 이때 "Escúcha me.(내 말을 들어 봐.)"처럼 목적어가 사람인 경우에는 '1이 2의 말을 듣다'가 된다.
  스페인어에는 한국어 '듣다'에 해당되는 동사가 'escuchar'와 'oír' 두 가지인데, 'escuchar'는 의식적으로 자세히 듣는 것을 말하고, 'oír'는 무심코 듣는 것을 뜻한다. 따라서 'escuchar'를 'oír'와 구분하여 해석할 경우에는 '1이 2를 자세히 듣다'로 할 수 있고, '1 oír 2'는 '2가 들리다'로 해석할 수도 있다.

14) estar

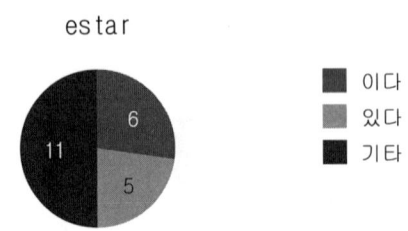

estar

- ■ 이다
- ■ 있다
- ■ 기타

스페인어 'estar'는 장소의 전치사구나 형용사 혹은 부사구를 보어로 취하며 주어의 위치 또는 상태를 나타내는 동사이다. 즉, '1 estar en 2'에서 2가 구체적 장소, 시간일 때 한국어에서 '1이 2에 있다'로 '1 estar 형용사'는 '1이 형용사'에 대응된다.

(38) 1 estar en 2　(1 : 구체, 2 : 장소·시간)

　　　☞ 1이 2에 있다

　　예) a. Estoy en casa.

　　　　　☞ 나는 집에 있다.

　　　　b. Estamos en el siglo veinte.

　　　　　☞ 우리는 20세기에 있다.

(39) 1 estar 형용사

　　　☞ 1이 형용사

　　예) a. Estaba muy tranquila.

　　　　　☞ 그녀는 매우 조용했다.

　　　　b. Cuando lo vi estaba exaltado por lo que había pasado.

　　　　　☞ 내가 그를 보았을 때에 그는 일어난 일에 대해 매우 흥분했다.

　　　　c. Estos pantalones no me están bien.

　　　　　☞ 이 바지는 나에게 잘 맞지 않는다

　　　　d. Estamos muy cansados.

☞ 우리는 매우 피곤하다

'1 estar en 2'에서 2가 추상명사로 원인을 나타내는 경우도 있는데, 이 경우에도 한국어 대응형은 '1이 2에 있다'가 된다.

(40) 1 estar en 2
　　　☞ 1이 2에 있다
　　예) El problema está en su mezquinidad.
　　　　☞ 그 문제는 그의 인색함에 있다.

'estar'가 'en' 이외의 전치사와 함께 쓰이는 경우에는 전치사와 명사 2의 특성에 따라 한국어 대응형이 다양하다. 특히 '1 estar de/a 2'에서 2가 '신분, 시간, 날짜, 가격, 온도' 등일 때 한국어 대응형은 '1이 2이다'이며 2가 '행위나 상황을 나타내는 명사'인 경우에는 '1이 2 중이다'가 된다. (41)~(48)은 전치사구의 다양한 대응형을 보여준다.

(41) 1 estar en/de 2 (1 : 사람, 2 : 행위·상황)
　　　☞ 1이 2 중이다
　　예) a. Mi padre está de viaje.
　　　　☞ 우리 아버지는 여행 중이시다.
　　　　b. Mi jefe está de vacaciones.
　　　　☞ 우리 사장은 휴가 중이다.
　　　　c. Estoy en paro.
　　　　☞ 나는 실직 중이다.

(42) 1 estar de 2 (1 : 사람, 2 : 직업)
　　　☞ 1이 2이다
　　예) a. Ahora está de párroco.
　　　　☞ 그는 신부이다.
　　　　b. Estuvo de maestro en un pueblo.
　　　　☞ 그는 어느 마을에서 선생이었다.

(43) 1 estar a 2 (1 : 사물, 2 : 값)

    ☞ 1이 2이다

    예) El jamón está a cinco mil pesetas.

       ☞ 햄은 5천 페세타이다.

(44) 1 estar a 2 (1 : 사람·장소, 2 : 온도)

    〔※3인칭 단수형 주어는 날씨를 나타냄〕

       ☞ 1이 (1′가) 2이다 (1′ : 온도·기온·체온)

    예) Estaba a cero grados.

       ☞ 기온이 0도였다. 〔※주어가 해석되지 않는 경우가 많음〕

(45) 1 estar en/sobre/con 2 (1 : 사람, 2 : 사람·사물)

    ☞ 1이 2를 보다 (1 : 무정)

      1이 2를 돌보다 (2 : 유정)

    예) a. Ahora estamos en ese problema.

       ☞ 지금 우리는 그 문제를 보고 있다.

      b. Hay que estar mucho sobre él para que apruebe.

       ☞ 그가 시험에 합격하도록 하기 위해서는 그를 잘 돌봐야 한다.

(46) 1 estar sobre 2 (1 : 사람, 2 : 일·직책…)

    ☞ 1이 2를 맡고 있다

    예) Estamos sobre el proyecto.

       ☞ 우리는 그 프로젝트를 맡고 있다.

(47) 1 estar para 2 (1 : 사람, 2 : 추상)

    ☞ 1이 2에 대해 준비가 되어 있다

      1이 2할 상태/기분이다

    예) a. Notamos que no estaban para bromas.

       ☞ 우리는 그들이 농담할 기분이 아니라는 것을 눈치 챘다.

(48) 1 estar por 2 (1 : 사람, 2 : 추상)

    ☞ 1이 2를 추종하다

    예) Tú siempre has estado por la libertad de expresión.

      ☞ 너는 항상 표현의 자유를 추종하였다.

  'estar'는 동사의 현재분사와 함께 '~고 있다'는 진행형을 나타내기도 하며, 동사의 과거분사와 함께 '~로 되어 있다'처럼 결과 수동태를 나타내기도 한다.

  (49) estar 과거분사
      ☞ ~되어 있다
      예) El coloquio estuvo coordinado por la responsable de cultura.
        ☞ 토론은 문화 담당에 의해 주선되어 있었다.

  (50) estar 현재분사
      ☞ ~고 있다
      예) Estuvo cantando toda la mañana.
        ☞ 그는 아침 내내 노래하고 있었다.

15) estudiar

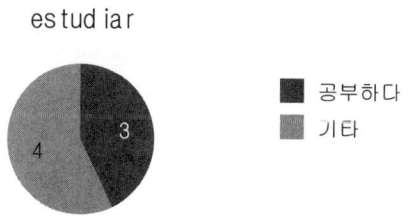

  스페인어 'estudiar'의 대표 의미는 한국어 '공부하다'에 대응된다. '1 estudiar 2'는 1이 사람명사, 2는 '과목, 학문, 기술' 등일 때 '1이 2를 공부하다'에 대응될 수 있다. 'estudiar'의 목적어가 어떤 종류의 명사인가에 따라 '공부하듯이 자세히 관찰하다'나 '깊이 생각하다'와 같은 다양한 의미를 가진다. 2에 따른 각각의 한국어 대응형은 다음과 같다.

(51) 1 estudiar 2
　　　1 estudiar 의문사 절 (1 : 사람, 2 : 일·계획·사건…)
　　　　　☞ 1이 2를 심사숙고하다
　　　　　　1이 ~을지 심사숙고하다
　　　　예) a. La dirección estudió el proyecto presentado.
　　　　　　　☞ 지도부는 제시된 계획서를 심사숙고했다.
　　　　　　b. Están estudiando qué medidas van a tomar.
　　　　　　　☞ 그들은 어떤 조처를 취할지 심사숙고하고 있다.

(52) 1 estudiar 2 (1 : 사람, 2 : 구체)
　　　　　☞ 1이 2를 관찰하다
　　　　예) a. Estudié atentamente su aspecto.
　　　　　　　☞ 나는 그의 외모를 주의깊게 관찰했다.
　　　　　　b. Estudiaba sus movimientos para encontrar alguna
　　　　　　　pista.
　　　　　　　☞ 힌트을 찾기 위해 그의 움직임을 관찰했다.

(53) 1 estudiar 2 (1 : 사람, 2 : 원고·대본…)
　　　　　☞ 1이 2를 읽다
　　　　예) a. El autor estudia su manuscrito.
　　　　　　　☞ 작가는 그의 원고를 읽는다.
　　　　　　b. Los autores tienen que estudiar los guiones.
　　　　　　　☞ 작가들은 대본을 읽어야 한다.

'estudiar'는 과목이나 전공을 나타내는 목적어와 장소의 전치사구와 함께 '1 estudiar 2 en 3'형으로 나타날 수 있다. 이 때 스페인어에서 2는 수의 논항이나 3은 필수 논항이다. 이 구문은 한국어의 '1이 2를 (3에서) 공부하다'에 대응되는데, 한국어에서는 2는 필수 논항, 3은 수의 논항이다.

(54) 1 estudiar (2) en 3 (1 : 사람, 2 : 과목·전공⋯, 3 : 교육기관)
　　　　☞ 1이 (3에서) 2를 공부하다
　　예) a. Estudia filología inglesa en la Universiad de Seúl.
　　　　　☞ 그는 서울대에서 영어영문학을 공부한다.
　　　　b. Estudiaba en un instituto público.
　　　　　☞ 그는 공립 학원에서 공부했다.

　'1 estudiar con 2'에서 1, 2가 모두 사람인 경우 한국어 '1이 2와 공부하다'로 대응되는데, 2가 교수나 스승인 경우 '1이 2의 밑에서 공부하다'로 대응될 수 있다.

(55) 1 estudiar con 2 (1 : 사람, 2 : 교수·선생⋯.)
　　　　☞ 1이 2의 밑에서 공부하다
　　　　　1이 2와 공부하다
　　예) a. Estudió con Unamuno.
　　　　　☞ 그는 우나무노의 밑에서 공부했다.

　또한 'estudiar'는 '1 [2 : 여격clitic] estudiar 3'으로 나타나 '1이 2에게 3을 공부하도록 하다'는 사역의 뜻을 가지는데 이때 강제적 의미는 전혀 없으므로 '공부를 시키다'가 아닌 '1이 2가 3을 공부하도록 돕다'로 번역하는 것이 좋다.

(56) 1 [2 : 여격clitic] estudiar 3 (a 2)
　　　(1·2 : 사람, 3 : 과목·학문·기술⋯.)
　　　　☞ 1이 2가 3을 공부하는 것을 돕다/도와주다
　　예) a. Mi hermano me estudiaba las matemáticas.
　　　　　☞ 우리 형이 내가 수학 공부하는 것을 도와주었다.
　　　　b. Mi profesor de clase de recuperaciones me
　　　　　estudiaba la química.
　　　　　☞ 재수 학원 선생님은 내가 화학 공부하는 것을 도와주었다.

16) gustar

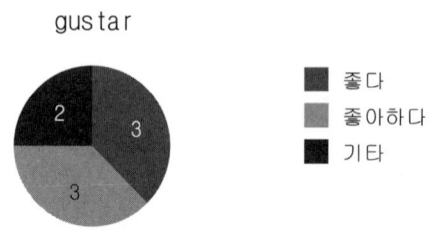

스페인어 'gustar'는 총 8개 의미 항목 중 6개 항목이 한국어 '좋다/좋아하다'에 대응된다. 그러나 두 언어는 격틀에서 차이를 보인다. 스페인어의 격틀은 '(a 2) [2 : 여격clitic] gustar 1/동사원형'으로 좋아하는 사람이 여격clitic으로, 좋아하는 대상이 후치 주어로 나타난다. 반면에, 한국어는 '2는 1을 좋아한다/2는 1이 좋다'와 같이 좋아하는 사람이 주어, 좋아하는 대상이 목적어나 또 다른 주어로 나타날 수 있다. 스페인어에서 경험주인 2는 여격clitic과 함께 'a 2'로 중복되어 나타날 수도 있는데 이때 한국어 대응형에서 주어는 격조사 '~이/가' 대신 '~은/는'과 결합힌다.

(57) (a 2) [2 : 여격clitic] gustar 1
　　　☞ 2는 1을 좋아한다/2는 1이 좋다
　　(a 2) [2 : 여격clitic] gustar 동사원형
　　　☞ 2는 ~는 것을 좋아한다/2는 ~는 것이 좋다
　　(a 2) [2 : 여격clitic] gustar que 접속법절
　　　☞ 2는 ~아서 좋다
　　예) a. A mí me gusta la playa.
　　　　　☞ 나는 바닷가가 좋다.
　　　　b. A Juan le gusta divertirse.
　　　　　☞ 후안은 노는 것을 좋아한다.
　　　　c. Me gusta que estés contenta.

☞ 네가 만족해서 나는 좋다.

또한 'gustar'는 드물게 좋아하는 사람을 주어로 하여 '1 gustar de 2/동사원형'(1이 2를 좋아하다)으로 쓰이는데, 이 경우 좀더 적극적으로 좋아한다는 의미가 있다.

(58) 1 gustar de 2 (1 : 사람, 2 : 명사·동사원형)

　　　☞ 1은 2를 좋아하다.

　　예) a. Tu vecino gusta muy poco de bromas.

　　　　　☞ 네 이웃 사람은 농담을 별로 좋아하지 않는다.

　　　　b. Nunca ha gustado de vivir en pueblos pequeños.

　　　　　☞ 그는 작은 마을에 사는 것을 좋아한 적이 없다.

　　　　c. No es que Ramón no gustase a las mozas del pueblo.

　　　　　☞ 라몬이 마을 아가씨들을 좋아하지 않는 것은 아니었다.

(59) 1' gustarse (1' : 사람 복수형)

　　　☞ 1은 서로 좋아하다

　　예) a. Esos dos se gustan.

　　　　　☞ 저 두 사람은 서로 좋아해.

　　　　b. Los novios se gustaban bastante.

　　　　　☞ 신랑 신부는 서로 무척 좋아했다.

'gustar'는 타동사로 쓰여 일반적 행위를 나타내기도 하는데, '1 gustar 2 (1 : 사람, 2 : 음식물)'은 '1이 2를 맛보다'에 대응된다. 목적어 2에 경험을 나타내는 추상명사가 오면 '1이 2를 겪다/경험하다'로 대응된다.

(60) 1 gustar 2 (1 : 사람, 2 : 음식)

　　　☞ 1이 2의 맛을 보다

　　예) a. Gustó el vino y le pareció excelente.

　　　　　☞ 그가 포도주의 맛을 보았는데 맛이 아주 좋은 것 같았다.

　　　　b. Gusté una pizca para ver si estaba en su punto.

       ☞ 나는 수확할 때가 되었는지 보기 위해 옥수수의 맛을 보
       았다.

(61) 1 gustar 2 (1 : 사람, 2 : 추상명사 : 삶·고생·감정….)

       ☞ 1이 2를 겪다

    예) a. Gustó la buena vida y no quería volver a vivir como
       antes.

       ☞ 그는 좋은 삶을 겪어 보았기 때문에 전처럼 다시 살고
       싶어하지 않았다.

17) haber

haber

■ 있다

4

   스페인어 'haber'는 존재를 의미하며 항상 한국어 '있다'에 대응된다.
'haber'는 현재 시제일 때 주어와 무관하게 항상 'hay'형이 쓰이며, 과
거에서는 'había'나 'hubo'가 쓰이는데, 'haber 1'에서 1이 '사고'와 같
은 사건 명사일 때 '1이 있었다' 이외에도 '1이 생기다'로도 대응된다.

   (62) haber 1 (1 : 사건·일)

       ☞ 1이 생기다/있다

    예) a. Hubo un accidente.

       ☞ 사고가 있었다/생겼다.

      b. Ha habido muchos problemas.

       ☞ 많은 문제가 있었다/생겼다.

18) hablar

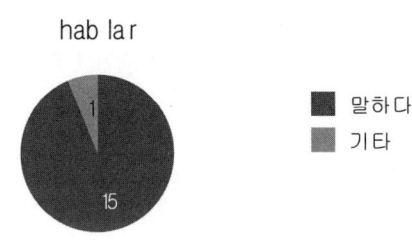

hab la r

■ 말하다
■ 기타

스페인어 'hablar'는 위의 그림에서 보듯이 15개 항목이 한국어 '말하다'에 대응된다.

스페인어 'hablar'는 자동사로 '1 hablar'나 전치사구를 동반한 '1 hablar 전치사 2' 형태로 쓰인다. 이때 2는 이야기의 주제나('de 2') 의사소통의 수단('por/con 2'), 말을 전하는 상대('a 2') 등 다양한 의미 유형으로 나타난다.

(63) 1 hablar de 2 (1 : 사람)
　　　☞ 1이 2에 대해 말하다.
　　1 〔2 : 여격clitic〕 hablar de 3 (a 2) (1·2 : 사람)
　　　☞ 1이 2에게 3에 대해 말하다.
　　예) a. Los autores no hablan de este asunto.
　　　　☞ 작가들은 이 일에 대해 말하지 않는다.
　　　　b. En ese capítulo habla de la caída del Imperio Romano.
　　　　☞ 이 장에서는 로마제국의 멸망에 대해 말한다.
　　　　c. Nos habló de Luis y su empresa.
　　　　☞ 그는 우리에게 루이스와 그 회사에 대해 말하였다.

(64) a. 1 hablar por/con 2 (1 : 사람, 2 : 신호·신체….)
　　　☞ 1이 2로 말하다.
　　예) Hablaban por señas.

☞ 그들은 신호로 말했다.

  b. 1′ hablar(se) (1′ : 사람 복수형)

      ☞ 1이 (서로) 말하다.

    예) Ana y Luis se pasan la tarde hablando.

        ☞ 아나와 루이스는 말하면서 오후를 보낸다.

  c. 1 hablar con 2 (1·2 : 사람)

      ☞ 1이 2와 말하다.

    예) Susana hablaba con un grupo de amigos.

        ☞ 수사나는 여러 친구들과 말했다.

또한 'hablar'는 사람을 어떤 취급을 하다의 의미로도 쓰이는데, '1 〔2 : 여격clitic〕 hablar de 3 (a 2)'에서 3이 '당신'('usted'), '너'('tú')일 때 한국어 '1이 2에게 존댓말/반말(을) 하다'로 각각 대응될 수 있다.

  (65) a. No me <u>hable de usted</u>.

      ☞ 나에게 존댓말 하지 말아요.

    b. Mi profesor me <u>habla de tú</u>.

      ☞ 나의 선생은 나에게 반말을 한다.

타동사로서 'hablar'는 목적어로 '영어, 중국어'와 같은 언어 명사를 취하며, 이런 문장은 한국어에서 '말하다'가 아닌 '1이 2를 하다'로 대응된다.

  (66) a. Pedro habla muy bien el español.

      ☞ 페드로는 스페인어를 아주 잘 한다.

    b. No he podido aprender a hablar en chino.

      ☞ 나는 중국어 하는 것을 배우지 못하였다.

19) hacer

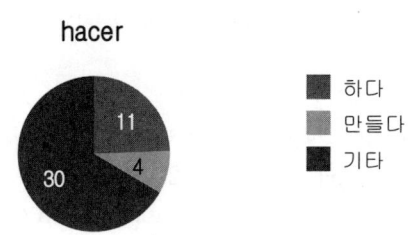

hacer

■ 하다
■ 만들다
■ 기타

30 11 4

　스페인어 'hacer'는 영어의 'do'와 'make'에 해당하는 동사로 생산, 행위, 사역, 완성 등 다양한 의미를 가진다. 총 45개 의미 항목을 가지며 그중 11개 항목은 '하다'로, 4개 항목은 '만들다'로 대응된다.

　'hacer'가 자동사이거나 타동사로 목적어가 '일·작업·몸짓·운동·연극·영화·용변' 등과 같은 행위를 나타내는 명사나 '술·담배·식사'와 같은 명사일 때 한국어 대응형은 기능동사 '하다'이다. 특히 'hacer'는 대동사로 앞에서 지시한 내용 전체를 받는 경우도 있는데, 이때는 '1이 그렇게 하다'로 대응된다. 다음은 스페인어 'hacer'가 한국어 '하다'로 대응되는 예이다.

(67) 1 hacer 2　(1 : 사람, 2 : 행위성 명사)
　　　☞ 1이 2를 하다
　　예) a. Inés hizo un gesto de aprobación cuando vió la tarta.
　　　　　☞ 이네스는 케이크를 보고 이제 됐다는 몸짓을 했다.
　　　　b. Cristina hace gimnasia rítmica.
　　　　　☞ 크리스티나는 리듬체조를 한다

(68) 1 hacer (2)　(1 : 사람)　〔※ 'bien', 'mal'과 같이 사용될 경우 많음.〕
　　　☞ 1이 (2를) 하다
　　예) Hace lo que quiere.
　　　　☞ 그는 자기가 하고 싶은 대로 한다.

(69) 1 hacer 2 (1 : 사람, 2 : 학업·과목)

     ☞ 1이 2를 하다 .

    예) Quiero hacer el posgrado/doctorado.

      ☞ 나는 대학원/박사과정을 하고 싶다.

(70) 1 hacer (de) 2

    (1 : 사람, 2 : '영화(película)'·'연극(teatro)'·'역할(papel)'….)

      ☞ 1이 2를 하다/1이 2′를 하다 (2′ : ~역)

    예) La última película que hizo Clara es muy buena.

      ☞ 클라라가 최근에 한 영화는 아주 좋다.

(71) 1 hacer 2 (1 : 사람, 2 : 술·담배)

     ☞ 1이 2 하다

    예) ¿Hacen unas cañitas?

      ☞ 당신들 맥주 할래요?

(72) 1 hacer 2 (1 : 사람, 2 : 요리·음식)

     ☞ 1이 2를 하다

    예) Están haciendo la comida.

      ☞ 그들은 요리를 하고 있다.

(73) 1 hacer de 2 (1 : 사람, 2 : 직업·직책)

     ☞ 1이 2를 하다

    예) Hace de maestro en un colegio.

      ☞ 그는 어느 학교에서 선생을 한다.

'1 hacer 2 (de 3)'에서 2가 구체명사일 때 '1이 (3으로) 2를 만들다'에 대응된다. 이처럼 'hacer'가 '없던 것을 만들어 내다'를 의미하는 경우에 목적어 2의 특성에 따라 한국어에서는 각각 다양한 동사가 쓰이기도 한다. (76)~(84)는 목적어 2의 의미 특성에 따른 다양한 한국어 대응형의 예를 보여준다.

(74) 1 hacer 2 (de 3) (1 : 사람, 2 : 사물, 3 : 재료)

    ☞ 1이 2를 (3으로) 만들다

    예) a. En esta fábrica hacen televisores.

        ☞ 이 공장에서는 텔레비전을 만든다.

      b. Hace un mueble de nogal.

        ☞ 그는 호두나무로 가구를 만든다.

(75) 1 hacer 2 (1 : 사람·신, 2 : 창조물 : '세상'·'사람'·'천지만물'….)

    ☞ 1이 2를 만들다

    예) a. Todas las religiones dan una respuesta a la pregunta

        de quién hizo el mundo.

        ☞ 모든 종교에서는 누가 이 세상을 만들었는가 하는 질문

        에 대한 답을 한다.

(76) 1 hacer 2 (1 : 사람, 2 : 문예작품)

    ☞ 1이 2를 짓다

    예) a. El poeta hace versos.

        ☞ 그 시인이 시를 짓는다.

      b. Shakespeare hizo algunas obras de teatro.

        ☞ 셰익스피어는 여러 연극 작품을 지었다.

(77) 1 hacer 2 (1 : 사람, 2 : 신체일부)

    ☞ 1이 2를 만들다/키우다

    예) Hace gimnasia para hacer músculos.

        ☞ 그는 근육을 만들기/키우기 위해 운동을 한다.

(78) 1 hacer 2 (1 : 사람, 2 : 구체)

    ☞ 1이 2를 싸다 (2 : 짐· 가방)

      1이 2를 정리하다 (2 : 집·집의 일부)

      1이 2를 하다 (2 : 머리·손톱·음식류)

    예) a. Yo hago las camas y tú el salón.

        ☞ 내가 침대를 정리할테니 너는 거실을 정리해라.

      b. Tengo que hacer las maletas para el viaje.

        ☞ 나는 여행을 위해 가방을 싸야해.

        c. Juan siempre hace el equipaje para su familia.

           ☞ 후안은 항상 가족을 위해 짐을 싼다.

        d. Hizo una ensalada en un momento.

           ☞ 그는 금방 샐러드를 했다.

(79) 1 hacer 2 (1 : 사람, 2 : 길·거리)

        ☞ 1이 2를 뛰다/가다

    예) a. Hacía cada día cincuenta kilómetros para ir al trabajo.

           ☞ 그는 직장에 가기 위해 매일 50킬로를 뛰었다.

        b. Hice dos veces el camino cada mañana.

           ☞ 매일 아침 그 길을 두 번씩 갔다.

(80) 1 hacer 2 (1 : 교통수단, 2 : 속도)

        ☞ 1이 2를 내다

    예) a. Esta moto hace una media de 120 kilómetros por hora.

           ☞ 이 오토바이는 평균 시속 120킬로를 낸다.

(81) 1 hacer 2 (1 : 사람, 2 : 음식류)

        ☞ 1이 2를 익히다

    예) a. ¿Puedes hacer un poco más la carne?

           ☞ 고기를 조금만 더 익혀 줄 수 있니?

(82) 1 hacer 2 (1 : 유정물, 2 : 소리·동물)

        ☞ 1이 2라고 하다 (2 : 동물의 소리)

          1이 2 소리를 내다 (2 : 동물)

    예) a. La vaca hace ≪muuuu≫.

           ☞ 소는 "음메" 한다.

        b. Puedo hacer el perro.

           ☞ 나는 개 소리를 낼 수 있다.

(83) 1 hacer 2

     (1 : 사람, 2 : 용변 ; 소변('pipi'·'pis')·대변 ('caca'·'pum'·'popo'…))

          [※어린아이의 언어에서 사용]

        ☞ 1이 2를 하다 (2 : 쉬·응가·끙가)

　　　　1이 2를 보다 (2 : 소변·대변)

　　예) a. El niño aún no ha hecho pipí, pero ya ha hecho caca.
　　　　　☞ 아이가 쉬는 했는데 끙가는 안 했어./소변은 보았는데
　　　　　　대변은 안봤어.

　(84) 1 hacer 2 (1 : 사람, 2 : 재산·돈)
　　　　　☞ 1이 2를 벌다/모으다
　　　　예) a. Su abuelo hizo una fortuna en América.
　　　　　　☞ 그의 할아버지는 아메리카에서 상당한 재산을 모았다.

　　'hacer'는 사역의 의미를 나타내기도 하는데, 가장 전형적인 용법은
'1 [2 : 여격clitic] hacer 동사원형 (a 2)' 혹은 '1 hacer que 접속법
절'로 이때 주어와 목적어 모두 사람명사가 온다. 이 구문은 한국어에서
'1이 2를 ~게 하다'나 '1이 ~게 하다' 문형으로 대응된다. 또한 '1 [2
: 여격clitic] hacer 3 (a 2) (1·2 : 무정)'처럼 주어가 무정 명사일 때
한국어에서는 무정물 사역주가 주어인 '1이 2가 3이 생기게 하다'로 대
응될 수도 있으나, 이런 표현은 부자연스러우므로 주격조사 '~이/가'
대신 원인격 '~로/ 때문에'를 사용하여 '1로/때문에 2가 3이 생기다'로
대응시키는 것이 더 적절하다. 이와 비슷한 "El sol ha hecho su piel
más morena.(햇빛이 그의 피부를 더 갈색으로 만들었다.)"처럼 목적어(3)
외에 목적보어(2 : 형용사/명사)가 있는 '1 hacer 2 (a) 3'구문도 '1이 3
을 2로 만들다'나 '1로/때문에 2가 3되다'로 대응된다. 또한 재귀형이
쓰인 구문 '1 hacerse 2'은 사역주 없이 피사역자의 변화만을 기술하
며, 이것은 '1이 2가/로 되다'에 대응된다. 다음은 'hacer' 동사가 사역의
의미로 쓰이는 예와 그 한국어 대응형이다.

　(85) 1 [2 : 여격clitic] hacer 3 (a 2) (1 : 사물, 2 : 사람)
　　　　　☞ 1이 (2가) 3이 생기게 하다
　　　　　　1 때문에 2가/에/에게 3이 생기다
　　　　예) a. La herida se ha infectado y ha hecho pus.
　　　　　　☞ 상처에 감염되어 그 때문에 고름이 생겼다.

(86) 1 hacer (a) 3 2 /1 hacer 2 (a) 3 (2 : 명사·형용사)

☞ 1이 3을 2로 만들다 (2 : 명사)

1이 3을 2게 만들다 (2 : 형용사)

1 hacerse 2

☞ 1이 2가/로 되다

예) a. La explosión hizo escombros la casa.

☞ 폭발은 그 집을 돌 부스러기로 만들었다.

b. Hizo a su hijo médico.

☞ 그는 아들을 의사로 만들었다.

c. Se hizo pastor.

☞ 그는 목사가 되었다.

(87) 1 [2 : 여격clitic] hacer a 3 (a 2) (1 : 무정, 2 : 유정, 3 : 추상)

☞ 1이 2를/가 3에 적응/익숙하게 하다

1 hacerse a 2 (1 : 사람, 2 : 추상·동사원형)

☞ 1이 2에 적응/익숙하다 (2 : 추상)

1이 ~는 데 적응/익숙하다 (2 : 동사원형)

예) a. El desierto me hizo a la sed.

☞ 사막은 나를 갈증에 익숙하게 하였다.

b. Diego se hizo al frío.

☞ 디에고는 추위에 익숙하다.

(88) 1 hacer 형용사 a 2 (1 : 무정, 2 : 사람)

☞ 1이 2를 ~아/어 보이게 하다

예) a. Este traje te hace gordo.

☞ 이 옷은 너를 뚱뚱해 보이게 한다.

(89) 1 [2 : 여격clitic] hacer 3 (a 2)

1 hacer que 접속법 절 (1 : 사람, 2 : 유정, 3 : 동사원형)

☞ 1이 2를 ~게 하다 (3 : 자동사)

1이 2가/에게 ~게 하다 (3 : 타동사)

1이 2′게 하다 (2′ : 절)

예) a. Hágale pasar.

☞ 그를 들어오게 하시오.

b. Le hicieron verlo.
　☞ 그들은 그가/에게 그것을 보게 했다.
c. Siento mucho haberle hecho esperar.
　☞ 당신을 기다리게 해서 미안합니다.

'hacer'는 주어 없이 'Hacer 1 que 절 (1 : 기간)'로 시간을 나타내는데, 한국어로는 '~는 지 1 되다'로 대응된다. 'hacer'는 '추위·더위·바람·안개 등'과 같은 명사를 논항으로 취하여 날씨를 나타내는데, 격틀에서 한국어와 대조된다. 한국어는 '날씨'를 주어로 하고 서술어는 형용사를 써서 날씨를 표현하는데, 따라서 "Hace mucho calor."는 "날씨가 매우 덥다."로 대응된다. 스페인어 'hacer 1'에서 명사 1을 수식하는 형용사는 한국어에서 부사로 대응된다.

(90) hacer 1 que 절 (1 : 기간) 〔※ 문법적 주어는 존재하지 않음.〕
　☞ ~ㄴ 지 1이 되다
　예) a. Hacía mucho que no lo veía.
　　☞ 내가 그를 못 본 지 오랜 시간이 되었다.

(91) Hacer 1 (1 : 날씨를 나타내는 명사구 : 'buen día'·'buen tiempo'·'calor'·
'frío'·'fresco'·'niebla'·'sol'·'viento'….)
　〔※ 문법적 주어는 존재하지 않음〕
　☞ 날씨가 1'. (1': 1과 관련된 형용사)
　예) a. Aún hace mucho frío.
　　☞ 아직 날씨가 무척 춥다.
　b. Mañana hará buen día.
　　☞ 내일은 날씨가 좋을 것이다.

'1 hacer 2'에서 2의 특성에 따라 각각 다른 동사로 대응된다. 2가 순서인 경우에는 '1이 2에 있다'로, '나이'이면, '1이 2가 되다'로, 수량이면 '1의 용량이 2이다'로 대응되며, 거리이면 '1이 2를 가다/뛰다'로 대응되고, 속도의 경우 '1이 2를 내다'로 대응된다. 또한 무엇을 완성하거나 채우다 혹은 차지하다의 의미도 가지는데, "Nueve y cuatro hacen trece.(9와 4를 합하면 13이다.)"처럼 hacer 동사가 '더하다/합하다'의 의미로 쓰임을 볼 수 있다. 이와 유사하게 'hacer'의 목적어가 고기와 같이 익혀 먹는 음식류일 때 한국어는 '1이 2를 익히다'로 되는데, 이때에도 hacer 동사에는 완성의 의미가 있음을 알 수 있다.

20) ir

ir

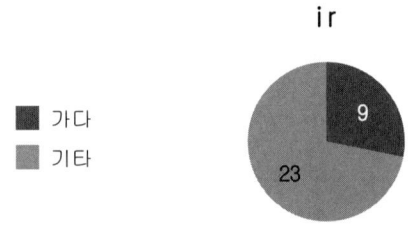

■ 가다
■ 기타

스페인어 'ir'는 총 32개 의미 항목 중에서 9개 항목이 한국어 '가다'에 대응된다. 이때 주어가 유정물이나 교통수단이면 'ir'는 주어의 이동을 의미하는데 한국어 대응 격틀을 보이면 아래와 같다.

(92) 1 ir(se) (de 3) a 2
　　☞ 1이 (3에서) 2로/에 가다
　　1 ir(se)
　　　☞ 1이 가다 (1 : 유정·교통수단, 2·3 : 장소)
　　1 ir para 2
　　　☞ 1이 2로 가다

'1 ir a 2'에서 2는 이동의 착점이 되며 방향을 나타낼 경우는 전치사 'a'대신에 'para'가 쓰인다. 한국어 대응형은 '1이 2로 가다'만이 가능하다.

'1 ir a 2'에서 2가 '학교·교회·직장'처럼 '일정하게 한 장소로 움직이다'의 한국어 대응형은 '1이 2에/를 가다'가 된다.

> (93) Todas las mañanas va al colegio.
> ☞ 그는 매일 아침 학교에 간다.

주어가 '길'과 같이 스스로 이동할 수 없는 명사일 경우에도 스페인어 'ir'와 한국어 '가다'가 대응된다.

> (94) 1 ir a 2 (1 : 길·공간, 2 : 장소)
> ☞ 1이 2로 가다
> 1이 2로 이어지다
> 1로 가면 2이다
> 1 ir de 2 a 3
> 1 ir desde 2 hasta 3
> ☞ 1이 2에서 3으로 가다/이어지다
> 예) a. Esta carretera va a Buenos Aires.
> ☞ 이 길은 부에노스아이레스로 간다./이 길로 가면 부에노스아이레스다.
> b. Esta costa va desde mi pueblo hasta el tuyo.
> ☞ 이 해변은 우리 마을에서 너희마을로 이어진다.

또한 'ir'나 재귀형 'irse'는 주어의 추상적 상태 변화를 나타내기도 하는데, 이때 한국어 대응형은 '가다'가 아닌 '이르다'가 된다.

> (95) 1 ir(se)a 2 (1 : 사건·일, 2 : 상태)
> ☞ 1이 2에 이르다
> 예) El negocio se fue a la quiebra por tu falta de discreción.
> ☞ 너의 경솔함때문에 그 사업이 파산에 이르렀다.

'1 ir a 2'에서 2는 명사가 아닌 'extremo'·'mejor'·'peor'와 같은 형용사도 올 수 있는데, 이때 한국어 대응형은 '1이 2쪽으로 가다', '1

이 '2로 치닫다'가 된다.

> (96) a. La empresa va a mejor/peor.
> ☞ 회사는 더 좋은/나쁜 쪽으로 갔다.
> b. La situación fue al extremo.
> ☞ 상황은 극단으로 치달았다.

또한 'ir'는 전치사구나 부사와 함께 '상태나 진행'을 나타내기도 하는데, 이 경우에도 논항의 특성에 따라 한국어 대응형이 달라진다. (97)~(102)는 그 예이다.

> (97) de 2 a 3 ir 1
> ☞ 2와 3은 1차이가 난다.
> Del 3 al 7 van 4.
> ☞ 3과 7은 4 차이가 난다.

> (98) 1 ir 부사어 (1 : 사건·상황)
> ☞ 1이 ~게 진행되다
> 예) Sus amenazas iban en serio.
> ☞ 그의 협박은 심각하게 진행되었다.

> (99) 1 ir con/de 2 (1 : 사람, 2 : 의복)
> ☞ 1이 2를 입다
> 예) a. Juan va de gala.
> ☞ 그는 좋은 옷을 입었다.
> b. Siempre va con falda.
> ☞ 그녀는 항상 치마를 입는다.

> (100) 1 ir con/en 2 (1·2 : 무정)
> ☞ 1은 2와 관련되다
> 예) Este sobre va con esta carta, no te confundas.
> ☞ 이 봉투는 이 편지와 관련되니 혼동하지마.

(101) 1 〔2 : 여격clitic〕 ir (a 2) (1·2 : 구체)

　　　　☞ 1이 2에/에게 어울리다

　　　예) Este color no te va.

　　　　☞ 그 색은 너에게 안 어울려.

(102) 1 ir 부사 (1 : 기계류)

　　　　☞ 1이 ~가다

　　　예) El reloj va muy bien.

　　　　☞ 그 시계는 잘 간다

　'ir'동사의 재귀형인 'irse'은 주어의 '위치 변화'나 '상태 변화'를 나타
낸다. 재귀형은 전치사구와 함께 주어의 위치 변화(이동)를 의미하며,
주어 논항만 있는 '1 irse'형은 상태 변화의 의미가 두드러진다. 한국어
대응형은 주어나 전치사의 목적어로 쓰이는 명사의 특성에 따라 다양하
게 나타난다.

(103) 1 irse (de 2) (1 : 사람, 2 : 장소)

　　　　☞ 1이 2에서 나가다/1이 가버리다

　　　예) a. Se fue de casa.

　　　　☞ 그는 집에서 나갔다.

　　　　　b. Juan se fue.

　　　　☞ 후안이 가버렸다.

(104) 1 irse de 2 (1 : 사람, 2 : 추상 : 직업·일…)

　　　　☞ 1이 2를 그만두다

　　　예) Me fui de aquel trabajo porque no lo aguantaba más.

　　　　☞ 나는 그 직장을 더 이상 견디지 못하여 그만두었다.

(105) 1 irse de 2 (1 : 액체·기체, 2 : 용기)

　　　　☞ 1이 2에서 새다

　　　예) El agua se va de la pila.

　　　　☞ 건전지에서 물이 새었다.

(106) 1 irse (1 : 무정)

　　　☞ 1이 없어지다

　　예) El dinero se va rápidamente.

　　　　☞ 돈은 금방 없어진다.

(107) 1 irse (1 : 얼룩·때·표시…)

　　　☞ 1이 지워지다

　　예) No se va la mancha de grasa.

　　　　☞ 기름 얼룩은 지워지지 않는다.

또한 '1 irse'(1 : 사람명사)는 은유적으로 '죽다'를 나타낼 수 있는데, 이것은 한국어 '가다'에 대응된다. 이 때 '가다' 역시 은유적으로 해석된다.

(108) 1 irse (1 : 사람)

　　　☞ 1이 가다

　　예) Se ha ido, pero lo recordaremos siempre.

　　　　☞ 그는 갔으나 그를 영원히 기억할 것이다.

21) jugar

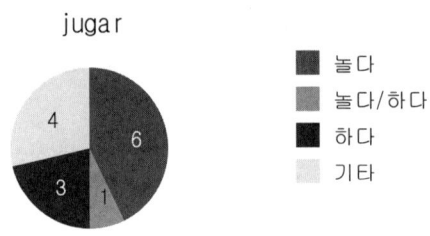

스페인어 'jugar'는 총 14개 의미 항목 중에서 10개 항목이 한국어 '놀다'나 '하다'에 대응된다. '1 jugar'인 자동사는 한국어 '1이 놀다'에

대응되고 타동사 '1 jugar (a) 2'는 목적어로 놀이의 종류나 운동경기의 종류이면 '1이 2하며 놀다(2 : 놀이)', 또는 '1이 2하다(2 : 경기)'에 대응된다. 또한 'jugar'는 '1 jugar con 2'로도 쓰일 수 있는데, 2가 무정물이면 '1이 2로/를 가지고 놀다'로, 2가 사람인 경우에는 남을 얕잡아보거나 희롱하다는 뜻인 '1이 2를 데리고/가지고 놀다'에 대응된다.

그밖에도 'jugar'는 모험을 하거나 마음대로 하는 것, 혹은 무엇을 좌우한다는 뜻이 있는데, "Se ha jugado el sueldo de dos meses.(그는 두 달 치 월급을 걸었다.)"나 "Se ha jugado la vida.(그는 목숨을 걸었다.)"에서처럼 '1 jugar(se) 2 (en 3)' 문형으로 쓰이고, 한국어 대응형은 '1이 (3에) 2를 걸다'가 된다.

22) leer

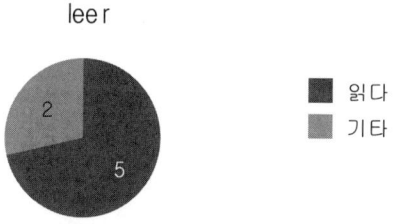

leer

■ 읽다
■ 기타

'1 leer 2'는 글로 된 것을 눈으로 확인하거나 소리내어 읽는다는 의미로 한국어 '1이 2를 읽다'에 대응된다. 'leer'는 목적어가 생략된 '1 leer' 형태로도 쓰이는데, 한국어는 반드시 목적어가 있어야 하므로 항상 '1이 2를 읽다'로 대응된다. 문맥에 따라 다르나 보통 '1 leer'는 '1이 책을 읽다'로 번역된다. 또한 'leer'는 글로 되어 있지 않은 것(시계·손금 등)을 이해하다는 의미로도 쓰이는데, 이때는 한국어는 '1이 2를 보다'가 자연스런 대응형이 된다.

(109) 1 leer 2 (1 : 사람, 2 : 암호 · 부호…)

    ☞ 1이 2를 보다

  예) a. Los adivinos leen la palma de la mano.

      ☞ 점쟁이들은 손금을 본다.

    b. El niño ya sabe leer la hora.

      ☞ 그 아이는 이미 시계를 볼 줄 안다.

또한 '1 leer 2'에서 2가 마음, 생각, 의도와 같은 추상명사이거나 절일 때 '1이 2를 읽다' 혹은 '알다'로 대응된다.

(110) 1 leer 2

    ☞ 1이 2를 읽다/알다

  1 leer que 절 (1 : 사람, 2 : 추상 ; 마음 · 생각 · 의도…)

    ☞ 1이 ~는 것을 읽다/알다

  예) a. Leyó el pensamiento de su marido.

      ☞ 그는 남편의 생각을 읽었다.

    b. Parece que lees lo que pienso.

      ☞ 너는 내가 생각하는 것을 읽는 것 같다.

또한, 스페인에서는 지도교수가 논문의 내용이 완성되었다고 인정한 후, 논문을 인쇄, 제본하여 심사위원들에게 논문을 제출하고 일정 기간이 지난 후 심사위원들 앞에서 최종적으로 논문의 내용에 대해 발표하고 질문과 평가를 받는 형식적 절차를 거치는데 이를 '논문을 읽는다'로 표현한다. 졸업식이 따로 없는 스페인에서는 이날이 정식으로 학위를 받는 날이며, 따라서 스페인어로 '논문을 읽다'는 논문의 최종 심사를 받고 박사 학위를 받는 것을 뜻한다.

23) llamar

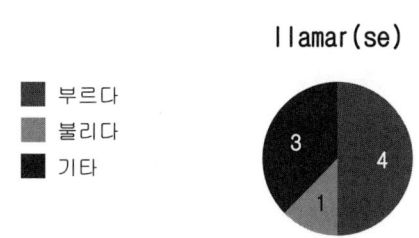

llamar(se)

■ 부르다
■ 불리다
■ 기타

스페인어 'llamar'는 총 8개 의미 항목 중 5개 항목이 한국어 '부르다' 혹은 '불리다'에 대응된다. '1 llamar 2'는 한국어 '1이 2를 부르다'에 대응된다. 이때 주어와 목적어는 모두 사람명사이다. 또한 재귀형으로 이루어진 '1 llamarse 2'는 '1이 2라고 불리우다'라고 직역되는데, 한국어에서는 '1의 이름이 2이다'로 번역된다.

스페인어는 '전화를 거는' 상황을 'llamar' 동사로 표현하는데, '1 llamar a 2'(직. 1이 (전화로) 2를 부르다)가 된다. 한국어 대응표현은 '1이 2에게 전화하다'이다. 스페인어에서 2는 직접목적어인 반면 한국어에서는 간접목적어 '2에게'이다.

'llamar'와 '부르다'는 목적어와 목적보어를 취하는 3항 술어로도 쓰이는데, "Nadie me llama idiota.(아무도 나를 바보라고 부르지 않는다.)"에서 보듯이 스페인어 '1 llamar (a) 2 3'는 한국어 '1이 2를 3이라고 부르다'에 대응된다. 스페인어에서 '1 llamar a la puerta'는 직역하면 '1이 문에서 부르다'이고, 이것은 '1이 문을 두드리다'나 '1이 초인종을 누르다'에 해당된다.

'llamar'가 행위 동사가 아닌 심리동사로 쓰이며, '〔2 : 여격clitic〕 llamar 1'을 가진다. 이때 1은 후치주어로 무정명사가 오는데, 이 문장은 1이 2를 능동적으로 부르는 것이 아니라 2가 1의 매력에 끌린다는 수동적 의미를 나타낸다. 이때 한국어 대응 문형은 '2가 1에 끌리다'가 된

다. 따라서 "No le llaman los dulces."는 "그는 단 것에 끌리지 않는
다."로 번역된다.

24) llegar

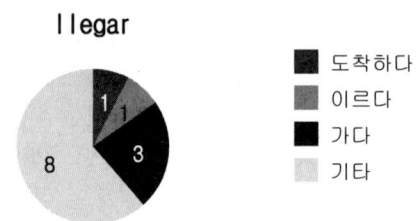

스페인어 '1 llegar a 2'는 주어가 어떤 장소에 도착하는 것을 의미
하며 총 13개 항목 중 5개 항목이 '1이 2에 도착하다/이르다/가다'에
대응된다. 2는 구체적 장소이거나 추상적 상태도 될 수 있다. 이 경우
정도, 수준을 나타내는 명사, 수량 명사 등이 2에 올 수 있다.

"Su hijo ya le llega al hombro.(ㄱ의 아들은 벌써 그의 어깨에 닿는
다.)"나 "Sus palabras me han llegado al corazón.(그의 말이 나의
마음에 닿았다.)"와 같이 2가 사람의 신체나 정신의 일부인 경우에는 소
유주 사람(3)이 여격clitic으로 명시된 '1 〔3 : 여격clitic〕llegar a 2'
로 나타나는데, 한국어에서는 '1이 3의 2에 닿다'에 대응된다.

또한 '1 llegar a 2'는 2의 특성에 따라 한국어에서 각각 다른 동사로
대응된다. 예컨대 2가 시간명사일 때는 '1이 2까지 살다'로, 2가 직업
이나 신분을 나타낼 경우에는 '1이 2가 되다'로, 2가 감정의 상태일 경
우 '1이 2를 느끼다'로 대응된다. (111)~(114)는 그 예를 보여 준다.

(111) 1 llegar a 2 (1 : 생물, 2 : 시간명사)
　　　☞ 1이 2까지 살다

예) Esta planta no llega a mañana.

☞ 이 식물은 내일 아침까지 살지 못 한다

(112) 1 llegar a 2 (1 : 사람, 2 : 직업)

☞ 1이 2가 되다

예) Le costó, pero llegó a médico.

☞ 힘들었지만, 그는 의사가 되었다.

(113) 1 llegar a 2 (1 : 사람, 2 : 추상 : 상태·기분·느낌)

☞ 1이 2를 느끼다

예) Llegó a la locura.

☞ 그는 광기를 느꼈다.

(114) 1 llegar a 2 (1 : 무정, 2 : 수량 명사)

☞ 1이 2에 이르다

예) La factura llega a cinco mil pesetas.

☞ 계산서의 합이 5000페세타에 이른다.

'llegar'는 1항 술어로 시간을 나타내는 명사나 명사절(후치 주어)과 함께 쓰인다. 이때 한국어 대응형은 '1이 되다'나 '1이 일어나다'이다.

(115) llegar 1 (1 : 시기·때·명사절) 〔※ 후치주어〕

☞ 1이 되다 (1 : 때·시기)

☞ 1이 일어나다 (1 : 명사절)

예) a. En cuanto llegue la noche, salgamos a pasear por la playa.

☞ 밤이 되면 바로 해변으로 산책 나가자.

b. No llegó lo que esperaba.

☞ 기대하던 일이 일어나지 않았다.

25) llevar

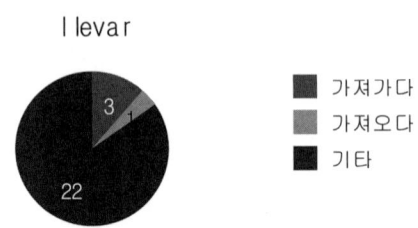

'llevar'는 총 26개 의미 항목을 가지며, 그 중 대표 의미에 해당하는 4개 항목이 한국어 '가져가다/가져오다'로 대응된다. 주로 '1 llevar 2 a 3'으로 쓰이며, 유정주어 (1)이 목적어 (2)를 3으로 움직이게 하는 것을 뜻한다. 이때 2는 위치는 화자가 있는 지점을 기준으로 본래의 자리에서 더 멀어진다. 2가 운반 가능한 사물인 경우에는 '1이 2를 3으로 가져가다'로, 2가 사람이나 교통수단처럼 스스로 움직일 수 있는 경우에는 '1이 2가 3에 이르게 하다'같은 간접사역형으로 대응된다.

또한 "El huracán llevó la destrucción a la zona.(허리케인은 그 지역에 피괴를 가져왔다.)"처럼 2가 추상명사이고 1의 결과로 3이 2가 되었다는 '1이 2에/에게 3을 가져오다'에 대응된다. 또한 착점, 즉 논항 3이 없고 목적어(사람)가 clitic으로 온 '1 [3 : 여격clitic] llevar 2'는 3이 기점이 되므로, '1이 2를 3에게서 가져가다'가 된다.

논항 3이 없는 '1 llevar 2'는 주어가 목적어 2에 물리적 혹은 추상적 움직임을 가하는 것으로 아래 예문을 보면 2의 특성에 따라 한국어 대응형은 다양한 양상을 보임을 알 수 있다.

(116) 1 llevar 2 (1 : 사람, 2 : 교통수단)
　　　☞ 1이 2를 몰다
　　예) Ella llevó el coche todo el viaje.
　　　　☞ 그녀는 여행 내내 차를 몰았다.

(117) 1 llevar 2 (1 : 사람, 2 : 사업·가게·회사…)

　　　☞ 1이 2를 운영하다

　예) Los hijos llevan la tienda.

　　　☞ 자녀들이 가게를 운영한다.

(118) 1 llevar a 2 (1·2 : 사람)

　　　☞ 1이 2를 다루다

　예) No es mal tipo, pero hay que saber llevarlo.

　　　☞ 그는 나쁜 사람은 아니지만 그를 다룰 줄 알아야 한다.

(119) 1 llevar 2 (1 : 사람, 2 : 일·병·고통…)

　　　☞ 1이 2를 견뎌내다/견디다

　예) Lleva la enfermedad con mucha paciencia.

　　　☞ 그는 인내심을 가지고 병을 견뎌내고 있다.

(120) 1 llevar 2 (현재분사) (1 : 사람, 무정, 2 : 시간, 노동)

　　　☞ 1이 (~는 데) 2가 걸리다 (2 : 시간)

　　　　1이 (~는 데) 2가 들다 (2 : 노동)

　예) a. Llevó un mes reparando la avería.

　　　　☞ 그는 그 고장을 고치는 데 한달이 걸렸다.

　　　b. Este tapiz lleva mucho trabajo.

　　　　☞ 이 융단은 많은 노동이 들었다.

(121) 1 llevar 2 현재분사/ en 3 (1 : 사람, 2 : 시간, 3 : 장소)

　　　☞ 1이 ~면서/3에서 2를 보내다

　예) Lleva tres años trabajando.

　　　☞ 그는 일하면서 3년을 보냈다.

(122) 1 llevar 2 (1 : 사람, 2 : 유동 : 리듬·흐름…)

　　　☞ 1이 2를 타다

　예) Llevas muy bien el ritmo.

　　　☞ 너는 리듬을 잘 탄다.

(123) 1 llevar 2 (1 : 사람, 2 : 길·진로)
    ☞ 1이 2를 걷다
    예) Lleva camino de convertirse en presidente.
        ☞ 그는 대통령이 되는 길을 걷고 있다.

'1 llevar 2'는 소유를 나타내기도 하는데, 1이 무정이면 '1에 2가 들어있다'나 '1이 2에 있다' 혹은 '1이 2를 가지다'로, 1이 사람이고 2가 의류이면 '1이 2를 입다'에 대응된다. 현재형인 "Lleva patanlones vaqueros."는 현재 입고 있는 상태를 나타내며 한국어에서는 "그는 청바지를 입었다."에 대응되거나 '입고 있다'에 대응된다. 'siempre(항상)' 부사와 함께 총칭적(generic) 의미를 나타내는 경우에는 "그는 항상 청바지를 입는다."처럼 '입는다'에 대응된다.

(124) 1 llevar 2 (1 : 사람, 2 : 의류)
    ☞ 1이 2를 입다   (※ 스페인어 현재형이 한국어 과거형으로 대응)
    예) a. Ella lleva un vestido muy elegante hoy.
        ☞ 그녀는 우아한 드레스를 입었다.
        b. Juan siempre lleva vaqueros.
        ☞ 후안은 항상 청바지를 입는다.

(125) 1 llevar 2 (1·2 : 구체)
    ☞ 1에/에게 2가 있다
    예) Todas las cajas llevan su precio.
        ☞ 모든 상자에 가격이 있다.

재귀형 'llevarse'은 1이 2를 가져간 결과를 강조하며 한국어에서 '1이 2를 가져가 버리다'에 대응된다. 그러나 목적어 2의 특성에 따라 대응형이 달라진다. 예컨대 2가 '상·상금'이면 '1이 2를 타다'로, 2가 '놀람·기쁨'과 같은 감정이면 명사로부터 파생된 동사가 쓰인 '1이 놀라다/기뻐하다'가 된다.

26) mirar

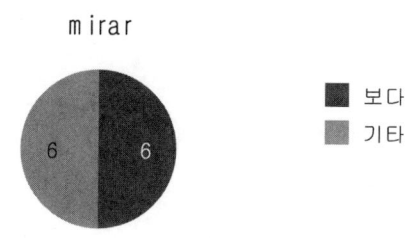

'mirar'는 총 12개 의미 항목 중 6개 항목이 한국어 '보다'로 대응된다. 'mirar'는 주어가 사물을 의식적으로 보는 것을 뜻한다. 따라서 스페인어 '1 mirar 2'는 2가 구체명사나 절일 때에 한국어 '1이 2를 보다'나 '1이 2를 자세히 보다'에 대응된다. 'mirar'의 격틀과 한국어 대응형은 다음과 같다.

　(126) 1 mirar (a) 2
　　　　☞ 1이 2를 보다
　　　1 〔2 : 여격clitic〕mirar 3 (a 2)
　　　　☞ 1이 2의 3을 보다
　　　1 mirar 의문사/si 절
　　　　☞ 1이 ~인지 보다

이밖에 '1 mirar 2'가 2의 특성에 따라 한국어의 다른 동사로 대응될 수 있다. 2가 말, 행위와 같은 명사이면 '1이 2에 신중하다'에 대응된다. 또한 'mirar'는 직접목적어 없이 전치사 por와 함께 '1 mirar por 2'로도 가능한데, 이때 2가 사람이면 '1이 2를 보살피다'로 2가 사물인 경우에는 '1이 2에 관심을 두다'에 대응된다. 또한 'mirar'의 주어가 건물이나 건물의 일부이며 방향이나 장소를 가리키는 전치사 구 'a 2'와 함께 '1 mirar a 2'인 경우에 '1이 2쪽을 보다/향해 있다'에 대응되며, 이 문장은 상태를 나타낸다.

27) oír

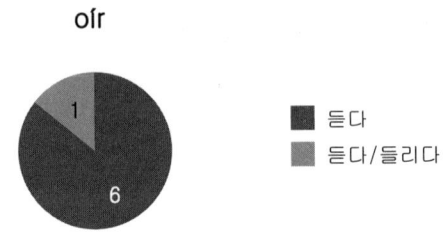

oír

■ 듣다
■ 듣다/들리다

스페인어 'escuchar'와 'oír'는 한국어 '듣다'에 대응되는데, 'escuchar'는 의식적으로 듣는 것을, 'oír'는 무심코 듣는 것을 뜻한다. 의미에 의해 'oír'는 한국어 '1이 2를 듣다'와 피동형 '(1이/에게) 2가 들리다'에도 대응될 수 있다. 한국어 '들리다' 구문에서 1은 수의 논항으로 생략 가능하다. 스페인어 'oír'는 목적어와 목적어의 의미적 술어인 동사원형이 나타나는 '1 〔2 : 여격clitic〕 oír (a 2) 동사원형' 문형도 가지며, 대응되는 한국어는 '1이 2가 ~는 것을 듣다'가 된다. 'oír'의 목적어가 사람일 때 문형은 '1 oír a 2'나 '1 〔2 : 여격clitic〕 oír'이며 한국어 대응형은 '1이 2의 말을 듣다'가 된다. 이와 유사하게 '1 oír a 2' 문형이 '판사가 판결을 내리기 전에 변호사의 변론이나 검사의 심문을 듣다'의 의미로 쓰이고 2가 '변호사/검사'에 해당하는 명사인 경우에도 '1이 <u>변호사의 변론/검사의 심문</u>을 듣다'로 대응된다.

28) parecer

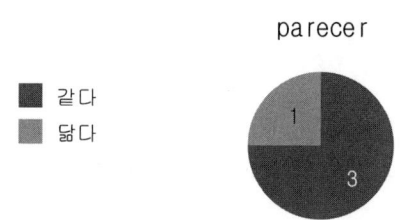

parecer

■ 같다
■ 닮다

　스페인어 'parecer'는 형용사나 명사 보어와 함께 쓰여 한국어의 '같
다'에 대응된다. 한국어에서는 '같다'가 보어로 명사만 요구하므로, 스페
인어 "El coche parece nuevo."에서 보어가 해당되는 것이 형용사
'nuevo'인 경우에 한국어에서는 "그 차는 새 것 같다."처럼 명사구 '새
것'으로 대역된다.

　또한 '1〔3 : 여격clitic〕 parecer 2' 구문에서는 경험주가 여격
clitic으로 표현되는데, 한국어에서는 '3은/에게는 1이 2 같다'로 대응
되며 3은 주어로 해석된다. 따라서 "El examen le pareció difícil."은
"그는/그에게는 시험이 어려운 것 같았다."로 번역된다. 경험주가 스페인어
에서 문법적 논항으로 표시되지 않는 경우에는 화자(주로 1인칭 단수형)의
생각이 전제되어 있다.

　또한 "Parece que va a llover.(비가 올 것 같다.)"처럼 문법적 주어
없이 절 자체가 논항인 'parece que 절'은 한국어의 '~ㄹ 것 같다'에
대응되며, 그러한 생각을 하는 사람이 여격clitic으로 표시된 '〔1 : 여
격clitic〕 parecer que 절'은 한국어의 '1는 ~ㄹ 것 같다'로 대응된다.
여격clitic이 없는 문장도 실제로는 화자의 생각을 전제하여 '(나는) ~ㄹ
것 같다'로 번역한다.

　타동사인 'parecer'는 '누구를/와 닮다'를 나타내며, 논리적으로는 주
어와 목적어가 서로 닮은 것이므로 '상호적' 의미를 나타내기 위해 동사

의 재귀형이 되어 '1 parecerse a 2' 문형으로 나타나며 한국어 '1이 2
를 닮다'에 대응된다. '1 parecerse'(1 : 복수명사)는 한국어 '1이 서로
닮다'에 대응된다.

29) pasar

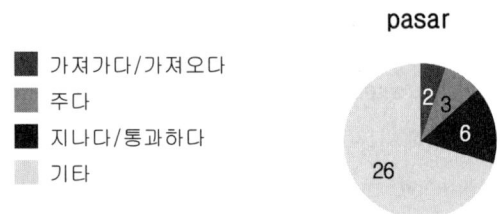

스페인어 'pasar'는 주어나 목적어의 위치 변화를 의미하는 동사이다.
'1 pasar 2 a 3'는 목적어 2의 위치 이동을 '1 pasar 2'은 주어의 위
치 이동을 나타낸다. '1 pasar 2 a 3'은 '1이 2를 3으로 가져가다/가
져오다'로 번역되는데, 2의 위치가 화자(즉, 3쪽으로)에 가까워지면 '가져
오다'로 반대의 경우에는 '가져가다'로 번역된다. 또한 목적어가 사람이
면 '가져가다/가져오다' 대신 '데려가다/데려오다'로 번역된다. 만일 논항
3이 사람인 경우에는 '1이 2를 3에게 주다'로 번역된다.

(127) 1 pasar 2 전치사 3 (1 : 사람, 2 : 구체, 3 : 장소)
　　　☞ 1이 2를 3(으)로 가져가다/가져오다 (2 : 사물)
　　　　 1이 2를 3(으)로 데려가다/데려오다 (2 : 사람)

또한 2가 '책장·슬라이드·필름'과 같이 움직일 수 있는 범위가 '다
음 순서'로 제한된 경우에는 3을 표현하지 않는다. 2가 '책상, 슬라이드'
인 경우 한국어 '1이 2를 넘기다'로 대응되고, 2가 '영화'인 경우에는 '1

이 2를 상영하다'가 된다. 1이 사람이고 2가 음식물인 경우에는 '1이 2를 삼키다'로서 'pasar'는 두가지 문형으로 나타낼 수 있다. 사람이 주어이고 음식물이 목적어인 '1 pasar 2'나, 음식물이 주어이고 사람이 간접목적어인 '2 〔1 : 여격clitic〕 pasar (a 1)' 형태로도 나타낸다. 또한 2가 '시간'이면 '1이 2를 보내다'가 되고 때로는 '무엇을 하면서'에 해당하는 동사의 현재분사형이 온 '1 pasar 2 현재분사' 문형으로 나타나며 이것의 한국어 대응형은 '1이 ~면서 2를 보내다'가 된다.

그밖의 'pasar'의 용법으로 목적어 2가 단순한 경로(path)를 나타내는 경우에는 '1 pasar por 2'가 되며 한국어 '1이 2를/로 지나가다'에 대응된다. 또한 "El invitado pasó a la sala."에서처럼 2 자체가 목적지인 경우에는 '1 pasar a 2'가 되는데 이것은 한국어의 '1이 2로 들어가다/들어오다'에 대응되어 "손님은 방으로 들어왔다/들어갔다."가 된다. '1 pasar a 2'에서 2가 사람이면 단순히 물리적 장소 이동이 아니라 소유권의 이전을 의미하므로 '1이 2에게 넘어가다'가 된다.

'pasar'는 구체적 장소의 이동뿐 아니라 추상적 상태 변화의 의미로도 쓰이는데, 2가 '경험'일 때 한국어 "1이 2를 겪다."에 대응된다. 2가 '시험'인 경우에는 '1이 2를 통과하다/합격하다'로 대응된다.

'1 pasar(se) de 2'의 경우에 2가 돈의 액수나 숫자로 나타낼 수 있는 기준인 경우에는 1이 2를 초과한다는 뜻의 '1이 2를 넘다'가 된다. 또한, 형용사와 함께 쓰여 '1 pasar de 형용사(2) a 형용사(3)'인 경우에는 '1이 2에서 3이 되다'로 대응된다.

또한 pasar의 주어가 사건성 명사인 경우 한국어 '1이 일어나다'에 대응된다.

30) pedir

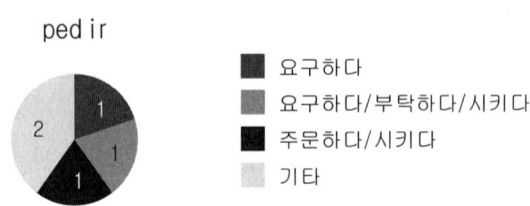

ped i r

■ 요구하다
■ 요구하다/부탁하다/시키다
■ 주문하다/시키다
▨ 기타

'pedir'는 주로 '1 〔2 : 여격clitic〕 pedir 3 (a 2)' 형으로 쓰인다. 주어진 문맥이나 '강제성'의 정도에 따라 '1이 2에게 3을 부탁하다' 혹은 '1이 2에게 3을 요구하다/시키다'로 대응된다.

또한 자동사 구문인 '1 pedir'는 문맥이나 상황에 따라 결정되는데, 식당에서 '1이 주문하다/시키다'로 그밖에 장소의 부사구와 함께 'pedir'는 '1이 구걸하다/모금하다'의 의미로 쓰인다. 한국어 '요구하다/부탁하다'와 스페인어 모두 사람을 주어로 요구하는데, 무정 주어가 오는 것은 일종의 의인법적인 경우로 '1이 2를 요구하다'보다는 '1이 2를 필요로 하다'가 정확한 대응형이 된다. 따라서 "Esta planta pide mucho sol."은 "이 식물은 많은 햇빛을 필요로 한다."가 된다.

31) poder

pode r

■ 할수있다/없다
■ 기타

스페인어 'poder'는 주로 보조동사로 쓰이며 '능력', '가능성', '허락'을 나타낸다. 이 세 경우 모두 한국어 '~ㄹ 수 있다/없다'에 대응된다. 'poder'는 드물게 본동사로 '1 poder a 2'형으로 쓰여 '1이 2를 (힘으로) 이기다'의 의미로도 쓰인다.

32) poner

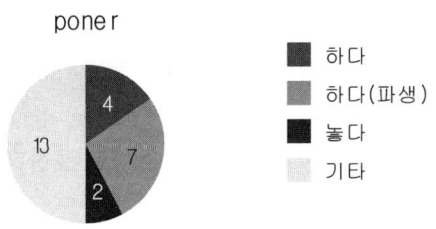

pone r

■ 하다
■ 하다(파생)
■ 놓다
■ 기타

'poner' 동사는 '1 poner 2 en 3' 문형으로 쓰이며 한국어 '1이 2를 3에 놓다'로 대응되며 목적어 2의 특성에 따라 다양한 대응 유형을 보인다.

가령 '1 poner 2'에서 목적어 2가 기계류일 때는 '1이 2를 틀다/작동시키다'에 대응되며, 2가 '생각'이면, '생각을 글로 표현해 놓다'는 뜻으로 '1이 2를 쓰다'에 대응된다. 또한 2가 '편지'나 '팩스' 같은 통신 수단이면 한국어로는 '1이 3에게 2를 하다/보내다'에 해당된다. 또한 2가 '조건'이나 '가격'이면 '1이 2를 붙이다/결정하다'에 대응되고, '벌·벌금'인 경우 '1이 2를 부과하다'에 대응된다. 대부분 2의 위치 변화를 나타내지만, 단순히 '놓다' 동사로 번역되기 어렵다.

또한 스페인어 'poner'는 한국어 '하다'에 대응되는 경우도 많은데, '1 poner que 절'은 '1이 ~라고 하다'에 해당되며, 2가 '영화·연극'과 같은 공연 작품이나 '방송 프로그램'인 경우나 '노력'이면 한국어에서 '2를 하다'에 해당된다.

'poner'의 재귀형인 '1 ponerse'는 직역하면 '1이 스스로를 어떤 상태나 위치에 가게 하다'로 주어 1의 상태 변화나 위치 변화를 나타낸다. 또한 보조동사로 쓰인 '1 ponerse a 동사원형'은 '1이 [2]기 시작하다'로 동사에 의해 표현되는 행위를 착수한다는 뜻을 나타낸다. 또한 'ponerse'는 형용사 보어와 함께 '1 ponerse 형용사', 형용사가 나타내는 '어떤 상태가 된다'는 상태 변화의 뜻으로도 쓰인다. 예컨대 1이 '해'나 '달'이면 '1이 지다'가 되고, 이 문장은 1의 위치 변화를 나타낸다.

2가 의복이나 장신구인 경우 '1 ponerse 2'는 직역하면 '1이 2를 스스로에게 입히다'가 된다. 목적어인 옷이나 장신구가 주어의 소유물이므로 동사를 재귀형으로 만드는 스페인어 문법 규칙에 의하여 생성된 문장이다. 이때 스페인어는 모든 경우에 'poner' 동사가 쓰이나 한국어는 2의 특성에 따라 다음과 같이 다양한 동사로 표현된다.

(128) 1 ponerse 2
　　　☞ 1이 2를 입다/1이 2를 3에게 입히다 (2 : 옷 종류)
　　　☞ 1이 2를 쓰다/1이 2를 3에게 씌우다 (2 : 모자)
　　　☞ 1이 2를 끼다/1이 2를 3에게 끼우다 (2 : 장갑)
　　　☞ 1이 2를 신다/1이 2를 3에게 신기다 (2 : 신발·양말)
　　　☞ 1이 2를 하다 (2 : 넥타이·스카프)

33) preferir

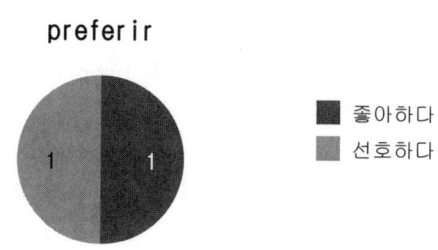

스페인어 '1 preferir (a) 2 (a 3)'는 '1이 2를 (3보다) 더 좋아하다'에 대응된다. 목적어 앞의 전치사 'a'는 사람명사가 오는 경우에 문법적 표시이며 'a 3'은 비교의 대상으로 생략이 가능하다. 사람의 단순한 기호를 나타내는 경우에는 '더 좋아하다'가 쓰이나, 문어체 문장이나 공적인 대화에서는 '1이 2를 선호하다'로 하는 것이 더 자연스럽다.

34) preguntar

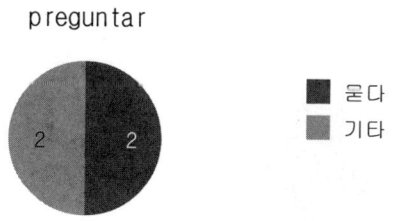

'preguntar'는 총 4개 항목 중 2개 항목이 한국어 '묻다'에 대응되며, 목적어로는 명사, 전치사구 (por/sobre 명사) 또는 의문사/si로 시작되는 절이 올 수 있다. 다음의 예를 보자.

(129) 1 preguntar 2

    ☞ 1이 2를 묻다

  1 preguntar sobre/por 2

    ☞ 1이 2에 대해 묻다

  1 〔2 : 여격clitic〕 preguntar 의문사/si 절

    ☞ 1이 2에게 ~는지 묻다

전화나 누구를 찾아온 상황에서 '1 preguntar por 2 (1·2 : 사람)'
는 '1이 2에 대해 묻다'로 직역될 수도 있으나 '1이 2를 찾다'가 더 정
확한 대응표현이다. 또한 'preguntarse'와 같은 재귀형은 직역하면 '스
스로 묻다'이므로 '궁금하다/의문을 가지다'로 번역되며 다음과 같은 격틀
로 실현된다.

(130) 1 preguntarse por 2

    ☞ 1이 2에 대해 궁금하다

  1 preguntarse 의문사/si 절

    ☞ 1이 ~는지 궁금하다

35) preparar

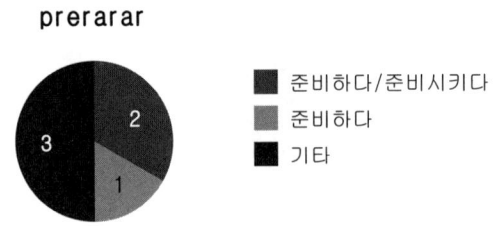

prerarar

■ 준비하다/준비시키다
■ 준비하다
■ 기타

'preparar'는 타동사로 쓰여 한국어 '1이 2를 준비하다'에 대응될 수
있다. 이때 주어는 사람이며, 목적어는 보통 무정명사가 온다. 만일 목

적어로 사람명사가 오면 '1 preparar a 2'가 되고 한국어의 사역형인 '1이 2를 준비시키다'가 된다.

> (131) 1 preparar 2 (1 : 사람, 2 : 무정)
> ☞ 1이 2를 준비하다
> 1 preparar a 2 para 3 (1·2 : 사람)
> ☞ 1이 2에게 3'를 시키다 (3' : 3할 준비)
> 1 preparar a 동사 원형
> ☞ 1이 ~ㄹ 준비를 하다
> 1 preparar(se) para 2
> ☞ 1이 2를 위해 준비하다

특히 '1 preparar a 2 para 3'의 한국어 대응 격틀은 명사 3 대신 '3할 준비'인데 그 예를 보이면 다음과 같다.

> (132) La madre preparaba al bebé para el bautizo.
> ☞ 엄마는 아가에게 세례할 준비를 시키고 있다.

'1 preparar a 2 (1, 2 : 사람)'은 주어진 문맥에 따라 한국어 대응형이 달라질 수 있다. 학교 상황에서 1이 선생, 2가 학생이면 '1이 2에게 0을 가르치다'로 대응된다. 한국어 대응형에서는 가르치는 과목명이나 '공부'는 필수 논항이다.

> (133) 1 preparar a 2 (1·2 : 사람)
> ☞ 1이 2에게 0을 가르치다
> 예) En este colegio preparan muy bien a los alumnos.
> ☞ 이 학교에서는 학생들에게 공부를 잘 가르친다.

2가 동물이나 운동 선수이면 '1이 2를 훈련시키다'에 대응되며, 재귀형인 '1 prepararse'는 한국어 자동사 '1이 훈련하다'가 된다.

그밖에도 'preparar'는 일어날 일에 대하여 대비한다는 의미로도 쓰일 수 있는데 이때 스페인어 격틀과 한국어 대응형은 다음과 같다.

(134) 1 preparar a 2 (para 3)

    ☞ 1이 2가 (3에 대해) 0′를 하도록 하다

  1 preparar(se) (para 3)

    ☞ 1이 (3에 대해) 0′를 하다 (0′ : 마음의 준비) (1·2 : 사람)

  예) a. Antes de darles la noticia, debes preparar a tus padres.

    ☞ 그들에게 소식을 전하기 전에 너는 부모님들이 마음의
준비를 하시도록 해야 한다.

    b. Prepárate, que te tengo que decir algo importante.

    ☞ 너에게 중요한 것을 말해야 하니 마음의 준비를 해라.

또한 재귀형 '1 prepararse'에서 주어가 자연현상과 관련된 명사이
면 한국어의 '1이 예상되다'로 대응된다.

(135) Se prepara una tormenta.

    ☞ 폭풍이 예상된다.

36) quedar

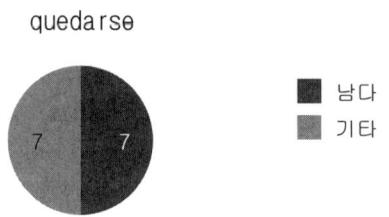

스페인어 quedar는 재귀형 혹은 단독으로 쓰일 수 있으며, 총 14개
의미 항목 중 7개 항목이 한국어 '남다'에 대응된다. 어떤 행위나 상태
가 원래의 진행 방향이나 상태에 있지 안음을 의미할 수 있는데, "나는
집에 남았다."와 같이 가기로 한 동작을 하지 않고 제자리에 머무른다는

뜻으로는 '1 quedar(se) en 2'와 한국어 '1이 2에 남다/남아 있다'가 해당
된다.

또한 '1 quedar(se) 현재분사/형용사/부사구'와 같이 주어를 수식하
는 보어가 있는 경우에는 보어는 주어의 상태를 나타낸다. 이 경우에도
한국어 '1이 ~며/~ㄴ 채로 남다'에 대응된다. 'quedar(se) 1'은 후치
주어만 있으며, 이 문장은 사라지지 않고 존재해 있음을 의미하고, 한
국어 '1이 남다'가 된다.

또한 'quedar'는 어떤 행위나 사건의 결과를 나타내기도 하는데, 주
로 전치사 'en'과 함께 명사구나 동사가 쓰여 어떤 일의 결과나 ('1이 2
로 남다') 합의나 결정을 ('1이 ~기로 하다') 의미한다. 또한 '1 quedar
con 2 (1·2 : 사람)'은 '1이 2와 만나기로 하다'를 뜻한다. 또한
'quedar'가 'por·para·a·hasta'와 같은 목표를 나타내는 전치사와
함께 어떤 시기가 오거나, 어떤 장소에 도착, 혹은 어떤 일이 완료되는
데까지 남아 있는 시간, 거리, 일 등을 나타내기도 한다. '1 quedar
por/a 동사원형'은 '1이 ~는 것만 남다'로 'quedar 1 para/hasta 2'
는 '2까지 1이 남다'에 대응된다.

'1 quedar 전치사 2 (1·2 : 장소)'는 단순한 위치를 나타내며, 한국
어 '1이 2에 있다'에 대응된다. 또한 사람을 주어로 하여 소유한 상태를
나타낼 수도 있는데, 스페인어 문형은 '1 quedarse con 2'이며 2가 구
체명사이면 한국어 '1이 2를 가지다'에, 2가 추상명사이면 '1이 2를 기
억하다'에 대응된다.

37) querer

'querer'는 한국어 '원하다, 바라다, 좋아하다, 사랑하다' 등에 대응되는 동사로 명사, 동사원형, 접속법 절을 목적으로 취한다. 한국어로는 '1이 2를 원하다/바라다'나 '1이 ～고 싶어하다/～길 바라다/원하다'가 된다.

> (136) 1 querer ⑵
> ☞ 1이 (2를) 원하다/바라다
> 1 querer 동사원형
> ☞ 1이 ～고 싶어하다/～길 원하다
> 1 querer que 접속법절
> ☞ 1이 ～길 원하다/바라다

"Quiero café.(나는 커피를 원한다.)"나 "Quieres pasarme la sal?(소금을 나에게 주길 원하세요?)"와 같은 문장은 화용적으로 무엇을 부탁하는 것을 의미하는데, "커피 주세요."와 "소금 좀 주세요."로 각각 대응될 수 있다. '1 querer a 2'에서 2가 사람이거나 의인화된 사물인 경우에는 '1이 2를 사랑하다'가 된다. 일반적으로 querer는 사람 주어를 취하나 무정물이 주어로 오는 경우에는 '1이 2를 필요로 하다'가, 자연현상을 나타내는 경우에는 주어 없이 'querer 동사원형(자연현상과 관련된)'형으로 쓰여 "Quiere llover.(비가 올 것 같다.)"처럼 추측을 나타낸다.

38) saber

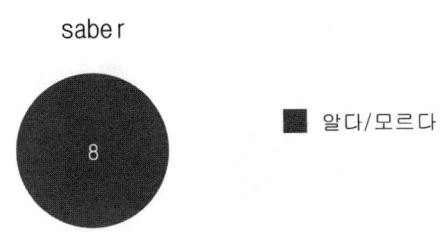

saber

■ 알다/모르다

'1 saber (de) 2'는 '1이 2를 알다'로, 부정문은 '1이 2를 모르다'가 된다. 1은 주어로 사람명사가 2는 명사나 절 등이 올 수 있고 의미적 제약은 거의 없다. 단 '1 saber de 2'에서 2가 사람이고 단순한 지식일 경우에는 '1이 2에 대해 알다'로, 소식을 안다는 뜻은 '1이 2의 소식을 알다'에 대응된다. 'saber'의 가능한 격틀과 그 한국어 대응형은 다음과 같다.

(137) 1 saber 2
　　　☞ 1이 2를 알다
　　1 saber de 2
　　　☞1이 2에 대해서 알다
　　1 saber 동사원형
　　　☞ 1이 ~ㄹ 줄을 알다
　　1 saber que 절
　　　☞ 1이 ~것을 알다/알고 있다

39) salir

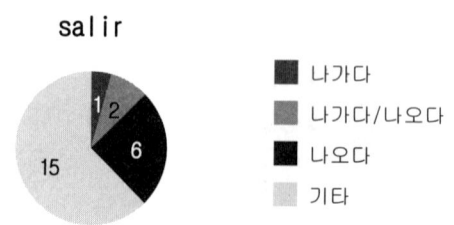

salir

- ■ 나가다
- ■ 나가다/나오다
- ■ 나오다
- □ 기타

'salir'는 주어가 안에서 밖으로 이동하는 것을 나타내며, 한국어에서
는 화자의 발화 시점과 장소를 기준으로 화자 가까운 쪽으로 오면 '나오
다'로 먼 쪽으로 가면 '나가다'로 대응된다. 보통 기점을 나타내는 전치
사구('de 장소')와 함께 '1 salir de 2'로 쓰이거나, 착점과 함께 '1 salir
a 2'로도 쓰이며, '1 salir'로도 쓰인다. 이때 주어가 유정물이면 '1이 2
에서 나오다/나가다', '1이 2로 나오다/나가다', '1이 나오다/나가다'로
각각 대응된다. 또한 주어가 무정물이면 '1 salir de 2'는 한국어 '1이
2에서 빠지다'로 대응된다.

  (138) He engordado, por eso este anillo no sale.
      ☞ 내가 살이 쪄서 이 반지가 안 빠진다.

  주어만 있는 '1 salir'에서 주어가 사람이면 '1이 외출하다'로, 주어가
교통수단인 경우 '1이 출발하다/떠나다'로 대응된다.

  (139) 1 salir (para 2)/1 salir de 2 (1 : 유정·교통수단, 2 : 장소·추상)
          ☞ 1이 (2로) 출발하다/떠나다 (2 : 장소)
            1이 2를 떠나다 (2 : 추상)
      예) a. ¿Cuándo sale el tren?
            ☞ 기차가 언제 출발하지요/떠나지요?
        b. El viernes mis vecinos salen de vacaciones.

☞ 금요일에 내 이웃들은 휴가를 떠난다.
c. Mañana salimos para Italia.
☞ 내일 우리는 이탈리아로 출발한다.

(140) 1 salir (1 : 사람)
☞ 1이 외출하다
예) a. Sólo salgo los fines de semana.
☞ 나는 주말에만 외출한다.
b. ¿Quieres salir esta noche?
☞ 오늘밤에 외출할래?

'1 salir de 2'는 물리적 장소 이동 뿐 아니라 2가 집단이나 직책을 나타내는 경우 이를 떠난다는 뜻으로도 쓰이는데 이 경우에도 화자가 그 집단의 일원이면 '1이 2에서 나가다', 집단과 무관하면 '1이 2에서 나오다'로 대응된다.

또한, '1 salir de 2'는 정상적인 상태나 한계를 벗어나는 것을 의미하기도 하는데, 이 경우 2가 추상명사이면 '1이 2를/에서 벗어나다'가 된다. 또한 1이 '먼지, 얼룩'과 같은 명사이면 '1이 2에서 지워지다'로 대응될 수 있다.

(141) 1 salir(se) de 2 (1, 2 : 추상)
☞ 1이 2를/에서 벗어나다
예) Su actitud se sale de lo normal.
☞ 그의 행동은 성상적인 것을 벗어났다.

(142) 1 salir de 2 (1 : 먼지·얼룩, 2 : 무정·구체)
☞ 1이 2에서 지워지다
예) No hay forma de que salga la mancha de mi vestido nuevo.
☞ 내 새 원피스에서 얼룩이 지워질 방법이 없다.

반면에 'salir'는 '(a 2) 〔2 : 여격clitic〕 salir 1' 문형에서 주어(1)가

'싹, 가지, 이빨, 잎' 같은 명사이면 없던 것이 생긴다는 의미가 나타나
는데, 모든 경우에 '나오다'에 대응된다. 특히 "Al niño le salen los
dientes.(아이가/에게 이가 나오다.)"와 같이 '이'의 소유주 '아이'는 여격
clitic으로 표시되고 한국어는 '2가/에/에게 1이 나오다'로 대응된다.

> (143) (a 2) 〔2 : 여격clitic〕 salir 1 (1 : '싹'·'잎'·'가지'·'이'…, 2 : 생물)
> ☞ 2가 1이 나오다/나다
> 　2에/에게 1이 나오다/나다
> 예) a. Al niño le han salido ya cinco dientes.
> 　　☞ 아이는 이빨이 다섯 개 나왔다/났다.
> 　　b. A la planta le ha salido unas cuantas hojas.
> 　　☞ 식물에 잎이 몇 개 나왔다/났다.

'salir'는 결과 상태를 나타내기도 하는데, '1 salir 2(형용사/부사구)'
형은 '1이 2(가) 되다'에 대응된다. 그러나 같은 문형에서 2가 돈, 액수
와 관련되어 있으면 '1이 2가 들다'로, 복권이나 선거와 관련되면 '1이
2에서 뽑히다'로도 대응된다. (144)~(147)은 이에 해당하는 예이다.

> (144) 1 (〔2 : 여격clitic〕) salir por/a 3 (a 2) (1 : 무정, 2 : 사람, 3 : 돈·값)
> ☞ 2가 1에 3이 들나.
> 　1이 3에 나가다/1의 값이 3이다.
> 예) a. El viaje nos salió por cien mil pesetas.
> 　　☞ 우리는 그 여행에 10만 페세타가 들었다.
> 　　b. El kilo sale a trescientas pesetas.
> 　　☞ 1킬로의 값이 300페세타이다.

> (145) 1 〔3 : 여격clitic〕 salir 2 (2 : 형용사)
> ☞ 1이 결국 2가 되다
> 　3이 1을 결국 2로 하다
> 예) Sus hijas han salido muy estudiosas.
> 　　☞ 그의 딸들은 결국 매우 학구적으로 되었다.

(146) 〔2 : 여격clitic〕 salir 1 (1 : 셈·계산, 2 : 사람) 〔※후치주어〕
　　　☞ 2가 1이 되다
　　예) Me ha salido la división.
　　　　☞ 나는 그 나눗셈이 되었다.

(147) 1 salir en 2 (como 3)
　　　(1 : 사람·사물, 2 : 복권·제비뽑기·투표…, 3 : 자격·직책)
　　　☞ 1이 2에서 (3으로) 뽑히다
　　예) Salió su número en la lotería.
　　　　☞ 그의 번호가 복권에서 당첨되었다.

　타동사인 '1 salir a 2'에서 주어와 목적어가 사람인 경우 '1이 2를 닮다'가 된다. 이때 스페인어 현재형은 한국어 과거형 '닮았다'로 실현된다. 또한 'salir'가 전치사구와 함께 '1 salir a 2 con 3'으로 쓰이고, 이 문장은 '1이 3으로 2를 놀라게 하다'에 대응된다.

(148) 1 salir a 2 (1·2 : 사람)
　　　☞ 1이 2를 닮다
　　예) Este niño ha salido a su abuelo.
　　　　☞ 아이는 할아버지를 닮았다.

(149) 1 salir a 2 con 3 (1·2 : 사람, 2: 말이나 행동(의 내용))
　　　☞ 1이 2를 3으로 놀라게 하다
　　예) a. ¿Ahora me sales con esto?
　　　　　☞ 지금은 이걸로 날 놀라게 하는 것니?
　　　　b. Ahora me sales con que no vienes.
　　　　　☞ 지금 너는 네가 오지 않는다는 것으로 나를 놀라게 한다.

40) sentir

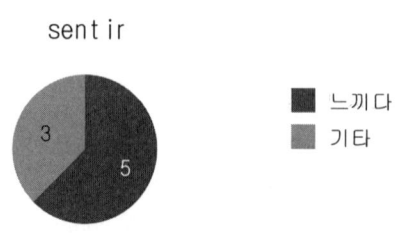

sentir

■ 느끼다
■ 기타

'sentir'는 총 8개 의미 항목 중 5개 항목이 한국어 '느끼다'에 대응될 수 있다. 주로 '1 sentir 2' 문형으로 나타나는데, 1은 사람, 2는 감각이나 감정을 나타내는 명사가 오며, 한국어 '1이 2를 느끼다'로 대응된다.

> (150) a. Sintió un dolor en el estómago.
> ☞ 그는 배에 통증을 느꼈다.
> b. Pedro sintió una extraña angustia.
> ☞ 페드로는 이상한 고뇌를 느꼈다.

'1 sentir 2'에서 목적어 2가 신체 일부를 나타내는 경우에는 '1이 2의 감각을 느끼다'가 된다.

> (151) Se me ha dormido la pierna y no la siento.
> ☞ 나는 다리에 쥐가 나서 감각을 못 느낀다.

사람이 주어이고 감정이나 감각을 나타내는 형용사가 2일 경우 '1이 (기분이) 2(형용사)'로 대응될 수 있다.

> (152) Se siente triste y solo.
> ☞ 그는 슬프고 외롭다.

또한 'sentir'가 재귀형이고 형용사 보어를 취한 '1 sentirse 형용사'
가 되면 '1이 스스로 ~고 느끼다'에 대응된다.

    (153) Este chico se siente más importante que los demás.
        ☞ 이 소년은 다른 사람보다 스스로를 더 중요하다고 느낀다.

'1 sentir 2'나 '1 sentir a 2 동사원형'에서 2가 소리와 관련된 명
사이면 청각적 감지를 나타내며 한국어 대응형은 '1이 2가 들리다, 느
껴지다'나 '1이 2가 ~하는 것을 듣다/느끼다'가 된다.

    (154) a. Siento pasos a lo lejos.
        ☞ 나는 멀리서 발자국 소리가 들렸다.
       b. No lo sentí entrar.
        ☞ 나는 그가 들어가는 것을 못 들었다.

또한 '1 sentir 2/que 접속법 절/동사원형'에서 감정의 대상이 목적
어나 절이 될 때 유감의 감정을 나타내는 것으로 보아 '1이 2에 대하여
/라서 유감이다'에 대응된다. '1 sentir que 직설법 미래절'은 앞으로
무슨 일이 일어날 것을 느낀다는 의미로 '1이 ~한 느낌/예감이 들다'가
된다.

    (155) a. Siento mucho que no hayas venido.
        ☞ 나는 네가 오지 않아서 매우 유감이다.
       b. Siento no haber podido atender a la conferencia.
        ☞ 나는 그 회의에 못 가서 유감이다.
       c. Siento que todo esto acabará fatal.
        ☞ 나는 이 모든 것이 끔찍하게 끝날 것이라는 예감이 든다.

41) ser

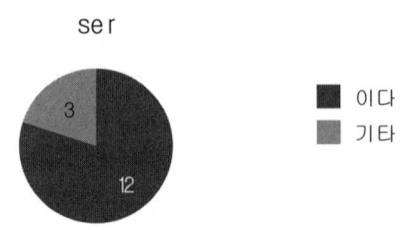

ser

■ 이다
■ 기타

'ser'는 총 15개 의미 항목을 가지며 그중 12개 항목이 한국어 '이다'
로 대응된다. 'ser'는 주어와 보어를 취하는데, 보어로는 명사나 형용사,
부사, 전치사구가 올 수 있다. 보어로 명사가 오면 한국어 '1이 2이다'
에, 형용사가 오면 ser는 대응형 없이 한국어 형용사가 술어인 '1이 2'
에 대응된다. 그러나 스페인어 형용사 중 'socialista(사회당의, 사회당에
속하는), andaluz(안달루시아의, 안달루시아 출신의)'과 같은 명사파생 형용
사로 자질이나 속성의 의미를 가지지 않고 대신 해당 명사와의 소속이
나 관계를 나타내는 경우에는 한국어에서는 명사(사회당원, 안달루시아 사
람)로 대응되어 '1이 2(명사)이다' 문형으로 대응된다.

(156) 1 ser de 2 / 1 ser 2'
　　(1 : 사람, 2 : 단체·사회·지역, 2' : 2와 관련된 형용사)
　　　☞ 1이 2이다/ 1이 2'이다
　　예) a. Tu amigo es socialista.
　　　　　☞ 네 친구는 사회당원이다.
　　　　b. Carlos es del Partido Regionalista.
　　　　　☞ 카를로스는 지역당이다.
　　　　c. Mi madre es andaluza.
　　　　　☞ 내 어머니는 안달루시아 사람이다.

이와 유사하게 2가 재료를 나타내는 명사나 형용사인 경우에도 한국어에서 2는 명사로만 대응되어 '1이 2(명사)로 되어 있다'가 된다.

(157) 1 ser de 2/ 1 ser 2′
  (1 : 무정·구체, 2 : 재료, 2′ : 재료와 관련된 형용사)
  ☞ 1이 2(으)로 되어 있다.
  예) a. La estructura es de metal/metálica.
    ☞ 구조는 금속으로 되어 있다.
  b. La escultura es de piedra.
    ☞ 구조는 돌로 되어 있다.

'1 ser de 2'는 소유(2가 사람인 경우), 출신(2가 지명), 성분(2가 물질)을 나타내므로, 각각 '1이 2의 것이다', '1이 2 출신이다', '1이 2로 되어 있다'로 대응된다.

날짜나 시간에 대해 말할 때 스페인어에서 주어가 나타나지 않는데, "Es la una.((지금 시간이) 한 시이다)", 한국어에서는 '시간'이 문장의 주어로 나타날 수도 있다는 점에서 차이를 보인다.

(158) (1) ser 2 (1 : 날, 2 : 시간·날짜·요일)
  〔※ 시간의 경우 문법적 주어는 존재하지 않으며
    동사는 보어(시간)에 따라 형태적 변화를 보임.〕
  ☞ (1이) 2이다
  예) a. Hoy es lunes.
    ☞ 오늘은 월요일이다.
  b. Son las doce de la tarde.
    ☞ 지금 시간이 오후 12시이다.
  c. Es tarde.
    ☞ 늦었다.

또한 보어가 장소의 전치사구일 때, 'ser'는 한국어 '있다'에 대응되어 '1 ser 전치사 2 (2 : 장소)'는 '1이 2에 있다'로 대응된다. 이와 유사하게 장소를 나타내는 의문사 'dónde'가 쓰이는 경우에도 한국어 '있다'에 대응될 수 있다.

(159) ¿Dónde es la conferencia?
　　　☞ 회의가 어디서 있니?

42) tener

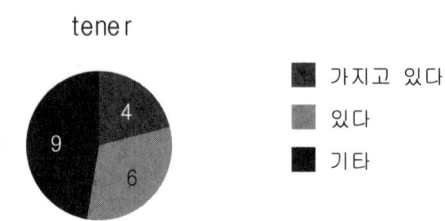

'tener'는 소유의 의미를 가지는 동사로 총 19개 항목 중 10개 항목이 한국어 '가지다, 있다'에 대응된다.

주로 '1 tener 2'로 나타나며, 이때 1은 유정, 무정 명사 모두 가능하고, 2는 구체, 추상 명사 모두 가능하다. 한국어에서는 1이 유정명사인 경우에 '1이 2를 가지다'나 '1에게/이 2가 있다'에 해당된다. 그래서 "Juan tiene dos coches."는 "후안은 차 두 대를 가졌다/가지고 있다."로 번역된다. 위에서 'tener'의 현재형은 한국어에서 과거형으로 대응됨을 볼 수 있고, 한국어에서 현재형으로 대응될 경우에는 '가지고 있다'와 같은 복합형이 많이 쓰임을 볼 수 있다. 또한 "Juan tiene dos hijos."처럼 목적어가 사람이면 '1이 2를 가지다'보다는 '1이/에게 2가 있다'형이 자연스럽다. 그래서 "후안은/에게 아들 둘이 있다."로 대응되고 "??후안은 아들 둘을 가지고 있다."는 어색한 문장이 된다. 보통 '가지고 있다'는 현재의 구체적 상태를 나타내고, '있다'는 총칭적(generic) 의미를 나타낸다. 따라서 '가지고 있다'가 되려면 스페인어 문장에 부사 'ahora(지금)'이 있어야 한다.

"Este piso tiene dos habitaciones.(이 아파트에는 방이 두개가 있다)"

에서처럼 주어가 무정명사이면 한국어는 '1에 2가 있다'가 된다.

또한, '1 tener 2'에서 2가 '속성, 자질'을 나타내는 명사인 경우에는 2와 관련된 형용사가 술어인 '1 형용사'에 대응되는데, "Tengo dolor en el estómago."는 "나는 배가 아프다."로 "Tengo frío."는 "나는 춥다."에 대응된다. 위 문장은 스페인어의 동사와 목적어로 이루어진 동사구가 한국어 형용사로 대응되는 예를 보여준다.

'tener'는 일반적으로 상태의 의미를 가지나, "Ten la bicicleta un momento."처럼 명령형은 동작의 의미를 가지고, '1이 2를 붙잡다'로 번역된다. '1 tener 2'에서 주는 사람이 문장 내에서나 문맥에서 전제되어 있는 경우에는 '1이 2를 받다'로 해석되는데, 주로 미래형으로 쓰인다.

(160) Cuando llegue tu santo tendrás un regalito.
　　　☞ 너의 수호성인이 올 때 너는 선물을 받을 것이다.

또한 '1 tener 2'에서 2가 나이이고, 1이 유정명사이면 '1이 2살이다'로 1이 무정명사이면 '1이 2 되다(주로 과거형 '되었다'로 쓰임)'가 되며, 2가 시간인 경우에는 '1이 2를 보내다'가 된다.

(161) a. Tiene doce años.
　　　　☞ 그는 12살이다.
　　　b. Mi coche tiene ya 10 años.
　　　　☞ 내 차는 벌써 10년 되었다.
　　　c. Ha tenido un año muy próspero.
　　　　☞ 그는 번창한 한 해를 보냈다.

사역동사로서 'tener'는 '1 tener 형용사 a 2'처럼 형용사와 함께 '1이 2를 어떤 상태에 이르게 하다'를 나타낸다. 한국어에서는 '1이 2를 ~게 하다'나 '2가 1 때문에 ~하다'로 대응된다.

(162) a. La maestra la tiene aterrorizada.
　　　☞ 여선생은 그녀를 공포에 질리게 한다.
　　b. El chico nuevo tiene muy contentos a los clientes.
　　　☞ 새 남자 아이는 손님들을 매우 만족하게 한다.

43) tomar

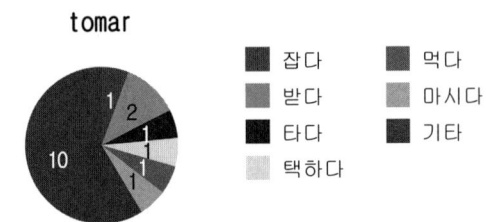

tomar

■ 잡다　　■ 먹다
■ 받다　　■ 마시다
■ 타다　　■ 기타
■ 택하다

　'tomar'는 영어 'take'와 유사한 동사로 다양한 의미를 가진다. '1 tomar 2'는 주로 사람 주어를 택하며 한국어 '잡다, 받다, 타다, 먹다, 마시다' 등 다양한 동사로 대응된다. "Tomé el libro en las manos.(나는 그 책을 손으로 잡았다.)"에서처럼 2가 사물인 경우에는 '1이 2를 잡다'에 대응되며, 2가 '길, 교통수단'이면 '1이 2를 하다'에 대응된다. 따라서 "He tomado el tren.(나는 기차를 탔다.)"나 "He tomado la carretera.(나는 고속도로를 탔다.)"로 번역된다. 또한 2가 사람인 경우 '1이 2를 고용하다'에 대응된다.

　이밖에 '1 tomar 2'에서 2가 고체성 음식인 경우에는 '1이 2를 먹다', 액체성 음식이나 기체인 경우에는 '1이 2를 마시다'가 되며, 사진이나 영화의 경우에는 '1이 2를 찍다'가 된다. 2가 수치인 경우에는 "Tomé la temperatura.(나는 온도를 재었다.)"에서처럼 '1이 2를 재다'가 된다. 또한 2가 메모나 필기인 경우에는 '1이 2를 하다'에 대응된다. '모든 경우에 1이 2를 선택하거나 몸이나 사진기 혹은 수치나 기록으로 받아들인다'는 기본 의미는 공유하나 한국어 대응형은 목적어 명사에 따라 다르다.

또한 "Toma lo que te da la profesora.(선생님이 주시는 것을 받아라.)"에서처럼 받는 사람이 문장 내에서 혹은 문맥에서 전제되어 있는 경우에는 '1이 2를 받다/받아들이다'에 대응될 수 있다. 단 "Tomó el sol en la terraza. (그는 테라스에서 햇빛을 받았다.)"의 경우처럼 2가 자연현상과 관련되었을 때에 스페인어에서는 의미적으로 주는 사람이나 주체가 전제되어 있지 않으나, 이와 달리 한국어에서는 자연이 햇빛을 준다는 의미가 내재되어 '1이 2를 쪼이다'와 함께 '1이 2를 받다'로 해석될 수 있어 두 언어간에 자연현상에 대한 시각의 차이를 볼 수 있다.

'tomar'는 3항 술어로서 '1 tomar 2 por 3' 형태로 쓰이기도 하는데, 이것은 2를 3으로 생각하여 받아들이다는 의미가 되므로 '1이 2를 3으로 생각하다'가 된다.

44) trabajar

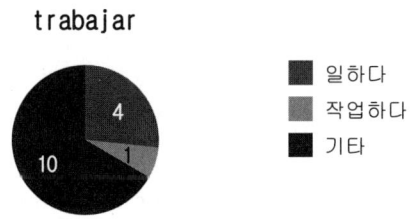

스페인어 'trabajar'는 총 15개 항목 중에서 5개 항목이 한국어 '일하다'나 '작업하다'에 대응된다. 스페인어 'trabajar'가 유정, 무정 명사를 모두 주어로 취할 수 있고, 자동사와 타동사로 사용될 수 있는 반면에 한국어 '일하다'는 유정물 주어만 취하며 자동사로만 쓰인다. 'trabajar'

의 자동사 용법만이 한국어 '일하다'에 대응될 수 있다.

(163) a. Él trabaja más horas para sacarse un suelo extra.
　　　☞ 그는 근무 외 수당을 받기 위해서 더 많은 시간을 일한다.
　　 b. Trabajo en una industria química.
　　　☞ 그는 화학회사에서 일한다.
　　 c. Trabaja como secretaria en una oficina.
　　　☞ 그녀는 어느 사무실에서 비서로 일한다.

주어가 기계류인 경우 '1 trabajar'는 '1이 작동하다'에, 1이 토지나 식물이면 '1이 결실을 맺다'에 대응된다. 또한 '1 trabajar con 2'에서 1이 회사이면 '1이 2와 거래를 하다'가 된다. 'trabajar'는 학교와 관련된 문맥에서는 '공부하다'의 의미로 쓰이는데, 이 경우에 '1 trabajar 2'나 '1 trabajar sobre/en/con 2'로 목적어를 취할 수도 있다. 이 때 한국어 '1이 2를 공부하다'나 '1이 2에 대하여 공부하다'로 대응된다.
또한 'trabajar'가 타동사로 쓰이는 '1 trabajar 2' 문형에서 2는 작업을 하는 대상이나 재료나 도구를 나타낼 수도 있다. 2가 토지와 관련된 명사인 경우 '1이 2를 경작하다'나 '1이 농사를 짓다'로 대응될 수 있고, 2가 물질명사이면 '1이 2로/를 가지고 작업하다'에 대응된다. 또한 2가 신체 일부이면 '1이 2를 단련시키다'가 대응된다.

(164) a. La polea no trabaja.
　　　☞ 도르래가 작동하지 않는다.
　　 b. Hay que abonar la tierra para que trabaje.
　　　☞ 땅이 결실을 맺도록 하기 위해서는 거름을 주어야 한다.
　　 c. Anoche he trabajado mucho.
　　　☞ 어제 밤 나는 공부를 많이 했다.
　　 d. ¿Has trabajado mucho en ese tema?
　　　☞ 너 그 주제에 대하여 열심히 공부하였니?

(165) a. Hay pocos jóvenes que trabajen el campo ahora.
　　　☞ 요즘은 농사를 짓는 젊은이들이 별로 없다.

b. El escultor trabaja la madera.
　　☞ 그 조각가는 나무를 가지고 작업한다.
c. Tomás, trabaja los abdominales.
　　☞ 토마스, 복부를 단련시켜.

45) traer

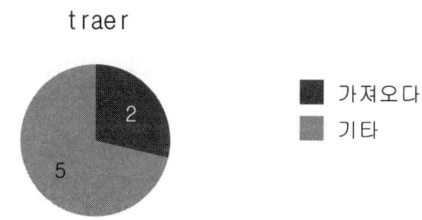

　'traer'는 주로 '1 traer 2 a 3'으로 쓰이며, 유정 주어 1이 목적어 2를 3으로 위치를 변화시키는 것을 나타낸다. 이때 2는 본래 있었던 위치에서 화자 가까이 이동한다는 점에서 'llevar' 동사와 구분된다. 'traer'는 총 7개의 의미 항목을 가지며 그중 2개 항목이 한국어 '가져오다'에 대응된다. 주로 순수한 물리적 이동의 경우 '1이 2를 3으로 가져오다'로 대응되며, 3이 장소명사가 아니고 사람인 경우에는 '1이 2를 3에게 가져다주다'로 대응된다. 또한 2가 사람인 경우에는 '1이 2를 3으로/에게 데려다 주다'가 된다.

(166) 1 traer (a) 2 (a 3)　(1 : 사람, 2 : 사람·사물, 3 : 장소·사람)
　　　　☞ 1이 2를 (3으로/에/에게) 가져오다/가져다주다　(2 : 사물)
　　　　 1이 2를 (3으로/에/에게) 데려다주다/데려오다　(2 : 사람)
　　예) a. Nuria nos trajo a casa en coche.
　　　　　☞ 누리아는 우리를 차로 집에/으로 데려다 주었다.
　　　　b. Vino a mi casa y trajo a los niños.
　　　　　☞ 그는 우리 집으로 왔는데 아이들을 데려 왔다.

c. ¿Me trae otra botella de agua, por favor?
　　☞ 나에게 물 한 병을 더 가져다주시겠습니까?

'1 traer 2'는 목적어로 추상명사도 올 수 있는데 이때에도 '1이 2를 가져오다'에 대응된다.

(167) La sociedad puede traer muchas enfermedades.
　　　☞ 사회는 많은 질병을 가져올 수 있다./초래할 수 있다.

2가 의복인 경우에는 2의 성격에 따라 다음과 같은 다양한 유형으로 대응된다.

(168) 1이 2를 입고 오다　(2 : 의류)
　　　1이 2를 하고 오다　(2 : 악세사리)
　　　1이 2를 신고 오다　(2 : 신발·양말)
　　　1이 2를 쓰고 오다　(2 : 장갑·모자·가발)

'traer'는 'llevar'와 유사하게 소유 상태를 나타내기도 하는데, 무정 명사를 주어로 '1 traer 2'는 '1에 2가 있다'로 대응된다.

(169) Esta revista trae reportajes muy interesantes.
　　　☞ 이 잡지에는 아주 재미있는 리포트들이 있다.

또한 '놀람', '화', '두려움'등이 목적어인 경우 이들 명사와 관련된 동사인 '놀라다, 화나다, 두려워하다' 등이 'traer 2'에 대응된다.

(170) Traje un susto al verlos.
　　　☞ 나는 그들을 보고 놀랐다.

46) vender

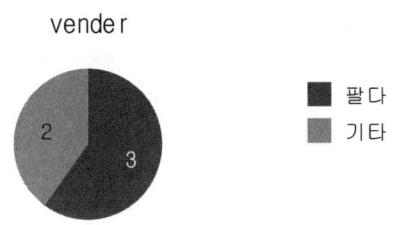

vender

■ 팔다
■ 기타

2

3

'vender'는 총 5개 항목을 가지며 그중 3개 항목이 한국어 '팔다'에 대응된다. 스페인어 '1 〔2 : 여격clitic〕 vender 3 a 2'는 한국어 '1이 2에게 3을 팔다'에 대응되는데, 이때 1은 사람 주어이고 목적어 3은 구체명사와 추상명사 모두 올 수 있다. 단 3이 추상명사일 때 위 구문은 여격 clitic을 취하지 않고 'a 2'만을 취한다.

(171) a. Me venden el coche por dos millones.
　　　　☞ 그들은 200에/만을 받고 나에게 차를 팔았다.
　　 b. Vendió información a la empresa rival de la suya.
　　　　☞ 그는 경쟁회사에 정보를 팔았다.

'1 vender a 2'에서 2가 사람인 경우에는 은유적으로 '고발하다/배신하다'리는 부정적 의미를 나타낼 수 있는데, 한국어 '팔다'도 이와 유사한 은유적 의미를 가질 수 있으므로 '1이 2를 팔다/배신하다'로 대응될 수 있다.

(172) a. Él ha vendido a sus compañeros para salir en libertad.
　　　　☞ 그는 석방되기 위해 그의 동료들을 팔았다/배신했다.

재귀형 '1 venderse'은 한국어 '1이 본심을 드러내다'나 '1이 돈을 먹다/받다'에 대응된다.

(173) a. Juan se vendió al hacer aquel gesto que revelaba sus verdaderas intensiones.
　　　☞ 후안은 자기의 진짜 의도를 드러내는 그런 행동을 함으로써 본심을 드러냈다.
　　b. El árbitro fue acusado de haberse vendido.
　　　☞ 심판은 돈을 먹은 죄로 고발되었다.

47) venir

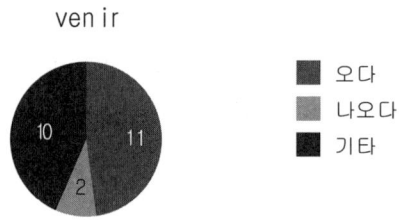

'venir'는 주어의 이동을 나타내며 총 23개 의미 항목을 가지고 그중 13개 항목이 한국어 '오다'니 '오디' 피생동사에 대응된다. 'venir'의 대표적 문형을 '1 venir de 2'로 나타난다. 이 구문은 'de 2'로 표현되는 기점(source)을 기본 논항으로 취한다. 주어가 유정물, 교통수단, 추상명사, 계절, 시기와 관련된 시간명사 등일 때 한국어 '오다'에 대응된다. 즉, 'venir'와 '오다'는 물리적, 추상적·시간적 이동을 의미한다는 점에서 유사하다. 그러나 '1 venir de 2'가 출신을 의미하는 경우에는 "¿De dónde viene?"의 현재 시제는 "당신 어디에서 왔어요?"처럼 과거 시제로 해석된다.

　'venir'는 간혹 'a 2'를 논항으로 취하는데, 'a 2' 형태의 착점이 나타나는 경우는 2가 장소명사인 경우보다는 사람인 경우가 대부분이다. 보통 여격 clitic과 함께 '1 [2 : 여격clitic] venir a 2'형태로 쓰이고,

한국어 '1이 2에게 오다'로 혹은 1이 감정 명사인 경우에는 '1이 2에게 생기다'에 대응된다. 또한 착점이 사람인 경우에는 '아버지의 재산이 그에게 왔다.'처럼 소유 이전의 의미를 가지게 된다.

'venir'는 이동 외에도 이동의 결과 상태를 의미하기도 하는데, "Este libro viene con el CD.(이 책은 CD와 함께 나왔다.)"나 "La dirección y el teléfono vienen en la guía.(주소와 전화번호는 안내책에 나온다/나왔다.)"에서처럼 한국어 '나오다' 혹은 결과가 강조되는 경우 '나왔다'와 같은 과거형에 대응된다.

상태 변화의 의미도 나타낼 수 있는데, "Le ha venido esa idea. (그에게 그런 생각이 생겼다.)" 이 경우 '2에게 1이 생기다'로 대응된다. 특히 '1 venir a ser 2(동사원형/형용사)'는 기준을 향하여 점차적으로 변화한다는 의미를 가지고 있어 '1이 2가 되다'가 된다. 또한 '1 venir en 2'에서 2가 지식, 소망, 느낌 등 인지 작용과 관련된 명사인 경우 '오다' 대신 '알다, 느끼다' 등 2의 의미를 포함한 동사와 함께 '1이 동사 (2포함)게 되다'가 되어 '알게 되다, 느끼게 되다'에 대응된다.

48) ver

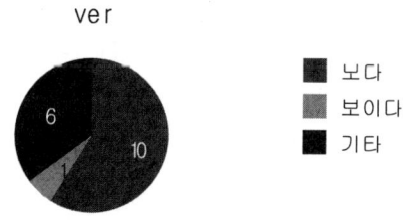

ver

■ 보다
■ 보이다
■ 기타

'ver'는 총 27개 의미 항목 중 11개 항목이 한국어 '보다/보이다'로 대응된다. 한국어 '보다'에 대응되는 스페인어 동사는 'ver'와 'mirar'인데, 'mirar'는 주어가 의식적으로 대상이 되는 사물을 보는 것이고, 'ver'는 의식적, 무의식적으로 시각을 통하여 무엇을 감지하는 것을 뜻한다. 따라서 '1 ver 2(1 : 주체, 2 : 대상)' 형태로 나타날 수 있고, 한국어에서 '1이 2를 보다'나 '1에게 2가 보이다'에 대응된다.

또한 'ver'는 시각적인 인식뿐 아니라 추상적 개념이나 명제에 대한 이해나 인식, 취급('이 주제를 보다', '환자를 보다' 등)도 나타낸다. 이때 '1 ver 2'는 한국어 '1이 2를 보다'에 대응되나, '1 ver que 절'과 '1 ver por qué 절'은 '이해하다'의 의미로는 '1이 ~것을 알다'에 대응되고, '예측하다'의 의미로는 '1이 ~것 같은 생각이 들다'에 대응된다. 또한 '무엇을 알아보다'의 뜻으로 '1 ver si/의문사 절' 한국어 '1이 ~는지 보다'에 대응된다.

(174) 1 ver que 절 /1 ver por qué 절 (1 : 사람)
　　　☞ 1이 ~ㄴ 것을 알다/1이 왜 ~ㄴ 지를 알다
　　예) a. No veo claro por qué no quiere venir.
　　　　　☞ 나는 그가 왜 오길 원치 않는지 모르겠다.
　　　　b. Ya veo lo que me quieres decir.
　　　　　☞ 이제야 네가 뜻하는 것을 알겠어.

(175) 1 ver que 절 〔※주로 1인칭 주어, 진행형으로 쓰임〕
　　　☞ 1이 ~ㄹ 것 같은 예감/생각이 들다
　　예) a. Estoy viendo que me voy a quedar sin comer.
　　　　　☞ 나는 결국 굶을 것 같은 생각이 든다.
　　　　b. Estaba viendo que te ibas a caer.
　　　　　☞ 나는 네가 떨어질 것 같은 예감이 들었다.

'ver'가 주어, 목적어, 목적보어와 함께 실현된 '1 ver (a) 2 형용사/부사'는 '1이 2를 ~로 보다'가, '1 verse 형용사/부사'는 '1이 ~로 보이다'가 된다.

(176) 1 ver ⒜ 2 형용사/부사구

　　　☞ 1이 2를 ~로 보다

　　1 verse 형용사/부사구

　　　☞ 1이 ~로 보이다

　　Yo no lo veo tan mal.

　　　☞ 나는 그것을 그렇게 나쁘게 보지는 않아.

　　Te ves bastante bien.

　　　☞ 너는 괜찮아 보여.

'1 verse en 2'처럼 재귀형이 전치사 구를 동반하는 경우에는 '1이 2
에 처하다/있다'에 대응된다.

(177) Si te ves en la necesidad de pedir dinero, pídemelo a mí.

　　　☞ 네가 돈을 빌릴 상황에 처하면, 나에게 부탁해라.

49) vivir

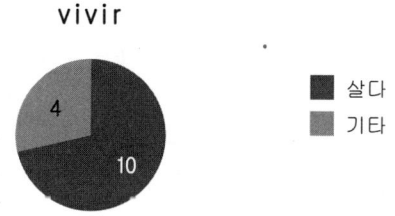

'vivir'는 총 14개 항목 중 10개 항목이 한국어 '살다'에 대응된다. '1
vivir (en 2)'는 '1이 (2에) 살다'에 대응되며, 상태의 의미를 강조하는
경우 '1이 살아 있다'에 대응될 수도 있다. 주어는 대개 유정물이 오며,
'기억이 살아 있다.'나 '낭만주의가 우리시대에 살아 있다'와 같은 은유적
표현에서 무정 주어도 허용된다. 이때 스페인어 '1 vivir en 2'는 한국

어 '살다'가 아닌 '살아 있다'에 대응된다. 또한 스페인어 'vivir'는 대부분 자동사로 쓰이나, '사건, 일, 감정'등의 명사나 동족목적어인 '삶 (vida)'과 함께 '1 vivir 2'처럼 타동사로도 쓰인다. 이때 타동사로서 'vivir'는 2가 '사건, 일, 감정'인 경우 한국어 '1이 2를 경험하다/느끼다'에 대응되며, '삶'인 경우 '1이 2를 살다'가 되는데, 이는 한국어 '살다'가 동족목적어만을 허용하기 때문이다.

50) volver

'volver'는 주로 '1 volver a 2' 형태로 유정물 주어가 본래 있던 곳으로 다시 이동하는 것을 의미한다. 1이 화자에게서 가까운 곳으로 이동하면 '1이 2로 돌아오다'로 반대의 경우에는 '1이 2로 돌아가다'에 대응된다. '1 volver de 2'는 주로 '1이 2에서 돌아오다'에 대응된다. 2가 없이 주어만 있는 '1 volver'는 1이 제자리나 정상 상태로 돌아오는 것을 의미하고 '1이 돌아오다'에 해당된다. 재귀형인 '1 volverse'는 가던 길을 다시 거슬러 오는 의미로 '1이 되돌아 오다/가다'로 된다.

그 밖에도 volver는 타동사로 목적어의 움직임을 나타낸다. '1 volver 2 a 3'은 2를 3으로 돌아가게 한다는 의미로 '1이 2를 3에/에게 돌려주다'에 대응된다. '1 volver 2'는 2가 '고개'이면 제자리에서 방향만 바꾼다는 의미로서 '1이 2를 돌리다'에, 2가 옷이면 겉과 속을 바꾼다는 의미로 '1이 2를 뒤집어 입다'에 해당된다. 또한 2가 책장이나 종이이면 앞과 뒤를 바꾼다의 '1이 2를 넘기다'로 대응될 수 있으며, "Volvió la bicicleta para regresar a su casa.(집에 돌아가기 위해 자전거를 돌렸다.)"에서처럼 2가 사람이나 교통수단에 해당하는 명사이고 움직이는 물체의 진행 방향을 바꾼다는 의미로 쓰이는 경우에는 '1이 2를 돌리다/2의 방향을 돌리다'에 대응될 수 있다. 재귀형인 '1 volverse'의 주어가 사람일 때 가던 방향을 거꾸로 거슬러 올라온다는 의미가 되는데 이때 한국어 대응형은 '1이 되돌아 오다/가다'가 될 수 있다.

그 밖에 'volver'는 사역동사로 쓰어 목적어와 목적보어를 취할 수도 있다. '1 volver (a) 2 형용사'는 1이 2의 상태 변화를 일으킨다는 뜻이며 한국어 '1로 2가 ~하다'에 대응된다. 재귀동사로 쓰여 '1 volverse 형용사'가 되면 주어 1의 상태 변화를 의미하는 '1이 ~게 되다'에 대응된다.

'volver'는 동사원형을 목적어로 취할 수 있는데 '1 volver a 동사원형'은 한국어의 '1이 다시 ~하다'가 되는데 동사 'volver'는 한국어 대응형에서 다른 문법 범주에 해당하는 부사 '다시'로 대응됨을 볼 수 있다.

3. 한국어 · 스페인어 상호간 동사 대조분석

히니의 언어를 디른 언어로 번역하기란 쉬운 일이 이니디. 히니의 어휘가 가지는 의미 영역이 두 언어권에서 일치하지 않기 때문이다. 같은 의미를 지니는 한국어와 스페인어의 기본 동사를 대조해 보면 그것이 서로 완전히 일치하지 않음을 알 수 있다. 이 장에서는 한국어와 스페인어의 의미 영역 관계를 한국어를 기준으로 하여 살펴보고자 한다.

한국어와 스페인어에서 일치하는 의미의 격틀을 바탕으로 하여, 한국어는 해당하는 어휘의 전체 의미의 격틀 수와 스페인어와 의미가 일치하는 격틀 수의 비율을 퍼센트로 나타내고, 스페인어는 해당하는 전체 의미의 격틀 수와 한국어와 의미가 일치하는 격틀 수의 비율을 퍼센트로 나타내되, 한국어의 전체 의미 격틀 수를 100으로 하여 스페인어의 의미 격틀 수의 의미 영역을 보여준다.

예를 들어, 한국어의 '돕다'와 스페인어의 'ayudar'를 대조해 보면, '돕다'의 의미 항목 격틀 수는 3개이고, 'ayudar'의 의미 항목 격틀 수는 4개이다. 이때 한국어 '돕다'가 가지는 의미 항목 모두는 스페인어에도 있다. 그러나, 스페인어에 있는 나머지 다른 하나의 의미 항목은 한국어 '돕다'에는 없다. 그러므로 한국어 '돕다'의 의미 영역은 스페인어 'ayudar'보다 작으며 그 의미 영역 안에 들어가게 된다. 이때, 한국어 '돕다'의 의미 영역을 100으로 잡으면, '돕다'와 의미 영역이 겹치는 'ayudar'는 의미 영역 전체의 75%에 해당하게 된다. 즉, 한국어 '돕다'의 의미 영역 100과 스페인어 'ayudar'의 의미 영역 75가 같다는 의미이다. 이러한 사실을 바탕으로, 스페인어 'ayudar'의 의미 영역 전체를 계산하면 130이 된다. 다시 말해, 한국어 '돕다'의 전체 의미 영역이 100일 때, 스페인어 'ayudar'의 전체 의미 영역은 130이며, 한국어 '돕다'의 의미 영역은 스페인어 'ayudar'의 의미 영역 75%와 겹침을 의미한다. 이를 그림으로 보이면 다음과 같다.

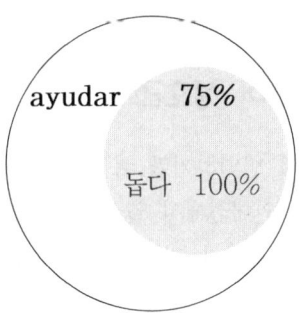

여기서는 이와 같은 방법으로 한국어 기본 동사 52개와 스페인어 기본 동사 50개 가운데 서로 겹치는 동사 25개를 대상으로, 한국어와 스페인어 상호 간의 의미 영역에 따른 격틀 분포를 바탕으로 동사의 영역을 살펴본다.

1) 돕다 & ayudar (100 : 130)

그림에서 보듯이 '돕다'는 ayudar에 완전히 포함된다. '돕다'는 모두 ayudar에 대응되지만 ayudar는 75%만 '돕다'에 대응된다. 한국어의 '돕다'의 의미 영역을 100%로 잡았을 때 ayudar의 의미 영역은 130%로, ayudar의 의미 영역이 '돕다'의 의미 영역보다 1.3배 큼을 알 수 있다.

2) 찾다(구하다) & buscar & encontrar
(100 : 116 : 147)

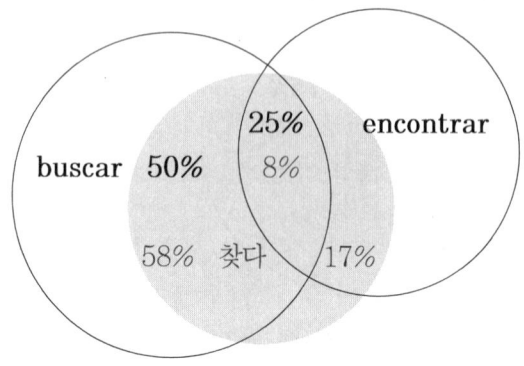

   한국어의 '찾다'는 스페인어의 buscar나 encontrar와 대조될 수 있다. '찾다'의 58%는 buscar와, 17%는 encontrar와 대조되는데, '찾다'의 8%는 buscar, 또는 encontrar 모두와 대조될 수 있다.

   '찾다'와 'buscar'를 대조해 보면 '찾다' 의미의 격틀 58%와 'buscar' 의미의 격틀 50%가 일치하여 '찾다' 100에 대해 'buscar'는 116의 의미 영역을 보여 준다. '찾다'와 'encontrar'는 각각 17%와 25%가 일치하여 '찾다' 100에 대해 'encontrar'는 147의 의미 영역을 보여 준다.

3) 먹다 & comer & cenar(저녁먹다)
(100 : 36 : 6(미만))

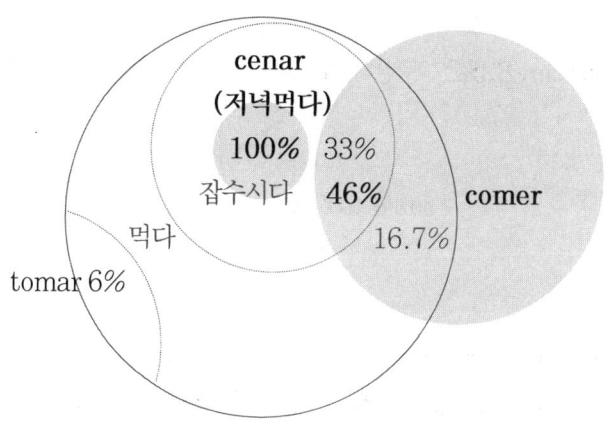

   한국어의 '먹다'는 기본 어휘로, 다양한 변이 의미를 가진다. '먹다'는 스페인어의 'comer'와 대조된다. comer도 스페인어의 기본 어휘로 다양한 변이 의미를 가진다고 보여진다. 그러므로, 이들 두 어휘는 상대적으로 다른 기초 어휘에 비해 의미 격틀이 일치되는 범위가 적다. 즉, '먹다'의 16.7%가 comer의 46%와 일치한다. 이들의 의미 영역의 비율은 1 : 0.36으로 먹다를 100으로 할 때 comer는 36의 의미 영역을 가진다.

   또한, 스페인어의 'cenar'는 '저녁을 먹다'라는 의미를 가진다. 그러므로 cenar도 '먹다'와 대조할 수 있다. cenar는 '먹다'의 격틀 의미 '1이 2를 먹다'의 일부분에 해당하는 것으로, '먹다'를 100으로 볼 때 6 이하의 의미 영역을 가진다. 한편 '먹다'의 6%는 tomar와도 대조된다.

4) 알다/모르다 & conocer & saber

(100 : 33 : 64)

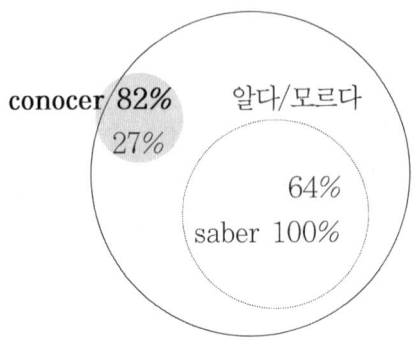

한국어의 '알다/모르다'는 스페인어의 conocer나 saber에 대조된다. '모르다'는 'conocer'나 'saber'의 부정형으로 나타난다. saber는 모두 '알다/모르다'의 64%에 대응되며, conocer의 82%는 '알다/모르다'의 27%에 대응된다. 알다/모르다를 100으로 할 때, conocer와 saber의 의미 영역 비율은 각각 33과 64이다.

5) 주다 & 드리다 & dar

(100 : 16 : 354)   --- & 하다

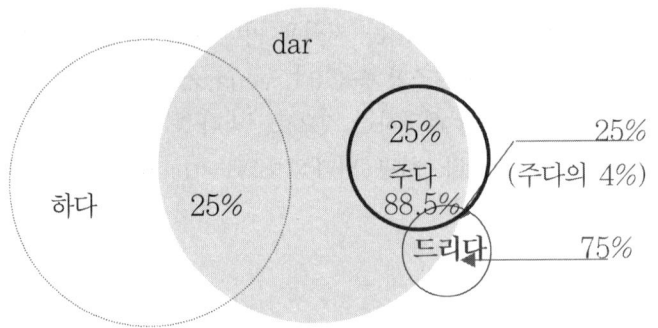

한국어의 '주다'와 '드리다'는 스페인어의 'dar'와 대조할 수 있다. '드리다'는 '주다'의 존대어이지만 '주다'와 의미 영역이 완전히 일치하지 않는다. '드리다'의 25%만이 '주다'의 4%와 겹친다. '주다'의 88.5%는 스페인어 dar의 25%와 겹치며, '드리다'는 75%가 'dar'와 겹친다. '주다'를 100으로 볼 때, '드리다'는 16이며, 'dar'는 354이다.

한편, 'dar'의 25%는 '하다'로 대응된다.

6) dejar & 놓다,(두다, 떠나다) & poner
(203 : 100 : 220)

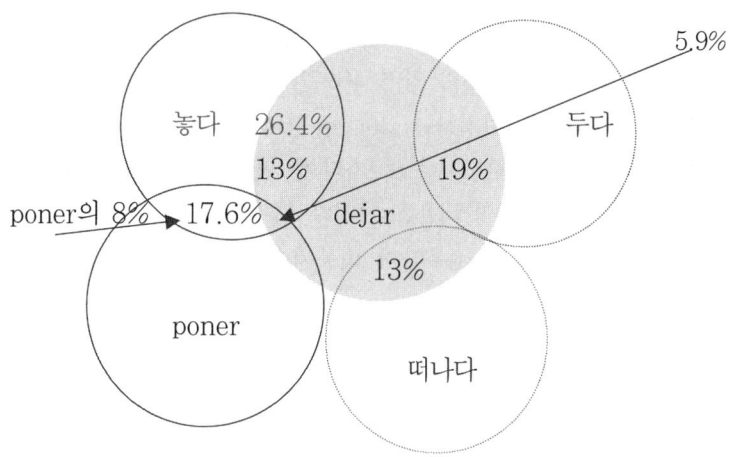

한국어의 '놓다'는 스페인어의 dejar와 poner에 대응된다. '놓다'의 17.6%가 poner의 8%와, '놓다'의 26.4%가 dejar의 13%와 의미 영역이 일치한다. 또한, '놓다'의 5.9%는 poner나 dejar 둘 다 대응된다. '놓다'를 100으로 볼 때, poner는 220, dejar는 203의 의미 영역을 가진다.

한편, dejar는 '두다'나 '떠나다'와 대조되는 부분이 있는데, dejar의 19%는 '두다'로, 13%는 '떠나다'로 대응된다.

7) 자다 & 주무시다 & dormir
(100 : 50 : 125) --- & 재우다

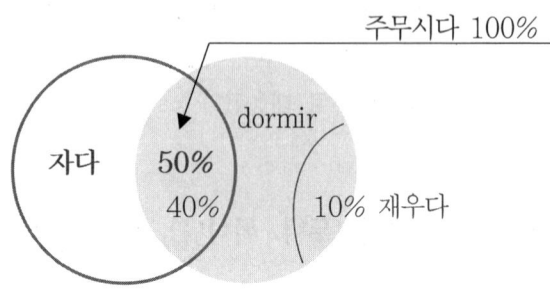

한국어의 '자다'는 스페인어의 dormir와 대조된다. '자다'의 의미 영역 중 50%는 'dormir'의 의미 영역 40%와 일치한다. '자다'의 존대어인 '주무시다'는 '자다'와 일치하는 'dormir'영역과 100% 일치한다. '자다'를 100으로 볼 때, '주무시다'는 '자다'에 완전히 포함되는 50이고, dormir는 125의 의미 영역 비율을 가진다.

한편, dormir의 10%는 '재우다'에 대응된다.

8) 만나다 & encontrar
(100 : 303) --- & 찾다, 발견하다, 있다

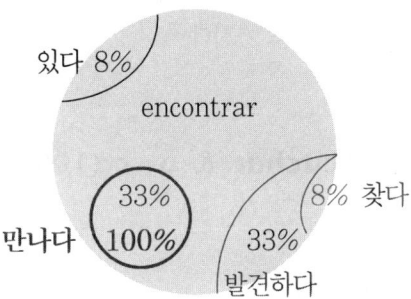

한국어의 '만나다'는 스페인어의 encontrar와 대조된다. '만나다'의 의미 영역 중 100%가 encontrar의 33%와 일치한다. '만나다'를 100 으로 보았을 때, encontrar는 303의 의미 영역을 가진다.

그밖에, encontrar의 8%는 '찾다'에 대응되며, encontrar와 대응되는 '찾다'는 모두 '발견하다'에 대응된다. 또한 이들과는 다른 8%는 '있다'로 대응된다.

9) 쓰다 & escribir (100 : 175)

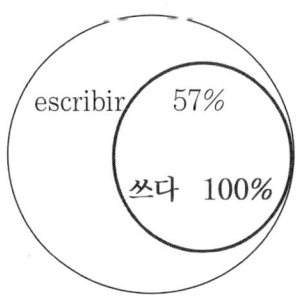

한국어의 '쓰다'는 스페인어의 escribir와 대조할 수 있다. '쓰다'는 모두 escribir로 대응되지만, escribir의 57%만 '쓰다'에 대응된다. 결과적으로 한국어의 '쓰다'의 격틀 의미 영역이 스페인어의 escribir 격틀 의미 영역에 완전히 포함됨을 알 수 있다. '쓰다'를 100으로 할 때, escribir는 175의 의미 영역을 가진다.

10) 듣다 & escuchar & o r (100 : 75 : 66.7)

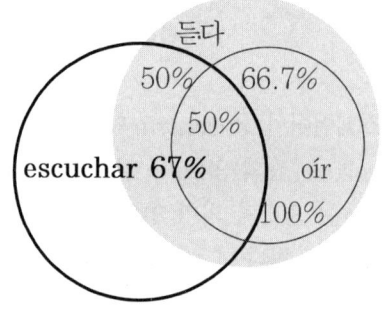

한국어의 '듣다'는 스페인어의 escuchar와 oír에 대응된다. '듣다'의 50%는 escuchar의 67%와 격틀 의미 영역이 일치한다. escuchar와 일치되는 '듣다'의 50%를 포함하는 다른 66.7%의 '듣다'의 격틀 의미 영역은 oír의 100%의 격틀 의미 영역과 일치한다. '듣다'를 100으로 할 때, escuchar는 75, oír는 66.7의 의미 영역을 가진다.

11) 있다 & estar & haber (100 : 174: 20)

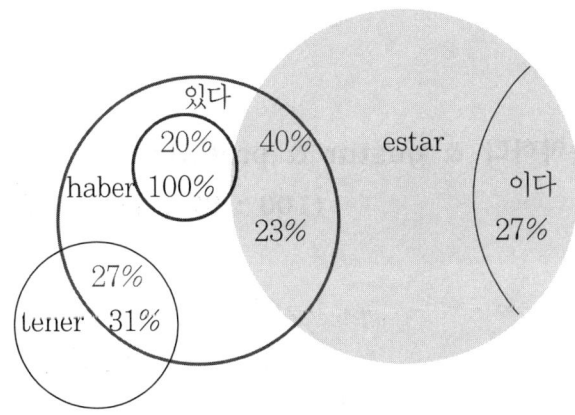

'있다'는 스페인어의 'estar' 또는 'haber'와 대조된다. haber는 모두 '있다'로 대응되지만, '있다'는 격틀 의미 영역의 20%만 haber에 대응된다. 또한, '있다'의 40%는 estar의 23%의 격틀 의미 영역과 일치한다. '있다'를 100으로 볼 때, estar는 174, haber는 20의 격틀 의미 영역을 가진다.

한편, '있다'의 26%는 tener에 대응되며, estar의 27%는 '이다'로 대응된다.

12) 이다 & ser (100 : 100)

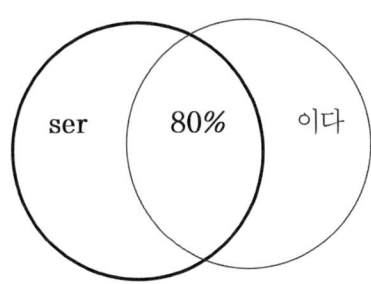

'이다'는 스페인어의 ser와 대조된다. '이다'와 'ser'의 격틀 의미 영역
은 1 대 1로 같다. 그러나 이들 두 어휘가 일치하여 대응되는 부분은
80%이다.

13) 좋아하다 & gustar & preferir

(100 : 87 : 33) -- & 좋다

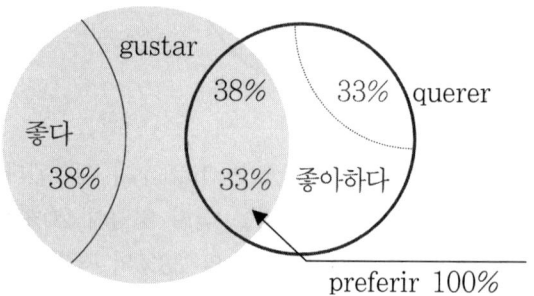

'좋아하다'는 스페인어의 gustar와 대조된다. '좋아하다'의 격틀 의미
영역 33%는 gustar의 격틀 의미 영역 38%와 일치한다. '좋아하다'의
격틀 의미 영역을 100으로 하면 gustar는 87의 격틀 의미 영역을 가
진다. gustar와 의미 영역이 겹치는 '좋아하다'의 의미 영역은 preferir
의 의미 영역에 대응된다. preferir의 의미 영역은 모두 '좋아하다'로
대응되므로, '좋아하다'의 의미 영역에 모두 포함된다.

한편, gustar의 의미 영역 중 38%는 한국어의 형용사 '좋다'에 대응
된다. 그리고, 한국어의 '좋아하다' 중 33%는 스페인어 querer에 대응된다.

14) 하다 & hacer (100 : 190),
만들다 & hacer (100 : 65)

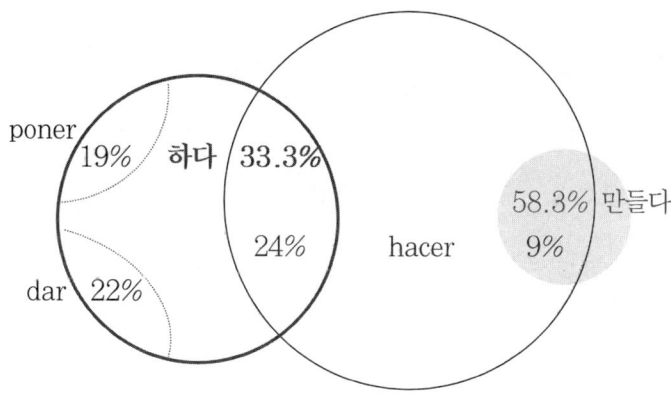

스페인어의 'hacer'는 한국어의 '하다'나 '만들다'에 대응된다. 먼저, '하다' 격틀 의미 영역의 33.3%는 'hacer'의 격틀 의미 영역 24%와 일치한다. 이는 '하다'를 100으로 할 때, 'hacer'가 190의 의미 영역을 가짐을 의미한다. 그밖에 '하다'의 19%는 poner로, 22%는 dar로 대응된다.

또한, '만들다'도 'hacer'에 대응되는데, '만들다'의 격틀 의미 영역 58.3%가 'hacer'의 의미 영역 9%와 일치한다. '만들다'를 100으로 하면, 'hacer'의 의미 영역은 648이 된다.

15) 가다 & ir (100 : 263)

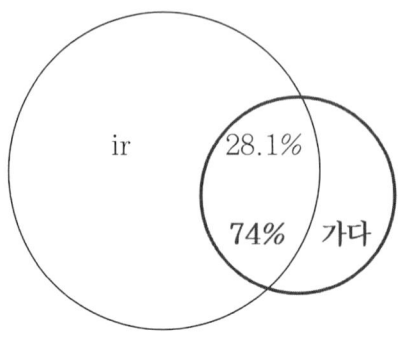

한국어의 '가다'는 스페인어의 'ir'와 대조된다. '가다'의 격틀 의미 영역 중 74%가 ir의 28.1 %에 대응된다. '가다'와 'ir'의 격틀 의미 영역을 비교해 보면, '가다'가 100일 때, 'ir'는 263의 크기를 가진다.

16) 놀다 & jugar (100 : 50)

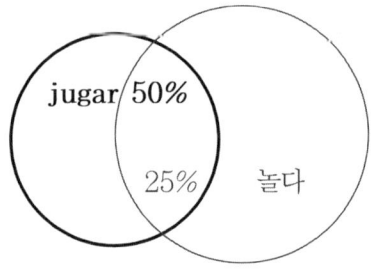

한국어의 '놀다'는 스페인어의 'jugar'와 대조된다. '놀다'의 격틀 의미 영역 중 25%가 'jugar'의 50%에 대응된다. 두 어휘의 의미 영역 크기는 비슷한데, '놀다' 100에 대해 'jugar'는 50의 격틀 의미 영역 크기를 가진다.

17) 읽다 & leer (100 : 117)

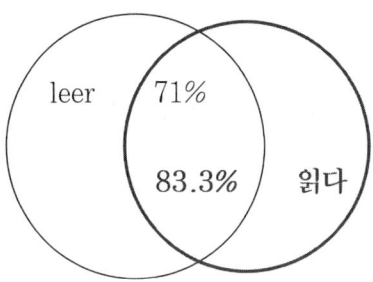

'읽다'는 스페인어 'leer'에 대조된다. '읽다'의 83.3%는 'leer'의 격틀 의미 영역 중 71%에 대응된다. '읽다'를 기준으로 'leer'의 격틀 의미 영역은 약 1.17배 크다. 즉, '읽다'를 100으로 할 때, 'leer'는 117의 크기를 가진다.

18) 부탁하다 & 요구하다 & 주문하다 & pedir & 시키다

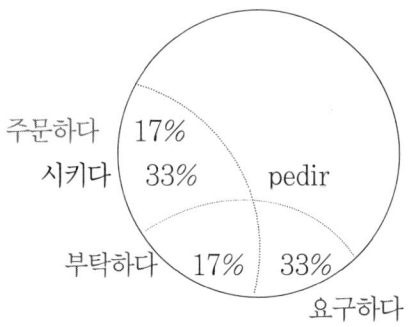

스페인어의 'pedir'는 한국어의 '부탁하다', '주문하다', '요구하다', '시키다'에 대응된다. 'pedir'의 17%는 '부탁하다'에, 다른 17%는 '주문하다'에 대응된다. 이 둘은 모두 '시키다'에 대응되기도 한다. 이 중 다시

'부탁하다'에 대응되는 'pedir'의 17%는 '요구하다'에 대응되며, 그것을 포함하여 'pedir'의 33%가 '요구하다'에 대응된다.

19) 묻다 & preguntar (100 : 100)

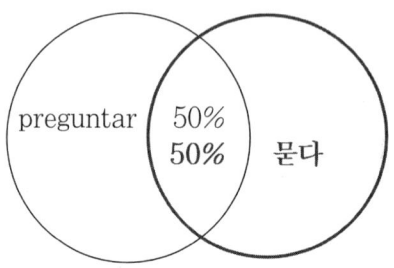

　한국어의 '묻다'(누구에게 무엇을 묻다)는 스페인어의 'preguntar'와 대조된다. '묻다'의 격틀 의미 영역 중 50%가 'preguntar'의 50%에 대응된다. 이들 '묻다'와 'preguntar'의 격틀 의미 영역은 1 대 1로, 서로 크기가 같다.

20) 나오다 & salir (100 : 254),
　　　　나가다 & salir (100 : 556)

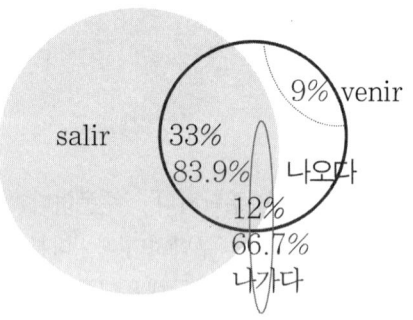

  한국어의 '나오다'와 '나가다'는 스페인어의 'salir'와 대조된다. 먼저, '나오다'의 83.9%는 'salir'의 격틀 의미 영역 33%에 대응된다. '나오다' 100에 대해 'salir'는 254의 격틀 의미 영역 크기를 가진다.

  한편, '나가다'의 66.7%는 'salir'의 격틀 의미 영역 12%에 대응된다. 이는 '나가다' 100에 대해 'salir'는 556의 격틀 의미 영역을 가짐을 의미한다. 이때, '나가다'에 대응되는 'salir'는 모두 '나오다'로도 대응된다.

21) 팔다 & vender (100 : 125)

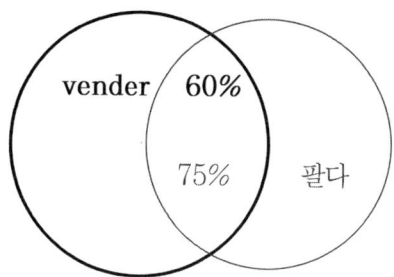

  한국어의 '팔다'는 스페인어의 'vender'와 대조된다. '팔다'의 격틀 의미 영역 중 75%는 'vender'의 60%에 대응된다. '팔다'와 'vender'의 영역 크기는 1 대 1.25로, '팔다'를 100으로 할 때 'vender'는 125의 크기를 가진다.

22) 오다 & venir (100 : 124) --- & 나오다

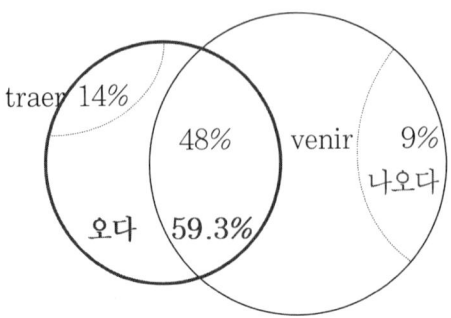

  '오다'는 스페인어의 'venir'와 대조된다. '오다'의 격틀 의미 영역 가운데 59.3%가 venir의 48%와 일치한다. '오다'를 100으로 보았을 때 venir는 124의 의미 영역을 가진다. 한편, 'venir'와 일치하는 '오다' 의미 영역 이외의 격틀 의미 영역 중 14%는 스페인어 traer에 대응된다. 그리고, '오다'와 일치하는 부분을 제외한 venir의 9%는 한국어 '나오다'에 대응된다.

23) 보이다 & ver (100 : 1333) --- & 보다

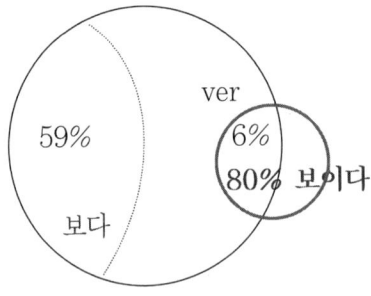

  한국어의 '보다'나 '보이다'는 스페인어의 'ver'와 대조된다. '보이다'의 격틀 의미 영역 중 80%는 'ver'의 격틀 의미 영역 6%와 대응된다. '보이다'를 100으로 볼 때 'ver'는 1333의 의미 영역 크기를 가진다. 한편, 'ver'의 59%는 한국어 '보다'에 대응된다.43)

24) 살다 & vivir (100 : 113)

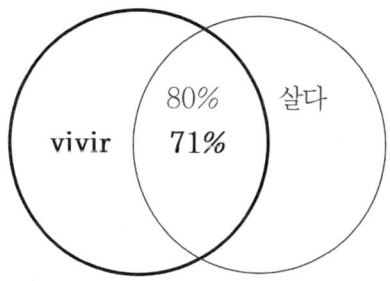

한국어의 '살다'는 스페인어의 'vivir'에 대조된다. '살다'의 격틀 의미 영역 중 80%는 'vivir'의 격틀 의미 영역 가운데 71%에 대응된다. '살다'와 'vivir'의 의미 영역 크기를 비교해 보면, '살다' 100에 대해 'vivir'는 113의 격틀 의미 영역 크기를 가진다.

---

43) '보다'가 이 연구물의 분석 대상인 기초 동사에 포함되지 못해서 ver와 상호 대조 는 하지 못했다.

제 **6** 장 한국어·스페인어 관용 표현 대조분석

1. 한국어 관용 표현의 특징

관용 표현은 한 언어권에 속하는 언중들만이 이해할 수 있는 표현이다. 새로운 상황이 생기거나 이미 있어온 표현에 실증을 느낄 때 새로운 표현에 대한 필요가 발생한다. 상황에 대한 표현은 하나의 단어로 표현하기 어려우며, 대부분의 경우 구 형태를 띠는 것이 일반적이다. 이 때 만들어진 구 표현은 어휘들의 새로운 구성일 경우도 있지만 이미 사용되고 있는 구 표현의 의미를 확대시킨 것이기도 하다. 이 두 경우 모두 구의 구성 요소들이 다른 구성 요소로 갈음될 수 없으며 반드시 그 구성 요소들이 결합할 때만 그러한 의미를 나타내게 된다. 그래서 관용 표현을 굳은 표현이라고도 한다. 관용 표현이란 '두 개 이상의 단어가 필수 공기 관계에 놓이면서 화석화되어 통사적으로 굳어진 채 사용되고, 의미상 그 결합 요소들 각개 의미의 단순한 합이 아닌 제3의 의미를 지니게 된 특수 표현들'이라고 한다(이상억 1993).

이러한 관용 표현은 구성 요소의 의미 파생에서 비롯된다. 구성 요소들 중 다양한 다의적 의미를 지닐 수 있는 기본 어휘가 관용 표현에서 중심축을 이룬다. 관용 표현의 의미 파생은 구성 요소 전체의 의미가 파생되기도 하지만, 의미 파생에서 핵심적인 역할은 주로 동사가 담당한다. 그러므로, 한 언어의 기본 동사는 많은 관용 표현에 나타나게 된다.

한국어 기초 동사 50개에서 나타나는 관용 표현을 살펴보면, 주어진 조건의 제약이나 조건의 위배, 제한적 상황에서 쓰이는 말의 일반적 상황으로의 확대, 일반적 현상으로부터의 결과 유추, 구성 요소의 의미 변화나 제약적인 쓰임, 구성 요소의 다의적 의미, 구성 요소의 사회 문화적 의미 속성, 구성 요소의 제한된 연어적 결합 등에 의해 관용 표현이 생김을 알 수 있다.

1) 동사에 따른 관용 표현

먼저 평범한 문장이 주어진 조건의 제약이나, 조건을 어김으로써 관용 표현이 되는 경우를 살펴보자. 일반적으로는 사물 명사와만 결합하는 동사구가 사람 명사와 쓰이면서 사람이 사물에 비유되어 결과적으로 대상이 되는 사람을 비하하는 관용 표현이 되는 경우가 있다. 예를 들면 아래 (1)과 같다.

> (1) '가지고 놀다(사람을 가지고 노는군.)', '맛이 가다(저 사람 맛이 갔군.)'

'만나다'는 목적어로 구체 명사를 요구하는데, 이 동사가 추상 명사와 결합하면서 관용 표현이 되기도 한다. '대목을 만나다', '때를 만나다'가 그런 예이다.

또한, 종결어미의 제약이 없을 때는 일반적인 쓰임을 보이는 표현이 종결어미가 서술(감탄 포함)형 어미로 제약될 때 특별한 의미를 파생시켜 관용 표현으로 굳어지는 경우가 있다. 그 예는 아래와 같다.

> (2) '놀고 있다(잘들 놀고 있네.)', '놀고 앉았다(놀고 앉았네.)', '어서 오다(어서 오세요.)'

(2)의 '놀고 앉았다'는 '놀고 있다'가 은어적 표현으로 확대된 것으로
보인다.

제한적 상황에서 쓰이는 말을 인간이나 일반적 현상에 유추하여 관용
적으로 표현하기도 한다. (3)이 그러한 예인데, 이러한 관용 표현들은
위에서와는 달리 인간 현상에 대해 쓰일 때 대상이 되는 사람을 비하하
는 의미를 가진다.

(3) '제동이 걸리다', '발동이 걸리다', '비상이 걸리다'

일반적인 현상에서 결과를 유추하여 관용적으로 표현하는 경우가 있
는데, 현상을 직접적으로 표현한 것과 은유적으로 표현한 것으로 구분
할 수 있다. 먼저 현상에 대한 직접적인 표현으로 구체적인 의미를 포
함하면서 전체 구성의 의미 확장을 통해 제한된 상황을 표현하는 관용
표현이 있는데, 아래의 예가 그렇다.

(4) '갈 데까지 가다', '자리를 함께 하다', '잘 나가다', '잘못 된 길을 가다', '다
되다', '다시 보이다', '임자를 만나다', '힘 주다', '정신 나가다', '뿅 가다',
'골로 가다'

위에서 '뿅 가다'는 '가다'의 다의적 의미가 음성상징어인 '뿅'과 결합
하면서 '가다'의 다의적 의미를 고정화시켜 제한된 상황을 적절하게 표
현하고 있다. '골로 가다'는 은어적인 표현으로, '가다'의 다의적 의미가
은어인 '골'과 결합되어 관용 표현이 된 경우이다. 한편, '땅거미가 내리
다', '어둠이 내리다'처럼 현상에 대한 인식을 구체화시켜서 유추되는 동
사를 문화적 인식에 의해 선택하여 관용적으로 표현하기도 한다.

추상적인 현상을 표현하기 위해 언중들에게 친숙하고 구체적인 대상을
가지고 은유적으로 표현한 경우도 있는데, 의미의 혼란을 막기 위해 통사
적으로 확장되지 못하고 관용화된 경우를 가리킨다. 이러한 종류의 관용
표현은 전체 구성이 가지는 구체적 의미가 제 3의 추상적 의미로 전이
되어 구체적인 의미는 아무 의미도 가지지 않는다. 예를 들면 아래와

같다.

> (5) '귀에 딱지가 앉다', '머리에 서리가 앉다', '긁어 부스럼을 만들다', '입에 풀
> 칠을 하다', '한 배를 타다', '간에 기별도 안 가다', '귓등으로 듣다', '눈에
> 넣어도 아프지 않다', '목/어깨에 힘을 주다', '다리를 놓다', '금이 가다', '막
> 을 내리다', '막이 내리다', '~밥을 먹다'

다른 한편으로, 구성 요소의 의미 변화나 제약적인 쓰임에 의해 관용
표현이 이루어지기도 한다. '높이 사다'는 '사다'의 의미가 '평가하다'의
의미로 확장되어 그에 적합한 부사 '높이'와 결합되어 만들어졌다. '사다'
가 '평가하다'라는 의미 속성을 가지기는 하지만 그것이 주된 의미가 아
니므로 '높이 사다'는 일반적 통사 구성에서 어긋난다. 그러므로, '높이
사다'는 예측 불가능한 표현이며, 이러한 경우 관용 표현으로 굳어지게
된다.

한국어에서 관용 표현은 구성 요소의 다의적 의미에 의해 이루어지기
도 한다. (6)이 그러한 예이다.

> (6) '골탕을 먹다', '더위를 먹다', '편을 먹다', '한 방 먹다', '애를 먹다'; '청을
> 넣다', '전화를 넣다', '손에 넣다', '먹고 떨어지다', '잘 보이다', '잘못 보이
> 다', '~의 손에 가다', '손이 가다', '값이 나가다', '한물 가다'

위 예에서, 각각 '먹다, 넣다, 잘/잘못, 손, 나가다, 가다'의 다의적
의미가 다른 구성요소의 의미와 결합하면서 의미가 고정되었음을 알 수
있다.

구성 요소의 사회 문화적 의미 속성에 의해 관용화되는 경우도 있다.

> (7) '날을 받다', '사주를 받다', '아이를 받다', '말을 듣다', '마을 가다', '배를
> 놓다', '콩밥을 먹다'

'날을 받다'와 '사주를 받다'는 특별한 의미의 '날'과 '사주'가 가지는 신
성함이라는 사회 문화적 속성으로 인해 '받다'라는 동사와 결합하여 관

용화된 경우이다. '아이를 받다'도 '아이'를 절대적 존재가 주는 것으로 인식하는 사회 문화적 속성에서 '받다'와 결합하며, '말을 듣다'에서 '말'은 한국의 유교적 문화에서 가지는 '조심해야 하고 삼가야하는' 대상으로 인식하는 사회 문화적 맥락에서 관용 표현이 되었다.

끝으로, 제한된 구성 요소의 연어적 결합에 의해 관용 표현이 생겨나기도 한다.

> (8) '눈치가 보이다', '목 놓아 울다', '품을 팔다', '무등을 타다', '딱지를 놓다', '머리를 하다', '선을 보이다', '걸음을 하다'

위의 '눈치가 보이다'는 '눈치'와 '보이다'의 제한된 연어적 결합이며, '목 놓아 울다'에서는 '목'과 '놓다'의 제한적 결합이다. '선을 보이다'도 마찬가지이다. '품을 팔다', '무등을 타다', '딱지를 놓다', '머리를 하다', '걸음을 하다'도 마찬가지 경우이다.

2) 명사에 따른 관용 표현

한국어에서 기초 동사와 어울려 관용 표현을 이루는 어휘(명사)들을 살펴보면, 신체, 밥, 일상 생활과 관련이 있는 것 등이다. 이들 중 대부분은 신체나 밥과 관련 있는 것으로 관용 표현이 기초 어휘에서 만들어짐을 확인할 수 있다.

신체 명사와 결합되는 관용 표현에는 다음과 같은 것들이 있다.

> (9) '귀에 딱지가 앉다', '머리에 서리가 앉다', '입에 풀칠을 하다', '간에 기별도 안 가다', '귓등으로 듣다', '눈에 넣어도 아프지 않다', '목/어깨에 힘을 주다', '목 놓아 울다', '등을 보이다', '~의 손에 가다', '손에 넣다', '손이 가다'

이들 관용 표현을 살펴보면, 주로 눈, 입, 목, 머리와 같이 머리 쪽의 신체 부분과 '손'이 대부분임을 알 수 있다.44)

(10) a. 김 영감은 아들이 서울에서 큰 회사에 다닌다고 <u>목에 힘을 주고</u> 다녔다.
b. 그 정도 일 가지고 <u>어깨에 힘을 주고</u> 다니지 마라.

위 예문에서 보듯이, 우리말은 신체어(身體語)를 포함하는 관용 표현이 풍부한 편이다. 얼굴 말고도 발·낯·입·가슴·애·배·목·속 따위의 말들이 들어간 관용 표현을 들어보면, '발이 넓다', '낯이 두껍다', '입이 무겁다', '가슴이 두 근 반 세 근 반 하다', '애를 먹다', '배가 맞다', '목이 빠지다', '속이 뒤집히다'가 있다.

결합되는 구성 요소 중 하나가 비유적으로 만들어진 낱말이며, 반드시 그 구성에서만 나타나 관용 표현화한 경우가 있다.

(11) '돈방석에 앉다', '바늘방석에 앉다', '엇길로 나가다', '한자리 하다', '눈칫밥을 먹다', '한솥밥을 먹다'

위에서 명사가 의미의 중심을 이루고 있으나 이들 명사는 이 관용 표현에서만 나타난다. 또한, '밥', 또는 '밥'과 합성된 어휘가 관용 표현에 주로 사용됨을 볼 수 있다. 예를 들어, '~밥을 먹다', '눈칫밥을 먹다', '한솥밥을 먹다'가 있다. 그밖에 음식과 관련되어 '미역국을 먹다', '물을 먹다', '맛이 가다'의 예도 보인다.

일상 생활과 관련지어서는 '방석', '날', '사주' 등의 어휘기 쓰였다. '돈방석에 앉다', '바늘방석에 앉다', '날을 받다', '사주를 받다'의 예가 있다. 이외에 한국어만의 특성은 아니지만 '길'도 '잘못 된 길을 가다', '엇길로 나가다'의 예에서처럼 기초 어휘로 관용 표현에 자주 등장한다.

2. 스페인어 관용 표현의 특징

언어는 문화와 분리될 수 없다. 그러므로 한 언어를 이해하는데 그

---

44) 한국어의 관용 표현의 특징에 대한 자세한 논의는 6장 3.을 참고할 것.

언어권의 문화 이해는 절대적이다. 다른 언어를 습득하는 과정에서 언어 습득자가 모국의 문화와 타 언어권의 문화의 차이점을 인식하지 못한다면 언어 표현에 오류가 발생하는데, 특히 관용 표현의 경우에는 더욱 그러하다. 관용 표현은 문화적 기반을 토대로 형성되기 때문이다. 그러므로 스페인어를 효율적으로 학습하고자 한다면, 스페인 문화 중에서도 우리의 것과 대조되는 것을 이해하지 않으면 안 될 것이다. 본절에서는 스페인어의 관용 표현을 중심으로 어떤 특성이 나타나는가를 살펴보기로 하겠다.

1) 동사에 따른 관용 표현

스페인어의 관용 표현은 주로 'hacer(하다)', 'dar(주다)', 'tener(가지다)', 'llevar(가져가다)', 'traer(가져오다)', 'tomar(잡다)', 'ir(가다)', 'pasar(지나가다)', 'salir(나가다)', 'poner(놓다)', 'ver(보다)', 'comer(먹다)', 'decir(말하다)', 'hablar(말하다)' 등과 같은 기초 동사로 이루어지는 경우가 많다.

관용 표현은 고정적이며 따라서 단어의 순서 바꿈이나 다른 요소의 첨가 삭제 등에 의한 구조적 변형을 쉽게 허용하지 않는다는 특징을 가지고 있다. 가령 '1이 잘 되다'의 표현인 '1 ir sobre las ruedas (직. 1이 바퀴로 가다)'는 '1 ir <u>rápido</u> sobre las ruedas (직. 바퀴로 **빨리** 가다)'로는 쓰일 수 없으며, '1이 매우 가난한 생활을 하다'에 해당하는 '1 comerse las uñas (직. 손톱을 먹다)'와 같은 표현을 명사구 '<u>comida</u> de las uñas'로 표현되는 것은 불가능하다.

관용 표현의 가장 큰 특색은 전체구의 의미가 그 구를 이루는 요소들의 축자적 의미의 합으로부터 나오는 것이 아니라는 점이다. 이렇게 관용 표현의 의미는 비합성적이며, 관용적 의미가 도출되기 위해서는 다양한 방법을 통해서이다. 본 절에서는 스페인어 관용 표현을 그 의미적 특성에 따라 몇 가지 유형으로 나누어서 살펴보기로 한다.

스페인어 동사 관용 표현에서 가장 흔하게 관찰되는 유형은 은유나 비유를 통한 것으로, 구체적 의미를 추상적으로 확대하거나 구체적 현상을 일반적으로 확대하는 방법이다. 구체적 상황을 일반적 상황으로 확대하는 예는 (12)와 같다.

> (12) a. 1 buscar una aguja en un pajar
> ☞ 헛간에서 바늘 찾다
>
> b. comer las uñas
> ☞ 매우 가난한 생활을 하다/불안해하다 (직. 손톱을 먹다)
>
> c. dar/sacar la patada a ~
> ☞ ~를 내쫓다 (직. ~를 발로 차다)
>
> d. dejar alto al pabellón (de ~)
> ☞ ~의 위상을 높이다 (직. ~의 깃발을 높히다)
>
> e. estar escrito en bronce
> ☞ 역사에 기록되다 (직. 동판에 쓰여지다)
>
> f. estar en la luna/en las nubes
> ☞ 정신을 팔고 있다 (직. 달/구름 위에 있다)
>
> g. hacer acrobacias
> ☞ 어려움을 겪다 (직. 곡예를 하다)

반대로 일반적인 현상을 구체적 현상으로 축소하여 쓰는 경우도 있는데, 'dar a la luz a ~ (직. ~를 빛이 있는 곳으로 나오게 하다)'의 경우 '~를 출산하다'는 제한된 의미로 쓰인다는 점에서 그 예로 볼 수 있다.

직유법을 통하여 관용의미가 도출되는 경우 '~처럼'에 해당하는 부사어 'como'를 사용하게 되는데 '~처럼 ~하다'의 구조를 가지게 된다. (13)은 그 예이다.

> (13) a. dormir como un ceporro/leño/tronco
> ☞ 깊이 잠들다 (직. 둔한 사람/나무토막 처럼 자다)
>
> b. como si le hablara a la pared
> ☞ 벽에다 대고 얘기하는 것처럼
>
> c. hablar como un libro abierto
> ☞ 또박또박 말하다 (직. 책을 펼쳐 놓은 것처럼 말하다)

    d. ponerse como una sopa

      ☞ 흠뻑 젖다 (직. 스프처럼 되다)

  또한 중요한 문장 요소가 생략됨으로써 관용적 의미가 생기기도 한다. "Que vaya con Diós. (직. 하나님과 함께 가기를)"은 작별을 할 때 하는 인사인 "잘 가."에 해당한다. 본래는 'que' 앞에 동사 'Espero/Esperamos(나는/우리는 바란다)'가 생략된 형태로 볼 수 있다. "Que tengas suerte.(☞ 행운을 빌어)"의 경우에도 주절 동사 생략에 의한 관용 표현으로 볼 수 있다.

  평범한 문장이 주어진 조건의 제약이나 조건을 어김으로써 관용적 표현이 되는 경우도 있다. 가령 일반적으로는 사물 명사와만 결합하는 동사구가 사람 명사와 쓰이면서 사람이 사물에 비유되어 결과적으로 대상이 되는 사람을 비하하는 관용 표현이 되기도 하는데, 'jugar con~'의 경우 '무엇을 가지고 놀다'의 뜻으로 본래 목적어로 무정 구체명사가 오나 사람명사가 와서 '사람을 가지고 놀다'가 되면 비하의 의미를 지닌 관용 표현이 된다. 이와 유사하게 'comer'의 경우 고체성 음식물이 목적어로 와야 하는 제약이 있는데 'comer ~ con la vista/los ojos' (직. 눈으로 ~를 먹다)의 경우 구체명사가 목적어로 와서 '~를 자세히 보다'라는 관용적 의미를 가지게 된다. '1 comer(se) los santos (직. 1이 수호성인을 먹다)'의 경우도 같은 방법으로 '1이 종교에 깊이 빠지다'라는 관용적 의미를 가지게 된다.

  과장법이 쓰인 관용구도 다수 관찰되는데 (14)는 그 예이다.

    (14) a. dejar correr la pluma

        ☞ 즉석에서 거침없이 써 내려가다 (직. 펜이 달리도록 내버려 두다)

      b. estar/quedarse hecho harina/polvo

        ☞ 녹초가 되다 (직. 밀가루/가루가 되다)

      c. hacer literatura

        ☞ 말을 많이 하다 (직. 문학 작품을 쓰다)

      d. Hace un frío que pela en ~

☞ ~가 아주 춥다 (직. 껍질을 벗기 듯이 춥다)

e. ir con cien ojos

☞ 조심하다 (직. 100개의 눈을 뜨고 가다)

f. no llegar ni para un diente

☞ 간에 기별도 안 가다 (직. 이빨에 닿지도 않다)

g. llevarse a matar con ~

☞ ~와 사이가 나쁘다 (직. 서로 죽이려 하다)

그 외에 직접적인 표현을 피하고 완곡적인 표현으로 대신하는 경우도 있는데 주로 용변, 임신, 죽음 등과 관련된 부정적 내용을 표현할 때에 이러한 완곡어법의 관용 표현을 사용하게 된다.

(15) a. hacer sus necesidades

☞ 용변을 보다 (직. 필요한 것을 하다)

b. hacer un bombo a ~

☞ ~를 임신시키다 (직. ~를 배부르게 하다)

c. irse

☞ 죽다 (직. 가다)

반어법을 통하여 관용의미를 나타내는 예도 있는데 주로 부정적 내용을 그와 상반되는 긍정적 표현으로 나타낸다. (16)은 그 예이다.

(16) a. Mi padre y yo nos parecemos en el blanco de los ojos.

☞ 아버지와 나는 전혀 닮지 않았다.

(직. 아버지와 나는 눈의 흰자위만 닮았다.)

b. hacer su santa voluntad

☞ 자기 마음대로 하다 (직. 자신의 성스러운 의지대로 하다)

c. hacerse el mártir

☞ 진저리나게 일하다/힘든 척 혼자 다하다 (직. 순교자가 되다)

스페인어 관용 표현 중에는 표현 자체의 의미와는 무관하게 담화상에서 화자의 필요에 의하여 도입되는 표현들이 있는데, 이때 전체 관용 표현의 의미는 단어들의 의미로부터 도출할 수 없는 불투명한 것이며 특정 화행(Speech Act)를 유도하기 위한 의식적 표현으로 볼 수 있다. (17)은 그 예이다.

(17) a. Mire/Mira.
    ☞ 이봐요. 상대방의 주의를 끌기 위해 하는 말 (직. 보세요/봐.)
  b. Oiga/Oye.
    ☞ 여보세요. 상대방을 부를 때 하는 말 (직. 들으세요/들어라)
  c. ¿Diga(me)?
    ☞ 여보세요. 전화를 처음 받을 때 하는 말 (직 말하세요)
  d. Lo que pasa es que ~
    ☞ 실은 말이지. 설명이나 변명을 할 때 문두에서 쓰는 말
  e. es decir
    ☞ 즉. 말하자면. 무엇에 대한 부연 설명을 할 때.
  f. ¡Haz el favor!
    ☞ 제발.
  g. Verá/Verás.
    ☞ 자, 봐. 상대방의 주목을 끌 때. (직. 너는 볼 것이다)

이와 유사하게 요소들의 의미와는 무관하게 특정 형식, 관례 등에서 의례적으로 쓰이는 다음과 같은 관용 표현들도 있다.

(18) a. Que en paz descanse./Que duerma en paz.
    ☞ 편히 쉬소서/ 고이 잠드소서.
    ☞ 돌아가신 분의 명복을 빈다는 뜻.
  b. Perdone./Perdona.
    ☞ 죄송합니다. (직. 용서하세요.)
  c. ¿Cómo está/estás?
    ☞ 안녕하세요? (직. 어떠세요?)
  d. ¿Qué pasa?
    ☞ 안녕? (직. 무슨 일이야?)
  e. No hay de qué.
    ☞ 천만예요.

이 밖에도 사회, 문화적 배경에 의하여 이해되는 관용 표현도 있는
데, 스페인어에서는 상당 수의 관용 표현이 기독교와 관련되어 있는데
카톨릭 국가인 스페인의 문화를 반영하는 것으로 볼 수 있다. '하나님
(Diós)'을 비롯하여 카톨릭과 관련된 많은 관용 표현들이 관찰되는데
(19)는 그 예이다.

> (19) a. Que vaya con Diós.
> ☞ 잘 가세요. (직. 하나님과 함께 가기를)
>
> b. Como Diós le da a entender.
> ☞ 아무런 생각없이. (직. 하나님이 주시는 생각대로)
>
> c. hablar en cristiano
> ☞ 알아 듣도록 말하다. (직. 기독교인의 언어로 말하다)
>
> d. hacer como Diós manda
> ☞ 순리대로 하다. (직. 하나님이 시키는 대로 하다)
>
> e. llevar ~ al altar
> ☞ ~와 결혼하다. (직. ~를 제단으로 데려가다)
>
> f. 〔1 : 여격clitic〕 irse el santo al cielo
> ☞ 1이 말하려던 것을 깜박 잊다. (직. 1의 수호성인이 하늘로 올라가다)
>
> g. Mañana Diós dirá.
> ☞ 내일 어떻게 되겠지. (직. 내일 하나님이 말하실거야.)

2) 명사에 따른 관용 표현

스페인의 관용 표현에는 '손, 머리, 눈, 코'와 같은 신체어와 '개, 고
양이, 소'와 같은 동물명사도 많이 볼 수 있다. 신체어와 관련해서는 주
로 '눈, 손, 머리, 가슴, 코' 등이 관용 표현에 많이 나타나는데, 그러한
표현을 구체적으로 보이면 아래와 같다. 먼저 '손'이 들어간 관용 표현
을 살펴보자.

> (20) a. a mano derecha/izquierda
> ☞ 오른 쪽, 왼쪽 (직. 오른손/왼손 쪽으로)

b. Repartió el dinero **a manos llenas**.
　☞그는 **인심 좋게** 돈을 나누어 주었다. (직. 손에 가득히)

c. La administración de la empresa está **en manos de** mi socio.
　☞회사 경영은 동업자의 **손에** 있다.

스페인어에서도 '손'은 한국어와 마찬가지로 '소유'의 의미로 쓰일 수 있다. 예문 (20c)의 '손'(manos)은 바로 '소유'나 '지배'의 의미를 나타낸다. 머리의 경우에도 '우두머리, 선두, 자존심' 등의 은유적 의미를 가지며 (21)과 같은 표현들에서 볼 수 있다.

(21) a. El atleta africano va **a la cabeza**.
　　☞아프리카 선수가 **선두로** 간다. (직. 머리에)

b. Baja la **cabeza ante el rey**.
　　☞ 왕 앞에 **머리를 숙여라**. (직. 머리를 내리다)

c. Me **apuesto la cabeza** a que se marcha del bar sin pagar.
　　☞ 그 사람이 돈을 안내고 바에서 나간다는 쪽에 내 **목을 걸겠어**.
　　(직. 머리를 걸다)

d. No me **calientes más la cabeza**.
　　☞ 내 **머리 복잡하게 하지** 마. (직. 내 머리 더 이상 열 받게 하지 마.)

(21)과 유사한 표현은 한국어에서도 찾을 수 있으며, (21c)에서 보이는 바와 같이 '내기에 무엇인가를 걸다'는 한국어에서는 '무엇에 목을 걸다'로 표현하나, 스페인어에서는 '무엇에 머리를 걸다'라고 한다는 점에서 대조적이다. 이 밖에 '눈'도 관용 표현에 많이 나타나는데, 이를 보이면 아래와 같다.

(22) a. ¿Es que **no tienes ojos en la cara** para ver que te está engañando?
　　☞ 너는 속고 있는 것도 **눈치 못 챘니**? (직. 얼굴에 눈을 달고 있지 않다)

b. Si me invita Juan voy **con los ojos cerrados**.
　　☞ 후안이 나를 초대하면 **눈 딱 감고** 가겠다.

c. en un abrir y cerrar de los ojos

☞ 눈 깜작할 사이에

d. Mi padre y yo nos parecemos en el blanco de <u>los ojos</u>
　　☞ 아버지와 나는 전혀 닮지 않았다.   (직. 눈의 흰자위만 닮았다)

위 예문 (22d)의 '눈의 흰자위만 닮았다'는 '무엇이 무엇과 거의 닮지 않다'를 반어적으로 표현한 것이다. 한국어에서는 '발가락이 닮았다'는 작품의 영향으로 '무엇이 무엇과 닮다'를 '발가락이 닮았다'로 표현하기도 한다.

한국어와 달리 스페인어에서는 '코'가 관용 표현에 나타난다. '남의 일에 간섭하다'는 '코를 끼워 넣다'라고 표현한다. 아래 예문을 살펴보자.

(23) a. <u>**Estoy hasta las narices**</u> de este coche.
　　　☞ 나는 이 차가 **지겨워**.   (직. 코까지 차다)

b. Deja de <u>**meter las narices**</u> en lo que no te importa.
　　　☞ 너와 상관없는 일에 **간섭하지** 마.   (직. 코를 끼워 넣다)

c. No le <u>**toquen las narices**</u>.
　　　☞ 그를 **화나게 하지** 마세요.   (직. 코를 만지다)

d. <u>Tiene nariz puesta en el cielo</u>.
　　　☞ 그는 거만하다.   (직. 코가 하늘에 있다)

위 예문 (23b)의 '코를 끼워 넣다'는 '남의 일에 간섭하다'를 의미한다. 이런 표현은 한국어에서는 찾아볼 수 없다.

이밖에 스페인어 관용 표현에는 '개', '고양이', '소'처럼 동물명사가 나타난다. 스페인어에서 '개'와 '고양이', '소'가 들어간 관용 표현을 보이면 아래와 같다.

(24) a. hijo de perra
　　　☞ 개새끼   (직. 암캐의 새끼)

b. Hace una mañana <u>**de perros**</u>.
　　　☞ 아침 날씨가 **개 같네**.

c. No le digas nada, hoy está de <u>**humor de perros**</u>.
　　　☞ 그 사람에게 아무 말 하지마. 그는 오늘 **기분이 나빠**.

(직. 기분이 개 같다.)

(25) a. Los niños aprenden **a andar a gatas** muy pronto.
　　　☞ 아이들은 **기는** 것을 금방 배운다. (직. 고양이처럼 걷다)

　　 b. No me fío de él, en su propuesta **hay gato encerrado**.
　　　☞ 나는 그를 믿지 않는다. 그의 제안에는 **뭔가 숨기는 것이 있다.**
　　　(직. 땅에 묻힌 고양이가 있다.)

　　 c. Su hermano ha tenido varios accidentes y no le ha pasado
　　　 nada ; parece que **tiene siete vidas (como los gatos)**.
　　　☞ 그의 오빠는 사고를 여러 번 당했는데 아무 일이 없었어, 아마도
　　　 (고양이처럼) **목숨이 일곱 개인가 봐.**

　　 d. Hasta los gatos quieren zapatos.
　　　☞ 고양이들조차도 구두를 신겠다고 한다.
　　　☞ 분수에 안맞는 일을 할 때.

(26) a. tiempo/época de vacas flacas/gordas.
　　　☞ 소가 마르는/살찌는 시절
　　　☞ 경기가 나쁜/좋은 때를 가리킴

　'개'의 경우 한국어와 유사하게 비하의 의미로 주로 쓰이며 '고양이'의 경우 한국어에 비해 많은 관용 표현이 나타난다. 특히 음흉하고 부정적인 이미지나 신체의 모양을 빗대어서 표현하는 경우가 많다. (25d)의 경우 한국어에서 '개나 소나 다 ~하다'와 유사한 표현으로 볼 수 있다. (26)에 나타난 소와 관련된 표현은 스페인이 목축문화권에 있음을 반영하는 것으로 소가 살찐다는 것은 농경문화인 한국에서 풍년이 든다는 의미와 통한다.

　그밖에 식생활과 관련하여서는 '빵(pan)', '수프(sopa)'나 '소스(salsa)' 등도 자주 관용 표현에 나타난다. '1이 오나가나 2를 만나다'는 '1 encontrar(se) 2 hasta en la sopa(1이 수프에서까지 2를 발견하다)'로, '1이 2에 있는 것이 취향에 딱 맞다'는 '1 encontrarse en su salsa en 2(1이 2에서 자신에게 맞는 소스를 찾다)'로, '1이 골아 떨어지다'는 '1 estar sopa(1이 수프가 되다)'로, '1이 흔해 빠지다'는 'haber 1 hasta en la sopa(1이 수프에조차 있다)'로 표현한다. 수프나 소스는 스페인 사람들의 식생활에서 빠질 수 없는 것으로 흔한 것을 표현할 때 쓰임을 알 수 있다.

3. 한국어 · 스페인어 관용 표현에 따른 문화 비교

관용 표현은 한 언어권에 속하는 언중들만이 이해할 수 있는 표현으로 그 나라의 사회·문화적 제요소와 생활상을 반영하고 언중의 의식구조를 나타낸다. 관용 표현에는 그 민족의 민족성, 세대차, 지역차, 남녀차 등의 여러 요인이 은유·과장 등에 의해 반영되어 있다. 따라서 그 민족의 사회, 문화 현상을 제대로 이해해야 관용 표현의 의미를 올바로 이해할 수 있다. 문금현(1996:94)은 사회상을 반영하는 몇몇 관용 표현을 들었다.45) 농경 문화권인 한국 문화의 특수성과 생활상을 반영하는 표현을 보이면 (27), (28)과 같다.

(27) '누운 소 타기/낫 놓고 기억자도 모른다/헌 짚신도 짝이 있다/우물가에서 숭늉 찾는다.'

(28) a. 하늘에 걸린 **반달이** 희미하게 마을을 비추고 있었다.
☞ **La media luna**, que estaba en el cielo, iluminaba el pueblo débilmente.
b. 가냘픈 **그믐달이** 텅 빈 하늘에 걸려 있었다.
☞ La débil y **vieja luna** estaba sujeta en el cielo vacío.

---

45) 민족성(체면 중시)-냉수 먹고 이 쑤시기/결혼관(풍속)-시집을 가다, 장가를 가다/식생활-콩으로 메주를 쑨대도, 우물에 가서 숭늉을 달란다/무속신앙-굿들은 무당, 산 통을 깨다/관직-감투를 쓰다/매사냥-시치미를 떼다.

한국 문화의 많은 부분은 농경 사회의 특성을 보인다. 예컨대, 농경 사회의 많은 절기는 '달'과 깊은 관련이 있다. 달은 조수뿐만 아니라 생태계에도 큰 영향을 준다. '달'이 한국 사회에서 중요한 것은 한국어에서 '달'이 모양에 따라 (즉 시간적 흐름에 따라 다른) '반달', '그믐달', '보름달', '초승달'처럼 다양한 이름으로 불려지는 데서 알 수 있다. 반면 스페인어의 일상 대화에서 달의 모양이 달라지는 것을 다양한 이름으로 지칭하는 일은 많지 않다. 따라서 '초승달', '반달' 등은 그냥 'luna(달)'로 번역하는 것이 무난하다.

한국과 스페인 문화의 특징은 '달'의 명칭 뿐 아니라 음식과 관련된 관용 표현에서도 알 수 있다. 밥이 주식인 한국에서는 '밥'과 관련된 관용 표현이 많은 반면 스페인어에서는 빵(pan)이 주식으로 '빵'과 관련된 관용 표현이 많다. '빵'은 기본적인 생활을 연명해 간다는 의미를 나타낸다.

(29) '콩밥을 먹다', '눈칫밥을 먹다', '한솥밥을 먹다', '입에 풀칠을 하다'

(30) a. Tomás **tiene mal vino** y en cuanto bebe un poco se de mal humor.
　　☞ 토마스는 술을 먹고 행동을 잘못하고 있다. 조금만 마시고 나면 기분이 나빠진다. (직. 나쁜 포도주를 마시다)

　　b. Tengo que controlar lo que como ; voy a ponerme **a pan y agua**.
　　☞ 나는 먹는 것을 조절해야겠어. 단식을 할거야. (직. 빵과 물만 먹기)

　　c. Con su **pan** se lo coma
　　☞ 자기 빵을 자기가 알아서 먹겠지.
　　☞ 남의 일에 상관하지 않겠다.

　　d. Juan es más bueno que el **pan**.
　　☞ 후안은 아주 좋은 사람이다. (직. 후안은 빵보다 더 좋다)

위의 (29)에서 '밥' 또는 '밥'과 합성된 어휘가 한국어의 관용 표현에 주로 사용됨을 볼 수 있다. 이러한 관용 표현을 통해 한국어는 농경 문

화권임을 알 수 있다. 반면에 스페인어 관용 표현에는 '술', '스프', '빵'
이 많이 나타난다. 이런 것을 통해 우리는 스페인 문화의 한 단면을 엿
볼 수 있다. 특히 (30c)의 표현은 한국어에서 "자기 밥은 자기가 알아
서 챙겨 먹겠지."의 표현과 유사함을 알 수 있다.

한국어에서는 '눈'과 '손'으로 비유하여 많은 것을 나타내는데, 관용
표현에 가장 많이 동원되는 어휘는 '눈'이다. 신체어들 중에서도 '눈'은
관용 표현 생성에 가장 좋은 요소로서 선호된 듯하다. 여러 가지 감각
중에서도 시각을 그만큼 중요시하였다는 뜻이다. 다음으로 '손'이고, 세
번째는 '입'이다. 반면 스페인어에서는 '눈'과 '손', '머리'가 가장 많이 나
타나고 한국어와 달리 '코'가 관용 표현에 나타난다. 예문 (20), (21),
(22)도 그러한 것을 나타낸다.

또 스페인어에서 특이한 것은 '옷'이 관용 표현에 많이 등장한다는 것
이다. 예컨대, '1이 모든 것을 잃다'는 '1 dejar (hasta) la camisa(1이 셔
츠까지 버리다)'로, '1이 2를 비판하다'는 '1 dejar como un trapo a
2(1이 2를 걸레처럼 두다/만들다)'로 표현한다. 그리고 '(무엇을 다룬) 자료가
많다'는 'haber paño/tela que cortar (직. 자를 천이 있다)'로, '들어서
는 안 될 사람이 있다'는 'haber ropa tendida (직. 걸어 놓은 혹은 널어
놓은 옷이 있다)'로, '짚신도 짝이 있다'는 'haber un roto para un
descosido(옷의 올이 풀린 사람에겐 옷이 누더기인 사람이 있다)'로, '1이 어렵
다/ 1이 많다'는 'haber tela (marinera) 1 (직. 그물이 있다)'로 표현한다.

또한 '치마'와 '바지'는 두 언어에서 '여자'와 '남자'를 상징적으로 의미
한다. 스페인어에서 'pegado a las faldas (직. 치마에 딱 달라 붙어서)'는 엄
마나 다른 여자에게 의존적인 태도를 보이는 것을 의미하는데, 한국어
에서는 '치맛바람'과 같은 표현이 있어, '남편, 자식을 위한 여자의 지나
친 활동'을 의미한다. 또한 스페인어에서 '바지(pantalones)'는 '가장으로서
의 남자의 권리'를 상징하는데, 'bajarse los pantalones (직. 바지를 내
리다)'는 '권위를 잃어버리다'로 'ponerse/llevar los pantalones (직.
바지를 입다)'는 '주도권을 잡다'를 각각 의미한다.

4. 그 밖의 차이점 및 유사점

그밖에도 한국어 문장을 스페인어로 번역할 때에 문법적으로는 완전하나 문화적 차이로 인하여 이해되지 않는 경우가 있는데, (31a)의 경우가 그러한 예이다.

(31) a. 그는 **무릎을 탁 치며** 좋아하였습니다.
　　　☞ Estaba contento y lo expresó **dándose un golpecito en la rodilla**.
　　b. 김 영감은 아들이 서울에서 큰 회사에 다닌다고 **목에 힘을 주고** 다녔다.
　　　☞ El señor Kim iba **alzando su cabeza/iba con la cabeza alta**.
　　c. 그 정도 일 가지고 **어깨에 힘을 주고** 다니지 마라.
　　　☞ No vayas por ahí **con la cabeza alta**.

예문 (31a)에서 보듯이, 좋은 생각, 기쁨을 표현하기 위해 무릎을 치는 것은 한국적 표현 방법이며, 스페인어권에서는 '무릎을 탁 치다'는 본래적인 의미 이외의 다른 의미를 가지지 않는다.

한국어에서는 '목/어깨/머리에 힘을 주다'가 '자랑스러워 하거나 뻐기다'의 의미로 쓰이나, 예문 (31)b, c에서의 한국어 '목/어깨에 힘을 주다'는 스페인어로 직역하면 '1 poner fuerzas en el cuello/ los hombros'인데 같은 의미로 이해될 수 없다. 이와 유사한 스페인어 표현은 '1 ir con la cabeza alta (직. 머리를 높이 들고 가다)', '1 ir alzando l'cabeza (직. 머리를 들고 가다)', '1 ir con la nariz alta (직. 코를 높이 들고 가다)'로 스페인어에서는 '머리, 코'를 이용해 '자랑스러워하다'를 표현함을 알 수 있다.

지금까지 한국어와 스페인어 어휘와 관용 표현에서 상이한 면을 다루었으나, 유사한 부분도 또한 볼 수 있다. 아래 예문 (32)를 살펴보자.

(32) a. 이 어금니는 나에게 별이 보이게 한다.

     ☞ Esta muela me está haciendo ver las estrellas.

   b. 그녀는 그가 그녀를 배신하였다는 것을 알았을 때에 그에게 등을 돌렸다.

     ☞ Le volvió la espalda cuando supo que la había
traicionado.

   c. 짚신도 짝이 있다.

     ☞ haber un roto para un descosido.

       (직. 옷의 올이 풀린 사람에겐 옷이 누더기인 사람이 있다)

   d. 눈 딱 감고/모른 척하고

     ☞ a/con los ojos cerrados.

    예) Si me invita Juan voy con los ojos cerrados.

     ☞ 후안이 나를 초대하면 눈 딱 감고 가겠다.

   e. 눈 깜작할 사이에

     ☞ en un abrir y cerrar de los ojos

   f. 가슴에 손을 얹고 말하다

     ☞ decir con el corazón en la mano

한국어에서 '별이 보이다'는 어떠한 충격으로 머리가 어지럽고 아픈 상태를 의미하는데, 스페인어에서도 비슷한 표현을 찾아볼 수 있다. '등을 보이다' 역시 그러한 관용 표현 중의 하나이다. 한국어의 '눈 딱 감고'와 '눈 깜작할 사이에'도 스페인어에서 대응되는 관용 표현을 볼 수 있다.

'(경쟁이나 우열을 나눔에 있어) 특정한 위치를 차지하다'로 '1이 2를 하다'가 있다. 스페인어에서는 초·중·고등학교 성적을 평가할 때 석차를 매기는 일이 없으며, 단순히 매우 우수(sobresaliente)- 우수(notable)- 양호(bien)- 통과(aprobado)- 충분함(suficiente)- 불충분(insufuciente)- 부족함(deficiente)- 매우 부족함(muy deficiente)-의 등급만으로 나타낸다. '1등을 하다'와 같은 표현은 콩쿠르 같은 학교외 활동에서는 쓰이나 학교 성적과 관련해서는 이상하게 들릴 수 있다. 반면 한국어에서는 '1등을 하다'와 같은 표현은 학교생활과 관련하여 매우 자주 쓰인다.

(33) 그는 평균 98점으로 전 학년에서 1등을 했다.
> ☞ Él es el primero del curso/ grado con una media de 98.

위 예문 (33)은 스페인어에서 자연스런 표현은 아니다.

(34) 난 정신이 거의 나간 상태에서 그들이 내민 서류에 도장을 찍었다.
> ☞ Yo anonadado, sellé/firmé los documentos que ellos me dieron.

대부분의 서양인들은 은행에서나 혹은 사업장의 서류를 증명하기 위해 서명을 하지만 대부분의 한국인들은 서명 대신 도장을 사용한다. 한국인들은 집을 사고 팔 때나 중요한 계약서를 작성할 때 도장을 찍어야만 효력을 발생한다. 요즈음 일부 은행에서는 서명을 도장 대신 사용하려고 시도하고 있지만, 관습적으로 아직은 도장의 사용이 일반적이다. 스페인어권 나라에서는 서명으로 도장을 대신하므로, '도장을 찍다'는 스페인어로 번역할 때 '서명을 하다'로 대신할 수 있다.

(35) 그녀는 **보약을 스무 첩이나** 먹고 기운을 차렸다.
> ☞ Ella se recuperó después de haber tomado **veinte paquetes de medicina oriental**.

많은 한국인들이 계절이 바뀔 때 보약을 먹는다. 병을 치료하기 위한 목적보다는 몸의 기운을 보충하기 위해서다. 몸을 건강하게 만들어주는 영양분 같은 것이다. 보약을 짓기 위해서는 한의사에게 가거니 직접 약재를 구해 집에서 만들기도 한다. 보통 양약은 봉지(sobre) 단위로 포장되나, 한약의 경우 포장 단위인 한 첩의 크기가 양약 한 봉지보다는 크므로 스페인어로는 'paquete'로 표현한다.

한국어와 달리 스페인어에서는 '내기에 걸다'나 '카드 혹은 트럼프'와 관련된 표현이 매우 자주 나타난다. 예컨대, '1이 무엇을 목을 걸고 확신하다'는 '1 jugarse la cabeza a que 접속법 절(1이 ~에 머리를 걸다)'로, '1이 주식이 내리기 직전에 팔다'는 '1 jugar a la baja(1이 내리는 쪽에 걸다)'로, '1이 기회를 잘 이용하다'는 '1 jugar bien sus cartas(1이 카드를/패를 잘 다루다)'로, '1이 딴 생각을 하다'는 '1 jugar con dos barajas(1이 트럼프 두 세트(조)를 가지고 하다)'로, '1이 자신의 모든 능력을 발휘하다'는 '1 jugar sus bazas en 2(1이 2에서 속임수를 쓰다)'로, '1이 한 곳에 모든 승부수를 걸다'는 '1 jugárselo todo a una carta(1이 한 카드에 모든 것을 걸다)'로 표현한다. 반면에 한국어에서는 놀음을 부정적으로 보기 때문에 이런 표현이 거의 나타나지 않을 뿐더러 나타난다 해도 부정적인 표현과 함께 나타난다.

참고문헌

강은국(1993), 『조선어 문형 연구』, 서광학술자료사.

강현화(1998), 『국어의 동사연결 구성에 대한 연구』, 한국문화사.

─────(1998), 「"체언+용언" 꼴의 연어 구성」, 『사전편찬학』 8집, 연세대 한국어사전편찬실, 한국문화사.

─────(1999), 「복합구의 통사적 특성에 관한 고찰」, 『어문연구』 27권 4, 한국어문교육연구회.

─────(2000), 「외국인을 위한 한국어사전의 표제어에 대한 고찰」, 『어문학』 70집, 한국어문학회.

─────(2000), 「빈도가 동사의 어휘교육에 주는 효용성」, 『비교문화연구』 4집, 경희대학교 비교문화연구소.

─────(2000), 「코퍼스를 활용한 부사의 어휘교육 방안 연구」, 『이중언어학』 17호, 이중언어학회.

─────(2001), 「다의어 분석 방안」, 『국어문법의 탐구5』, 태학사.

─────(2001), 「빈도를 나타내는 시간부사의 어휘 교육 방안 연구」, 『한국어교육』 12-1, 국제한국어교육학회.

─────(2001), 「한국어교육용 기초 한자어에 대한 기초 연구 -한국어교재에 나타난 어휘를 바탕으로-」, 『한국어교육』 12-2, 국제한국어교육학회.

─────(2002), 「서-한 기본 동사의 의미, 통사 유형 대조연구」, 『배달말』 30, 배달말학회.

강현화·김창구(2001), 「어휘력 신장을 위한 기본 한자의 주어력 분석 -한국어 교재에 나타난 어휘를 대상으로-」, 『외국어로서의 한국어 교육』 25·26집, 연세대학교 연세어학원 한국어학당.

강현화·신자영·이재성·임효상(공저)(2002), 『스페인 문형 대역 사전』, 신아사.

강현화·신자영·임효상(2002), 「자동번역시스템 구축을 위한 스페인어와 한국어의 문형 비교연구」, 『서어서문연구』 제22호,

한국서어서문학회, 210~227.

강현화 · 신자영 · 이재성 (2002), 「한국어와 스페인어의 대조 연구-한국어의 기본 동사를 중심으로」, 『이중언어학』 21, 이중언어학회.

강화진(2000), 「KFL학습자들의 작문 오류분석을 통한 효율적인 작문 지도」, 고려대학교석사학위 논문.

고영진(1995), 「국어풀이씨의 문법화 과정에 관한 연구」, 연세대학교 박사학위논문.

곽지영(1997), 「외국인을 위한 한국어 어휘 교육」, 『말』 22집, 연세대학교 연세어학원 한국어학당.

국제문화재단 편(1996), 『한국인과 한국문화』, 김포천문대학 출판부.

김건한(1994), 『대비언어학 -이론과 응용』, 청록출판사.

김경희(2001), 「스페인어 기초어휘 선정과 교수법」, 『서어서문연구』 19호, 한국서어서문학회.

김광해(1993), 『국어 어휘론 개설』, 집문당.

김귀화(1994), 『국어의 격 연구』, 한국문화사.

김기혁(1988), 「국어문법에서 통사구조와 의미구조 1」, 『언어연구』 8, 경희대학교 언어연구소.

─────(1989), 「국어문법에서 격의 해석」, 『말』 14집, 연세대학교 연세어학원 한국어학당.

김미경(2000), 「한자어 의미 학습을 통한 어휘 지도 방안 연구」, 부산교육대학교 석사학위 논문.

김미옥(2002), 「맞춤법 오류에 관한 연구」, 『외국어로서의 한국어교육』 25 · 26집, 연세대학교 연세어학원 한국어 학당.

김석득(1974), 「한국어의 시상」, 『한불연구』 1, 연세대학교 한불문화연구소.

─────(1980), 「자리만듦성과 시킴월되기 제약」, 『말』 5집, 연세대학교 연세어학원 한국어학당.

김수정(1998), 「문맥을 통한 한국어 어휘 교육」, 이화여자대학교 석사학위 논문.

김영희(1988), 「등위 접속문의 통사 특성」, 『한글』 201 · 202호, 한글학회.

─── (1974), 「대칭관계와 접속조사 '와'」, 『한글』 154호, 한글학회.

─── (1988), 『한국어 통사론의 모색』, 탑출판사.

김완진(1970), 「문접속의 '와'와 구접속의 '와'」, 『어학연구』 6-2, 한국어문교육연구회.

김유미(2000), 「학습자 말뭉치를 이용한 한국어 오류분석 연구」, 연세대학교 교육대학원 외국어로서의 한국어교육 석사학위논문.

김유미·강현화(2001), 「남북한 정보통신 용어에 있어서의 표준화 문제」, 『제4회 전문용어 언어공학 학술발표회-21세기 디지털 시대의 전문용어 연구의 현황 및 과제』, KORTEM 전문용어 공학센터.

김은희·이귀옥(1993), 「언어대비와 개념의 위계성이 아동 단어 학습에 미치는 효과」, 『아동학회지』 14권, 아동학회.

김일웅(1984), 「풀이말의 결합가와 격」, 『한글』 186호, 한글 학회.

─── (1986), 「생략의 유형」, 『국어학신연구』, 탑출판사.

김종록(1991), 『대비언어학』, 청록출판사.

김중섭(1997), 「외국인을 위한 한국어 한자교육」, 『어문연구』 95, 한국어문교육연구회.

김중섭·이관식(1999), 「외국인을 위한 한국어교재 개발에 관한 연구」, 『한국어교육』 10-1, 국제한국어교육학회.

김지홍(1994), 「수량사를 가진 명사구의 논항 구조」, 『배달말』 19, 배달말 학회.

─── (1995), 「명사구 확장과 그 논항 구조에 대하여」, 『배달말』 20, 배달말 학회.

남기심(1986), 「-이다 구문의 통사적 분석」, 『한불연구』 7, 연세대학교 한불문화연구소.

─── (1996), 「명사항 'NP+조사'의 화용적 생략에 대하여」, 장석진 (편), 『현대언어학 지금 어디로』, 서울, 한신문화사.

─── (1986), 「'이다'구문의 통사론적 분석」, 『한불 연구』 7, 연세대학교 한불연구소.

──(1988), 「국어 사전의 현황과 그 편찬 방식에 대하여」, 『사전
          편찬학 연구』 제2집, 탑출판사.

──(1992), 「표제어 풀이와 표제어 설정의 문제」, 『새국어생활』
          2-1, 국립국어연구원.

──(1993), 『국어 조사의 용법』, 서광학술자료사.

남기심·고영근(1985), 『표준국어문법론』, 탑출판사.

남용우 외 역(1987), 『격문법이란 무엇인가』, 을유문화사.

문금현(1996), 「국어의 관용 표현 연구」, 서울대학교 국어국문학과
          박사학위 논문.

──(2000), 「구어 텍스트를 이용한 한국어 어휘 교육」, 『한국어
          교육』 11-2호, 국제한국어교육학회.

류구상(1989), 「국어조사 '를'에 대한 연구」, 『국어국문학회』 102,
          국어국문학회.

문화관광부 세계화 추진위원회(1998), 『한국어 교육을 위한 기초 어
          휘선정』

민현식(1982), 「현대국어의 격에 대한 연구」, 서울대학교 석사학위논문.

박경자·강복남·장복명(1993), 『언어 교수학』, 박영사.

박동호(1998), 「대상 부류에 의한 한국어 어휘 기술과 한국어 교육」,
          『한국어교육』 9-2, 국제 한국어 교육학회.

박만수(1987), 「우리말 자리말 연구」, 동아대학교 국분과 박사학위논문.

박선자(1990), 「우리말 풀이씨 뜻바탕의 설정근거와 큰 갈래 바탕」,
          『주시경학보』 5, 주시경학회, 탑출판사.

박승윤(1984), 「'시작하다'동사의 타동사 예외」, 『언어』 9, 한국언어학회.

박이도(1996), 『모국어 습득과 외국어 학습』, 한국문화사.

박이재·이정원 역(1999), 『제2언어 습득론』, 한신문화사.

박진호(1994), 「통사적 결합 관계와 논항 구조」, 『국어연구』 123, 국
          어연구회.

서상규·한영균(2000), 『국어정보학 입문 〈인문학과 컴퓨터〉』, 태학사.

서상규 외(2000), 「한국어 교육 어휘 의미 빈도 사전의 개발 사업 보고서」,
          문화관광부 한국어세계화 추진 위원회.

────(2001), 「외국인을 위한 한국어 학습 사전과 학습자 말뭉치」,

제2차 한국어세계화 국제 학술대회 발표 논지, 한국어
　　　　세계화 추진 위원회.
─────(2001), 「외국인을 위한 한국어 학습 사전 개발 1차년도
　　　　최종 보고서」, 한국어세계화 추진 위원회.
서정수(1990), 『국어문법의 연구 1』, 한국문화사.
─────(1990), 『국어문법의 연구 2』, 한국문화사.
─────(1991), 『현대한국어 문법연구의 개관』, 한국문화사.
성경화(2000), 「게임을 통한 효과적인 어휘 지도」, 서울교육대학교
　　　　석사학위 논문.
성광수(1974), 「국어 주어 및 목적어의 중출현상에 대하여 -격문법론
　　　　적 고찰을 중심으로-」, 『문법연구』 1, 문법연구회.
손연자(1986), 「비한문 문화권의 외국인에 대한 한자교육 방법론 소고」,
　　　　『말』 9집, 연세대학교 연세어학원 한국어학당.
송복승(1995), 『국어의 논항 구조 연구』, 보고사.
시정곤(1992), 「국어 논항 구조 성격에 대하여", 『한국어문교육』 6,
　　　　고려대학교.
─────(1995), 「어휘 결합과 의미 해석」, 『언어』 20-1, 한국언어학회.
신성철 외(1996), 『미국문화와 영국문화』, 문경출판사.
신자영(1990), 「현대 스페인어 어순 연구」, 서울대학교 언어학과 대
　　　　학원 석사학위논문
Shin, Jayoung(1997), 「Morfología y Modularidad : la formación
　　　　de los verbos causativos en español」, Ph. D.
　　　　Dissertation, Madrid, Universidad Autónoma
　　　　de Madrid.
─────(1998a), 「스페인어 상태 변화 동사에 대한 생성어휘론적 고찰」,
　　　　『언어학』 제 23호, 한국언어학회.
─────(1998b), 「Los verbos psicológicos del español y los
　　　　problemas de las Teorías Léxicas」, 『서어서문연
　　　　구』 13호, 한국서어서문학회.
─────(1998c), 「형태부와 논항구조, 스페인어 어형성 규칙에 대하여」,
　　　　이베로아메리카 연구, 서울대학교 중남미 연구소.

———(1999), 「스페인어 심리동사의 어휘의미론적 고찰」, 『이승환교수 정년기념 논문집』, 한국문화사.

———(2000), 「스페인어 파생동사의 중의성의 어휘적 표상 -사역/기동 교체를 중심으로」, 『서어서문연구』 17호, 한국서어서문학회.

———(2001a), 「명사구 내의 형용사 위치와 그 의미」, 『인문과학연구』 3집, 대구카톨릭대학교 인문과학연구소, 41~52.

———(2001b), 「La morfosemántica de los verbos parasintéticos en español」, 『서어서문연구』 21호, 한국서어서문학회.

신자영 · 임효상(2002), 「코퍼스(Corpus)에 기초한 스페인어 기본 동사 선정에 대하여 -교육용 스페인어 교재를 중심으로」, 『서어서문연구』 23호, 한국서어서문학회.

Shin, J. & Kang, H.(2002), 『Análisis contrastivo y tipología de los verbos del coreano y del español』, II Congreso Internacional de la Asociación Coreana de Hispanistas, Universidad de Alcalá.

안승덕(1993), 『漢字敎育論』, 亞細亞文化社.

양정석(1991), 「동사의 두 가지 어휘 구조 -처소 교차 동사의 경우- 국어의 이해와 인식」, 『갈음 김석득 교수 회갑 기념 논문집』, 한국 문화사.

———(1995), 「국어 동사의 의미 분석과 연결 이론」, 박이정.

연재훈(1989), 「국어 중립동사 구문에 대한 연구」, 『한글』 203, 한글학회.

우형식(1994), 「동사의 결합가 기술에 대한 방법론적 접근」, 『한글』 225, 한글학회.

———(1995), 「연결 이론에서의 격표지 교체 분석」, 『애산학보』 17집, 애산학회.

———(1996), 『국어 타동 구문 연구』, 박이정.

유현경(1994), 「논항과 부가어」, 『우리말글연구』 1, 우리말학회.

이관규(1992), 「서술어와 서술 관계」, 『주시경학보』 10, 탑출판사.

이광호(1988), 『국어 격조사 '을/를'의 연구』, 탑출판사.

이남순(1988),「국어의 부정격과 격표지 생략」,『국어학총서』 14, 탑
　　　　　　 출판사.

이명진(1990),「독일 속담의 언어학적 분석 : 한국 속담과의 대조 비
　　　　　　 교를 통한 연구」, 건국대학교 대학원 석사 학위논문.

이병찬 외(1990),『의존 문법의 이론과 실제』, 세기 문화사.

이상억(1970),「국어의 사동·피동 구문 연구」,『국어연구』 26, 국어
　　　　　　 연구회.

─────(1993),「관용표현과 합성어의 분석 및 어휘부 내외에서의 처리」,
　　　　　　『어학연구』 29-3, 서울대학교 어학 연구소.

─────(1995),「국어의 관용표현의 분석과 어휘부 내에서의 처리」,
　　　　　　『인문논총』 34집, 서울대학교.

이수경(1996),「일본어를 모어로 하는 한국어 학습자의 오류의 경향
　　　　　　 에 관하여」,『한국말 교육』 7, 국제한국어교육학회.

이승복(1996),「언어적 대조를 통한 색깔 이름의 획득」: 대조성 이론
　　　　　　 의 검증 Children´s Acquisition of Color.

이승환·안승신(1997),「영어음성학」, 한국방송대학교출판부.

이영자(1997),「어휘 학습 전략 비교 연구」, 연세대학교 석사학위 논문.

이정희(1997),「외국인을 위한 한국어 어휘 교육에 관한 연구」, 경희
　　　　　　 대학교 석사학위 논문.

─────(2002a),「한국어 학습자의 시제 오류분석 연구」, 국제한국어
　　　　　　 교육학회 제10차 국제 학술대회 발표 논지, 국제한국어
　　　　　　 교육학회.

─────(2002b),「한국어 학습자의 표현 오류 연구」, 경희대학교 박사
　　　　　　 학위 논문.

이은숙(1999),「문맥 활용을 통한 어휘 학습 방법의 효율성에 대한 연구」,
　　　　　　 부산대학교 석사학위 논문.

이점출 역(1991),『의존 문법 개론』, 한신문화사.

이재성(1997),「접두사 설정 기준에 대하여」,『연세어문학』 29, 연세
　　　　　　 대학교.

─────(1999a),「논항과 필수 논항에 대하여」,『연세어문학』 30·31
　　　　　　 합집, 연세대학교.

──(1999b), 「'-었었-' 구성에 대하여」, 『연세학술논집』 30집, 연세대학교 대학원.

──(2000), 「국어의 시제와 상에 대한 연구」, 연세대학교 박사학위 논문.

──(2001), 『한국어의 시제와 상』, 국학자료원.

이주희(2000), 「SLI 어휘 획득 전략: 언어적 대조의 효과」, 충북대학교 대학원 석사 학위 논문.

이희자(1995), 「현대 국어 관용구의 결합관계 고찰」, 『대동 문화 연구』 30, 성균관대학교 대동문화연구소.

임은자(1984), 「한영 어휘의 대조 연구」, 한국외국어대학교 대학원 석사학위 논문.

임지룡(1991), 「국어의 기초 어휘에 대한 연구」, 『국어교육 연구』 23, 경북대학교 사범대학.

임홍빈(1974), 「주격중출문을 찾아서」, 『문법연구』 1, 문법연구회.

──(1978), 「국어 피동화의 의미」, 『진단학보』 45, 진단학회.

──(1979), 「{을/를}조사의 의미와 통사」, 『한국학 논총』 2, 국민대학교.

장혜순(1988), 「영어학습자 오류와 제2언어습득과정의 이해」, 고려대학교 대학원 석사학위 논문.

전수태(1987), 『국어 이동동사의 의미 연구』, 한신문화사.

정승혜(1998), 「외국인을 위한 국어 한자 교육 연구」, 이화여자대학교 석사학위논문.

정희정(1988), 「'에'를 중심으로 본 토씨의 의미」, 『국어학』 17, 국어학회.

──(1992), 「동사의 통사정보에 대한 고찰」, 『목원어문학』 11, 목원대학교.

──(1993), 「보조동사의 하위분류에 대하여」, 『주시경학보』 11, 주시경학회, 탑출판사.

조경자(1993), 「아이들이 단어 의미 획득 과정에서 보이는 상호 배타성 가정」, 충북대학교 대학원 석사 학위 논문.

조민정(2001), 「국어의 상 연구」, 연세대학교 대학원 국어국문학과 박사학위논문.

조용진(1999), 『얼굴, 한국인의 낯』, 사계절.

조 은(1992), 「[NP1-가 [NP2-를 NP3-로] V] 구조에 대하여」, 연세대학교 석사학위논문.

조현용(1999), 「한국어 어휘의 특징과 어휘 교육」, 『한국어 교육』 10-1, 국제 한국어 교육학회.

주세형(1998), 「의미자질 분석법을 활용한 어휘 교수법 연구」, 서울 대학교 석사학위 논문.

최상진(1993), 「연쇄 합성어의 어휘 형성에 대하여」, 『어문논총』 8집, 경희대학교 국어국문학과 대학원.

─────(1996), 「단어의미 형성의 유기적 구조론에 대하여」, 『어문연 구』 92호, 한국어문교육연구회

최우영(1997), 「외국어로서의 한국어 학습자의 오류에 관한 연구」, 이화여자대학교 석사학위 논문.

최현배(1985), 『우리말본』 열 두번째 펴냄, 정음문화사.

한정길(1986), 「숙어표현에 대하여」, 『어학연구』 22-1, 서울대학교 어학 연구소.

한정일(2000), 「한국어 어휘 지도 방안-의미 관계를 중심으로-」, 이 화여자대학교 석사학위 논문.

한철우(1992), 「효율적인 어휘 지도 방안」, 『교원교육』 8-1.

한학성(1995), 『생성문법론』, 태학사.

허나윤(2000), 「스페인어 소유구문에 관한 최소이론적 분석 -한국어, 영어 소유구문과의 비교 연구」, 서울대학교 박사학위 논문.

허 웅(1984), 『국어학』, 샘문화사.

─────(1975/1983), 『우리 옛말본』(중판), 샘문화사.

─────(1996), 『20세기 우리말형태론』, 샘문화사.

홍기선(1992), 「연결이론과 한국어 연구」, 『주시경학보』 10, 주시경 학회.

─────(1994), 「한국어 대격의 의미」, 『언어』 19-1, 한국언어학회.

홍사만(1995), 『한·일어 대조어학/논고』, 탑출판사.

────(2002), 『한・일어 대조분석』, 역락.

홍재성(1987a), 「현대한국어 사전과 자동사/타동사 용법의 구분」,
        『성곡논총』 18.

────(1987b), 『현대한국어동사구문의 연구』, 탑출판사.

────(1987c), 「한국어 사전에서의 다의어 처리와 동형어 처리의 선택」,
        『동방 학지』 54~56 합집, 연세대학교 국학 연구원.

────(1988), 「한국어 사전에서의 동사항목의 기술과 통사정보」,
        『사전편찬학』 2, 연세대학교 한국어사전편찬실, 한국문
        화사.

────(1990), 「한국어 자동사/타동사 구문의 구별과 사전」, 『사전편
        찬학』 3, 연세대학교 한국어사전편찬실, 한국문화사.

────(1992), 「동사 먹다의 사전적 처리를 위한 몇 가지 논의」, 『새
        국어생활』 2-4, 국립국어연구원.

황병순(1987), 『국어의 상표시 복합동사 연구』, 형설출판사.

J & K 출판기획(1997), 『영어로 이야기하는 당당한 우리문화』.

Alarcos Llorach, Emilio(1949), 「Sobre la estructura del verbo
        español」, in E. Alarcos(1970), Madrid, Gredos.

────────────(1970), Estudio de la gramática funcional
        de español, Madrid, Gredos.

────────────(1979), 「Verbo transitivo, verbo intransitivo
        y estructura del predicado」, in E. Alarcos(1970),
        Madrid, Gredos.

────────────(1994), Gramática de la Lengua Española,
        Madrid, Espasa-Calpe.

Allerton, D. J.(1975), 「Deletion and proform reduction」,
        Journal of Linguistic 11.

────────────(1982), Valency and English Verb, San
        Diego, Academic Press.

Asher, J.(1972), 「Children's first language as a model of
        second language learning」, Modern Language
        Journal 56, 133-9.

Au, T.K., & Markman, E.M.(1987), Acquiring word meanings via linguistic contrast, Cognitive Development, Cambridge University Press.

Ausbel, D.(1963), The Psychology of Meaningful Verbal Learning, New York, Grune and Stratton.

Badía, Toni & Ramírez, Flora(1993), 「Contraste en el uso del artículo en inglés y castellano. Un algoritmo para la traducción automática」, Revista Española de Lingüística 23 : 2, 253-293.

Báez San José, Varerio(1990), 「Diccionario informatizado de construcciones oracionales y el proyecto Esquemas sintáctico-semánticos del español」, in G. Wotjak & A. Veiga (comps.), La descripción del verbo español, Verba Anexo 32, 33-70.

Baker, Mark C.(1985), Incorporation : A Theory of Grammatical Function Changing, Cambridge, MIT Press.

Barrutia, R. & Schwegler, A.(1994), Fonética y Fonología de español : Teoría y Práctica, John Wiley & Sons.

Bolinger, Dwight L.(1967), 「A Grammar for Grammars : The Contrastive Structure of English and Spanish」, Romance Philology, Berkeley/London/Los Angeles.

Bolinger, Dwight L.(1969~70), 「Modes of Modality in Spanish and English」, Romance Philology, Berkeley/London/Los Angeles.

Bosque, I. & Demonte, V. (eds.)(1999), Gramática Descriptiva de la Lengua Española, 3 vol., Madrid, Espasa Calpe.

Bosque, Ignacio(1989), Las categorías gramaticales. Relaciones y diferencias, Madrid, Sintesis.

―――――――――(1990), Tiempo y Aspecto en español, Madrid,

Cátedra.

──────(1996), El sustantivo sin determinación. La ausencia del determinante en la lengua española, Madrid, Visor.

Bresnan, J. & Kanerva, J.(1989), Locative Inversion in Chichewa : a Case Study of Factorization in Grammar. Linguistic Inquiry 20, 1-50.

Bright Harley(1995), Lexical Issues in Language Learning, John & Benjamins Publishing Company.

Brown, H. Douglas(1997), Principles of Language Learning and Teaching(외국어 학습·교수의 원리 : 이흥수 외 역), Longman.

Brucart, José María(1987), La elisión sintáctica en español, Bellaterra, Universitat Autónoma de Barcelona.

Burt, Marina K.(1975), Error Analysis in the Adult EFL Classroom, TESOL Quarterly, 9.

Buteau, M.(1970), 「Student's Errors and the Learning of French as a Second Language : A Pilot Study」, International Review of Applied Linguistics 8, 133-46

Campos, Hector(1999), 「Transitividad e intrasitividad」, in Gramática Descriptiva de la Lengua Española, Madrid, Espasa Calpe, 1519-1574.

Cancino, H., Rosansk, E. & Schumann, J.(1978), 「The Acquisition of English negatives and interrogatives by native Spanish speaker's」, in E. Hatch : Second Language Acquisition, Newbury House.

Cano Aguilar, Rafael(1999), 「Los complementos de régimen verbal」, in Gramática Descriptiva de la Lengua Española, Madrid, Espasa Calpe, 1807~1855.

Cartagena, Nelson(1978), 「Acerca de la estructura del núcleo

verbal en tecnolectos del español y del alemán」,
Revista Española de Lingüística 8 : 2, 373-408.

Carter, Ronald eds.(1988), Vocabulary & Language Teaching.
Longman Press.

Carter, Ronald(1998), Vocabulary : Applied Linguistic Perspectives
(2nd edition), Routeledge Publishers.

Chomsky, N.(1981), Lectures on Government and Binding.
Dordrecht, Foris.

─────────(1984), Knowledge of Language. Cambridge, MIT
Press.

Christian, A.(1976), 「On the nature of interlanguage systems」,
Language Learning 26.

Clancy Clements, J.(1988), 「The semantics and Pragmatics
of the Spanish 〈Copula+adjetive〉 Construction」,
Linguistics 26, 779-822.

Clark, E.V.(1987), 「The principle of contrast : A constraint on
language acquisition」, In B. MacWhinney(Ed.),
Mechanisms of Language Acquisition, Hillsdale,
NJ, Erlbaum.

─────────(1990), 「On the pragmatics of contrast」, Journal
of Child Language, 17

Clifton, C., Frazier, L., & Connie, C.(1984), 「Lexical expectations
in sentence comprehension」, Journal of Verbal
Learning and Verbal Behavior, 23.

Cook, S. J.(1979), Case Grammar -development of the matrix
model, Washington D.C., Georgetown University
Press.

Corder.(1981), Error Analysis and Interlanguage, London,
Oxford.

Corder, S. P.(1961), The Significance of Learner's Errors,
International Review of Applied Linguistics 5,

Oxford University Press.

─────────(1981), Error Analysis and Interlanguage,
University Oxford, Oxford Press.

Dave Willis(1998), Lexical Phrase in Syllabus and Material
Design. Language Teacher, Centre of English
Language Studies, England.

Demonte, Violeta(1991), Detrás de la palabra. Estudios de
gramática del español, Madrid, Alianza.

─────────(1995), 「Dative alternations in Spanish」,
Probus 7: 1, 5-30.

Dowty, David(1991), 「Thematic Proto-Roles and Argument
Selection」, Language 67, 547-619.

Ellis, R.(1986), Understanding Second Language Acquisition,
Oxford, Oxford University Press.

─────────(1995), 「Sources of Variability in Interlanguage」,
Applied Linguistics 6.

Fernández de Castro, Félix(1990), Las perífrasis verbales en
español, Comportamiento sintáctico e historia de
su caracterización, Publ. Dpto. Filología Española,
Universidad de Oviedo.

Fernández Leboranz, Jesús(1999), 「La predicación : Las oraciones
copulativas」, in Gramática Descriptiva de la Lengua
Española, Madrid, Espasa Calpe, 2357-2460.

Fernández Soriano, Olga(1993), Los pronombres átonos,
Madrid, Taurus.

Fillmore, C. J.(1968a), The case for case, in E. Bach & R.
Harms (eds.), Universal in Linguistic theory,
New York Holt, Rinehart, and Winston.

─────────(1968b), 「Lexical entries for verbs」, Foundation
of Language, Vol 4, Philosophy and Language.

─────────(1977), 「The case for case Reopened」, in

Syntax and Semantics 8, San Diego, Academic Press.

Fontana, Josep M.(1993), Phrase Structure and the syntax of Clitics in the history of Spanish, Ph.D. Dissertation, University of Pennsylvania.

García González, Javier(1992), Perífrasis verbales, Madrid, SGEL.

García Miguel, José M.(1991), 「La duplicación de objeto directo e indirecto como concordancia」, Verba 18, 374-410.

García, Erica, Florimon C. M. van Putte & Y Tobin(1987), 「Cross-linguistic Equialence, translatability and Constrastive analysis」, Folia Liguistica XXI : 2-4, Acta Societatis Linguisticae Europaea, The Heague, 373-405.

Gass, S.(1984), 「A Review of interlanguage syntax : language transfer and language universals」, Language Learning 29.

―――――(1988), 「Second Language Vocabulary Acquisition」, Annual Review of Applied Linguistics, 9, 92-106.

Gass, S. & L. Selinker(1984), Language Transfer in Language Learning, Newbury House.

――――――――――(1994), Second Language Acquisition, An introductory Course, Lawrence Erlabaum Associate, Inc.

Gathercole, V.(1989), 「Contrast : A semantic constraint?」, Journal of Child Language, 16.

Gili Gaya, Samuel(1943), Curso superior de la lengua española, Barcelona, Biblograf.

Gómez Asencio, José J.(1985), Gramática y categorías verbales en la tradición española(1771-1847), Salamanca,

Ediciones Universidad de Salamanca.

Gómez Torrego, Leonardo(1994), La impersonalidad gramatical : descripción y norma, Madrid, Arcos/libros.

──────────(1995), Manual de español correcto, Madrid, Arco/libros.

Gorbert, F.(1974), Error Analysis : What The Teacher Can Do? A New Perspective, Public Service Commision of Canada.

──────(1974), 「Error Correction in Foreign Language Teaching」, Modern Language Journal 64.

Grimshaw, J.(1990), Argument Structure. Cambridge, MIT Press.

Gutiérrez Ordóñez, Salvador(1999), 「Los dativos」, in Gramática Descriptiva de la Lengua Española, Madrid, Espasa Calpe, 1855~1930.

Haegeman, L.(1994), Introduction to Government and Binding Theory, Oxford, Basil Blackwell (second ed.) (1991, first ed.).

Hale, Kenneth & S. J. Keyser(1992), The Syntactic Character of Thematic Structure, Dordrecht, Foris.

Hall, A. R. Jr.(1966), Pidgin and Creole Langauge, Ithaca, Cornell University Press.

Harris, M. & Vincent, N. (eds.) (1990), Romance Languages, Oxford, Oxford University Press.

Heatwole, Oliver W.(1949), A comparative practical grammar of French, Spanish and Italian, ed. by Mario A. Pei, New York, Vanni.

Hendricken, J. M.(1978), 「Error Correction in Foreign Language Teaching」, Modern Language Journal 62.

──────(1980), 「The Treatment of Error in Written Work」, Modern Language Journal 64.

Hernanz, M. Lluïsa & José María Brucart(1987), La sintaxis, Barcelona, Crítica.

Hernández Alonso, César(1982), 「La llamada voz pasiva en español」, Lingüística Española Actual IV : 1, 83-92.

─────────────(1986), Gramática funcional del español, Madrid, Gredos.

I.S.P. Nation(1990), Teaching & Learning Vocabulary. Heinle & Heinle publishers.

Jackendoff, R.(1990), Semantic Structures, Cambridge, MIT Press.

─────────(1983), Semantics and Cognition, Cambridge, MIT Press.

─────────(1987), 「The Status of Thematic Relationsin Linguistic Theory」, Linguistic Inquiry 18, 369-411.

Jaeggle, O.(1986), 「Passive」, Linguistic Inquiry 17, 587-622.

James, Carl(1998), Errors in Language Learning and Use : Exploring Error Analysis, Harlow, UK, Eddison Wesley Longman.

Janulevieiene & Kavaliauskiene(2001), Using the Lexical Approach for the Acquisition of ESP Vocabulary. The Internet TESL Journal, Vol.VII, No. 3.

Jaszczolt, Katarzyna(1995), 「Typology of contrastive studies : Specialization, Progress, and Applications」, Language Teaching 25 : 1-15.

Kellerman, E.(1983), 「Now you see it, now you don't」, in S. Gass & L. Selinker(eds.), Language Transfer in Language Learning, Newbury House.

Kim, Young-Joo(1992), The Syntax and Semantics of Korean Case -the interaction between lexical and syntactic levels of representation-, Doctoral Dissertation,

Harvard University.

Krashen, S.(1981), Second Language Acquisition and Second
　　　　Language Learning, Oxford, Pergamon.

Lamiroy, Béatrice(1991), Léxico y gramática del español.
　　　　Estructuras verbales de espacio y tiempo, Barcelona,
　　　　Anthropos.

Lamíquiz, Vidal(1982), El sistema verbal del español,
　　　　Málaga, Ágora.

Lang, Mervyn F.(1992), Formación de palabras en español,
　　　　Madrid, Editorial Cátedra.

Lapesa, Rafael(1955), Historia de la lengua española, Madrid,
　　　　Gredos.

Lee, W.(1968), Thoughts on Contrastive Linguistics in the
　　　　Context of Language Teaching, Washington
　　　　D.C, Georgetown University monograph Series in
　　　　Language and Linguistics 21

Lenz, Rodolfo(1920), La oración y sus partes. Estudios de
　　　　gramática general y castellana, Madrid, Centro
　　　　de estudios históricos.

Lightbown, Patsy M. & Spada, Nina(1993), How Language
　　　　Are Learned (외국어교사를 위한 언어습득론 : 조일제 역),
　　　　Oxford, Oxford university Press.

Lipski, John M.(1996), Español de América, Madrid, Cátedra.

Luján, Marta(1977), 「Direct object nouns and the preposition
　　　　a in Spanish」, Texas Linguistic Forum 10, 30-52.

Marantz, Alec Paul(1981), On the Nature of Grammatical
　　　　Relations, Cambridge, MIT Press.

Marcos Marín, Francisco(1984), Aproximación a la gramática
　　　　española, Madrid, Cincel.

McCawley, J.(1968), 「The Role of Semantics in Grammar」,
　　　　In E. Bach & R. Harms (eds.), New York,

Hort, Rinehart and Winston.

Mendikoetxea, Amaya(1999a), 「Construcciones con se : Medias, pasivas e impersonales」, in Gramática Descriptiva de la Lengua Española, Madrid, Espasa Calpe, 1631-1722.

――――――――――――(1999b), 「Construcciones inacusativas y pasivas」, in Gramática Descriptiva de la Lengua Española, Madrid, Espasa Calpe, 1575-1630.

Michael Lewis(1993), The Lexical Approach-The State of ELT and a way Forward-, Language Teaching Publications (어휘접근법과 영어교육. 김성환 역. 한국문화사).

Miguel Aparicio, Elena de(1992), El aspecto en la sintaxis del español : perfectividad e impersonalidad, Madrid, Universidad Autónoma de Madrid.

Molho, Maurice(1975), Sistema del verbo español. Aspecto, modos, tiempos. 2 vols. Madrid, Gredos.

Moreno Cabrera, Juan Carlos(1991), Curso universitario de lingüística general, Tomo I : Teoría de la Gramática y sintaxis general, Madrid, Síntesis.

Oldin, T.(1989), Language Transfer, Oxford, Cambridge University Press.

Pena, Jesús(1980), La derivación en español. Verbos derivados y sustantivos verbales, Anexo 16 de Verba, Universidad de Santiago.

Permutter, D.(1978), 「Impersonal Passives and the Unaccusative Hypothesis」, Berkeley Linguistic Society 4, 157-89.

Piera, Carlos(1995), 「On compounding in English and Spanish」, in H. Campos & Kempchinsky (eds.) Evolution and revolution in linguistic theory(1995), Washington D.C., Georgetown University Press, 302-315.

Porto Dapena, José Álvaro(1992), Complementos argumentales del verbo : directo, indirecto, suplemento y agente, Madrid, Arcos/libros.

―――――――――――――――(1995), El complemento circunstancial, Madrid, Arco/libros.

Preston, M. & Lambert, W.(1969), 「Interlingual interference in a bilingual version of the Stroop color-word task」, Journal of Verbal Learning and Verbal Behavior 8, 295-301.

Quilis, A. & Fernández, J. A.(1975), Curso de fonética y fonología españolas para los estudiantes angloamericanos, Madrid, C.S.I.S..

Real Academia Española(1973), Esbozo de una nueva gramática de la lengua española, Madrid, Espasa-Calpe.

Richards, J. C.(1974), 「A Non Contrastive Approach to Error Analysis」, in J.C. Richards(ed.) Error Analysis : perspectives on Second language acquisition, London, Logman.

Robert J. Marzano & Jana S. Marzano(1988), A Cluster Approach to Elementary Vocabulary, Instruction. International Reading Association.

Roca Pons, José(1958), Estudios sobre perífrasis verbales del español, Madrid, C.S.I.C.

―――――――――――(1976), Introducción a la gramática, Barcelona, Teide.

Roca, I. M.(1992), Themantic structure Its Role in Grammar, Dordrecht, Foris.

Rod, Ellis(1997), Second Language Acquisition, Oxford, Oxford University Press.

Roeper, T.(1987), 「Implicit Argument and the Head-Complement Relation」, Linguistic Inquiry 18, 267-310.

Rojo, Guillermo(1983), Aspecto básico de la sintaxis funcional, Málaga, Ágora.

────────(1992), 「El futuro diccionario de construcciones verbales del español actual」, in Actas del VIII Congreso de lenguaje naturales y lenguajes formales, Universidad de Barcelona, 41-50.

────────(1994), 「Problemas lingüísticos e informáticos en los diccionarios de construcción y régimen」, in Actas del IV Congreso de lenguaje naturales y lenguajes formales, Madrid, Instituto de Cervantes, 307-315.

Ruth Gairns & Stuart Redman(1986), Working with Words : A Guide & learning Vocabulary, Cambridge Press.

Schumann, J.(1978), The Pidginization Process : a Model for Second Language Acquisition, Newbury House.

Seco, Rafael(1988), Manual de gramática española, Madrid, Aguilar.

Selinker, L.(1972), 「Interlanguage」, in International Review of Applied Linguistics 10, 209-31.

Selinker, L. & Lamendella, J.T.(1976), 「Two perspectives on fossilization in interlanguage learning, Interlanguage Studies」, Interlanguage studies Bulletin 3, 143-91.

Serrano, María José(1994), La variación sintáctica : formas verbales del período hipotético en español, Madrid, Entimema.

Shaughnessy, M. P.(1977), Errors and Expectations, New York, Oxford University Press, Somers,

H. L.(1982), 「The use of verb features in arriving at a meaning representation」, Linguistics 20.

Shegeru, Miyagawa(1989), Structure and Case Marking in Japanese, San Diego, Academic Press.

Somers, H. L.(1984), "On the validity of the complement - adjunct distinction in valency grammar", Linguistics 22.

───────────(1987), Valency and Case In Computational Linguistics, Edinburgh University Press.

Tarone, E.(1983), 「On the variability of interlanguage system」, Applied Linguistics 4/2, 143-63.

Torrego, Esther(1984), 「Algunas observaciones sobre las oraciones existenciales con haber en español」, Catalan Working Papers in Linguistics, Bellaterra, Universidad Autónoma de Barcelona, 329-339.

───────────(1994), 「On the nature of clitic doubling」, in H. Campos & Kempchinsky (eds.) Evolution and revolution in linguistic theory(1995), Washington D.C., Georgetown University Press, 399-418.

───────────(1999), 「El complemento directo preposicional」, in Gramática Descriptiva de la Lengua Española, Madrid, Espasa Calpe, 1779-1807.

Varela Ortega, Soledad(1990), Fundamentos de Morfología, Madrid, Síntesis.

Whitley, M. S.(1986), Spanish/English Contrasts, Washington D.C., Georgetown University Press.

Williams, E.(1981), 「Argument Structure and Morphology」, The Linguistic Review 1, 81-114.

강영부(1994), 「日本語 語彙教育의 分野와 問題點- 한국인 학습자의 경우를 중심으로-」, 『日本學報』 33, 한국일본학회.

加藤彰彦(1996), 「講座 日本語と 日本語教育 第6卷」, 『日本語の 語彙 意味(上)』, 教育基本語, 明治書院.

教科研東京國語部會・言語敎育硏究サークル(1985),『語彙敎育-そ
　　　の內容と方法, むぎ書房刊』, 日本.

野間秀樹(1996),「바람직한 한국어 교재란? -일본인 화자의 경우」,
　　　『語學硏究所論集,』第1號.

─────(2001),「한국어교육과 학습자 사전」, 제2회 한국어교육 국
　　　제 워크숍, 연세대학교 언어정보개발원. 한국.

─────(2001),『한국어 어휘와 문법의 상관 구조』, 태학사. 한국.

玉村文郎(1993),「日本語における漢字-その特質と敎育-」,『日本
　　　語敎育』80號.

油谷幸利(1996),「日本語と朝鮮語の語彙の對照」,『講座日本語と
　　　日本語敎育』, 明治書院.

綿敏雄・高田誠(1993),『對照言語學, おうふう』, 日本.

田中章夫(1990),『日本語への招待-文法と語彙-』, 凡人社, 日本.

日本國際交流基金 日本語國際センタ-(1991),『敎師用日本語敎育
　　　〈語彙〉』, 日本.

◀ 한국어 교재 ▶

金裕鴻(2000), 『はじめての韓國語』, 明日出版社, 日本.

油谷幸利(1997), 『조선어 입문』 1~2, 히쯔지 書房, 日本.

早川嘉春(1976), 『조선어 입문강좌』 1, 계림관 서점, 日本.

서상규(1992), 『기초 조선어』, 백제사, 日本.

文京洙(1995), 『ハングル敎本』, 新幹社, 日本.

渡吉鎔(平成5年), 『基礎ハングル讀本』, 日本放送出版協會, 日本.

石井愼二(1991), 『ハングルの練習問題』, JICC 出版局, 日本.

管野裕臣 監修, 『朝鮮語を學ぼう』, 三修社, 日本.

管野裕臣(1990), 『朝鮮語の入門』, 1990, 白水社, 日本.

海野和三郎・大原壯司 共著, 『わたしの韓國語自修法』, 東京書籍, 日本.

가나다 한국어 학원(1998~2000), 『가나다 KOREAN Elementary』 1, 시사에듀케이션.

서상규(1992), 『기초 조선어』, 백제사.

박진권・문예림(1999), 『독일인을 위한 한국어 회화』, 문예림.

문예림(1996), 『러시아어로 배우는 한국어 및 한국문화』

이화여대 언어교육원, 『말이 트이는 한국어(student book)』 1~3, 이화여대 출판부.

이화여대 언어교육원, 『말이 트이는 한국어(work book)』 1~3, 이화여대 출판부.

도안 티엔 투얼, 김기태(2000), 『베트남인을 위한 한국어 입문』, 삼지사.

봉본훈 외(1989), 『새로운 조선어 교과서』, 백제사.

서강대 한국학 센터(2000), 『서강 한국어』 1~2(워크북), 도서출판 하우.

서강대 한국학 센터(2000), 『서강 한국어』 1~2(학생용), 도서출판 하우.

봉분훈 외(1978), 『속수조선어회화』, 금성당.

아름답게 크는 한국어교육연구소(2000), 『쉬워요 한국어』, 시사일본어사.

魯錦松(2001), 『시사한국어』, 한국문화사.

김건희 · 김영희(1996), 『안녕하세요?』, 학연문화사.

가지이 노보루(1971), 『알기 쉬운 조선어』(기초, 실력편), 삼성당.

정치희(1993), 『알기 쉬운 한국어』 1~2, 명지출판사.

이화여대 언어교육원(1991), 『외국인을 위한 한국어』, 이화여대 출판부.

최태영 · 박종철(1995), 『외국인을 위한 한국어』, 숭실대 출판부.

菅野裕臣(1981), 『조선어의 입문』, 백수사.

油谷幸利(1997), 『조선어입문』 1~2, 히쯔지 書房.

早川嘉春(1976), 『조선어입문강좌』 1, 계림관서점.

조선어연구회(1973), 『조선어회화』, 조선청년사.

고도숙랑(1993), 『초급조선어』, 백수사.

선문대 한국어 교육원(1999), 『출발 한국어』, 도서출판 보고사.

정환승(1998), 『태국인을 위한 한국어 입문』, 삼지사.

이승희(1998), 『하멜은 한국에 편지를 썼습니까』, 형설출판사.

한국외국어대 외국어연수원(1996~1997), 『한국어』 1~2, 한국외국
　　　　　　어대 출판부.

서울대 어학연구소(1992~1995), 『한국어』 1~3, 대한민국문화부.

서울대 어학연구소(2000), 『한국어』 1~4, 문진미디어.

연세대 한국어학당(1992~1994), 『한국어』 1~6, 연세대 출판부.

한국어문화연수부편(1986~1996), 『한국어』 1~6, 고려대 민족문화
　　　　　　연구소.

john H. Koo(1996), 『한국어 기본 문형』, 삼지사.

油谷幸利(1988), 『한국어 기초』, 대수관서점.

임지룡 외(2000), 『한국어 길잡이』 1, 정림.

연세대 한국어학당(1999), 『한국어 읽기』 1급~6급, 연세대 출판부.

국제교육원 한국어교육부(2000), 『한국어』 초급 1, 경희대 출판부.

한국어연구실 편(1997), 『한국어』, 한국외국어회화사.

연세대 한국어학당(1993), 『한국어독본』, 연세대 출판부.

이영자 · 김윤정(1998), 『한국어를 배우세요』, 국학자료원.

한국어문화연수부편(1991~1992), 『한국어회화』 1~6, 고려대 민족
　　　　　　문화연구소.

全吉秀(1992), 『한국어회화』, 백제사.

Namgui Chang & Yong-chol Kim(1996), *Active Korean*,

HOLLYM.

Kang Bong-sik & Lee Kee-dong(1999), *Beginner's Korean* 1, SISA Education.

강봉식 외(1999), *Beginner's Korean* 2, 시사에듀케이션.

오미라 외(1998), *Excting Korean - Beginning*(한국어듣기교재), 이화여대 출판부.

경희대 평생교육원(2000), *Exploring Korean*, 민중서림.

경희대 평생교육원(2000), *FIRST STEP IN KOREAN*, 민중서림.

Namgui Chang & Yong-chol Kim(1989), *Functional Korean*, Hollym.

신명섭 외(2000), *Korean Conversation*, 삼지사.

B.J.Jones(1987), *Korean Phrasebook for Traverlers*, 한림출판사.

John H. Koo(2000), *Let's speak Korean 한국어 입문*, 삼지사.

이봉국 외(1999), *Let's talk in Korean*, HOLLYM.

Seung Ja Shim & Andre Fabre(1997), *MANUEL de COREEN* vol. 1, LANGUES & MONDES.

정인숙(1999), *REAL LIFE KOREAN* 1(워크북), 도서출판 재원.

정인숙(1999), *REAL LIFE KOREAN* 1, 도서출판 재원.

Choonwon Kang(2000), YOU CAN SPEAK KOREAN, 한림출판사.

◀ 사전류 ▶

국립국어연구원(1999), 『표준국어대사전』, 두산동아.

홍재성 외(1997), 『현대 한국어 동사 구문 사전』, 두산동아.

김상철 편(1999), 『스페인어 관용어 사전』, 김상철 편저, 교보문고.

강현화 외(2002), 『스페인어 문형 대역 사전』, 신아사.

연세대학교 언어정보개발연구원 편, 『연세 한국어 사전』, 두산동아.

Clave, Diccionario de uso del español actual, Madrid, SM,

1997.

Diccionario Actual de la lengua española, Barcelona, Vox, 1995.

Diccionario de construcciones sintácticas del español. Preposiciones,
　　　　Emilio Náñez Fernández, Cantoblanco, Madrid,
　　　　Ediciones de la Universidad Autónoma de Madrid,
　　　　1995.

Diccionario iedológico de la lengua española, Barcelona,
　　　　Editorial Gustavo, Gili, S.A., 1997.

Diccionario para la enseñanza de la lengua española,
　　　　Universidad de Alcalá de Henares, Alcalá de
　　　　Henares, Barcelona, Biblograf, 1995.

Diccionario Salamanca de la lengua española, Santillana, S.
　　　　A. Madrid, Universidad de Salamanca, 1996.

García de Diego, Vicente(1965), Diccionario de voces naturales,
　　　　Madrid, Aguilar.

José Ramón Alameda y Fernando Cuetos(1995), Diccionario
　　　　de Frecuencia de las unidades lingüísticas del
　　　　castellano, Departamento de Psicología, Universidad
　　　　de Oviedo.

Moliner, María(1981), Diccionario de uso del español, Madrid,
　　　　Gredos.

──────────(1991), Diccionario crítico de las perífrasis
　　　　verbales del español, Puerto de Rosario, Servicio
　　　　de Publicaciones del excmo. Cabildo Insular de
　　　　Fuerteventura.

Real Academia Española(1992), Diccionario de la lengua
　　　　española, Madrid, Espasa-Calpe.

Varela, Fernando & Kubarth, Hugo(1994), Diccionario Fraseológico
　　　　del espanol moderno, Madrid, Gredos.

◀ 참고 website ▶

http://www.sejong.or.kr : 국립국어연구원
http://www.rae.es (CREA) : Real Academia Española
http://www.sibtx.usc.es : Universidad de Santiago de Compostela
http://www.ub.es/clic/ : Universidad de Barcelona
http://www.uila.upf.es : Institut Universitari de Linguistica
Aplicada de la Universidad de Pompeu Fabra de Barcelona

찾아보기

■ ○ ■

저 자 소 개

▶ 강 현 화
- 연세대학교 국어국문학과 졸업　　　◦ 연세대학교 국어국문학과 문학박사
- 현 경희대학교 외국어대학 한국어학과 교수

【논문 및 저서】
'국어의 동사연결 구성에 대한 연구'(한국문화사) 외 다수

▶ 신 자 영
- 서울대학교 서어서문학과 졸업　　　◦ 서울대학교 언어학과 석사
- 스페인 마드리드 아우또노마대학 언어학박사
- 현 연세대학교 · 서울대학교 강사

【논문 및 저서】
'스페인어 파생 사역동사에 대한 생성어휘론적 연구' 외 다수

▶ 이 재 성
- 연세대학교 국어국문학과 졸업　　　◦ 연세대학교 국어국문학과 문학박사
- 현 연세대학교 학부대학 강의교수

【논문 및 저서】
'한국어의 시제와 상'(국학 자료원) 외 다수

▶ 임 효 상
- 한국외국어대학교 스페인어과 졸업
- 한국외국어대학교 통역대학원 스페인어과 졸업
- 스페인 마드리드 국립대학교 스페인어학 박사
- 현 경희대학교 외국어대학 스페인어학과 교수

(저자는 가나다 순으로 기재하였음)

대조분석론

인　쇄　2003년 06월 16일

발　행　2003년 06월 23일

지은이　강현화 · 신자영 · 이재성 · 임효상

펴낸이　이 대 현

편　집　이은희 · 안현진 · 조유미 · 박진희

펴낸곳　도서출판 역락 / 서울 성동구 성수2가 3동 301-80

　　　　(주)지시코별관 3층(우 133-835)

Tel 대표 · 영업 3409-2058 편집부 3409-2060 FAX 3409-2059

E-mail　yk3888@kornet.net / youkrack@hanmail.net

등　록　1999년 4월 19일 제2-2803호

정가 18,000 원

ISBN 89-5556-178-4-93700